高等院校创新型系列精品规划教材

# 风险

FENGXIAN

BAOXIANXUE

## 保险学

主编 石大安

西南财经大学出版社

高等院校创新型系列精品规划教材

# 风险保险学

主　编：石大安

副主编：范全欢　吴志锋　张美惠　陈　敏　钟　洁

　　　　高　伟　高利强　白加良　熊殷泉　段晓波

　　　　王　娟　庞　磊　宋　楠

编　委（按姓氏拼音排序）

　　　　陈世怀　方艳花　郭雪莲　金　虎　李乔玲

　　　　马云江　穆颖超　石志红　王旭东　王周红

　　　　吴燕祥　杨发琼　杨立丽　杨秋月　叶绿原

　　　　杨　敏　岳浩生　于良君　杨慧宾　刘　爽

　　　　孔小力　刘雅宁　李盼盼　赵　瑜

**内容简介**

　　风险与保险是一门新兴的、快速发展的独立分支学科。它研究的对象是风险与保险的关系，既研究风险，又研究保险以及什么样的风险能够用保险处理。目前，主要以当代中国经济结构转型和经济社会发展建设中的各种经济风险与保险问题为重点内容，探究在经济领域中，风险与保险变化的规律，达到服务于中国经济发展的目的。

　　本书紧密联系实际，从各个不同的角度进行具体的风险与保险的研究，分析研究了风险的特征、风险成本、风险处理方法、风险管理与保险的关系、保险的功能与作用、保险的原则、责任风险与保险、信用保证风险与保险、农业风险与保险、财产损失风险与保险、旅游风险与保险、人身风险与保险、生态风险与保险、保险市场与保险监管等当今存在的风险与保险热点问题。该新兴学科的建立，不仅为深入贯彻落实科学发展观、推进全面建成小康社会提供了一些新思路和新举措；而且在学术上涉猎了一些新领域的内容，突显了针对性和实用性，具有由浅入深、简繁结合、易教易学的特点，有一定的先进性和前瞻性。

　　本书可供普通高等院校的经济学、金融学、保险学、国际经济与贸易、财务管理、会计学、现代企业管理等专业，农业院校的有关专业，党政群团单位，社会各行各业在职人员和广大县、乡干部使用。

# 前　言

风险保险学是一门新兴的、快速发展的学科。它既研究风险，又研究保险。有句俗话说得好："无风险，无保险。"由此可见风险与保险之间的密切联系了。

改革开放以来，党和政府十分关心保险业的发展，把保险业与银行业、证券业作为金融体系的三大支柱，使现代保险具有经济补偿、资金融通和社会管理三大功能。我国的实践证明，保险不仅是一种市场化的风险转移机制，一种市场化的社会互助机制，一种用市场办法从容应对各类灾害事故和突发事件、妥善安排人的生老病死的社会管理机制；而且是金融体系和社会保险体系的重要组成部分。保险业是传递爱心、营造幸福、促进和谐的事业，加快保险业的发展是构建社会主义和谐社会的必要要求。我们编写本书的目的是让人们学保险，懂保险，用保险，普及保险知识，提高全民风险和保险意识。从国际经验看，经济越发展社会越进步，保险越重要。促进保险业又好又快发展，早日实现做大做强的战略目标，是时代赋予我们的重要使命。要完成好这一历史任务，必须加强风险保险教育，尤其是加强高等学校风险保险教育，培养具有较强保险意识和保险运用能力的高级人才。本书不仅在编排上体现了风险保险学的性质与规律的客观要求，而且在内容安排上体现了科学性、系统性、时代性和实践性的要求，具有由浅入深、前后呼应、简繁结合、易教易学的特点。

本书编写时注意贯彻基础知识、基本原理与创新能力培养相结合的原则。在加强基本理论、基本方法和基本技能论述的同时，尽可能增加国内外有关风险保险学理论与实践发展的新内容，反映新的研究成果与发展趋势，使本书具有一定的先进性和前瞻性。

编者在编写《风险保险学》一书时，在对基本原理做概述的同时，还非常注意其基本原理的实际应用，力争使其既有一定的理论深度，同时又具有应用与指导的价值，以便达到学以致用的目的。

为了保证编写质量，我们邀请了有关专家、教授参与编写工作，力求使本书达到较高的学术水平，并具有一定的特色。但由于经验不足和水平有限，难免会有一些问题和缺点，敬请广大读者和专家批评指正。

编　者

2015 年 1 月

# 目 录

1

# 目 录

**目 录**

# 目 录

# 目 录

## 第一章
## 绪论

**学习要点：**
　　◇ 了解风险保险学的对象、内容和性质
　　◇ 了解风险保险学的研究方法
　　◇ 了解学习风险保险学的意义

### 一、风险保险学的研究对象

#### （一）风险保险学的研究对象

每门学科都有自己特殊的研究对象，并以此与其他学科区别开来。风险保险学的研究对象是什么呢？

首先，风险是风险保险学的研究起点。古人云："天有不测风云，人有旦夕祸福。"在现实生活中，不论是"不测风云"还是"旦夕祸福"，都是由客观存在的风险引起的。风险不仅存在于人的生产活动中，也广泛地存在于人的非生产活动中。因此排在我们面前的对象，首先是风险（关于风险的详细论述，请参见本书第二章）。风险是风险保险学的研究起点，"无风险则无保险"，而风险存在于人类活动中的各个角落。

其次，风险与保险的关系是风险保险学的研究对象。风险保险学以风险为研究对象，但并不是一般的研究风险，而是通过对风险的主要特征及主要风险类型的分析，来寻求对付风险的办法，也就是要对风险进行有效的管理。但是风险管理的方法有很多种，风险保险学则选择其中最重要的一种方法——保险来研究，具体说来就是怎样的风险，可以用保险来处理。

最后，风险保险学不可避免地要研究保险的具体内容。现代保险学界有句俗语说得好："无风险，无保险。"由此可见风险与保险之间的密切联系。保险作为应对风险的方法之一，有别于其他风险管理方法的特征。而保险本身的特性，就决定了某些风险是不能通过保险来规避的，但是保险作为一种工具，却是随着技术的发展，而不断的进步，以前不能使用保险规避的风险，现在却可以规避了。

目前，风险保险学在风险管理和保险领域中的运用主要是以服务于中国经济为目的的，以当代中国经济结构转型和经济社会发展建设中的各种经济风险与保险问题为主要的研究对象，探究在经济领域中，风险与保险变化的规律。

风险保险学是一门新兴的、快速发展的学科，从趋势上看，风险保险学的重点将转向实用性较强的社会问题，尤其是要关注那些有可能成为社会热点的重大问题，例如环境污染和环境保险的相关问题的研究。

风险保险学的内容决定于风险保险学的研究对象，风险保险学的内容是风险保险学的研究对象的具体表现。从这种意义上说，风险保险学的内容和风险保险学的研究对象是统一的。然而，两者之间也存在着一定的差别。一门科学的对象是指某一现象领域中的某种特殊关系，因此，一门科学只能有一个研究对象，而一门科学所涉及的内容则是多方面的。不仅如此，任何一门科学的研究对象及其性质都不是孤立存在的，对于一门科学的研究，除了要研究这门科学的对象本身以外，还要研究与这门科学的对象相关的各个领域，以及它们之间的相互关系。风险保险学的对象与其内容的关系也是如此。风险保险学的研究对象只有一个，即风险与保险之间的关系，而风险保险学的研究内容则相对广泛得多。总的说来风险保险学包括两个方面的内容：一是关于风险的内容，二是关于保险的内容。

### 1. 关于风险

风险通常用于表示不确定性，它几乎在个人和组织发展的过程中创造各种问题和机遇。无论是谁，不管是达官贵人，还是贩夫走卒都面临着风险并以各种方式来应对。有时候一个风险可能被人们有意识的分析和管理，但是大多数的风险都被人们忽视了。风险的具体内容主要有两个方面：一是对风险的认识。主要包括风险是什么、风险的影响因素有哪些两个方面的内容。二是如何处理风险，即风险管理方面。主要包括风险管理的流程、风险管理的工具、风险管理的思想等。

### 2. 关于保险

保险本身是一种契约，一种可转移风险的商业契约。作为商业契约的本质，自然是一种商品关系的反映。这种商品关系指保险当事人双方之间遵循商品等价交换原则，通过签订保险合同的法律形式确立双方的权利与义务，实现保险商品的经济补偿功能。在保险商品关系中，一方当事人按照合同的规定向另一方缴纳一定数额的费用，另一方当事人按照合同的规定承担经济补偿责任，即当发生保险事故或出现约定事件时，保险人按照合同规定的责任范围，对对方的经济损失进行补偿或给付，以保障对方的生产或生活的正常运行。保险商品关系既是一种经济关系，又是一种法律关系。保险商品关系的具体内容主要体现在以下四个层面：

第一，保险当事人之间的关系。保险当事人之间的关系是指保险人与投保人、被保险人、保险受益人之间因保险商品交换而形成的相互关系。保险人作为保险商品经营的主体，在为投保人或被保险人提供保险商品服务的过程中，与客户结成一定的社会经济关系，即商品交换关系。联结保险当事人权利与义务关系的纽带是保险合同。由保险合同确定的保险当事人之间的关系表现为一种法律关系。保险法律关系是保险经济关系的表现形式，保险经济关系是保险法律关系的存在基础。

第二，保险当事人与保险中介人之间的关系。这种关系一方面表现为保险人与保险代理人、保险经纪人、保险公估人等之间因经营保险业务而形成的保险商品交换关系，另一方面表现为保险代理人、保险经纪人、保险公估人等与被保险人或保险受益人等之间因从事保险代理、保险经纪、保险公估活动而产生的保险商品交换关系。

第三，保险企业之间的关系。保险企业之间的保险商品关系包括保险公司之间，原保险公司与再保险公司之间以及再保险公司之间因保险经营活动而产生的保险商品关系。目前，我国保险市场上存在的保险企业，从性质上看，有国有独资保险公司与股份有限保险公司；从形式上看，有内资保险公司、外资保险公司和中外合资保险公司；从业务内容上看，有财产保险公司、人身保险公司、再保险公司；从经营范围上看，有全国性保险公司、区域性保险公司等。随着改革开放政策的进一步贯彻落实，社会经济的深入发展，还会出现一些其他形式的保险企业，从而形成一种不同经济结构，不同层次，不同形式并存的保险市场格局。这些保险企业，不论其规模大小，实力强弱，在市场经济中均处于平等地位。为了各自的经济利益，它们在保险经营活动中既存在相互竞争关系，又存在相互协作关系。

第四，国家对保险业实施监管而形成的管理与被管理的关系。这种关系是指国家保险主管机关对在本国领土上从事保险业务的保险人和从事保险中介业务的保险中介人实施监管而形成的管理与被管理的关系。具体表现在两个方面：一是政府与保险企业之间的关系。政府实施宏观调控，根据保险市场的需要，决定是否批准成立新的保险企业等。政府对国家负责。企业按政府规定经营保险业务，自主经营，自负盈亏，自我约束，自我发展。二是监管者与被监管者之间的关系。保险商品关系本质上是一种商品经济关系。只要存在商品经济关系，必然有保险市场的竞争。为了保障保险企业的正常经营，保护保险当事人的合法利益，宏观上需要对保险市场进行管理，包括经济手段的管理、行政手段的管理和法律手段的管理，从而形成一种为保证保险商品交换正常运作的管理与被管理的关系。

（二）风险保险学的学科性质

任何一门学科都要明确研究对象，也要明确其学科性质，而学科性质是由研究对象规定的。风险保险学在确定了自己的研究对象的同时，也就规定了它的学科性质，它是具有应用性和边缘性的学科。

风险保险学是风险管理和保险学的交叉学科，是以风险学和保险学为主干，紧密联系实际，从各个不同的角度进行具体的风险与保险的研究，从而逐步建立起来的新的科学。风险保险学主要是以经济活动中的风险与保险关系的变化及规律性为研究对象，以提高人们运用保险规避风险能力为中心任务的一门学科。这就明确了风险保险学是一门应用性学科。同时它是建立在风险管理学、保险学、自然科学的基础之上，并运用这些学科的理论、原则和方法来研究经济活动过程中的风险现象并如何规避的一门科学，所以它又是一门边缘性学科

二、风险保险学的研究方法

风险保险学的研究方法主要有两种：一是一般的研究方法，即哲学思维方法；二

3

是具体的研究方法。

（一）风险保险学研究的一般方法

1. 唯物辩证法

在风险保险学中使用唯物辩证法，就是要在研究和学习中坚持以下基本观点：

（1）唯物的观点。物质是第一性的，意识是第二性的，存在决定意识，而不是相反。按照这一观点，风险保险学的研究不应当从"理性""正义"或人的主观意识和心理因素出发，而应从客观存在的物质生产过程出发，去揭示风险变化与保险发展过程中固有的规律性。风险是损失的可能性，虽然这种损失在当下并不存在，但是影响损失的各种因素，却是客观存在的。所以，风险保险学必需严格坚持唯物的观念，对风险和保险进行如实地考查和系统记录，尽可能地收集完整的资料，不漏掉相矛盾的资料。在分析材料做结论时，必须尊重材料所提供的事实情况，对材料不能简单取舍，更不能任意添加和臆测，只有这样，研究才有可能是科学和有用的。

（2）发展变化的观点。辩证法认为风险与保险处于不断运动中。辩证法对现存风险与保险关系的肯定的理解中，同时包含着对它的否定的理解；每一种风险与保险关系都是在不断地运动中，因而也是从它的暂时性方面去理解。任何风险与保险都必然要经历一个由量变到质变的过程。在不同环境和条件下，风险与保险关系的性质也是不同的。任何风险与保险都要经历一个发生、发展和消亡的历史过程。

（3）矛盾的观点。对立统一规律是辩证法的核心内容，也是宇宙间的根本规律。一切风险与保险过程发展变化的决定性的原因和力量，在于它内部固有的矛盾性。风险与保险的内部矛盾是其发展运动永不枯竭的源泉。

（4）联系的观点。在人类的活动过程中，风险与保险都是在外部环境中，在各种因素彼此相互影响和作用下产生和发展的；同时，风险与风险，风险与保险，保险与保险之间，也是相互影响和相互作用的。因此，风险保险学的研究必须坚持联系性原则，不能孤立地看待某一风险或保险现象。要考虑环境各因素与各个风险和保险之间的关系，考虑不同的风险之间以及风险与保险之间的关系，从错综复杂的联系中去探讨其研究对象的心理规律。

2. 归纳演绎法

唯物辩证法既是科学的世界观，也是科学的方法论。科学的归纳演绎法就是这种科学方法的运用。抽象法包括相互联系的两个科学思维过程。

（1）归纳法。归纳法就是从具体到抽象，也就是理论研究要从具体的客观现象出发，深入调查研究，充分占有实际材料，对所占有的材料进行辩证的分析，探索事物内在的、本质的、必然的联系，揭示经济运动过程的客观规律性。运用这一方法进行经济理论研究，首先要求充分地占有材料。充分地占有材料是坚持辩证唯物主义认识论的基础，只有做到这一点，才有可能对风险过程作出全面的、准确的、客观的和符合实际的认识，从而抽象出科学的概念和理论。在充分占有材料的基础上，坚持辩证思维的理论研究过程，也就是对客观风险与保险现象进行去粗取精、去伪存真、由此及彼、由表及里的思维过程，透过现象发现事物的本质，揭示事物的内在联系和规律性。理论研究从具体到抽象的过程，也就是人们对客观经济事物从感性认识到理性认识的上升过程。

（2）演绎法。演绎法是理论叙述的方法，也就是安排理论的方法。所谓从抽象到具体，就是理论叙述的逻辑进程从最简单和最一般的经济理论范畴出发，逐步上升到复杂和具体的经济理论范畴，通过理论范畴的上升和转化，把客观运动和发展过程在理论上再现出来。风险与保险关系总是一个复杂的整体，包含着多重的规定和关系，正因为它是许多规定的总和，所以是具体的。人们在理论上阐明这种事物，首先需要对那些最简单和最一般的风险与保险范畴作出理论分析，然后逐步深入分析那些比较复杂的风险与保险范畴，直到最后对这一关系作出全面的、完整的、具体的理论阐析，在理论范畴上达到本质和现象的统一。

（二）风险保险学研究的具体方法

风险是一种在人类活动中的复杂多变的影响因素，对它的研究不可能像其他自然科学那样用显微镜、化学试剂等工具直接进行定性和定量的分析。

风险保险学的研究要有成效，就必须在唯物辩证法的指导下，运用具体的研究方法。风险保险学研究的主要方法有观察法、调查法、问卷法、模拟法等。在实际从事研究工作时往往是各种方法综合运用，下面就主要的方法进行介绍：

1. 观察法

观察法是一种传统的、应用广泛的科学研究方法。

观察法是有目的、有计划地通过对研究对象的观测和计量来判断风险变化的规律的基本研究方法之一。

观测法有很多种分类，根据是否限制在一定的时间、空间内进行观察，分为时间取样法和情景取样法。

2. 经验比较法

风险保险学中每一个概念的形成及理论体系的建立，总是要以千百万人的实践经验为基础，通过反复验证才能完成。由于历史经验难免受当时现实条件的局限，因此，认真总结、借鉴历史经验，做出科学的假说，对于创立本学科的概念从而形成系统的理论是十分必要的。

近年来，风险保险学的发展过程中，比较研究得到了越来越多的应用。这些比较研究主要包括不同风险和保险之间的比较研究，发达国家和发展中国家之间的风险形式和保险类型的研究。

3. 问卷法

问卷法是运用内容明确、表达正确、回答简便的问卷表，让调查对象根据个人情况自行作答的调差方法。此方法近似于民意测验，常用的问卷调查法有以下三种：

（1）是非法：采用只有"是"与"不是"两种回答的问卷，让调查对象根据自己实际情况对每个问题作出"是"与"不是"的回答，不能模棱两可，也不能不作出问答。

（2）选择法：要求调查对象在可供选择的几种答案中按照个人的实际情况选择出

一个或几个。

（3）等级排列法：在问卷中列出多种答案，要求调查对象按其对自己的重要程度依次进行排列。

4. 计量分析法

计量分析法在风险保险学中也被广泛地运用。在研究影响风险与保险因素的文献中，计量分析方法具有特别重要的意义，它能够揭示不同要素之间的数量关联，从而验证相关理论在实证层次上的有效性。

5. 案例分析方法

案例分析法是研究者如实、准确记录某一时间案例发生、发展、变化的过程并进行分析、研究的一种方法。该方法运用于风险保险学中，可以从具体到抽象，从分析到综合，根据案例中的数据得出有用的结论。如对农业风险的变化状态的具体研究等问题。

6. 微观和宏观分析相结合的方法

微观分析法是以单个经济单位所面临的风险为研究对象，通过研究单个经济单位的风险状况说明微观主体最优选择的保险对策。宏观分析通过对整个社会所面临的风险状况来说明哪些风险是系统性的，哪些不是系统性的。通过这两种分析方法的结合，来帮助我们更深入地了解风险与保险之间的关系。

7. 博弈理论的应用

博弈论也称对策论，它研究决策主体的行为在存在相互关联时，是如何决策并最终实现均衡的。决策主体不仅要考虑自身的决策问题，还要考虑竞争对手的反应，这种决策以及由此形成的均衡就是博弈理论所研究的内容。博弈理论包括博弈主体、博弈规则、行为策略和收益函数四大基本要素。考虑信息的对称与不对称问题，博弈过程的可重复性问题，博弈过程中的共谋与否等问题，博弈可形成特殊的均衡与非均衡状态。将这一理论引入风险保险学中，研究在风险环境中的经济的行为。

### 三、学习风险保险学的意义

随着科技的日新月异，经济与社会发展的各个方面都发生了巨大变化。在这个过程中，风险成了现代社会的最为重要的特征之一。风险管理理论就是顺应时代发展的产物，保险作为风险管理最重要的技术手段，其地位得到了不断的提高。在当今社会，风险管理与保险已经渗透到了社会的各个方面。对于当代大学生来说，如何认识风险，如何管理风险，如何利用保险规避风险，都是在未来生活工作的过程中不可避免的问题。因此学习风险保险学的意义在于：

首先，学习这门课程是为了将来从事相关领域的职业作出准备。风险保险学的知识，不仅可以帮助那些希望在保险职业生涯中取得发展的同学迈出重要的一步，而且可以为很多希望从事管理工作的人提供有效的知识储备。对于一个组织领导而言，为了最大化组织的经营绩效，必须能够精确地理解组织所面临的风险及其性质，并懂得对损失的正确处理方法。

其次，学习这门课程可以使自己在未来的生活工作中，让自己和家庭在诸多方面获益。第一，你可以更好地了解自己生活在其中的世界。为什么现代经济社会离不开保险业？为什么这个社会需要机动车交通事故责任强制保险？为什么创业创新需要保险来护航？诸如此类的问题，你都可以在学完这门课程之后找到答案。第二，这门课程可以帮助你成为一个更有知识的保险消费者，更精明的安排保险计划。第三，你将可以用更经济的方式来处理各种损失风险（这是个人理财最重要的一个方面），不仅能够避免意外事故造成的生活水平降低，并且可以因为将各种风险置于控制之中而获得内心的安宁，进而更轻松地投入自己的事业和对梦想的追逐。

最后，学习这门课程有利于自己的学术生涯，风险保险学课程将会为你提供一个将各个学科有机融合起来的机会。保险应用和综合了其他领域的广泛知识，其宽度几乎是没有别的学科可以比拟的。在阅读完本书之后，你会发现，保险包括了经济学、统计学、金融学、会计学、管理学、法学、工程学、医学等各个学科的应用，不仅具有较强的实践性，而且提供了一种跨学科的思维方式和研究方法。

## 本章小结：

1. 风险保险学是将风险和保险作为研究对象的学科。

2. 风险保险学的研究具体方法有观察法、经验比较法、问卷法、计量分析法、案例分析方法、微观和宏观分析相结合的方法以及博弈理论的应用。

3. 风险保险学的研究一般方法有唯物辩证法和归纳演绎法。

## 复习思考题：

1. 风险保险学是一门研究什么的学科？

2. 风险保险学研究的对象、内容和性质是什么？

3. 简述风险保险学的研究方法。

4. 试述学习风险保险学的意义。

# 第二章
# 风险概论

**学习要点：**
◇ 风险的概念、特征
◇ 风险的构成要素及相互关系
◇ 风险的分类

## 第一节 风险的概念

### 一、风险的含义

在现代经济生活中，人们经常说到或听到诸如"股市有风险，入市请谨慎""这些事情风险很大，还是不要做了""风险越大，收益越高""风险与机遇并存"等类似话语。但"什么是风险"，不同的学者对此却有不同的理解和认识，国外学者主要有两大派观点，即客观风险说和主观风险说。客观风险说以风险的客观存在为前提，从概率统计的数理观点出发，认为风险是可以用客观尺度衡量的事物，也就是在一个较大的范围内和一个较长的时间里，依据大数法则和概率论对风险发生的频率和损失程度进行测定和估计。主观风险说强调的是"损失"与"不确定性"之间的关系，认为风险是主观的、个人的和心理上的一种观念，是人们主观上的一种认识。该学说对风险的定义纯属个人对客观事物的主观估计，而不能以客观的尺度予以衡量。

国内学术界对风险的定义也没有统一的说法，这里概要列举几种观点：

(1) 风险是事件未来可能结果发生的不确定性；

(2) 风险是损失发生的不确定性；

(3) 风险是指损失的大小和发生的可能性；

(4) 风险是由风险因素、风险事件、风险结果相互作用的结果；

(5) 风险是经过某一时间间隔，具有一定工信区间的最大可能损失；

(6) 风险是在特定的客观条件下、特定的时间内，实际损失与预测损失之间的均方误差与预测损失的数学期望之比。

在上述的所有与"风险"有关的理解和认识中，都包含了"损失的不确定性"。这种不确定性又可分为两个方面的不确定：损失出现的不确定和损失程度的不确定。由此可知风险的大小至少与上述两种不确定有关。

理解风险的含义，需要注意风险与损失、收益的密切相关性。该定义至少揭示了两层含义：一是风险的结果是可能的损失；二是不确定性是风险的核心。风险是损失的不确定性，即发生与否不确定，发生时间不确定，发生情况如何不确定，发生程度和结果不确定。事物存在风险，意味着存在损失的可能性，同样也意味着获得收益的可能性。有的事物虽然有着很大的风险，但是同时也伴随着很高的期望收益。事物所具有的这种两面性，一方面期望收益激起人们奋斗的欲望，促进人们去尝试新的事物，去开拓新的领域；另一方面损失的可能性，让人们在尝试新的事物，去开拓新的领域的时候，积极地准备，小心地实践以提高成功的可能性。

## 二、风险要素

### （一）损失

损失是指人非故意、非计划、非期望的标的物质减少。它包括两层含义：一是损失必须是"非故意的、非计划的、非预期的"，如恶意行为、折旧、发生火灾后放任火灾蔓延所导致的损失则分别属于故意的、计划的、可预期的，因而不能称为损失；二是损失必须是经济损失，如记忆力的衰退、感情损失等就不包括在内。但是，车祸使受害者丧失一条腿，便认为是损失，因为首先车祸的发生满足第一个条件，而人的腿虽不能以经济价值来衡量，即不能以货币来衡量，但丧失腿后所需的医疗费和因残疾而导致的收入的减少是可以用金钱来衡量的，所以车祸的结果也满足第二个条件。

损失依据能否被货币度量，可以分为经济损失和非经济损失两大类。在风险保险学中的损失指的是经济损失，例如对于人身伤亡，只从由此引起的给本人及家庭带来的经济困难或者对社会创造经济价值的能力减小的角度来考虑。

损失依据引起损失的因素是否直接作用于标的物，可以分为直接损失和间接损失。例如汶川地震中，造成的工厂倒塌，这是地震引起的直接损失，而由于工厂倒塌引起的工厂停工，造成的经营收益的损失，就是地震引起的间接损失。

### （二）风险事件

风险事件又称为风险事故，是指引起生命或财产损失的偶然事件，是造成损失的直接原因。风险一般指的是损失的可能性，而风险事件的发生就使得这种可能性损失变成了现实性损失。从这个意义上来说风险事件是损失的媒介。

### （三）风险因素

风险因素，又称为风险条件，是指增加风险事件发生的频率或严重程度的原因或条件。风险因素是风险事件发生的潜在因素，是造成损害的间接的、内在的原因。例如，对于建筑物来说，风险因素指的是其建材、建筑结构、自然界中的风火雷电等；对于人自身而言，风险因素就包括年龄、健康状况等。需要注意的是构成风险因素的

9

条件越多，发生损失的可能性就越大，损失就会越严重。

风险因素依据影响损失产生的可能性和程度可分为两类：有形风险因素和无形风险因素。

有形风险因素是指增加风险事件发生的频率或严重程度的物质方面的因素。比如财产所在的地域、建筑结构和用途等。南方地域要比北方地域发生洪灾的可能性大；木质结构的房屋要比水泥结构的房屋发生火灾的可能性大；机动车从事营运的要比非营运的发生交通事故的可能性大。

无形风险因素是指文化、习俗和生活态度等一类非物质形态的风险因素，这类因素也会影响损失发生的可能性和受损的程度。无形风险因素包括道德风险因素和行为风险因素两种。道德风险因素是指人们以不诚实，或不良企图，或欺诈行为故意促使风险事件发生，或扩大已发生的风险事件所造成的损失的因素。例如偷工减料引起产品事故、故意纵火以图谋保险金等。行为风险因素是指由于人们行为上的粗心大意和漠不关心，易于引发风险事件发生的机会和扩大损失程度的因素。例如，外出忘记锁门对于室内被盗事件、工程设计差错对于工程项目失败、电线陈旧不及时更换对于火灾事故等，都属于行为风险因素。在实际操作的过程中，这两者很难区分开来。

需要指出的是，风险因素和风险事件的区分是相对的而不是绝对的，如雷电。雷电直接击伤人或击毁财物，则雷电属于风险事件；如果雷电造成火灾，进而火灾损害人或财物，则雷电属于风险因素。

### 三、风险的特征

#### （一）客观性

风险是损失的可能性，而这种可能性是由客观存在的自然运动和社会运动的无限性引起的。而客观事物的运动是一种不以人的意志为转移，独立于人的意识之外的客观存在。因为无论是自然界的物质运动的规律，如自然的地震、洪水、雷电、暴风雨等是受自然规律支配的，还是社会运动的规律，如战争、冲突、车祸、瘟疫、失误或破产等是受社会发展规律支配的。因此所有的风险，都由事物的内部因素决定，由超出人们主观意识存在的客观规律决定，所以风险具有客观性。人们通过认识和掌握客观规律来预防风险事件，降低风险事件发生的概率，减少其损失，但是不可能通过消灭客观规律来消除风险。

#### （二）普遍性

人类社会自产生以来，就面临着各种各样的风险，随着科学技术的发展、生产力的提高、社会的进步以及人类的进化，新的风险不断产生，并且风险事件造成的损失也越来越大。如人们在生产、生活中会面临各种各样的自然灾害、意外事故、疾病、战争等。在现实社会中，无论人们的年龄、性别、职业、职务怎样，无论何时，也无论身处何地，人们总会面临各种各样的风险。所以说，风险是无处不在、无时不有的。

#### （三）偶然性

从总体上看，风险是必然要发生的，即损失的可能性一定会转换成现实性的。但是对个体而言风险具有偶然性。这是由于信息的不对称，未来风险事件的发生很难预测，即未来风险事件的不确定性：一是风险事件发生与否不确定，例如就全社会而言，每天都有车祸发生，这就使得社会中的每个人面临着车祸风险，但是具体到个人，车祸是否发生，就未必了；二是风险事件发生的时间和空间的不确定，例如人难免一死，但是什么时候死和死在哪里，却是不可知的；三是风险事件发生的形式和造成的损失的不确定，例如房屋的损毁，有可能是地震、洪水、台风、火灾等各种风险事件引起。

（四）可测性

个别风险事件的发生是偶然的。但是通过对大量风险的观测可以发现，风险往往呈现出明显的规律性，也就是说，对一定时期内特定风险发生的频率和损失率，可以依据概率论和数理统计的方法加以测定，从而将不确定性化为确定性。可见，通过对偶发事件的大量观测分析，可以揭示出风险潜在的规律性，使风险具有可测性。风险的可测性奠定了保险费率厘定的基础。

（五）相对性

客观存在的自然运动和社会运动的无限性，让风险不是永恒不变的，而是相对不变的。而风险的变化，既有量的增加，也有质的改变，旧的风险可能消失，而新的风险也会出现。风险的变化，主要由风险因素的变化引起。例如：科技进步一方面使得人类认识风险，规避风险，抵御风险的能力得到增强；另一方面，也产生了诸如核风险、耐药细菌、空难等新的风险形式。

（六）发展性

风险的发展性也称为风险的可变性。在一定的条件下，风险可能发生变化。人类社会在自身进步和发展的同时也创造和发展了风险，尤其是当代高新科学技术的发展和应用，使风险的发展性更为突出。如向太空发射卫星，把风险扩展到外层空间，建立核电站带来核污染等。

（七）社会性

自然现象本身无所谓风险，比如火山喷发，是地球自身运动的一种表现形式，如果没有人类存在，火山便不会危及人类。只有当火山喷发给人们的生命和财产造成损害和损失时，才称其为风险。因此风险与人类的利益是密切相关的。也就是说无论风险源于自然现象、社会现象，还是源于生理现象，它都必须是相对于人身及其财产的危害而言的。没有人，没有人类社会，就没有风险可言。

**四、风险成本**

在投资界中，有这么一句俗语："高风险，高收益。"因此承担风险的想法非常有诱惑力。但是并不是所有的风险都伴随收益，有的风险就只有损失的可能性。比如，一个工厂所面临的火灾的可能性。当火灾爆发时，很可能由于财产损害和收入减少造成损失，但是发生火灾，却不可能因此有任何的预期的收入。围绕这种潜在的损失会给个人、组织、国家都带来巨大的损失，这种潜在的损失，就是风险成本。风险成本是指由于风险的存在和风险事件发生后人们所必须支出的费用和预期经济利益的减少，包括风险因素成本、风险事件成本、风险处理成本。

（一）风险因素成本

风险因素成本是指由于风险因素存在所产生的风险成本。尽管此时的风险损失并没有产生，但是由于风险因素存在导致资源配置、社会生产力、社会福利的损失。这种损失是无形的、隐蔽的，但是却实际存在。这种成本主要体现在：

（1）风险因素导致的社会生产力和社会个体福利水平下降。一方面，由于风险事故发生的不确定性以及事故的灾难性的后果，人们对此总是表现出担忧。为此不得不利用一部分资源来防备风险损失，从而降低整体的福利水平。另一方面，因为风险的存在，人们不愿意把资金投向高风险的高新技术产业，这使高新技术的运用和推广受到阻碍，这也会降低社会的生产能力。

（2）风险因素导致的社会资源失衡。由于风险的存在，客观上限制了投资方向，并从总体上破坏了社会资源的均衡状态，这表现出了社会资源流向风险相对较小的部门或行业过多，而流向风险相对较大的部门或行业则过少。从而抑制生产，限制供给，引起市场价格的变动。这又引起新的市场风险，形成恶性循环。

（二）风险事件成本

风险事件成本是指由于风险事件的发生导致的风险成本，这种成本是由直接成本和间接成本构成。例如：一家工厂发生的火灾，不仅造成机器损坏、生产停滞，还造成收入减少等。

（三）风险处理成本

风险处理成本是指预防或控制风险损失的风险成本，这其中就包括为潜在损失进行融资的支出和出于防范风险而采取行动的机会成本。例如购买防灾减灾的设备的直接费用；如果采用购买保险的方式处理风险，则要支出保险费。

# 第二节　风险的种类

风险分类，就是根据风险分析的目的不同，按照一定的标准，对各种不同的风险进行区分的过程。

风险分类是为一定的目的服务的。对风险进行科学的分类，首先是不断加深对风险本质认识的需要。通过对风险进行分类，可以使人们更好地把握风险的本质及变化的规律性。其次，对风险进行分类，是对企业风险实行科学管理，确定科学控制手段的必要前提。

由于对风险分析的目的不同，可以按照不同的标准，从不同的角度对风险进行分类。

## 一、按风险的性质分类

按照风险的性质不同，风险可以分为纯粹风险、投机风险和收益风险三类。

（一）纯粹风险

纯粹风险是指只有损失的可能性而无获利的可能性的风险，其所致结果有两种：损失和不损失。例如交通事故只有可能给人民的生命财产带来危害，而绝不会有利益可得。在现实生活中，纯粹风险是普遍存在的，如水灾、火灾、疾病、意外事故等都可能导致巨大损害。但是，这种灾害事故何时发生，损害后果多大，往往无法事先确定。人们通常所称的"危险"，也就是指这种纯粹风险。

（二）投机风险

投机风险是指既有损失的可能性又有获利的可能性的风险。其所致结果有三种：损失、无损失和盈利。例如，有价证券，证券价格的下跌可使投资者蒙受损失，证券价格不变无损失，但是证券价格的上涨却可使投资者获得利益。还如赌博、市场风险等，这种风险都带有一定的诱惑性，可以促使某些人为了获利而甘冒这种损失的风险。

（三）收益风险

收益风险是指没有损失的可能性而只有获利的可能性的风险，例如接受教育可使人终身受益，但对受教育的得益程度是无法进行精确计算的，而且，这也与不同的个人因素、客观条件和机遇有密切关系。对不同的个人来说，虽然付出的代价是相同的，但其收益可能是大相径庭的，这也可以说是一种风险，有人称之为收益风险。

**二、按风险的环境分类**

按照环境的不同，风险可以分为静态风险和动态风险两大类。

静态风险是指在社会政治经济环境正常的情况下，由于自然力的不规则变动、人们的错误判断和错误行为所导致的风险。

动态风险是指与社会变动有关的风险，主要是社会经济、政治以及技术、组织机构发生变动而产生的风险。

动态风险与静态风险的区别主要在于：第一，所致损失不同。动态风险对于一部分个体可能有损，但对另一部分个体则可能获利，从社会整体看也不一定受损；静态风险对于个体和社会来说都是纯粹损失。第二，影响范围不同。静态风险的影响范围有限，往往只会影响到部分财产或个人，而动态风险的影响范围较大，甚至全社会。第三，静态风险对个体而言，风险事件的发生具有偶然性，但是就社会整体而言，其具有一定的规律性，相反，动态风险很难找出其规律所在。

**三、按风险的标的分类**

按照标的不同，风险可以分为财产风险和人身风险。

（一）财产风险

财产风险是指导致财产物资发生毁损、灭失和贬值及有关利益的减少的风险。对财产风险的概念的界定，不同学者有着不同的阐述，一般而言，人们将其分为狭义的财产风险和广义的财产风险。狭义的财产风险仅指各种财产损失风险，强调风险标的是各种具体的物资财产，故狭义的财产风险又称为财产损失风险。例如，房屋、设备有遭受火灾、地震、爆炸等损失的风险；汽车行驶中有遭受因碰撞、倾覆等损失的风险；船舶在航行中有遭受触礁、搁浅、沉没所致损失的风险等，这些都属于财产风险。广义的财产风险的风险标的既包括各种有形的物资财产，也包括各种以物资财产基础派生出来的财产相关利益、责任和信用。可见，广义的财产风险是最高的概念，狭义的财产风险则是广义财产风险的有机组成部分。因此广义的财产风险可以进一步分为财产损失风险、责任风险、信用风险。责任风险是指因侵权或违约，依法对他人遭受的人身伤亡或财产损失应负的赔偿责任的风险。例如，医疗事故造成病人的病情加重、伤残或死亡；生产或销售有缺陷的产品给消费者带来损害；驾驶机动车不慎撞人造成对方的伤残或死亡，如果属于驾驶员的过失，那么按照法律责任规定，就须对受害人或家属给付赔偿金。又如，根据合同、法律规定，雇主对其雇员在从事工作范围内的活动中，造成身体伤害所承担的经济给付责任，均属于责任风险。信用风险是指在经济交往中，权利人与义务人之间，由于一方违约或犯罪而造成对方经济损失的风险。例如，在信用贷款中，贷款人就面临着借款人不能及时还贷款的信用风险。

### （二）人身风险

人身风险是指因生、老、病、死、残等原因而导致经济损失的风险。例如因为年老而丧失劳动能力或由于疾病、伤残、死亡、失业等导致个人、家庭经济收入减少，造成经济困难。生、老、病、死虽然是人生的必然现象，但在何时发生并不确定，一旦发生，将给其本人或家属在精神和经济生活上造成困难。人身风险又可以分为生命风险、意外伤害风险和健康风险三类。

### 四、按风险的因素分类

按照风险的因素的不同，风险可以分为自然风险和人为风险。

### （一）自然风险

自然风险是指由于自然现象或物理现象所导致的风险。自然风险还可以分为环境风险和人的自体风险。环境风险如风灾、水灾、雪灾、震灾、旱灾、虫灾、火灾，等等，它们是完全的自然生成后给人类造成的危险和灾难。人类在进化的过程中起初对它们只有被动承受的份，毫无作为；进而有了对它们的认识、了解、预测、预防、躲避乃至不同程度的淡化和消除的技能，但时至今日也还不能从根本上避免它们的发生。自体风险即疾病，包括可以蔓延到群体的传染性疾病（如霍乱、瘟疫、流感、肝炎、麻风、肺结核、血吸虫病等）和不具传染性的个体疾患。对疾病，人类凭借自己的智慧在不断地认识、治疗和根除，但时至今日面对许多疾病人类也还是束手无策，无可奈何。自然风险一直伴随着人类走过来，也还要一直伴随着人类走下去。

### （二）人为风险

人为风险是指由于人的意志行为所导致的风险。许多人为风险不仅仅是人为风险自身的风险，还会加剧自然风险的力度，导致自然风险的愈趋肆虐。

人为风险包括社会风险、经济风险、技术风险、政治风险、法律风险等。

社会风险是由于个人行为反常或不可预测的团体的过失、疏忽、侥幸、恶意等不当行为所致的损害风险。如盗窃、抢劫、罢工、暴动等。

经济风险是指在产销过程中，由于有关因素变动或估计错误而导致的产量减少或价格涨跌的风险等。如市场预期失误、经营管理不善、消费需求变化、通货膨胀、汇率变动等所致经济损失的风险等。

技术风险是指伴随着科学技术的发展、生产方式的改变而发生的风险。如核辐射、空气污染、噪声等风险。

政治风险是指由于政治原因，如政局的变化、政权的更替、政府法令和决定的颁布实施，以及种族和宗教冲突、叛乱、战争等引起社会动荡而造成损害的风险。

法律风险是指由于颁布新的法律和对原有法律进行修改等原因而导致经济损失的风险。

### 五、按风险的范围分类

按照风险的涉及范围不同，风险可以分为特定风险和基本风险。

特定风险是指与特定的人有因果关系的风险，即由特定的人所引起，而且损失仅涉及个人的风险。例如，盗窃、火灾等引起的财产损失的风险，对他人财产损失和身体伤害所负的法律责任的风险等，都属于特定风险。特定风险通常被认为在个人的责任范围之内，因此个人应当通过保险以及其他的风险管理工具来应付这一类风险。

基本风险是指由非个人的或至少是个人往往不能阻止的原因所引起的、损失通常波及很大范围的风险。基本风险的起因及影响都不与特定的人有关，至少是个人所不能阻止的风险。例如，与社会或政治有关的风险，与自然灾害有关的风险，都属于基本风险。基本风险主要不在个人的控制下，大多数情况下它们不是由某个特定的个人的过错所造成，因此应当由社会来应付它们，而不是个人，所以通常由政府以某种形式介入来管理这类风险。

特定风险和基本风险的界限，对某些风险来说，会因时代背景和人们观念的改变而有所不同。如失业，过去被认为是特定风险，而现在认为是基本风险。

### 六、按风险的程度分类

轻度风险。这是风险程度最低的，在一般情况下即使有风险，对整体不发生大的影响。

中度风险。这比轻度风险要大，这种风险虽然未达到左右整体的程度，但对整体却会产生明显的影响。

高度风险，也称为重大风险或严重风险。这种风险一旦发生，就会使整体陷于困境，必须经过一定的时间才能恢复正常状态，严重时能造成企业无法生存，置企业于死地而不再逢生。

### 七、按风险的主体分类

按照承担风险的经济主体不同，风险可以分为个人与家庭风险、组织风险和国家风险。

15

个人与家庭风险，也称私人风险。主要是指以个人与家庭作为承担风险的主体的风险。这类风险主要有人身风险、财产风险、责任风险和信用风险等。

组织风险主要指以社会组织为承担风险的主体的风险。社会组织面临的风险主要有组织人员的人身风险、财产风险、信用风险和责任风险等。

国家风险主要是指在开放条件下国家在进行国际贸易、国际信贷等方面所遇到的风险。国家对国内风险应承担的部分，也属于国家风险。

## 本章小结：

1. 风险即损失的不确定性。这种不确定性，包括损失发生与否不确定，发生的时间不确定，损失的程度不确定。

2. 不确定性意味着预期结果和实际结果之间可能存在差异。风险的大小决定于风险事故发生的概率及其造成后果的程度。

3. 风险要素包括风险因素、风险事件、风险损失。

4. 风险具有客观性、普遍性、偶然性、可测性、相对性、发展性、社会性。

5. 风险按照性质分类有纯粹风险、投机风险、收益风险；按环境分类有静态风险、动态风险；按风险的标的分类有财产风险、人身风险；按风险因素分类可以分为自然风险、人为风险；按风险的范围分类有特定风险和基本风险；按风险的程度可分为轻度风险、中度风险、高度风险；按风险的主体可分为个人与家庭风险、组织风险、国家风险。

## 复习思考题：

1. 风险是什么？
2. 风险有哪些特征？
3. 试述风险的分类。
4. 请说明风险因素、风险事故和损失之间的关系。
5. 试运用有关不确定性理论分析风险成本。

# 第三章
# 风险管理

**学习要点：**
◇ 风险管理的概念
◇ 风险管理的基本程序
◇ 风险控制型技术和风险融资型技术
◇ 风险管理与保险的关系

## 第一节　风险管理概述

风险管理从 20 世纪 30 年代开始萌芽。风险管理最早起源于美国，在 20 世纪 30 年代，由于受到 1929—1933 年的世界性经济危机的影响，美国约有 40% 左右的银行和企业破产，经济倒退了约 20 年。美国企业为应对经营上的危机，许多大中型企业都在内部设立了保险管理部门，负责安排企业的各种保险项目。可见，当时的风险管理主要依赖保险手段。

1938 年以后，美国企业对风险管理开始采用科学的方法，并逐步积累了丰富的经验。20 世纪 50 年代风险管理发展成为一门学科，风险管理一词才形成。20 世纪 70 年代以后逐渐掀起了全球性的风险管理运动。随着企业面临的风险复杂多样和风险费用的增加，法国从美国引进了风险管理并在法国国内传播开来。与法国同时，日本也开始了风险管理研究。

近 20 年来，美国、英国、法国、德国、日本等国家先后建立起全国性和地区性的风险管理协会。1983 年在美国召开的风险和保险管理协会年会上，世界各国专家学者云集纽约，共同讨论并通过了"101 条风险管理准则"，它标志着风险管理已进入了一个新的发展阶段。

1986 年，由欧洲 11 个国家共同成立的"欧洲风险研究会"将风险研究扩大到国际交流范围。1986 年 10 月，风险管理国际学术讨论会在新加坡召开，风险管理已经由环大西洋地区向亚洲太平洋地区发展。

如今，风险管理已经在西方发达国家的企业得到普及，尤其在大企业，风险管理机构已成为企业的一个重要职能部门。简言之，风险管理的重要性主要表现在：一方面，对企业和家庭而言，首先有利于减少因风险所致的费用开支，从而提高利润水平和工作效率；其次有助于减少企业和家庭对风险的恐惧和忧虑，从而充分调动人们的积极性和创造性。另一方面，对社会而言，有利于减少社会资源的浪费；有利于社会资源的最佳配置。

### 一、风险管理的概念

风险管理，简单说来就是如何在一个肯定有风险的环境里把风险减至最低的管理过程。管理过程的主体是经济主体，包括个人、家庭、企事业单位、社会团体和政府部门以及跨国集团或国际组织。

风险管理的对象是风险，但是管理的对象是哪一种风险，历史上有纯粹风险说和全部风险说两种观点。纯粹风险说强调风险管理的对象是纯粹风险，风险管理的职能是对威胁经济主体生存和发展的纯粹风险进行确认和分析，管理的目标是以最小的费用支出，使纯粹风险的不利影响最小化。全部风险说强调风险管理应以全部风险管理为管理对象，风险管理的职能不仅包括对纯粹风险的确认和分析，还包括对投机风险的确认和分析。风险管理的目标不仅追求不利影响的最小化，还追求有利影响的最大化。

风险管理的最终目标是以尽可能小的成本换取最大的安全保障和经济利益。

风险管理强调的是人们的主动行为。在风险管理的过程中，首先需要对风险进行识别和衡量，对风险进行评价，才能对症下药，采取合理的手段，主动地、有目的地、有计划地控制风险和处理风险，风险的识别与度量是风险控制与处理的前提条件。

综上所述，可以给风险管理下一个更准确的定义。风险管理是指对影响经济主体的目标的各种风险进行识别和评估，采用合理的经济和技术手段对风险进行处理，以最低的成本获取最大安全保障的管理过程。

### 二、风险管理的分类

风险管理依照不同的分类标准可以分为以下几类：按照主体不同，风险管理可以分为个人家庭风险管理、组织风险管理和国家风险管理，其中国家风险管理的重点是公共风险管理，而公共风险管理的重点又是公共危机管理；按照风险事件发生的原因分类，风险管理可以分为火灾风险管理、洪灾风险管理、地震风险管理、海损风险管理、意外事故风险管理和技术风险管理等；按照风险事件发生时受损的标的分类，风险管理可以分为财产风险管理、人身风险管理、责任风险管理和信用风险管理等。

### 三、风险管理的目标

风险管理的目标是什么？风险管理的早期倡导者唐斯堤认为，风险管理是企业或组织通过控制意外损失事故风险，以保障企业或组织盈利。美国著名风险管理专家克莱蒙认为，风险管理的目标是保存组织生存的能力，并对客户提供产品和服务，以保护公司的人力与物力，保障企业的综合盈利能力。海灵顿认为，风险管理的目标是通过风险成本最小化实现企业价值最大化。

风险管理的目标依照层次的不同可分为总目标和具体目标两个层次。

（一）风险管理的总目标

风险管理的总目标是：以最小的风险管理成本获得最大的安全保障，从而实现风险主体价值最大化。风险管理成本，是指风险主体在风险管理过程中，各项经济资源的投入及投入的机会成本。安全保障，就纯粹风险管理而言，包括两个方面的内容：一是风险损失的减少，及对风险的有效控制；二是实际损失能及时、充分并有效地得到补偿。就投机风险管理而言，还包括投资收益获得的稳定性和可靠性。以最小的成本支出获得最大的安全保障，意味着要坚持成本效益比较的原则。通过风险成本最小化实现企业或组织价值最大化。就总体而言，由于风险的存在而导致企业价值的减少，这就构成了风险成本。通过全面系统的风险管理，可以减少风险主体的风险成本，进而减少灾害损失的发生和风险主体的资源流出，通过风险成本最小化而实现风险价值的最大化。这是现代风险管理的一个非常重要的目标。

（二）风险管理的具体目标

风险管理的具体目标，按其定位不同，可以分为最低目标、中间目标和最高目标。其中，最低目标是确保风险主体的生存，中间目标是促进风险主体的发展，最高目标是实现风险主体的社会责任。按照损失前后，可以分为损前目标和损后目标。

1. 损前目标

损前目标是风险事件发生前，风险管理应达到的目标，具体包括经济目标、安全系数目标、合法性目标。

（1）经济目标。风险管理过程中，要求尽量减少不必要的费用支出和损失，尽可能使风险管理计划成本降低。但是费用的减少会影响安全保障的程度。因此，实现费用和保障程度达到均衡是实现经济目标的关键。

（2）安全系数目标。风险管理者必须使人们意识到风险的存在，而不是隐瞒风险。这样有利于人们提高安全意识，主动配合风险管理计划的实施。与此同时，风险管理者应给予人们足够的安全保障，以减轻人们对潜在损失的烦恼和忧虑。

（3）合法性目标。风险主体受到各种法律法规的制约。因此，必须对自己的每一项活动同时加以合法性审视，以免不慎涉及官司而蒙受财力、人力、时间或名誉的损失。风险管理者必须密切关注与企业相关的各种法律法规，保证企业经营活动的合法性。

2. 损后目标

损后目标是风险事件发生后，风险管理应达到的目标，具体包括生存与发展目标、持续经营目标、稳定收益目标和社会责任目标。

（1）生存和发展目标。风险主体在面临风险和意外事故的情形下能够维持生存，风险管理方案应使风险主体能够在面临损失的情况下得到持续发展。实现这一目标，意味着通过风险管理的种种努力，能够使个人、家庭、组织乃至国家社会避免受到灾害损失的打击。因此，维持风险主体的生存是损失后风险管理的首要目标。

（2）持续经营目标。风险事件的出现会给人们带来程度不同的损失和危害，进而影响或打破风险主体的正常生活和工作秩序，甚至可能会使风险主体陷于绝境。实施风险管理能够有助于风险主体迅速恢复正常运转，帮助人们尽快从无序走向有序。这一目标要求风险主体在损失控制保险及其他风险管理工具中选择合适的平衡点，实现有效的风险管理绩效。

（3）稳定收益目标。风险主体在面临风险事件后，借助于风险管理，一方面可以通过经济补偿使生产生活得以及时恢复，尽最大可能保证风险主体生产生活的稳定性；另一方面，可以为风险主体提供其他方面的帮助，使其尽快恢复到损失前的水平，并促使风险主体尽快实现持续发展的计划。

（4）心理稳定目标。风险事件的发生不但会导致物质损毁和人身伤亡，而且会给人们带来严重的忧虑和恐惧心理。实施风险管理能够尽可能地减少人们心理上的忧虑，增进安全感，创造宽松的生产和生活环境，或通过心理疏导，消减人们因意外灾害事故导致的心理压力。

### 四、风险管理的意义

（一）风险管理对个人与家庭的意义

通过有效的风险管理，可以防范个人与家庭遭受经济损失，使个人与家庭在意外事件之后得以继续保持原有的生活方式和生活水平。一个家庭能否有效地预防家庭成员的死亡或疾病、家庭财产的损坏或丧失、责任诉讼等风险给家庭生活带来的困扰，直接决定了此家庭的成员能否从身心紧张或恐慌中解脱出来。他们所承担的身体上和精神上的压力减少了，就可以在其他活动中更加投入。

（二）风险管理对组织的意义

风险管理有利于维持组织的日常活动的稳定。有效的风险管理，可使企业充分了解自己所面临的风险及其性质和严重程度，及时采取措施避免或减少风险损失，或者当风险损失发生时能够得到及时补偿，从而保证组织生存并迅速恢复正常的组织活动。

风险管理有利于提高组织的效益。一方面通过风险管理，可以降低组织的费用，从而直接增加组织的经济效益；另一方面，有效的风险管理会使组织上下获得安全感，并增强扩展业务的信心，增加领导层经营管理决策的正确性，降低组织现金流量的波动性。

风险管理有利于组织树立良好的社会形象。有效的风险管理有助于创造一个安全稳定的经营环境，激发组织人员的积极性和创造性，为组织更好地履行社会责任创造条件，帮助组织树立良好的社会形象。

（三）风险管理对国家的意义

风险管理对于个人、家庭和组织，都具有提高效益的功效，从而使整个社会的经济效益得到保证或增加。同时，风险管理可以使社会资源得到有效利用，是风险处理的社会成本，使全社会的经济效益增加。

### 五、风险管理的程序

风险管理的基本程序分为设定目标、风险识别、风险估测、风险评价、风险处理和评估风险管理效果六个环节。

#### （一）设定目标

任何成功的决策过程都要求预先确定所想要的结果或目标。个人在处理特定任务、职业选择、家庭关系等方面都会设定目标，组织的目标则可能包括利润、增长、公共责任等方面。就一个组织的风险管理而言，最根本的目标应着重于风险与收益的平衡。风险管理的目标分损失发生前和发生后两种情况。损失发生前风险管理目标是：减少或避免损失的发生，寻找最经济有效的手段，将损失发生的可能性和严重性降至最低，减轻和消除精神压力。损失发生后的风险管理目标是：尽可能减少直接和间接损失，使受损单位渡过难关，并尽快恢复到损失前的状况。

#### （二）风险识别

风险识别是风险管理的最重要的一步，它是指对企业、家庭或个人面临的和潜在的风险加以判断、归类和对风险性质进行鉴定的过程。即对尚未发生的、潜在的和客观存在的各种风险，系统地、连续地进行识别和归类，并分析产生风险事件的原因。风险识别主要包括感知风险和分析风险两方面内容。风险在一定时期和某一特定条件下是否客观存在，存在的条件是什么，以及损害发生的可能性等都是风险识别阶段应予以解决的问题。

风险识别的主要具体工作有：第一，全面分析风险主体的人员构成、资产分布以及活动；第二，分析人、物和活动中存在的风险因素，判断发生损失的可能性；第三，分析风险主体所面临的风险可能造成的损失及其形态，如人身伤亡、财产损失、财务危机、营业中断和民事责任等。此外，需要鉴定风险的性质，以便采取合理有效的风险处理措施。

由于风险的可变性，风险识别需要持续地、系统地进行，要密切注意原有风险的变化，及时发现新的风险。

#### （三）风险估测

风险估测是在风险识别的基础上，通过对所收集的大量资料进行分析，利用概率统计理论，估计和预测风险发生的概率和损失程度。风险估测使风险管理建立在科学的基础上，而且使风险分析定量化，为风险管理者进行风险决策、选择最佳管理技术提供了科学依据。

#### （四）风险评价

风险评价是指在风险识别和风险估测的基础上，对风险发生的概率、损失程度，结合其他因素进行全面考虑，评估发生风险的可能性及其危害程度，并与公认的安全指标相比较，以衡量风险的程度，并决定是否需要采取相应的措施。处理风险需要一定费用，费用与风险损失之间的比例关系直接影响风险管理的效益。通过对风险的定性、定量分析和比较处理风险所支出的费用，来确定风险是否需要处理和处理程度，以判定为处理风险所支出的费用是否有效益。

（五）风险处理

风险处理是根据风险评价结果，选择最佳风险处理方法，以实现风险管理目标。风险处理是风险管理中最为重要的环节。风险处理方法分为控制型和财务型两类。前者的目的是降低损失频率和缩小损失范围，重点在于改变引起意外事故和扩大损失的各种条件；后者的目的是以提供基金的方式，对无法控制的风险做财务上的安排，以期在风险事件发生后，能够对风险损失做出相应的补偿。一般来说，风险处理方法的选择不是一种风险选择一种方法，而是需要将几种方法组合起来加以运用。只有合理组合，才有可能使风险处理做到成本低、效益高，即以最小的成本获得最大安全保障。

（六）风险管理效果评价

评估风险管理的效果是指对风险管理技术适用性及收益性情况的分析、检查、修正和评估。风险管理效益的大小，取决于是否能以最小风险成本取得最大安全保障，同时，在实务中还要考虑风险管理与整体管理目标是否一致，是否具有具体实施的可行性、可操作性和有效性。风险处理对策是否最佳，可通过评估风险管理的效益来判断。在选定并执行了最佳风险处理手段后，风险管理者还应对执行效果进行检查和评价，并不断修正和调整计划。因为随着时间的推移，经济单位所面临的社会经济环境、自身业务活动和条件都会发生变化。

## 第二节　风险处理的方法

### 一、风险控制型处理方法

风险控制型处理方法是指在风险分析、估测、评价的基础上，针对风险存在的风险因素，积极采取控制技术以消除风险因素，或减少风险因素的危险性的风险处理方法。运用风险控制型处理方法时，主要表现为：在风险事件发生前，可以降低事故的发生概率；在事故发生时和发生后，可以将损失降低到最低限度，从而降低风险单位预期损失。

风险控制型处理方法有风险回避、风险预防、风险分散、风险抑制、控制型风险转移。

（一）风险回避

风险回避是指放弃某一计划或方案从而避免由此可能产生的损失后果，达到回避风险的目的的一种处理方法。通过放弃某项活动以达到回避损失发生的可能性，从根本上消除风险的措施。如将厂房建于地势较高且排水方便的地方以避免洪水风险，又如卖方拒绝与信用不好的买方签订买卖合同等。回避是一种最简单、最彻底、比较消极的控制型方法。

风险回避通常有两种方法：一是根本不从事可能产生某种特定风险的任何活动。

例如人们恐惧飞机失事风险，不乘飞机而改用其他交通工具，就可以避免飞机失事风险；工厂为了免除爆炸的风险，根本不从事爆炸等危险品的生产。二是中途放弃可能产生某种特定风险的活动。例如，学校计划组织教职员工进行旅游活动，因临行前获知了台风警报而取消，如此可以免除可能导致的责任风险。

风险回避的方法一般在某特定风险所致损失频率和损失程度相当高或处理风险的成本大于其产生的效益时采用。风险回避简单易行，但有时意味着丧失利益，比如为了避免投机股票面临的股票价格下跌风险而不进入股票市场，就同时失去了因股价上涨带来收益的可能，且避免方法的采用通常会受到限制，因为有些风险是无法避免的，如地震、水灾、旱灾等自然灾害事故，人的生老病死以及世界性经济危机、能源危机都是无法回避的。另外一些社会风险（如2003年在中国等亚洲国家和地区发生的"非典"）无法准确预测，难以及时回避。有些风险若采取避免的方法在经济上是不适当的，有些风险在被避免的同时还有可能产生新的风险。比如，某人出远门害怕乘坐飞机，于是改乘其他的交通工具，但是其他的交通工具也有风险。无经营就无风险，但无经营就无利润，故从经济上看，采用风险回避是不适当的。

（二）风险预防

风险预防是指在风险发生之前采取措施减少风险的发生频率与损失程度，它是通过消除或减少风险因素来实现的。例如，害怕车况不好的汽车会导致交通意外事故，那么就要选择一辆车况好、性能优的汽车，同时，驾驶员提高自身的安全驾驶意识，避免人为因素导致事故。因此，我们说，预防事故要从标的本身的质量、性能以及使用、运用标的人的安全意识教育两方面入手，才能减少风险发生频率与损失程度。

风险预防目的在于通过消除或减少风险因素而降低损失发生的频率。即通过消除或减少风险从而降低损失发生频率，如安装避雷针以防雷击、疏通渠道、加固堤坝以防洪水侵袭等。我国对于各种灾害风险，向来以预防为主。但有了防灾设施后，并不等于就可以防止灾害事故的发生，因为在生产和生活过程中，有很多动态因素和条件可能触发新的风险。

（三）风险分散

风险分散是指以增加风险单位数量来提高风险的可测性，平衡风险损失，降低风险成本。风险分散从具体的实现途径来区分，其主要方法包括分割风险单位、复制风险单位、整合风险单位。

分割风险单位是将现在的资产或活动分散到不同的地点，而不是将他们全部集中在可能毁于一次损失的同一地点。这样万一有一处发生损失，不至于影响其他。人们常说的"不要把鸡蛋放在一个篮子里"就是分割风险单位。在现实生活中风险分散的实例很多，如一些炒股人士，害怕某种股票过分下跌，进而在其下跌的不同阶段以不同的价格买进该股票或者大量买进其他股票，使持股种类及数目增多。这样一来，即便该种股票下跌厉害，其损失也可通过其他股票的上涨或反弹盈利来弥补。

复制风险单位是指增加风险单位的数量，准备备用的生产资料或设备，以便正在使用的资产或设备遭受损失后将其投入使用。例如，企业制作两套会计记录，储存设备的重要部件，配后备人员等。

整合风险单位是指将具有不同风险的单位组合起来，使之互相协作，提高各单位应付风险的能力，由于大数法则的作用，使损失的不确定相对减少。通过集中与分散，达到降低风险的目的。如企业通过合并、扩张、联营或采用商品品种多元化经营的方式，以利于分散或减轻可能遭到的风险。

（四）风险抑制

风险抑制，又称为风险损失抑制，是指风险发生时或发生后采取的各种防止损失的措施，包括防止风险的蔓延和损失扩大而采取的一系列措施，是处理风险的有效技术。风险抑制有两方面的含义：一是风险发生时的损失最小化；二是风险发生后的挽救措施。例如，在建筑物上安装消防、自动喷淋系统等，就可减轻火灾损失的程度，防止损失扩大。风险损失抑制的一种特殊形态是割离，它是将风险单位割离成许多独立的小单位而达到降低损失程度的一种方法。风险抑制不能降低风险事件发生的概率，只能降低风险损失的程度。

（五）控制型风险转移

控制型风险转移是指通过一定的方式，企业将自身风险转嫁出去，而使某些没有经受损失的机构承受损失的负担。它一般通过两种途径得以实现：一是将与风险相关的财产或活动转移给其他人或组织。例如，房屋所有者将易着火的建筑物卖掉，就不再承担其着火带来损失的风险。企业出售自己房产的同时也将与房产相关的风险转移给了新的所有者。二是通过合同协议转移风险。企业可以通过与他方订立合同，当发生损失时，由接受方负责承担损失。比如一些大型商场、宾馆聘请专门的保安公司来负责商场、宾馆的安全工作，一旦安全出现问题，则由保安公司来承担。

二、风险财务型处理方法

风险财务型处理方法是指通过事先的财务计划或合同安排来筹措资金，以便对风险事件造成的经济损失进行补偿的风险处理方法。风险控制型处理方法并不能消除风险，损失总是会发生的。控制型风险管理技术都属于"防患于未然"的方法，目的是避免损失的发生。但由于现实性和经济性等原因，很多情况下，人们对风险的预料不可能绝对准确，而损失控制措施也可能无法解决所有的风险问题，所以某些风险事件的损失后果仍不可避免，这就需要财务型风险管理技术（又称融资型财务风险管理技术）来处理。与控制型风险管理技术的事前防范不同，财务型风险管理技术的目的在于通过事故发生前所做的财务安排，使得在损失一旦发生后能够获取资金以弥补损失，为恢复正常经济活动和经济发展提供财务基础。财务型风险管理技术的着眼点在于事后的补偿。为了应对未来的损失，因此人们应当采取一些融资措施，使得损失一旦发生，受损的风险主体能迅速地获取所需的资金，为其恢复正常的经济活动提供财务基础。

根据资金的来源不同，风险财务型处理方法可以分为风险自留和风险转移两类。风险自留的资金来自于经济单位内部；使用风险转移方法时，其资金来自于经济单位外部。风险转移是指通过合同或非合同的方式将风险转嫁给另一个人或单位的一种风险处理方式。

（一）风险自留

风险自留也称为风险承担，是指企业自己非理性或理性地主动承担风险，即通过采取内部控制措施等来化解风险或者对这些保留下来的项目风险不采取任何措施。风险自留通常在风险所致损失频率低、损失幅度小、损失短期内可预测以及最大损失不影响经济单位财务稳定时采用。风险自留与其他风险对策的根本区别在于：它不改变项目风险的客观性质，既不改变项目风险的发生概率，也不改变项目风险潜在损失的严重性。企业风险自留的具体措施主要包括：①动用企业库存现金、银行存款或其他流动资产来补偿经济损失，然后将损失摊入经营成本。②建立意外损失基金。③借款，比如安排应急贷款。④成立专业自保公司。⑤发行新股。风险自留可以是风险的全部，也可以是风险的一部分，随着现代企业风险管理技术水平的提高，防灾防损工作的加强，现在企业自留一部分风险的做法可能会越来越普遍化。风险自留可能是被动的，也可能主动的。

1. 被动风险自留

被动自留往往是在没有意识到风险存在或低估了风险损害的程度或无法将风险转移出去时，只能由经济组织自行承担风险损害的财务后果。被动风险自留产生的原因有以下几种：①风险部位没有被发现。②不足额投保。③保险公司或者第三方未能按照合同的约定来补偿损失，比如由于偿付能力不足等原因。④原本想以非保险的方式将风险转移至第三方，但发生的损失却不包括在合同的条款中。⑤由于某种危险发生的概率极小而被忽视。⑥该风险无法进行转移。在这些情况下，一旦损失发生，风险主体必须以其内部的资源（自有资金或者借入资金）来加以补偿。如果该风险主体无法筹集到足够的资金，则只能停业。因此，准确地说，非计划的风险自留不能称之为一种风险管理的措施。但是在现实生活中，被动风险自留大量存在，例如：个人或家庭往往认为意外不会降临到自己头上，而不进行任何保险安排。

2. 主动风险自留

主动风险自留也可以称之为自保。自保是一种重要的风险管理手段。它是风险管理者察觉了风险的存在，估计到了该风险造成的期望损失，决定以其内部的资源（自有资金或借入资金），来对损失加以弥补的措施。在有计划的风险自留中对损失的处理有许多种方法，有的会立即将其从现金流量中扣除，有的则将损失在较长的一段时间内进行分摊，以减轻对单个财务年度的冲击。从整体上来讲，主要的融资方式有以下几种：

（1）将损失计入当前发生的费用。应当注意到风险主体这样做是一种有意识的决策。一般适合于企业中发生频率高但损失程度小的风险，它构成了风险主体中经常发生而又无法避免的费用，比如机动车的修理费，偷盗造成的损失等。

（2）建立内部风险基金。这是一项专门设立的基金，它的目的就是在损失发生之后，能够提供足够的流动性来抵补损失。它主要有两种方式：一是以年为单位，每年以费用的形式建立基金，发生损失后以该基金抵补。它与以当前费用扣除损失的方式较为相似，也是适用于发生频率高、损失金额少的风险损失。二是将损失在一个以上的会计年度进行分摊。它适用于发生频率低、损失金额多的风险损失。

（3）建立外部风险基金。风险主体逐期支付一定的捐纳金给保险公司，由保险公司代为积累和管理基金。与传统的保险不同的是，一旦出险，保险公司的赔偿以基金中的数额为限。在实际中，风险主体通常会就超过基金积累额的损失与保险公司达成一定的保险协议。也就是说，企业支付一定的保险费，保险公司赔偿一部分超过基金总额的损失。与内部风险基金相比较，外部风险基金的罐出金可以作为费用扣除掉，但不利的是，企业需要支付一定的费用给保险公司。

（4）成立专业自保公司。专业自保公司是风险主体自己设立的保险公司，旨在对本风险主体、附属风险主体以及其他风险主体的风险进行保险或再保险安排。在《财富》500强企业中有70%的企业设立了专业自保公司。建立专业的自保公司主要基于以下原因：①保险成本降低，收益增加。专业自保公司由于可以不通过代理人和经纪人展业，节约了大笔的佣金和管理费用，其保险费率与本公司或行业内部的实际损失率比较接近，因而可以节省保险费开支。优于其他自保方式的一个因素是，向专业自保公司缴付的保险费可从公司应税收入中扣除。②承保弹性增大。传统保险的保险责任范围不充分，保险公司仅承保可保风险，其风险范围不能涵盖企业面临的所有风险，不能满足被保险企业多样化的需要，而专业自保公司更易于了解客户面临的风险类别和特性，可以根据自己的需要扩大保险责任范围，提高保险限额，可根据自身情况采取更为灵活的经营方略，开发有利于投保人长期利益的保险险种和保险项目。③可使用再保险来分散风险。许多再保险公司只与保险公司做交易。通过设立专业自保公司可以使企业直接进入再保险市场，以此分散风险，扩大自己的承保能力，有剩余承保能力的还可以接受分保。以上几种主动风险自留的方法，主要是组织型风险主体采用。

（5）借入资金。风险主体准备在发生损失后以借入资金来弥补损失。这要求企业的财务能力比较雄厚，信用好，能在危机的情况下筹到借款。

风险主体选择主动风险自留，往往基于风险自留较之风险转移更为有利。风险自留通常考虑的因素有：

第一，风险主体所承担的风险发生频率及损失程度。一般说来，对于发生频率高、损失程度小的风险，风险主体采用风险自留的手段往往更为有利。这是因为损失在一段较长的时间内发生的损失总额会比较稳定，采用风险自留作为管理风险的手段，管理费用比较低，风险转移会令企业觉得得不偿失。对于发生频率小、造成损失金额多的风险，企业则会在风险自留和投保两种方式之间进行权衡。但应注意，企业采用风险自留的手段来处理这些风险时还需要考虑以下条件：一是风险主体具有大量的风险部位。二是各风险部位发生损失的情况（概率和程度）较为相似。三是风险部位之间相互独立（特别是应当有一个合理的地理分布）。四是企业应具有充足的财务力量来吸收损失。

显然，只有当风险主体的力量比较强大，在国内甚至国际上拥有多家分支机构的时候才能满足这样的条件。随着风险主体的逐渐发展壮大，分支机构的数量增加，可以在其内部分摊损失，具有较好的损失管理经验，筹资能力增强，会逐渐用风险自留来取代保险管理一些损失风险。在风险自留形式的选择上，风险主体往往会选择建立内部基金。因为建立内部基金在提供弥补损失的一定流动性的同时，不会给财务带来过大的冲击，而且不必向第三方支付费用，另外还能带来一定的投资收益。

第二，风险自留的成本与风险转移的成本。当风险自留成本小于风险转移成本时，风险主体往往会选择风险自留。这样，风险自留就可以节省一部分风险转移成本。对于风险自留中将损失计入当前发生费用和建立内部风险基金两种方法，管理费用包括风险主体在流通资金或损失基金不足以补偿损失的情况下，借款或变卖资产所遭受的损失。对于建立外部风险基金的方法，管理费用包含风险主体交付给保险公司的费用以及基金不足时，风险主体遭受的损失。对于用借入资金进行风险自留的方法，管理费用是风险主体在遭受损失后的借贷成本，在这里，由于大部分费用是风险主体发生损失后才发生的，因此应当计算其期望值。另外应当注意的一点，无论是哪种风险自留的方法，管理费用还应当包括风险主体因为自担风险而产生的焦虑成本，准确地说，就是风险主体因为自留风险而无法专心于生产造成的损失。

（二）风险转移

风险转移是指将风险及其可能造成的损失全部或部分转移给他人。通过转移风险而得到保障，是应用范围最广、最有效的风险管理手段，保险就是其中之一。一般说来，风险转移的方式可以分为财务型非保险转移和财务型保险转移。

1. 财务型非保险转移

财务型非保险转移是指受补偿的人将风险所导致损失的财务负担转移给补偿的人（其中保险人除外）的一种风险管理技术。具体实施方法有以下几种：

（1）中和。中和是将损失机会与获利机会平衡的一种方法，通常被用于处理投机风险。担心原材料价格变化的制造商所进行的套购，以及受外汇汇率变动影响的出口商进行的期货买卖都属于中和方法。所谓套购，就是通过买卖双方交易的相互约定，使可能的价格涨落损益彼此抵销。通常，商业机构、生产商、加工商和投资者利用期货价格和现货价格波动方向上的趋同性，通过在期货市场上买进或卖出与现货市场上方向相反但数量相同的商品，而把自身承受的价格风险转移给投机者，达到现货与期货盈亏互补的目的。

例如，有一经销商于某年9月1日购买铜锭一批，价格200万元，铜锭制成铜管后，预期于次年1月10日出售，届时可得380万元，因而可以赚取合理的利润。然而，由于铜锭价格波动会影响铜管的价格，所以利润是不确定的。也就是说，该经销商可能因铜锭价格下跌而蒙受损失，也可能因铜锭价格上涨而获得超额利润。为了避免铜锭跌价所致损失，经销商可在9月1日购买铜锭的同时，订立于次年1月10日亦以同样价格出售铜锭的合同。这样做，可以中和未来价格波动的风险，经销商虽然失去可能因铜锭价格上扬而获超额利润的机会，但却免除了因铜锭价格下跌而蒙受损失的可能。

（2）免责约定。免责约定是指合同的一方通过合同条款，对合同中发生的对他人人身伤害和财产损失的责任转移给另一方承担，即通过主要针对其他事项的合同中的条款来实现风险转移。例如，机械加工企业，在与客户签订机械加工合同时，可在协议条款中写明若遇原材料价格上涨时，合同价格应当上调，从而将其价格风险转移给客户。同样，客户也可以通过免责条款协议，将其潜在损失转移给加工企业。如合同协议条款规定若由于加工企业延长工期，由此引起的原材料价格上涨因素由加工企业负责，并赔偿由于延误工期而给客户带来的损失。当然双方在签订合同时，都要紧紧围绕"合同条件"这个中心，而且，寻求利用某条款转移风险的一方，必须获得对方对该条款的认可。另外，有时候可专门为转移风险而订立合同。需要指出的是，免责约定不同于责任保险。免责约定所转移的风险其受让人不是保险人，而且所提到的财产损失责任是以合同责任下的损失为限的。

（3）保证合同。保证合同是指由保证人对被保证人因其行为不忠实或不履行某种明确的义务而导致权利人损失予以赔偿的一种书面合同。这里有保证人、被保证人和权利人三位当事人，借助保证书，权利人可将被保证人违约的风险转移给保证人。保证的目的在于担保被保证人对权利人的忠实和有关义务的履行，否则由保证人赔偿损失。保证书通常用于以下"明确的义务"：清偿债务，在规定的期限内提供一定数量的产品，按要求的日期完成一项工程等。如果被保证人没有履行义务，保证人必须自己履行这项义务，或者按保证书的规定支付一定的罚金。然后，保证人可以向被保证人追偿其损失。有时，保证人在签发保证书时，要求被保证人用现金或政府债券等作为担保品，以备自己索赔。即使被保证人得不到任何保障，他也要签署这种保证书，因为他希望得到权利人只在有保证书的情况下才会提供的某些好处，如贷款、供货合同或建筑合同等。需要指出，保证书不同于保险合同（尤指财产保险合同），其差别如下：

一是保证书的当事人有三方，即保证人、被保证人和权利人，而保险合同一般只有两方，即保险人和投保人（被保险人）。

二是保证书中，被保证人通常得到担保并付出担保费，而权利人得到保障，不过，有时被保证人可通过成本包括在所提供的服务的价格里，而将这种成本转移给权利人，而被保险人则通常是购买保险来保障自己。

三是保证书中的损失有可能是由被保证人故意引起的，而保险损失对被保险人而言则必须是意外的。

四是理想状况下，保证书中的担保不会有损失。因为如果有任何损失的可能性，保证人就不会签署这种保证书，况且保证人自己会在调查中发现任何潜在的损失。而保险人则清楚地知道在被保险的群体中间会有一些损失——期望损失值。理想状况下，保证书的担保费不应该包括任何期望损失作备抵，所以这种担保费只需包括保证人的调查费和其他费用，并提供一定的利润和一定的意外准备金。而保险费则必须补偿期望损失。在实践中，保证人也会发生一些损失，因为他们的调查并不完全准确，但这样的损失在担保费中所占的比例远低于在保险费中所占的比例。

五是如果损失确实发生，保证人可以向被保证人求得补偿，但保险人对于被保险人则没有这种权利。尽管如此，有些保证书与保险合同极为相似，例如诚实保证。实践中，许多保证书的保证人是保险人。

（4）公司化。有的企业通过发行公司股票，将企业经营的风险转移给多数股东承担。这种转移实际上只是分散了原有股东的风险，增强了企业抵抗风险的能力，并不能转移企业遇到的具体风险。

2. 财务型保险转移

财务型保险转移又简称为保险，根据《中华人民共和国保险法》中的描述：狭义的保险是指投保人根据合同的约定，向保险人支付保险费，保险人对于合同约定的可能发生的事故因其发生所造成的财产损失承担赔偿保险金责任，或者当被保险人死亡、伤残、疾病或者达到合同约定的年龄、期限时承担给付保险金责任的商业保险行为。广义的保险是指保险人向投保人收取保险费，建立专门用途的保险基金，并对投保人负有法律或者合同规定范围内的赔偿或者给付责任的一种经济保障制度。

由此看来，保险并没有改变风险主体所面临的风险，只是通过一个事先的安排，利用保险基金补偿保险事故发生所导致的经济损失。

（三）保险与风险管理的关系

保险是处理风险的一种非常重要的财务型技术。保险和风险管理之间无论在理论渊源还是在各自作为一种经济活动与经济制度的发展中，都有着密切的关系。

（1）从研究对象上看，风险管理与保险都必须研究风险。"无风险，无保险"，保险公司是专门经营风险的特殊企业，经营风险就必须了解风险，研究风险，弄清楚风险变化的规律，以保证保险公司持续稳健地发展。风险管理是研究风险发生规律，通过运用各种风险管理技术对风险实施有效控制的一门学科。可见，风险和保险都是以风险为研究对象的。但由于风险的存在与发生，性质、形态都远比保险内容复杂、广泛得多，保险公司并不是对所有可能存在的风险都进行承保，因此，风险管理与保险所研究的风险在性质、范围、阶段上有所不同。

（2）从方法论上看，保险与风险管理都以概率论和大数法则为数理基础。概率论与大数法则是近代保险业赖以建立的数理基础，在这一基础上，保险公司将个别风险单位遭受损失的不确定性，变成多数风险单位可以预知的损失，使保险费的计算变得较为科学。如果将保险对大数法则的应用移植到企业管理上来，就成为企业风险管理的基础理论。

（3）保险是风险管理的最佳措施之一。人们面临的各种风险损害，可以通过控制的方法消除或减少，也可以采取风险自留的方式。但面对各种风险造成的损失，如果单靠自身力量解决，则需要提留充足的后备基金，这样既会造成资金利用效率低下，同时又难以解决巨灾损失的补偿问题。因此，转移成为风险管理的重要手段，而保险作为风险转移的方式之一，具有经济、安全的特点。尤其是现代科学技术高度发展的今天，企业、单位或个人可以通过保险把风险转嫁给保险人，以较小的固定支出获得一定的经济保障，在发生风险损失时，及时得到经济补偿或保险金的给付，将灾害损失对被保险人的影响缩小到最低程度，甚至可以从根本上消除风险的影响。

（4）风险管理与保险是互制互促的关系。一方面，风险管理的技术制约保险的经营效益。保险经营属于商业交易行为，其经营过程同样存在风险，因此保险公司要顺利健康地经营发展，加强自身的风险管理是十分重要的，这就需要运用到多种风险管理技术。同时，保险所承保风险的识别、衡量和处理，也受到风险管理水平的制约。另一方面，保险与风险管理相辅相成、相得益彰。保险公司积累了丰富的风险管理经验和知识，企业与保险人合作，会使企业更好地了解风险，提高解决风险的能力，从而促进了风险管理。同时，由于企业加强和完善了风险管理，提高了保险意识，需要保险提供更好的服务来满足企业的发展需求，这又促进了保险的发展

## 本章小结：

1. 风险管理是指经济单位通过对风险的识别和衡量，采用合理的经济和技术手段对风险进行处理，以最低的成本获得最大安全保障的一种管理活动。

2. 风险管理的目标可以分为总目标和具体目标两个层次。风险管理的总目标是：以最小的风险管理成本获得最大的安全保障，实现经济单位价值最大化。风险管理的具体目标，按其定位不同，可以分为最低目标、中间目标和最高目标。

3. 风险管理的程序是设定目标、风险识别、风险估测、风险评价、风险处理和风险管理效果评价六个环节组成。

4. 风险处理方法包括风险控制型处理方法和风险融财务处理方法。

5. 风险控制型处理方法主要有：风险回避、风险预防、风险分散、风险抑制、控制型风险转移。

6. 风险财务型处理方法主要有：风险自留、合同转移、保险、通过衍生工具进行套期保值和利用其他合约进行融资。

## 复习思考题：

1. 简述处理风险的手段及各自的适用条件。

2. 如何理解保险与风险管理之间的关系？

3. 有人认为，"保险公司是经营风险的企业，所以是有险必保。"对此你有何看法？

# 第四章
# 保险概论

**学习要点：**

◇ 了解保险的起源与发展
◇ 掌握保险的概念、功能、分类
◇ 理解可保风险的含义
◇ 运用可保风险条件判断现实生活中风险可保性
◇ 掌握保险的原则

## 第一节  保险的产生和发展

人类社会自从产生以来就不可避免的遇到各种自然界的风险及意外事故的发生，面对风险可能带来的严重后果，几千年以前的人类就萌生了对付风险的保险思想和原始形态的保险方法。

### 一、原始保险的产生

（一）西方原始形态保险

西方保险原始形态的产生可以追溯到公元前 4500 多年的古埃及。在古埃及的一项文件中记载：在石匠中曾有一种互助基金组织，向每一成员收取会费以支付个别成员死亡后的丧葬费。

约在公元前 3000 年前，在古巴比伦的法典中就有冒险借贷的规定：凡是沙漠商队运输货物途中，如果马匹死亡、货物被劫或发生其他损失，经当事人宣誓并被证实无纵容或过失行为后，可免除其个人的责任，由商队全体给予补偿。另外还规定了僧侣、法官及村长等对他们所辖境内的居民收取赋金，用以救济遭受火灾及其他天灾的人们。该法典又记载沙漠商队根据合同规定要对运输货物负绝对责任，对没有把货物运到目的地的承运人处以没收财产、扣押亲属，甚至判处死刑，但在遇到强盗、原始人和半自治地区王子抢劫时，承运人可对货物被盗不承担责任。这可以说是货物运输保险的雏形，后来传到腓尼基和希腊，广泛用于海上贸易。

古罗马的历史上，也有过类似于现代养老保险的丧葬互助会组织"拉努维莫"，一种军队中的士兵组织，也以收取会费作为士兵阵亡后对其遗属的抚恤费用。在古希腊，曾盛行过一种团体，即组织有相同政治、哲学观点或宗教信仰的人或同一行业的工匠入会，每月交付一定的会费，当入会者遭遇意外事故或自然灾害造成经济损失时，由该团体给予救济。上述这些都是人身保险的原始形态。

到了中世纪，欧洲各国城市中相继出现各种行会组织，这些行会具有互助性质，其共同出资救济的互助范围包括死亡、疾病、伤残、年老、火灾、盗窃、沉船、监禁、诉讼等不幸的人身和财产损失事故，但互助救济活动只是行会众多活动中的一种。这种行会或称基尔特制度在13~16世纪特别盛行，并在此基础上产生了相互合作的保险组织。

（二）中国原始保险形态

1. 中国古代的保险思想

传说，早在3000多年以前，即商朝末周朝初，有一个年轻的在长江上做生意的四川商人名叫刘牧，提出要改变过去那种把货物集中装载在一条船上的做法，而把货物分装在不同的船上。开始时很多商人都反对这种做法，因为如果采取这种做法，就要与别的商人打交道，还增加了货物装卸工作量。但经过努力地说服，刘牧成功了。采取这种办法后的第一次航行，果然发生了事故，船队中有一艘船沉没了。但由于采取了分装法，使损失分摊到每个商人头上后就变得小了，大家都避过了灭顶之灾。这种分散风险的方法在长江运输货物的商人们中被广泛地接受，进而得到了发展。此外，我国历代王朝都非常重视积谷备荒。在古代中国，积粮备荒如"委积"制度和"平籴"思想、仓储制如"义仓"等使得中国成为传统保险思想的发祥地之一。春秋时期孔子"耕三余一"的思想就是颇有代表性的见解。孔子认为，每年如能将收获粮食的三分之一积储起来，这样连续积储3年，便可存足1年的粮食，即"余一"。如果不断地积储粮食，经过27年可积存9年的粮食，就可达到太平盛世。

公元前2500年，我国的《礼记·礼运》中就有这样一段话："大道之行也，天下为公；选贤与能，讲信修睦，故人不独亲其亲，不独子其子；使老有所终，壮有所用，幼有所长；鳏寡孤独废疾者皆有所养。"这一记载足以说明我国古代早有谋求经济生活安定的强烈愿望，是我国社会保险思想的萌芽。

我国长期以来是一个农业国，农业生产严重依赖自然条件，不可避免地遭受到各种自然灾害的影响，所以历代有储粮备荒，仓储赈灾的传统制度。早在夏周时期，夏箴上说："天有四殃，水旱饥荒，甚至无时，非务积聚，何以备之？"这种分散风险的方式是在时间上分散风险。

2. 我国古代救济制度

我国古代救济制度主要是建立国家粮食后备仓储制度。作为农业大国，周朝已建立各级后备仓储，到春秋战国以后已逐步形成一套仓储制度，称为"委积"制度；汉代设有备荒赈济的"常平仓";隋朝设有"义仓"。这些都是以实物形式的救济后备制度,由政府统筹,带有强制性质。宋朝和明朝还设有"社仓"制度,它属于相互保险形式,在宋朝还有专门赡养不能自我生存的老幼贫病的"广惠仓",这可以说是原始形态的人身保险制度。历代的行仓储制,不断创造发展,形式多样,名称各异,但基本功能未变。历史上的仓储主要可分为三种。

(1) 常平仓是政府设置的粮仓,始创于汉宣帝五凤四年(公元前54年)。朝廷采取耿寿昌的建议,在边郡设常平仓,谷贱时收储,谷贵时卖出,以调节粮价,也用于备荒赈恤。以后各朝多有沿用。

(2) 义仓是政府倡导民间自办的公益性粮仓,始于北齐的"富人仓"。政府让民户缴纳"义租",在郡县设仓储存,防备灾荒,到隋时义仓成为定制,唐时盛行。以后历朝也多有设立,清时规定义仓设在市镇。

(3) 社仓是政府倡导,民间自办,以设在社里为主的互助性备荒赈济仓储。隋代的长孙平首创社仓,其于开皇年间,"奏令民间每秋家出粟麦一石已下,贫富差等,储之间巷,以备凶年"。宋代大儒朱熹曾大力提倡社仓,并倡导订立了一套较完备的社仓管理法;明代嘉靖年间,曾"令各地设社仓,以二十三家为一社,处事公平者为社正,能书算者为社副";清康熙二十四年(1685年)令各州县于各村庄设社仓,收贮米谷;雍正七年(1729年)曾明令重申,社仓只准民办,禁止官府插手。历史上"义仓"与"社仓"名称经常互用,其做法也基本上是民办为主,存粮用于荒年赈济,或贷作种子,秋收偿还。但此类仓储常为豪绅勾结官府,予以把持,甚至成为民间的额外负担。尽管我国古代早就有分散风险、积粮备荒的保险思想,但由于封建制度和重农抑商的传统观念,商品经济不发达,缺乏经常性的海上贸易,所以在中国古代社会没有产生商业性的保险活动。

### 二、商业保险的产生

(一) 海上保险

人类历史的发展,一直与海洋密不可分。海上贸易的获利与风险是共存的,早在公元前2000年,地中海一带就有了广泛的海上贸易活动。当时由于生产力水平低下,船舶构造非常简单,航海是一种很大的冒险活动。要使船舶在海上遭风浪时不致沉没,一种最有效的抢救办法是抛弃部分货物,以减轻载重量。为了使被抛弃的货物能从其他受益方获得补偿,当时的航海商提出了一条共同遵循的原则:"一人为众,众人为一",即共同海损分摊。这一原则在公元前916年罗地安海商法中得到了法律确认:"为了全体利益,减轻船只载重而抛弃船上货物,其损失由全体受益方来分摊。"从这个法律规定中可以看出,当时构成共同海损分摊的对象,只是被抛弃的货物。这种规定持续了很长一段时间,直到罗马法典将其扩展到共同海损必须在船舶获救的情况下,才能进行损失分摊。后来,在12世纪英国的《奥利昂判例卷》和16世纪法国的《海上指导》等法律条文中,对由共同海损引起的补偿内容作了进一步的具体规定,从而完整的共同海损概念开始形成。由于这种由大家共同承担危险,船东或货主一起分摊损失的方法含有海上保险的内核，所以人们把它视为海上保险的萌芽。这就是著名的"共同海损"基本原则。时到今日，共同海损分摊原则仍被各国海商法采用。

公元前 8 世纪至公元前 7 世纪，海上抵押借贷在从事海上商业的腓尼基人和罗得人之间开始出现，其后随着海上贸易霸权的转移，通过希腊传入到罗马帝国，最后盛行于意大利及地中海沿岸一些国家。抵押借贷在其长期形成和发展过程中，经历了以下四个阶段，每个阶段都有其特殊的存在形式，不同的存在形式体现着不同程度的海上保险关系。

第一阶段为从"一般借贷"向"冒险借贷"转化阶段。据历史资料记载，早期的海上抵押借贷产生于公元前 8 世纪至公元前 7 世纪之间。由于当时进行海上货物运输的主要工具是木船，这种运输工具抵御海上灾害的能力十分有限，为此船东和货主经常遭受损失，轻者造成资金周转困难，重者导致贸易经营的中断。为解决因灾害事故造成的经营中断的问题，船东和货主常常以船舶或货物作为抵押，向资金所有者举债，以此弥补资金，继续业已中断的贸易经营活动。由于这种借贷关系普遍存在于海上贸易活动中，所以被称为"一般借贷"。

12 世纪以后，从"一般借贷"关系中产生出一种特别借贷方式，即"冒险借贷"。在这种借贷关系中，从事海上贸易的债务人以船舶或货物作为抵押取得贷款，如果船货安全抵达目的港，债务人必须将本金连同利息一同偿还债权人。反之，如果航行途中遭遇灾害事故造成经济损失，则按照事先约定，债务人可以视其损失程度免还部分或全部借款。这种借款方式实际上体现了海上保险的初级形式，放款人相当于保险人，借款人相当于被保险人，船舶或货物相当于保险标的，高出普通利息的差额当于保险费，如果船舶沉没，借款就等于预付的赔款。由此可见，船货抵押借款制度具有保险的一些基本特征，因而被认为是海上保险的初级形式。

第二阶段为从"冒险借贷"向"假装买卖"转变阶段。随着海上贸易的发展，海上冒险借贷呈现出一派繁荣景象，直到 13 世纪初叶。由于罗马教皇格雷戈里九世 1237 年所颁布的《禁止利息法》，使一度繁荣的冒险借贷开始走下坡路，进而导致海上贸易的衰退。大家知道，法律一经颁布就不易随意废除。为了缓解这种矛盾，《禁止利息法》在实践中做出一些让步，其做法是使海上借贷不具有与《禁止利息法》相冲突的借贷关系，即假装买卖。所谓假装买卖，是指在航运开始以前，作为债权人的货币所有者向作为债务人的航运经营者以支付本金的形式买进船舶或货物，当船舶安全到达目的地时，事前所订立的买卖合同自动解除，航运经营者将事前接受的贷款加上定金或危险分担费归还货币所有者。如果由于海难或其他灾害事故而不能完成航运，买卖合同依然有效。资金所有者在接受航运经营者支付定金的前提下，对航运经营者遭受的意外损失进行赔偿，船舶或货物的灭失因此而变成债权人的损失。从这里可以看出，航运经营者向货币所有者缴纳的危险分担费，已经类似于保险合同关系中的保险费，而货币所有者支付给航运经营者的损失赔偿费，同时也具有保险金的性质。同冒险借贷相比，假装买卖关系中的债务人与债权人之间的关系，已经从原来的单一的危险转嫁关系发展到除危险转嫁关系以外的损失补偿关系。不过，这种危险转嫁关系和损失补偿关系不是作为借贷关系的本质，而是借贷关系中派生出来的一种关系，因此，它不是一种完整的保险关系。

第三阶段为从"假装买卖"到"保险借贷"的转变阶段。假装借贷的目的是筹措购买船舶和货物的资金。当债务人为了筹措资金而同作为第三者的债权人发生借贷关系，这种借贷关系就是假装买卖。然而，当航运经营者的资金不需要向处于第三者地位的货币所有者进行筹措的情况下，仍然同其发生假装借贷关系，债务人的目的就不是为了筹措航运资金，而是为了将海上危险转嫁给债权人。这种不是以筹措资金而是以转嫁危险为目的的借贷，叫作"保险借贷"。保险借贷关系中的借贷金在航运之前不一定要交给航运经营者，但债权人要预先向债务人收取利息。只有当债务人的船舶或货物在航运中不幸灭失时，债权人才能将借贷金支付给债务人，以此补偿其经济损失。如果船货安全到达目的港，彼此之间则不发生借贷金的授受问题。"保险借贷"开始于14世纪初叶。"保险借贷"关系中的利息与保险合同的保险费一样，是承担风险的一种代价。同其他借贷关系相比，保险借贷已经近似于海上保险，所以被称为"准保险"。

第四阶段为由"准保险"向"海上保险"过渡阶段。对于债务人来说，当时以转嫁海上危险为目的而预先收受资金，船货安全到达目的港时加上高昂利息还给债权人，可以说是一种不经济的行为。于是经过人们长期的探索，总结出了海上保险方法。1347年10月23日，意大利商船"圣·科勒拉"号要运送一批贵重的货物由热那亚到马乔卡。这段路程虽然不算远，但是地中海的飓风和海上的暗礁会成为致命的风险。这可愁坏了"圣·科勒拉"号的船长，他可不想丢掉这样一笔大买卖，同时也害怕在海上遇到风暴而损坏了货物，他可承担不起这么大的损失。正在他为难之际，朋友建议他去找一个叫做乔治·勒克维伦的意大利商人，这个人以财大气粗和喜欢冒险而著名。于是，船长找到了勒克维伦，说明了情况，勒克维伦欣然答应了他。双方约定，船长先存一些钱在勒克维伦那里，如果6个月内"圣·科勒拉"号顺利抵达马乔卡，那么这笔钱就归勒克维伦所有，否则勒克维伦将承担船上货物的损失。这是一种事先缴付一定的报酬，但不接受借贷资金，船舶或货物遭受意外损失后能够得到债权人的经济补偿的方法，这个方法就是"海上保险"。

不过，这种海上保险还只是内容上的存在，缺乏一个与这种内容相适应的外在形式。内容和形式的统一，是任何事物发展成熟得以存在的客观标志。与海上保险内容相适应的外在形式，就是海上保险单。当第一张海上保险单，即1384年比萨保险单正式运用于海上保险经营时，海上保险才真正诞生。现在我们仍然可以在意大利热那亚博物馆看到这两张具有里程碑意义的保险单。这张保单承保一批货物从法国南部阿尔兹安全运抵意大利的比萨。在这张保单中有明确的保险标的，明确的保险责任，如"海难事故，其中包括船舶破损、搁浅、火灾或沉没造成的损失或伤害事故"。在其他责任方面，也列明了"海盗、抛弃、捕捉、报复、突袭"等所带来的船舶及货物的损失。

15世纪以后，新航线的开辟使大部分西欧商品不再经过地中海，而是取道大西洋。16世纪时，英国商人从外国商人手里夺回了海外贸易权，积极发展贸易及保险业务。到16世纪下半叶，1574年经英国女王特许。在伦敦皇家交易所内建立了保险商会，专门办理保险单的登记事宜，并参照《安特卫普法令》和交易所的习惯制定标准保险单。1601 年伊丽莎白女王制定第一部有关海上保险的成文法，即《涉及保险单的立法》，规定在保险商会内设立仲裁庭，以解决海上保险的争议案件。然而，在一个相当长的时间里，英国对海上保险案件的判决，全由法官的意志决定，缺少一个为大家共同遵循的法律依据。直至 1756 年曼斯菲尔德爵士受命出任首席法官，才开始了对海上保险案件的专门研究。曼斯菲尔德根据欧洲大陆的海事法令，特别是 1681 年法国路易十四颁布的海事法令，以及国际通商惯例编纂海上保险法规，从而为解决海上保险纠纷提供了第一部判决法案。该法案的意义十分深远，不仅为后来的英国《1906 年海上保险法》的问世奠定了基础，而且也深刻地影响了美国在内的其他国家的海上保险法规的制定。1720 年经女王批准，英国的"皇家交易"和"伦敦"两家保险公司正式成为经营海上保险的专业公司。其他公司或合伙组织不得经营海上保险业务。而劳合社，是由劳埃德咖啡馆发展起来的，已成为当今世界上最大的保险垄断组织之一。

1688 年，劳埃德先生在伦敦塔街附近开设了一家以自己名字命名的咖啡馆。为在竞争中取胜，劳埃德慧眼独具，发现可以利用国外归来的船员经常在咖啡馆歇脚的机会，打听最新的海外新闻，进而将咖啡馆办成一个发布航讯消息的中心。由于这里海事消息灵通，每天富商满座，保险经纪人利用这一时机，将承保便条递给每个饮咖啡的保险商，由他们在便条末尾按顺序签署自己的姓名及承保金额，直到承保额总数与便条所填保险金额相符为止。随海上保险不断发展，劳埃德承保人的队伍日益壮大，影响不断扩大。1871 年英国议会正式通过一项法案，使它成为一个社团组织——劳合社。到目前为止，劳合社的承保人队伍达到 14 000 人。现今其承保范围已不仅是单纯的海上保险。

（二）火灾保险

火灾保险起源于 1118 年冰岛设立的 Hrepps（黑瑞甫）社，该社对火灾及家畜死亡损失负赔偿责任。17 世纪初德国盛行互助性质的火灾救灾协会制度，1676 年，第一家公营保险公司——汉堡火灾保险局由几个协会合并宣告成立。但真正意义上的火灾保险是在伦敦大火之后发展起来的。1666 年 9 月 2 日，伦敦城被大火整整烧了五天，市内 448 亩（1 亩≈666.67 平方米，全书同）的地域中 373 亩成为瓦砾，占伦敦面积的 83.26%，13 200 户住宅被毁，财产损失 1200 多万英镑，20 多万人流离失所，无家可归。灾后的幸存者非常渴望能有一种可靠的保障，来对火灾所造成的损失提供补偿，因此火灾保险对人们来说已显得十分重要。在这种状况下，聪明的牙医巴蓬 1667 年独资设立营业处，办理住宅火险，1680 年他同另外三人集资 4 万英镑成立火灾保险营业所，1705 年更名为菲尼克斯即凤凰火灾保险公司。在巴蓬的主顾中，相当部分是伦敦大火后重建家园的人们。巴蓬的火灾保险公司根据房屋租金计算保险费，并且规定木结构的房屋比砖瓦结构房屋保费增加一倍。这种依房屋危险情况分类保险的方法是现代火险差别费率的起源，火灾保险成为现代保险，在时间上与海上保险差不多。1710 年，波凡创立了伦敦保险人公司，后改称太阳保险公司，接受不动产以外的动产保险，营业范围遍及全国。18 世纪末到 19 世纪中期，英、法、德等国相继完成了工业革命，机器生产代替了原来的手工操作，物质财富大量集中，使人们对火灾保险的需求也更为迫切。这一时期火灾保险发展异常迅速，火灾保险公司的形式以股份公司为主。进入 19 世纪，在欧洲和美洲，火灾保险公司大量出现，承保能力有很大提高。1871 年芝加哥一场大火造成 1.5 亿美元的损失，其中保险公司赔付 1 亿美元，可见当时火灾保险的承保面之广。随着人们的需要，火灾保险所承保的风险也日益扩展，承保责任由单一的火灾扩展到地震、洪水、风暴等非火灾危险，保险标的也从房屋扩大到各种固定资产和流动资产。19 世纪后期，随着帝国主义的对外扩张，火灾保险传到了发展中国家和地区。

（三）人寿保险

人寿保险起源于欧洲中世纪的基尔特制度。起初行会对其成员的人身伤亡或丧失劳动能力给予补偿，后来有些行会逐渐转化为专门以相互保险为目的的"友爱社"，对保险责任和缴费有了比较明确的规定。这种相互保险组织形式对以后的人寿保险发展影响很大，美国最大的人寿保险公司——美国谨慎保险公司就是相互保险公司，其前身就是 1873 年建立的"孤寡老友爱社"。此外在海上保险的产生和发展过程中，一度包括人身保险。15 世纪后期，欧洲的奴隶贩子把运往美洲的非洲奴隶当作货物进行投保，后来船上的船员也可投保；如遇到意外伤害，由保险人给予经济补偿。这些应该是人身保险的早期形式。

17 世纪中叶，意大利银行家，法国在任宰相秘书洛伦·佟蒂提出的一种不偿还本金募集国债的计划，即一项联合养老办法，这个办法后来被称为"佟蒂法"，并于 1689 年正式实行。佟蒂法规定每人缴纳 300 法郎，筹集起总额 140 万法郎的资金，保险期满后，规定每年支付 10%，并按年龄把认购人分成若干群体，对年龄高些的，分息就多些。"佟蒂法"的特点就是把利息付给该群体的生存者，如该群体成员全部死亡，则停止给付。法王路易十四为了筹集战争经费于 1689 年采用了"佟蒂法"。"佟蒂法"是养老年金的一种起源，它规定在一定时期以后开始每年支付利息，把认购人按年龄分为 14 群，对年龄高的群多付利息，当认购人死亡，利息总额在该群生存者中平均分配，当该群认购人全部死亡后，就停止付息。由于这种办法不偿还本金并引起相互残杀，后被禁止，但佟蒂法引起了人们对养老年金和生命统计研究的重视。

著名的天文学家哈雷，在 1693 年以西里西亚的勃来斯洛市的市民死亡统计为基础，编制了第一张生命表，精确表示了每个年龄的死亡率，提供了寿险计算的依据。18 世纪四五十年代，辛普森根据哈雷的生命表，做成依死亡率增加而递增的费率表。之后，陶德森依照年龄差等计算保费，并提出了"均衡保险费"的理论，从而促进了人身保险的发展。1762 年成立的伦敦公平保险社才是真正根据保险技术基础而设立的人身保险组织。

工业革命以后，机器的大量使用及各种交通工具的发明和推广，使人身职业伤亡和意外伤害事故增多，这为广泛开展人寿保险业务开辟了市场。加上人寿保险带有储蓄性质，年金能提供养老收入，准备金能用于投资，这就加速了人寿保险的发展。到了第二次世界大战以后，人寿保险的覆盖率进一步扩大，大多数家庭有了人寿保险，而且人寿保险种类繁多，并开始与金融市场的投资紧密结合。人寿保险公司已成为仅次于商业银行的投资机构。

### （四）责任保险

责任保险是以被保险人的民事赔偿责任为标的，它的产生是社会文明进步尤其是法制完善的结果。19世纪初法国《拿破仑法典》中的有关责任赔偿的规定为责任保险的产生提供了法律基础。1855年英国率先开办了铁路承运人责任保险。自此以后，责任保险日益引起人们的重视。工业革命以后，雇主责任险得以发展，1880年英国通过了雇主责任法，规定雇主经营中因过错使工人受到伤害，应负法律责任，同年就有雇主责任保险公司成立。

19世纪末，汽车诞生后，汽车责任保险随之产生，最早的汽车保险是1895年由英国一家保险公司推出的汽车第三者责任险。1898年美国开办了这项业务，进入20世纪后，汽车第三者责任保险得到极大发展。

### （五）信用保险和保证保险

信用与保证保险是随着商业信用的发展而产生的一种新兴保险业务。在18世纪末19世纪初，忠诚保证保险就已出现。该项保险的投保人一般是雇主，如果雇员的不忠诚行为使雇主蒙受损失，保险人将负有赔偿责任。19世纪中期英国又出现了合同保证保险，这种保险主要运用于工程建设上。1919年由于东西方政治局势的恶化，英国政府为了保证贸易的进行，专门成立了出口信用担保局对有关贸易进行担保，创立了一整套信用保险制度，并成为以后各国争相效仿的样板。1934年伯尔尼联盟（国际信用和投资保险人联合会）的成立标志着出口信用保险已为世界所公认，此后，各国信用保险和投资保险业务都开始稳步发展。

### （六）社会保险

社会保险主要有社会养老保险、社会医疗保险、失业保险、工伤保险和生育保险等险种，最早出现于19世纪80年代的德国。那时工业社会使人们的生产方式与生活方式发生了重大改变，在机器大生产取代了手工生产后，工业劳动者构成了一个日益壮大的以出卖劳动力为生的无产阶级。工业社会不仅直接增加了劳动的职业伤害风险与失业风险，而且也使农业社会里被视为个人风险的疾病医疗、养老等演变成了群体性的社会风险。在这样的背景下，仅仅依靠传统的慈善事业、有限的救济措施以及完全市场化的商业保险、互助合作保险制度，已经无法解决劳动者的后顾之忧。面对新的社会问题，政府开始运用保险手段，来实现其政治目的。1883年德国建立疾病保险制度，1884年建立伤害保险制度，1889年建立老年及残疾保险制度。这三项保险制度的建立，不仅为德国建立完整的社会保险体系奠定了基础，也为世界上其他国家建立社会保险制度提供了示范。随后，世界各国纷纷效仿。

### 三、世界保险业的发展

#### （一）世界保险业发展的特点

第二次世界大战后，世界保险业获得了飞速发展，主要有以下几个特点：

1. 保险业务范围日益扩大，新险种不断增加

随着科学技术的发展，尖端科学日新月异，各种新的风险不断产生。原来的传统险种已不能满足需要，保险已从海上保险、火险、汽车险等险种扩大到卫星保险、核电站保险、航天飞机保险等。保险范围的不断扩大，已成为当今保险业发展的特点之一。过去的100年，是人类历史上发展变化最快的100年。进入21世纪，人类前进的步伐更是不断加快。经济发展、技术进步、全球化进程，我们面对的是一个快速发展变化着的世界。世界在变，社会在变，保险业面对的风险也在不断变化。电脑系统故障、环境污染、金融危机、老龄化带来的养老医疗负担、全球气候变化甚至恐怖主义袭击，传统的风险在变化，新型的风险不断涌现。保险业面临着巨大的挑战，也面临着广阔的发展机遇。

2. 保险金额巨大，巨灾风险索赔增多

由于保险财产的价值越来越大，为获得足够的保险保障，保险金额日益提高。如一艘万吨油轮、一颗人造地球卫星，价值都在几千万至几亿美元以上，一旦保险标的损毁，索赔数额将相当巨大。保险金额巨大，索赔案件增多，为保险人提出了一个严峻的问题。而且巨灾发生频率和损失程度不断上升。2005年全球共发生了397起灾害事故，造成97 000多人遇难，财产损失总额超过2300亿美元。发生在克什米尔地区的7.6级地震造成73 000多人死亡；发生在美国的一连串飓风造成了巨大的财产损失，卡特里娜造成损失1350亿美元、威尔玛200亿美元、丽塔150亿美元。全球保险公司的赔付总额达到830亿美元，仅卡特里娜飓风造成的赔付就达到了450亿美元。2005年是自1906年美国旧金山大地震以来，国际财产险保险公司损失最大的一年。2005年发生的灾害及损失，是近年来巨灾发生频率、强度及造成的损失不断攀升的生动写照。20世纪70年代，自然灾害造成的赔偿金额约为30亿美元，1997年至2003年增长到160亿美元，2004年及2011年则分别猛增到450亿美元和1050亿美元。而且，大量事实表明，这种发展趋势将一直持续下去。

3. 保险业的迅速发展，使其在世界经济中的地位和作用快速提升

从20世纪90年代至今，世界经济保持稳步健康增长。过去20年全球实际GDP增长平均3%左右，2011年全球GDP增长了3.9%，达到69.66万亿美元。与此同时，世界保险业发展迅速，在整个世界经济中的作用日益突出。1990年全球保费收入仅为1.406万亿美元，2011年增加到3.1万亿美元，实现了年均6%左右的增长速度，呈现出持续增长的势头，并远高于同期全球GDP的增长速度。保险业在世界经济中的地位进一步提高，作用进一步加强。从保险密度看，进入20世纪90年代以后，世界保险业保险密度出现快速增长的局面，从1990年265.3美元到2011年627.3美元，实现了近一倍的增长。从保险深度看，1990年，世界保险业的保险深度为6.5%，2001年达到了7%。

保险业的迅速发展，使其在国际金融业的地位和作用快速提升。近年来，国际金融业资产结构的重要变化使银行资产占金融业资产的比重逐步下降，保险和其他非银行金融机构资产占金融业资产的比例大幅度提高。保险业的发展又快于其他非银行金融机构。如经合组织（OECD）国家保险公司的资产总额从1990年不到6万亿美元增

长到 1999 年的 12 万亿美元。目前，经合组织国家保险资产占金融总资产的比例平均为 20%。保险公司日益成为金融业重要的组成部分。

4. 新兴市场国家的保险业增长强劲

新兴市场国家的保险业增长强劲，在世界保险业中的比率逐年提高。2005 年新兴市场国家保费收入 4270 亿美元，增长率为 7%，其中寿险增长 7.5%，非寿险增长 6%。过去 10 年新兴市场国家保险业的年平均增长率达到了 9%。寿险方面，得益于经济增长和赶超过程，以及对养老金的需求，过去十年新兴市场国家寿险的平均增幅为 10.9%；非寿险方面，过去十年新兴市场国家的平均增长率为 6.9%，虽然低于寿险的增长速度，但仍然是同期 GDP 增长速度的 1.5 倍。而 2005 年工业化国家保费收入的增长率只有 1.9%，过去 10 年的平均增长率也只有 3.1%，远低于同期新兴市场国家保险业的增长速度。另外，虽然新兴市场国家的保险业得到了长期的发展，但其总量还较小，世界保险业的整体格局尚未发生明显的变化。工业化国家保险市场虽然已经接近饱和，增长速度逐渐放缓，但其绝对主导地位并未动摇。2005 年，工业化国家的保费收入 2.998 万亿美元，占全球保险业保费收入的 88%，保险密度 3286 美元，保险深度 9%；而同期新兴市场国家的保险密度和保险深度分别为 77 美元和 3.6%，与工业化国家相比，尚存在巨大差距。

（二）世界保险业发展的趋势

考查世界保险事业的发展趋势，可以明显地看出，它同国民经济的发展成正比例，是整个国民经济体系中不可缺少的一个组成部分。纵观现代保险事业的发展，大体上呈现以下趋势：

1. 保险市场全球一体化趋势

当今世界，经济的发展尤其是国际贸易与国际资本市场的发展决定了市场开放的必要性，而通信、信息等高新技术的发展又为实现全球经济一体化创造了技术条件。在高新技术的推动下，全球经济一体化的趋势越来越明显，作为世界经济重要组成部分的保险业，必然要受其影响，保险业国际化趋势也日益明显。在发达国家，为了适应世界保险业一体化需要，都纷纷放松了对本国保险市场的监管。在发展中国家，为了适应保险一体化需要，也在作出自己的努力，如中国、印度、东盟国家及拉美国家都在不同程度地开放本国的保险市场，以吸引外国投资者。20 世纪末全球金融保险领域掀起了一股兼并浪潮，从而加速了保险机构之间的联合与兼并。19 世纪初，全世界只有 30 多家保险公司，到 20 世纪 90 年代初，全世界保险公司的数量增加到过万家。而在面临全球化竞争的情况下，许多保险公司又开始广泛的合作。竞争与合作呈现出一种相互推动的态势。近年来，合作进一步演化成保险公司之间的并购，保险市场的并购案件显著增多，保险机构规模呈现大型化趋势。1996 年 7 月，英国的太阳联合保险公司与皇家保险公司宣布合并，成立皇家太阳联合保险公司，一举成为英国第一大综合性保险公司。1996 年 11 月，法国巴黎联合保险集团与安盛保险进行合并，成立新的保险集团，资产规模排世界第二。近年来，不仅保险公司之间购并，保险公司与银行之间也发生购并，如 1999 年 6 月花旗银行收购旅行者公司，这是银行与保险合并的典范，也由此促使美国国会通过了《金融服务现代化法案》，法律上认可了混业经营。2001 年 4 月德国安联保险集团公司宣布收购德国的第三大银行德累斯顿银行，合并后的公司将成为全球第四大金融集团。这种购并往往是强强联合，优势互补，形成更大范围的规模经营，提高经营效率，降低经营成本，有效控制风险，提高公司的实力和声誉。

2. 保险领域扩大化趋势

保险事业是伴随着人类科学技术水平的提高而发展起来的"朝阳产业"。保险领域扩大化趋势主要表现在以下方面：

（1）保险服务领域不断扩大。生产技术的日新月异，尖端科学的广泛应用，使各种新的风险因素不断增加，也给保险事业开辟了广阔的服务领域。如技术性较高的新险种：建筑工程险、安装工程险、石油开发险、卫星险等纷纷问世。国际贸易方式的多样化、合作企业不断兴办、联合开发资源的出现，使产品、职业、个人等责任保险和信用与保证保险成为国际间普遍关注的保险业务。各种社会福利性的保险，作为国家和社会福利制度的补充，越来越受到人们重视。新兴的综合保险，由于把一些互相关联的险种结合在一起，实行一揽子保险，则更能适应投保人的需要。此外，适应保险商业化的要求，各种名目繁多的险种不断出现，从承担"哥伦比亚"号航天飞机的风险，到保障"百老汇"芭蕾舞演员脚尖的安全，几乎是无所不及。保险事业的飓风，已席卷人类生活的每个角落。

（2）再保险业务领域不断被拓展。生产规模的扩大及科学技术的高度发展，使保险业承担了前所未有的经济责任，导致再保险业务的兴隆。尽管国际再保险市场屡次发生危机，但是国际金融寡头、保险业投资者们对于国际再保险市场每年 550 亿美元的巨额仍垂涎欲滴。大约有 300 家专业再保险公司和近 3000 家直接公司或混合公司在国际再保险市场角逐。从国际再保险市场的发展情况来看，随着保险业进入宇宙空间和其他新兴科技领域，国际再保险业务的规模将不断扩大。

3. 利用投资方式扩大保险事业对国民经济的影响

由于世界经济不景气，使国际保险再保险市场竞争激烈，造成保险费率下降，承保力量超过需求，使许多保险人趁通货膨胀和国际金融市场的利率很高，以较低的保险费率，接受看来可能亏损的业务。其目的在于把收取的保险费用于投资，在发生赔款之前就可以获得巨额的投资利益，以弥补保险业务的亏损。拥有年保险费收入 3 万亿美元，并拥有非常雄厚的保险基金为支柱的世界保险企业，已成为许多国家的金融核心之一，特别是在美国、日本和西欧工业发达国家，保险公司可以运用的资金力量已超过其他的金融组织，保险公司已成为金融中心。

4. 保险市场自由化

保险市场的自由化，是为了适应市场经济的发展，满足投保人或被保险人的客观要求而采取的必要政策。保险市场的自由化主要体现在以下几个方面：

（1）放宽费率管制。过高的保险费率必然损害被保险人的利益，使保险企业获得不合理的利润。适度地放宽费率管制，对于保险企业的竞争十分有利，除具有地域性的业务仍采用管制费率之外，凡是具有国际性的业务，其费率的厘定尽可能自由化。

（2）保险服务自由化。由于民众的保险意识提高，消费者对保险商品的需求在内容和形式上都有很大变化。保险企业为了满足消费者的保险需求，必须开发新险种，为被保险人服务。这样，必须放宽对保险商品的管制，准许保险企业开辟新的保险服务领域。

（3）放宽保险公司设立的限制。根据保险业法的规定，只要符合设立条件的申请者，就应让其成立公司。特别是在保险业不发达的国家，增加保险市场的主体，有利于改变保险市场卖方垄断的局面，形成竞争势态。适应国家经济往来的需要和世界贸易组织的要求，在发展本国保险业的同时，适当开放本国保险市场。

### 5. 国际竞争激烈化

近年来，由于作为主要国际货币的美元定期存款利率长期保持在一个较高的水平上，使保险公司从保险费的投资收入或存款利息中取得相当可观的好处，从而促进了保险公司的竞争，使得国际保险市场承保能力过剩，供大于求。竞争的结果，使得保险费率大幅度下降，保险业务本身出现连年亏损。美国的财产险保险费收入占全世界财产险保险费收的一半左右，美国保险业务的好坏，在国际保险市场上起着举足轻重的作用。保险公司激烈竞争的结果，使美国的财产保险在过去 25 年中，有 15 年是亏损的。美国的水险和航空险业务尤为糟糕，即使加上投资收入，也难以弥补保险业务本身的亏损。由于国际保险和再保险市场竞争激烈，使正常的保险业务出现了混乱的局面。如阿拉伯地区由于石油出口赚了大量外汇，进行大规模的建设，从而给保险业务带来生机，许多保险人纷纷而至，相互竞争，破坏了正常保险业务的开展。非洲国家的保险业务，长期以来一直发展正常，但由于外国保险商接踵而至，展开竞争，使保险市场由好变坏。为了避免在国际保险竞争中的损失，一些大的保险公司采取了一系列措施，如荷兰的欧洲再保险公司等相继自动宣布清理，从而减少了市场上的竞争者；日本保险公司决定从 1983 年起，减少水险业务，主要原因是迫于巨大未决赔款的负担，不敢继续轻易从事。

### 6. 银行、证券与保险混业经营的趋势

在历史上，曾出现过银行业、证券业和保险业混业经营的情况，但由于当时风险防范能力和监管能力不足，导致了 1929—1933 年的经济金融危机。在这之后，以美国为代表的世界大多数国家实行了金融分业经营，银行、证券和保险由各自的机构经营，严格分开。但近年来，一方面，由于金融市场竞争日趋激烈，混业经营有利于成本的降低；另一方面，金融机构防风险能力增强，金融监管能力增强，这种混业经营的情况重新出现，并有不断发展的趋势，特别是 1999 年 12 月美国国会通过《金融服务现代化法案》后，混业经营在法律上得到确认。因此，银行、证券和保险混业经营成为全球趋势。

### 7. 服务手段现代化

随着现代世界从工业社会过渡到信息社会，对保险业的工作效率提出了新要求。它要求保险业能够适应信息社会变幻多端的经济动态，提供最迅速的保险服务，使保险公司在竞争中立于不败之地，并且能更好地运用保险费收入进行投资收益。在经济发达的工业化国家中，使用电子计算机处理保险业务，已经成为保险公司巩固和发展

业务的重要手段。使用电子计算机处理业务，给保险人带来了以下好处：

（1）节约了大量的人工。电子计算机的高速度、高可靠性、高灵敏性的特点，使过去需要大量人工和时间的工作变得迅速，节约了劳动力，对资方的经济收益比较明显。

（2）加强了业务竞争能力。电子计算机能迅速处理案情，支付赔款，增强了被保险人对于保险公司的信任，改善了服务质量，加强了业务竞争能力。

（3）提高了科学管理水平。电子计算机存储量大，可以将各种情报资料存储在计算机内，使管理人员能够迅速地掌握国内外保险市场的动态，及时进行分析研究，制定保险发展的中长期战略。

### 四、中国保险业的发展

**（一）发展历史**

1. 中国保险业的开端

鸦片战争以后，西方列强迫使清政府签订了一系列不平等条约，加强了对我国的政治、军事、经济的侵略。外国保险公司纷纷登陆中国，中国保险市场逐渐形成。外国保险公司凭借不平等条约所持有的政治特权扩张业务领域，利用买办招揽业务，垄断了早期的中国保险市场，从中攫取了巨额利润。

面对外商独占中国保险市场，每年从中国掠夺巨额利润，致使白银大量外流这一严峻事实，中国人民振兴图强、维护民族权利、自办保险的民族意识被激起。在此情况下，1865 年 5 月 25 日义和公司保险行在上海创立。义和公司保险行，是我国第一家自办的保险机构，其成立打破了外商保险公司独占中国保险市场的局面，为以后民族保险业的兴起开辟了先河。

提到保险业就不得不提到航运业，保险与贸易两者是互为表里的关系。轮船招商局于 1872 年在上海成立，是中国人自办的最早的轮船航运企业，也是现在的招商局集团的前身。它不仅是中国现代航运业的起点，也可以说是中国保险业的源头之一。轮船招商局自创办之日起就深刻明白保险对于航运业的重要作用。作为一种打击竞争对手的手法，早期依附于外商航运业的外资保险公司听命于上司，为了击垮轮船招商局，对其所属船舶百般刁难，收取高额保费，对中国本土产的船只不保等限制。以李鸿章为代表的洋务派，为适应航运业发展的需要，先后创办了"保险招商局""仁和水险公司"和"济和水火险公司"等官办保险公司，取得了较好的经营业绩，并坚持与外商保险公司进行斗争，从而在一定程度上抵制了外商对中国保险市场的控制。当然，洋务派在保险业方面的努力不能改变外商垄断中国保险市场的局面。

2. 中华人民共和国成立前在夹缝中生存发展的民族保险业

到民国初期，中国民族保险业获得了难得的发展机遇：一是民国初建需要刺激工商业的发展以稳定政权；二是第一次世界大战的爆发，欧美列强卷入战争，无暇东顾，大大减缓了洋商对中国保险市场的控制；三是五四运动的爆发，反帝斗争的兴起，赢得了整个民族对民族工商业的支持和对洋商的抵制。从 1912 年到 1925 年，国内陆续创办了华安合群等 30 余家民族保险公司，华资寿险市场一度兴起，但由于经营不善，其中停业者居多。

至 20 世纪 20 年代中后期，金融资本投入保险业，民族银行开始兴办保险企业，民族保险业始有进一步发展。保险业有了突破性的发展，出现了太平保险公司这样实力雄厚、信誉卓著，分支机构代理网点遍布全国各大城市，甚至涉足南洋市场，在国际上也有一定声誉的民族保险公司。但是抗日战争爆发后，保险业受到巨大的冲击。

3. 中华人民共和国成立后保险行业的发展

中华人民共和国成立后中国保险业的发展史，可谓跌宕起伏。经历了中华人民共和国成立初期的起步，到 20 世纪六七十年代的低谷，最后到现在的快速发展的过程。

保险业作为国家经济发展的晴雨表，到 20 世纪末，经过了四个发展时期。第一个阶段是在 20 世纪 50 年代的初创时期，保险业仅中国人民保险公司一家国有保险公司，保险业务的发展还处于初级拓荒阶段，业务范围也十分狭窄，但是当时保险业配合新中国经济建设，在保障生产安全、促进物资交流、安定人民生活、壮大国有资产等发挥了积极作用。第二阶段是在 20 世纪六七十年代的低谷期，由于当时的历史原因，本外币保险业务基本停办，仅保留五大口岸城市的涉外险业务，保险业陷入长达 20 年的停滞时期，发展严重受挫。第三阶段是 20 世纪 80 年代的复苏期，伴随着中国改革开放和经济发展，保险业迅速崛起，为国家经济建设和人民生活提供多方面广泛的服务，但市场经营主体仍处于人保独家垄断状态。第四阶段是 20 世纪 90 年代的发展期，保险业独家垄断的格局被打破，取而代之的是中外保险公司多家竞争、共同发展的多元化新格局。进入 21 世纪以来，我国保险业正步入一个全新的发展阶段，根据我国入世承诺，保险业在金融行业中开放力度最大，开放过渡期最短。2004 年 12 月 11 日过渡期结束，我国保险业进入全面对外开放的新时期，呈现出日渐市场化、专业化、国际化、规范化的新特点。

30 多年的改革开放为我国保险业发展注入了新的生机和活力。改革开放之初，我国保险市场由一家公司经营，全部保费收入只有 4.6 亿元。到 2007 年，全国保险公司达到 110 家，总资产达到 2.9 万亿元，实现保费收入 7000 多亿元，市场规模增长 1500 多倍。

（二）发展现状

1. 中国保险业的整体实力与核心竞争能力不断提升，经济功能初步显现

回顾保险业 60 年来的改革发展历程，虽然经历了曲折，但全行业始终坚持改革创新，在探索中国特色保险业发展道路上迈出了坚实的步伐，取得了令人瞩目的发展成就，特别是党的十六大以来，在"抓监管、防风险、促发展"的总体思路指导下，我国保险业保持了又好又快的发展势头，在各方面取得了突出的成绩。

（1）保险业务大发展，行业实力显著增强，竞争格局基本形成。保险业快速发展，业务领域逐步拓展。1980 年恢复国内保险业务时，我国只有企财险、货运险、家财险、汽车险等几个保险业务种类。此后随着国内保险业风险管理技术的进步和经营管理能力的提高，业务领域逐步从财产损失保险扩展到人寿保险、责任保险、信用保险和保

证保险、意外伤害保险、健康保险等领域，目前已基本形成涵盖所有可保风险领域的业务和产品体系。保险业恢复经营以来，我国保费收入年均增长超过 20%，是国民经济中发展最快的行业之一。2008 年实现原保费收入 9789 亿元，世界排名第 6 位，中国已逐步成长为新兴的保险大国。资产规模不断壮大。1949 年人民保险公司成立之初，仅有资本金约 200 万元。目前，全国保险公司总资产达到 3.7 万亿元。市场体系日益完善，从由国有保险独家经营保险业务，到目前全国共有保险公司 120 多家，初步建成了多种组织形式和所有制形式并存、公平竞争、共同发展的保险市场体系。

（2）体制机制发生积极变化。自改革开放以来，我国的保险业就分别从经营体制改革、公司体制改革、资金管理体制改革、保险监管体制改革四方面，进行了有条不紊的改革。首先，保险业务经营体制改革。1996 年，为了适应保险业快速发展和防范风险的需要，建立了保险分业经营体制，对产险、寿险实行专业化经营。人保、平安、太平洋等综合性保险公司相继完成产寿险分业经营体制改革。同时，为了提升保险业服务经济社会的能力与水平，对农业保险、健康保险、养老保险等业务领域探索实行专业化经营，专业性的保险公司开始逐渐成立。保险中介市场也逐步发育完善。其次，公司体制改革。坚持从实际出发，采取"三步走"的战略，积极吸引外资和民营资本参股，引进境外战略投资者，优化股权结构，公司治理结构和运行机制不断完善。最后，保险资金管理体制改革。实现了保险资金专业化集中运用，保险资产管理公司从无到有，目前达到 10 家，管理资产占保险业全部资产的 82.6%；从资金运用结构看，实现了从银行存款为主向债券投资为主的转变。

（3）全社会的风险和保险意识大提高。改革开放前，我国保险市场的消费者规模相当有限，消费者对保险的了解非常少，保险意识处在一个较低的水平。随着改革开放的不断推进，保险知识的普及也日渐展开，消费者对保险的认识和理解逐步深化。同时，随着收入水平的提高和市场化体制改革的推进，全社会的风险和保险意识逐步提升，消费者开始主动购买所需要的保险产品，并且在购买保险产品时，多方收集所需保险产品的信息，了解保险市场行情。人民群众保险意识不断增强和消费行为日趋理性，标志着我国保险市场逐步向成熟的方向迈进。

（4）保险创新取得积极进展。产品创新更加贴近市场需求，适应不同消费群体，并放不同的产品。针对居民日趋多元化的金融保险需求，突破保险产品传统保障功能的限制，开发了具有投资理财功能的产品。针对低收入人群开发了保费低廉、手续简便、保障适度的小额保险产品。适应建立多层次社会保障体系需要，开发了多种形式的商业养老和健康保险产品等。在产品贴近市场的情况下，营销创新与时俱进。从个人营销代理到现在的通过银行、邮局、车行等机构代理，甚至通过利用网络、电话等方式销售保险产品，为保险消费者提供便利、质优价廉的保险服务。在做到服务创新的同时，理论创新为产品创新和营销创新提供了理论基础。近年来特别是十六大以来，在总结保险实践经验的基础上，保险理论创新不断深入推进。提出了保险业发展阶段理论，做出了我国保险业仍处于发展的初级阶段的判断，首要任务是加快发展，做大做强。

2. 中国保险业仍处于发展的初级阶段，存在诸多问题

尽管我国保险业发展取得了一定的成就，但由于起步晚、基础差，与发达国家相比，与经济社会发展的要求相比，仍存在较大差距，我国保险业依然处于发展的初级阶段。

（1）保险业发展与经济不适应。我国保险业的发展与经济不适应主要表现在四个方面。首先，与国民经济发展整体实力不适应。2010年，我国GDP世界排名第二位，但是保费收入排名为第6名。保费收入占GDP的比重世界平均为8%，我国仅为4%。其次，与人民的生活水平不适应，虽然目前保险产品品种较以前有了很大的进步，但是保险产品还是不丰富，有许多人民群众迫切需要的险种还不能提供，不能有效满足社会多层次的需求。再次，与和谐社会建设不适应。我国人均长期寿险投保率远低于世界平均水平，保险作用发挥得还比较有限。最后，与金融体制改革发展的要求不适应。我国保险资产占金融业总资产的比例为4%左右，而这一比例在发达国家则高达20%。

（2）中国保险业的诚信缺失。据2008年年底，国务院发展研究中心和国家统计局中国经济检测中心对国内公众保险情况的调查显示：老百姓认可国内保险公司不到10%，只有6%左右的人认为国内保险公司诚信较好，70%的人认为诚信一般，持不信任态度的占26%。按国际标准，当一个行业有6.5%的消费者对其不信任时，就表明这个行业进入了危机阶段。中国保险业的诚信缺失成为制约其自身加快发展的瓶颈。投保容易索赔难，不能严格履行保险合同，压赔案，压赔款，代理人误导消费者等这些类似事件的屡次发生，是保险公司为未来追求高增长而对诚信和消费者信心的透支。

（3）面对国际形势而言，我国保险业面临着严峻的考验。国外保险公司无论从资金实力、产品开发技术，还有业务展开方式和管理水平上都远远强于国内的公司，与这样的公司同台竞争，无疑给中国保险业带来竞争压力。而且税收方面外资保险公司享受优惠，在资金运作方面，外资保险公司的投资可涉及股票、房地产、贷款等，资金运用率普遍在85%以上，而中资保险公司的保险基金运用渠道相对狭窄。外国保险公司可以凭借其经济实力和税收的优势，通过降低保险费率、提高保险代理佣金抢占市场。可以预见，随着保险业开放程度的提高，外资保险公司对国内保险市场的冲击必然会升级，并压缩民族保险业的生存空间。

（4）行业人才现状堪忧。据统计，2010年全国保险系统职工人数近64万，如果加上330万名的保险营销人员及其他保险中介保险行业的队伍达400万人之多。然而，从整体上看保险行业人才队伍建设还存在一些不容忽视的问题。保险人才培养滞后，保险人才总量的匮乏，就北京市场而言，保险人才就缺口10多万。而且人才质量不高，高层次人才比例偏低，就全国330万保险营销人员言，拥有大专以上文凭的人员不到30%，大部分是高中或者中专学历，保险专业知识普遍缺乏；至于高级管理人才则更是稀缺。而人才结构不够合理在全国保险专业技术人员中，精算、核保、理赔人员所占比重明显偏低，与整个保险业的发展根本不相匹配。而且还有地域分布不均衡、人才流动无序等问题。

## 第二节 可保风险

作为一种最为普及的、使用最广泛的风险管理手段，保险不能将各种风险通通予以承保，这概念有理论上的限制，也存在着保险经营理念、手段和经营方法上的限制。在这里必须明确的一点是只有可保风险才可以采取保险的手段进行风险管理。

### 一、可保风险的定义

可保风险是指保险人可以承担的风险，即投保人可以通过购买保险来转移的风险。因此，可保风险这一概念是对一定时期的保险市场而言的。从保险经营的角度来分析，并不是所有的风险都可以保险，对客观存在的大量的风险，只有符合一定条件，才能成为保险经营的风险。保险公司对其经营的特殊商品——风险是有严格限制的。保险业经过几百年的经营，各国保险人积累了丰富的承保经验，总结出一套可保风险的条件。

### 二、可保风险的条件

（一）可保风险必须是纯粹风险，而不是投机性风险

纯粹风险与投机性风险是性质完全不同的风险，它们造成的后果是不同的。就保险行业的承保技术和手段而言，保险公司只承担由纯风险发生导致的损失。投机性风险不具有可保性，原因是：其一，若保险人承保投机风险，则无论是否发生损失，被保险人都将可能因此而获利，这就有违保险的损失补偿原则；其二，投机风险不具有意外事故性质，一般多为投机者有意识行为所致，而且影响因素复杂，难于适用大数法则。

（二）可保风险必须是大量的、相似的风险单位都面临的风险

保险经营的重要数理依据是大数法则，大数法则是统计学中的一个重要定律。大数法则是指随着样本数量的不断增加，实际观察结果与客观存在的结果之间的差异将越来越小，这种差异最终将趋于零。因此，随着样本数量的增加，利用样本的数据来估计的总体的数字特征也会越来越精确。

大数法则在保险中的应用是指随着投保的保险标的数量的增加，保险标的的实际损失与用以计算保险费率的预测损失之间的差异将越来越小。

大数法则的运用必须存在大量的、相似的或同类的保险标的。因为只有这样才能体现出大数法则所揭示的规律性。那么，数量多大就构成了大数？从保险经营的角度来看大数不是一个具体的数量，它是保险公司愿意承受风险程度的函数。保险经营中所需大数的多少取决于保险公司承受一项风险发生的实际损失偏离预期损失的程度的意愿。举例来说明，假设汽车发生碰撞并造成全损的概率是1‰，承保了1000辆汽车保险的保险公司对其承保的汽车在明年发生碰撞导致的全损的预期是1辆。在一年期

满时，1000辆承保的汽车都没发生碰撞损失，这对保险公司而言，则发生了实际损失与预期损失的偏差，但这种偏差是对保险公司有利的；与此相反，在一年期满时，1000辆承保的汽车中有2辆发生了碰撞导致的全损，这对保险公司而言，也发生了实际损失与预期损失的偏差，但这种偏差是对保险公司极为不利的；只要保险公司的保险费率是公平精算费率，则1000辆汽车的保险费累积的汽车险保险基金不足以补偿2辆发生全损车辆的损失赔偿。因此，就保险公司的经营而言，承保数量1000构不成大数。在保险费率不变的情况下，保险公司只能通过增加承保汽车的数量来减少实际损失超过预期损失的风险。当承保数量达到10 000辆、100 000辆时，虽然预期的损失也在成比例的增加到10辆、100辆，但实际损失与预期损失的差异大大降低，则保险公司经营汽车险的风险随之降低。承保标的的数量在保险经营活动中是至关重要的。参加保险的标的越多，实际发生的损失与预测的损失就越接近，而根据预测损失制定的保险费率，收取的保险费的积累就越多，保险公司补偿损失的能力越强，经营效益越好。

（三）损失的发生具有偶然性和意外性

风险发生的偶然性是针对单个风险主体来讲的，它是指风险的发生与损失程度是不可知的、偶然的。如果客观存在的风险一定会造成损失，这种风险保险公司不会承保。如一个已身患绝症的病人投保死亡保险、汽车已经碰撞了再去买保险、机器设备的折旧和自然损耗等保险公司是不会承保的。保险公司承保的风险必须只包含发生损失的可能性，而不是确定性，也就是说损失的发生具有偶然性。之所有要求损失的发生具有偶然性，原因之一，是为了防止被保险人的道德风险和行为风险的发生；原因之二，保险经营的基础是大数法则，而大数法则的应用是以随机（偶然）事件为前提的。

风险发生的意外性强调的是风险事件的发生和损失后果的扩展都非投保方的故意行为所致。故意行为易引发道德风险，且发生是可以预知的，不符合保险经营的原则，只要是投保人和被保险人的故意行为所致的损失，任何一种保险都将其列为除外责任。

（四）损失是可以确定和衡量的

所谓损失是可以确定的，是指风险造成的损失必须在时间上和地点上可以被确定，因为只有这样才能确定此项损失是否为保险公司承保范围之内的损失。所谓损失是可以衡量的，是指风险造成的损失程度必须可以用货币来衡量。只有这样，保险人才能对损失进行补偿。因此，从保险经营的角度来看，可保风险造成的损失一定是可以确定和衡量的。

（五）损失必须是适度的

从风险管理的理论来看，管理风险的措施是多样的，保险只是方法之一。从理论上讲，人们只对发生频率低，而损失程度严重的风险采取保险的手段进行风险转移。因为这种损失一旦发生，人们无法依靠自己的力量来补偿损失或自己补偿损失极不经济。判断损失的严重性是没有一个确定的数量标准。它是相对于企业、家庭或个人能够并且愿意承担损失的大小而定的，不是绝对的。对于投保人来说，如果一种风险造成的损失的可能性很大，但损失结果并不严重，对这种风险购买保险是很不经济的，人们可以通过自留风险和控制损失频率的方法来解决。但可保风险造成的损失不应是巨灾损失，保险中的巨灾损失是指风险事件造成的损失在损失程度和损失的范围上不仅超出了保险精算费率预期的损失严重程度，而且也超出了为该风险积累的保险准备金的数量。超过保险公司的财务承受能力，会影响保险经营的稳定性。比如海啸、大地震，以及卫星发射时爆炸、航天飞机的失事等都属于巨灾风险，它们往往使风险载体的独立性不复存在，保险人面临的将是系统性风险。如果这样的风险载体成为保险标的，一旦发生保险事故，保险人将会无力赔付。所以，在普通保险合同条款中，往往将战争、地震等其他的巨灾风险作为除外责任。

（六）损失的概率分布是可以被确定的

保险经营风险的前提是可以确定一个合理的保险费率。而保险费率的确定是建立在预期损失的基础上的。如果一种风险是可保的，它的预期损失必须是可以计算的。预期损失是根据损失的概率分布计算出来的。如果风险造成的损失的概率分布可以确定在一个合理的精确度以内，则这项风险就是可保的。

这里我们需要注意的是，建立在经验基础上的损失概率分布对预测未来的损失是有用的，它有个充分必要条件，那就是导致未来事件发生损失的因素要与过去的因素基本相一致。比如说，近年来，我国鼓励私人购车，鼓励轿车进入家庭，在许多城市私人汽车猛增，这样新司机也猛增，交通事故也较以前大大增加。我们在制定车险费率时，很显然就不能以10年前的车辆损失概率分布作为现在的费率依据。

需要注意的是，可保风险是个相对概念，而不是个绝对概念。随着社会经济的发展，保险业的不断改革完善，可保风险的某些条件可能会放宽，标准也会不断降低。例如，对于精神伤害，由于其不能用货币来衡量，不具有现实的可测性，因而排除在可保风险的条件之外，但现在很多国家的保险公司已经将其考虑在保险责任范围中了；再比如巨灾风险，过去是不可保的，而现在由于出现再保险而变得可保了。因此，可以说可保风险的条件是在不断发展变化的。

## 第三节　保险的概念

### 一、保险的概念

根据《中华人民共和国保险法》第二条规定：保险是指投保人根据合同约定，向保险人支付保险费，保险人对于合同约定的可能发生的事故因其发生所造成的财产损失承担赔偿保险金责任，或者当被保险人死亡、伤残、疾病或者达到合同约定的年龄、期限时承担给付保险金责任的商业保险行为。可见，法律主要是对商业保险进行了定义，至于社会保险不像商业保险在法律上有明确定义，因为社会保险是国家在既定的政策下，通过立法手段而建立的社会保障基金，由国家或社会对于由特定原因而丧失劳动能力或劳动机会的个人或家庭提供一定物质帮助的社会保障制度。

随着世界保险业在综合风险管理、非传统危险转移工具开发、新型险种设计等方面的大量创新，保险保障范围也由传统意义上的纯粹风险转向了非纯粹风险，所以现代金融的发展使得保险含义也在发生相应变化。无特别说明，我们在本书中给出的定义仍是传统意义上的保险概念，适用于财产保险和人身保险，是一种众多投保人平均分摊少数人经济损失的制度。从本质上来说，是在参与平均分担损失补偿的单位或个人之间形成的一种分配关系。这种分配关系是客观存在的一种经济关系，由于自然力和偶然事件造成的破坏，在任何社会制度下都是不可避免的，是不以人的意志为转移的客观规律，具有客观必然性。因此，保险是有效的风险管理方法之一，被广泛运用。

## 二、保险的特征

### （一）互助性

保险具有"一人为众，众为一人"的互助特性。保险在一定条件下，分担了单位和个人所不能承担的风险，从而形成了一种经济互助关系。这种经济互助关系通过保险人用多数投保人缴纳的保险费建立的保险基金对少数遭受损失的被保险人提供补偿或给付而得以体现。保险的运行机制是大家共同缴纳保费，共同出资，组成保险基金。当某个被保险人遭受损失时，可以从保险基金中获得补偿，而补偿是源于所有被保险人缴纳的保险费。因此，遭受损失的人实际获得的是全体被保险人的共同经济支持。可见，各个被保险人之间是一种互助供给关系，集合大家的力量一同应付危险损失。由此，也可以说保险是一种分摊意外事故损失的财务安排，在被保险人之间起到了收入再分配的作用。

### （二）法律性

从法律角度看，保险又是一种合同行为，是一方同意补偿另一方损失的一种合同安排，同意提供损失赔偿的一方是保险人，接受损失赔偿的一方是投保人或被保险人。

我国《保险法》规定："投保人提出保险要求，经保险人同意承保，并就合同的条款达成协议，保险合同成立"；"投保人和保险人订立保险合同，应当遵循公平互利、协商一致、自愿订立的原则，不得损害社会公共利益"。我国《保险法》指出，保险是保险人与投保人之间的合同行为。保险合同明确规定了保险当事人双方的权利义务关系。保险人的权利是向投保人收取保险费，其义务是当约定的危险事故发生后向被保险人进行赔偿或给付保险金。投保人（被保险人）的权利是当约定的危险事故发生后能够向保险人要求给付保险金，其义务是向保险人支付保险费并履行合同规定的其他义务。

### （三）经济性

保险是通过保险补偿或给付而实现的一种经济保障活动。其保障对象财产和人身都直接或间接属于社会再生产中的生产资料和劳动力两大经济要素；其实现保障的手段，大多最终都必须采取支付倾向的形式进行补偿或给付；其保障的根本目的，无论从宏观的角度，还是微观的角度，都是与社会经济发展相关的。

保险组织通过收取保险费聚集了大量的资金，再对这些资金进行运作，实际上在社会范围内起到了资金融通的作用，所以保险组织也是一种金融中介机构。但它有别于商业银行，资金的聚集不是以放贷为目的，而是以对被保险人的损失赔偿为基本出发点，因此各国都对保险投资的方向予以严格规定。就保险组织而言，收取保费、保险投资、理赔是其日常经营中最主要的业务，而这些无不是以货币收支的形式进行的，所以保险组织的行为具有浓厚的金融行为色彩。对于被保险人而言，在遭受到危险事故损失后获得赔偿也是以货币的形式进行的，所以也是一种金融行为，这一点在人寿保险上表现得尤为明显。

（四）商品性

保险体现了一种对价交换的经济关系，也就是商品经济关系。这种商品经济关系直接表现为个别保险人与个别投保人之间的交换关系；间接表现为在一定时期内全部保险人与全部投保人之间的交换关系，即保险人销售保险产品，投保人购买保险产品的关系；具体表现为，保险人提供保险的补偿或给付，保障社会生产的正常进行和人们生活的安定。

从需求方面来看，存在着大量的面临着同样危险的个人或单位，而与之有利害关系的社会主体都希望获得保障，在遭受损失后能够及时获得补偿；对于单个的投保人而言，通过参加保险，自己付出一定的财务成本（保费），换来的是一旦遭受损失就能够获得经济补偿，从而不再恐惧危险事故带来的不确定损失，将危险损失转嫁出去。由此可见，投保人出于成本比较的考虑，当前付出的成本小于未来的损失估计，从而对保险产品产生需求。

从供给方面来看，保险人用特殊的技术手段——概率论中的大数法则进行论证，证明完全可以凭借收取保费对被保险人因危险事故造成的损失进行补偿，并且盈利，从事保险有利可图。于是，保险人将大量的面临同样危险的个人或单位组织起来，按照损失分摊的原则向投保人收取保险费，建立保险基金，当被保险人遭受损失后向其进行经济补偿，保险人承担了未来的不确定损失。保险人愿意这样做也是出于成本收益的考虑，保险人相信从被保险人处聚集的资金及带来的相应收益一定大于未来的损失，这样保险产品就有了供给。

（五）科学性

保险是处理风险的科学措施。现保险经营以概率论和大数法则等科学的数理理论为基础，保险费率的厘定、保险准备金的提存等都是以科学的数理计算为依据的。

**三、保险要素**

（一）特定的风险事件

保险是基于风险事故的客观存在而产生的，无风险则无保险。就某一具体险种而言，总是为相应的风险而设立的。给付保险金必须以约定的某种风险事故发生为条件。风险事故具有偶然性，这种偶然性又着重表现为：风险事故发生与否不确定，发生的时间不确定，发生的结果不确定。

（二）面临相同风险的众多经济单位

这里的经济单位是指面临某种特定风险、需要保障的经济主体，如企事业单位、机关团体、个人、家庭等。只有将众多面临同样风险的经济单位集合起来，才能比较准确地预测风险事故，从而降低风险处理的代价。

（三）保险机构

保险机构即专业从事风险保障服务的机构，如保险公司、社会保险部门、互助合作保险组织等。

（四）保险合同

保险活动当事人需要通过订立保险合同来明确相应的权利和义务。保险合同受法律保护，这就意味着保险活动受到法律的保护。

（五）保险费的合理负担

保险费是投保人将风险转移给保险公司所应支付的代价，因此，这种费用必须与所转移的风险相一致。显然，保险费与保险公司所承担的保险责任限额——保险金额有关。保险金额越高，则保费越高。同时，保险费也与风险事故损失率相对应，因为风险的大小是基于风险事故损失率的判断。损失率越高，则保费也越高。

（六）保险基金

这是社会后备基金的一种，是实现保险职能的物质基础。保险基金来源于保险费、保险机构的开业资金，以及投资收益等，由保险人用于组织、管理并执行补偿与给付职能。

# 第四节　保险的功能

保险功能是指保险制度可以发挥的作用和功效，它是由保险的特性决定的，是保险本质的客观反映。很多学者从其不同的研究目的出发，对保险功能有不同的表述，但一般认为，现代保险具有经济补偿、资金融通和社会管理三大功能

## 一、经济补偿功能

这是保险的基本功能，是由保险的本质特征决定的，它除了在不同国家、地区和不同时期的表现形式有所不同以及不断被赋予新的时代内容以外，其在保险制度中的核心地位不会因时间的推移和社会形态的变迁而改变。该功能主要体现在分散风险、补偿或给付等方面。

（一）分散风险

从本质来说，保险是一种分散风险、分摊损失的机制。这种分散风险的机制是建立在灾害事故发生的偶然性和必然性这一对立统一的矛盾基础之上。对个别投保人来说，灾害事故的发生是偶然和不确定的；但对于由大量个体组成的投保人全体来说，灾害事故的发生就有着必然性，损失的概率分布也就成了可以确定的。保险机制之所以能够存在，就是因为投保人愿意以支付小额的、确定的保险费，来换取未来、不确定的大额损失补偿；而保险公司通过向众多投保人收取保险费，所形成的保险基金也

足以补偿一部分投保人由于灾害事故而遭受的损失。这些遭受损失的一小部分投保人，因为加入保险集合而获得了补偿，从而把自身的损失风险分散到了所有投保人身上，最终实现了损失共担。

（二）补偿或给付

根据保险合同，投保人有义务按合同约定缴纳保费，而保险人也有义务在特定风险损害发生时，在保险合同约定的责任范围内，按照合同约定的数额或计算方法对投保人（或收益人）给予赔付，从而使得保险具备了经济补偿功能。

在财产保险和责任保险的场合，一般是由保险公司根据实际损失的情况进行赔偿。这种赔偿是根据标的物的实际价值、损失程度以及被保险人对其拥有的保险利益等因素而确定的，其目的是社会财富因为灾害事故导致的实际损失在使用价值上得以恢复，从而使社会再生产过程得以迅速恢复和延续。

而在人身保险的场合，一般是由保险公司根据合同约定的数额进行给付。这是因为人身保险的标的物——人的身体和生命的价值是很难用货币衡量的，并且很多人身保险具有较强的储蓄性质，无论是在理论上还是实践上，我们都不能说保险人在被保险人发生责任范围内的事故时所支付的保险金可以完全弥补其受益人所承受的打击和损失，也就是说，人身保险金不具有充分的"补偿性"，所以一般被称为"给付"。

**二、资金融通功能**

这是保险的派生功能之一，是在保险基本功能的基础上派生出来的。作为金融的一个重要组成部分，保险的资金融通功能随着现代保险业，尤其是现代寿险业的迅速发展和金融环境的不断完善而越来越突出。所谓资金融通，是指资金的积聚、流通和分配过程，保险的资金融通功能则是指保险资金的积聚、运用和分配功能。具体体现在：一方面，通过承保业务获取并分流部分社会储蓄；另一方面，通过投资将积累的保险资金运用出去，满足未来的支付需要。保险体系吸收的资金大部分是长期资金，这是其区别于银行储蓄资金的主要特点。

保险的资金融通功能与金融市场的发达程度密切相关。在银行主导型的传统金融市场中，金融资源配置方式主要通过银行的间接融资来完成，保险对金融资源配置的功能受到极大的抑制。随着经济的发展，特别是金融创新的日新月异，保险资金融通功能发挥的空间非常广阔，保险业已在金融市场中占据非常重要的地位，是资产管理和股市的重要参与者，持有很大比例的上市公司股票，市值很高。

由于保险资金具有规模大、期限长的特点，充分发挥保险资金融通功能，一方面可以积聚大量社会资金，增加居民储蓄转化为投资的渠道，分散居民储蓄过于集中在银行所形成的金融风险；另一方面可以为资本市场的发展提供长期的、稳定的资金支持，实现保险市场与货币市场、资本市场的有机结合和协调发展。正是由于保险具有资金融通功能，进而具备了金融属性，因此保险业便与银行业、证券业一起成为金融业的三大支柱。

### 三、社会管理功能

保险对社会的管理，在于通过其经济补偿功能的发挥，能够促进、协调社会各领域的正常运转和有序发展，即起到"社会润滑剂"的作用。社会管理功能是保险的又一派生功能，是其基本功能的外在表现形式，是反映一国保险业融入该国社会经济生活程度的重要标志。随着保险业在国民经济中发展地位的不断巩固和增强，保险的社会管理功能也不断凸显出来。主要表现在以下几个方面：

一是保险通过发挥其经济补偿或给付的保障功能：一方面使得保险基金在广大的被保险人之间实现了社会再分配；另一方面又通过其经济补偿机制，在全社会范围内为社会再生产的顺利进行和社会生活的稳定提供强有力的经济保障，熨平经济发展中的不安定因素，客观上起到社会稳定器的作用。二是参与社会风险管理。保险公司不仅具有识别、衡量和分析风险的专业知识，可以为国家应对公共突发事件应急管理提供有力的数据支持，而且保险业积累了大量风险损失治疗，可以为全社会风险管理提供有力的数据支持。同时，保险公司能够积极配合有关部门做好防灾防损，并通过采取差别费率等措施，鼓励投保人和被保险人主动做好各项防损减损工作，实现对风险的控制和管理。三是保障交易，启动消费。四是对社会保障制度的补充和完善。社会保险是社会保障体系的重要组成部分，在完善社会保障体系方面发挥着重要作用。商业保险可以为城镇职工、个体工商户、农民和机关事业单位等没有参与社会基本保险制度的劳动者提供保险保障，有利于扩大社会保障的覆盖面。同时，商业保险具有产品灵活多样、选择范围广等特点，可以为社会提供多层次的保障服务，提供社会保障的水平，减轻政府在社会保障方面的压力。保险的社会管理功能的理论创新意义重大，为保险业全面服务国民经济和社会发展提供了理论依据，大大拓展了保险业的市场空间，提高了保险业的社会地位。

经济补偿是保险最基本的功能，是保险区别于其他行业的最根本特征。资金融通功能是在经济补偿功能的基础上发展起来的，是保险金融属性的具体体现，也是实现社会管理功能的重要手段。正是由于保险具有资金融通功能，才使保险业成为国际资本市场中的重要资产管理者，特别是通过管理养老基金，使保险成为社会保障体系的重要力量。现代保险的社会管理功能是保险业发展到一定程度并深入到社会生活的诸多层面之后产生的一项重要功能。社会管理功能的发挥，在许多方面都离不开经济补偿和资金融通功能的实现。

同时，保险的社会管理功能的逐步发挥，将为经济补偿和资金融通功能的发挥提供更加广阔的空间。因此，保险的三大功能之间既相互独立，又相互联系、相互作用，形成了一个统一、开放的现代保险功能体系。

## 第五节　保险的作用

保险的作用是指在国民经济中执行其职能时所产生的社会效应。

### 一、保险在微观经济中的作用

保险在微观经济中的作用主要是指保险作为经济单位或个人风险管理的财务手段所产生的经济效应。

（一）有利于安定人民生活

家庭是劳动力再生产的基本单位，家庭生活安定是人们从事生产劳动、学习、休息和社会活动的基本保证。但是，自然灾害和意外事故对于家庭来说同样是不可避免的，参加保险也是家庭危险管理的有效手段。家庭财产保险可以使受灾家庭恢复原有的物质生活条件。当家庭成员，尤其是工资收入者，遭遇生老病死等意外的或必然的事件时，人身保险作为社会保险和社会福利的补充，对家庭的正常经济生活起保障作用。

（二）有利于受灾企业及时恢复生产

在物质资料生产过程中，自然灾害和意外事故是不可避免的，这是一条自然规律。但在什么时候什么地点发生、波及面有多广、受损程度有多大，都是不确定的，保险赔偿具有合理、及时、有效的特点。投保企业一旦遭遇灾害事故损失，就能够按照保险合同约定的条件及时得到保险赔偿，获得资金，重新购置资产，恢复生产经营。同时，由于企业恢复生产及时，还可减少受灾企业的利润和费用等间接经营损失。

（三）有利于企业加强经济核算

保险作为企业风险管理的财务手段之一，能够把企业不确定的巨额灾害损失化为固定的少量的保险费支出，并摊入企业的生产成本或流通费用，这是完全符合企业经营核算制度的。因为企业通过缴付保险费，把风险损失（甚至可包括由营业中断造成的利润损失和费用损失）转嫁给保险公司，不仅不会因灾损而影响企业经营成本的均衡，而且还保证了企业财务成果的稳定。如果企业不参加保险，为了不因灾损而使生产经营中断、萎缩或破产，就需要另外准备一套风险准备金，这种完全自保型的风险财务手段，一般来说，对单个企业既不经济也不可能。

（四）有利于企业加强危险管理

保险补偿固然可以在短时间内迅速消除或减轻灾害事故的影响因素，但是，就物质净损失而言，仍旧是一种损失。而且保险企业也不可能从风险损失中获得额外的利益。因此，防范危险于未然是企业和保险公司利益一致的行为。保险公司常年与各种灾害事故打交道，积累了丰富的危险管理经验，不仅可以向企业提供各种危险管理经验，而且通过承保时的危险调查与分析、承保期内的危险检查与监督等活动，尽可能消除危险的潜在因素，达到防灾防损的目的。此外，保险公司还可以通过保险合同的约束和保险费率杠杆调动企业防灾、防损的积极性，共同搞好危险管理工作。

（五）有利于民事赔偿责任的履行

人们在日常生产活动和社会活动中不可能完全排除民事侵权或他人侵权而发生民事赔偿责任或民事索赔事件。具有民事赔偿责任风险的单位或个人可以通过交保险费的办法将此风险转嫁给保险公司，为维护被侵权人的合法权益顺利获得民事赔偿。有些民事赔偿责任由政府采取立法的形式强制实施，比如雇主责任险、机动车第三者责任险等。

## 二、保险在宏观经济中的作用

保险在宏观经济中的作用是保险职能的发挥对全社会和国民经济总体所产生的经济效应。其作用具体表现在以下几方面：

（一）保障社会再生产的正常进行

社会再生产过程由生产、分配、交换和消费四个环节组成，它们在时间上是连续的，在空间上是均衡的。也就是说，社会总产品的物质流系统和价值流系统在这四个环节中的运动，时间上是连续的，空间上分布是均衡的。但是，再生产过程的这种连续性和均衡性会因遭遇各种灾害事故而被迫中断和失衡，这种情况是不可避免的。比如，一家大型钢铁厂因巨灾损失而无力及时恢复生产，社会正常的价值流系统和物质流系统因该厂不能履行债务和供货合同而致中断，其连锁反应还将影响社会再生产过程的均衡发展。保险经济补偿能及时和迅速地对这种中断和失衡发挥修补作用，从而保证社会再生产的连续性和稳定性。

（二）推动商品的流通和消费

商品必须通过流通过程的交换才能进入生产消费和生活消费，而在交换行为中难免存在着交易双方的资信风险和产品质量风险的障碍，保险为克服这些障碍提供了便利。比如出口信用保险为出口商提供了债权损失的经济补偿责任；履约保证保险为债权人提供了履约担保；产品质量保证保险不仅为消费者提供了产品质量问题上的经济补偿承诺，而且还为厂商的商品作了可信赖的广告。可见，保险在推动商品流通和消费方面的作用是不可低估的。

（三）推动科学技术向现实生产力转化

"科学技术是第一生产力"。在各种经济生活中，采用新技术比采用落后的技术显然具有更高的劳动生产率，当代的商品竞争越来越趋向于高新技术的竞争，在商品价值方面，技术附加值比重越来越大。但是，对于熟悉了原有技术工艺的经济主体来说，采用新技术就意味着新的风险。保险则可以对采用新技术带来的风险提供保障，为企业开发新技术、新产品以及使用专利壮胆，促进先进技术的推广运用。

（四）有利于财政和信贷收支平衡的顺利实现

财政收支计划和信贷收支计划是国民经济宏观调控的两大资金调控计划。相对资金运动来说，物质资料的生产、流通和消费是第一性的，所以，财政和信贷所支配的资金运动的规模与结构首先决定于生产、流通和消费的规模与结构。毫无疑问，自然灾害和意外事故发生的每次破坏，都将或多或少地造成财政收入的减少和银行贷款归流的中断，同时还要增加财政支出和信贷支出，从而给国家宏观经济调控带来困难。在生产单位参加保险的前提下，财产损失得到保险补偿，恢复生产经营就有了资金保证，生产经营一旦恢复正常，就保证了财政收入的基本稳定，银行贷款也能得到及时的清偿或者重新获得物质保证。可见，保险确实对财政和信贷收支的平衡发挥着保障性作用。此外，保险公司积蓄的巨额保险基金还是财政和信贷基金资源的重要补充。

（五）增加外汇收入，增强国际支付能力

保险在对外贸易和国际经济交往中，是必不可少的环节。按国际惯例，进出口贸易都必须办理保险。保险费与商品的成本价和运费一起构成进出口商品价格的三要素。一国出口商品时争取到岸价格，即由对方负责保险，则可减少保险外汇支出。此外，当一国进入世界保险市场参与再保险业务时，应保持保险外汇收支平衡，力争保险外汇顺差。保险外汇收入是一种无形贸易收入，对于增强国家的国际支付能力起着积极的作用，历来为世界各国所重视。

（六）动员国际范围内的保险基金

保险公司虽是集散风险的中介，但就单个保险公司而言，其所能集中的风险量（非寿险公司的承保总金额）总要受自身承保能力的限制，超过的就要向其他保险人分出（再保险），或对巨额危险单位采取共保方式。因此，再保险机制或共保机制就可以把保险市场上彼此独立的保险基金联结为一体，共同承保某一特定风险，这种行为一旦超越国界，即可实现国际范围内的风险分散，从而将国际范围内的保险基金联结为一体。国际再保险是动员国际范围内的保险基金的一种主要形式。

归纳起来，保险在宏观和微观经济活动中的作用有二：①发挥社会稳定器作用，保障社会经济的安定；②发挥社会助动器的作用，为资本投资、生产和流通保驾护航。这是保险的自然属性使然，无论是哪一种社会制度下的保险都是如此。

# 第六节　保险的分类

## 一、按照经营目的分类

按照经营目的的不同，保险可分为盈利性保险与非盈利性保险。商业保险属于盈利性保险，社会保险、政策性保险和无助合作保险属于非盈利性保险。

商业保险是指按商业原则经营，以营利为目的的保险形式，由专门的保险企业经营。所谓商业原则，就是保险公司的经济补偿以投保人交付保险费为前提，具有有偿性、公开性和自愿性，并力图在损失补偿后有一定的盈余。

社会保险是指在既定的社会政策的指导下，由国家通过立法手段对公民强制征收保险费，形成保险基金，用以对其中因年老、疾病、生育、伤残、死亡和失业而导致丧失劳动能力或失去工作机会的成员提供基本生活保障的一种社会保障制度。社会保险不以营利为目的，运行中若出现赤字，国家财政将会给予支持。两者比较，社会保险具有强制性，商业保险具有自愿性；社会保险的经办者以财政支持作为后盾，商业保险的经办者要进行独立核算、自主经营、自负盈亏；商业保险保障范围比社会保险更为广泛。

政策性保险是为国家推行某种政策而配套的一类保险。例如，国家为鼓励出口贸易而开设出口信用保险，国家为支持农业发展而开设农业保险，国家为减轻群众地震灾害的损失而开设地震保险，国家为交通事故妥善处理而开设机动车交通事故责任强制保险等。政策性保险业务可以通过建立专门的机构直接办理，也可以委托商业保险、互助合作保险等机构办理。

互助合作保险是由民间举办的非盈利性保险，这是最古老的保险形式。在各种行业组织、民间团体中存在较多。例如职工互助会、船东互保协会和农产品保险协会。

### 二、按照实施方式分类

按保险的实施方式分，保险可分为自愿保险和强制保险。

自愿保险是投保人和保险人在平等互利、等价有偿的原则基础上，通过协商，采取自愿方式签订保险合同建立的一种保险关系。具体地讲，自愿原则体现在：投保人可以自行决定是否参加保险、保什么险、投保金额多少和起保的时间；保险人可以决定是否承保、承保的条件以及保费多少。保险合同成立后，保险双方应认真履行合同规定的责任和义务。一般情况下，投保人可以中途退保，但另有规定的除外。比如我国《保险法》第三十四条明确规定："货物运输保险合同和运输工具航程保险合同，保险责任开始后，合同当事人不得解除合同。"但当前世界各国的绝大部分保险业务都采用自愿保险方式办理，我国也不例外。

强制保险又称法定保险，是指根据国家颁布的有关法律和法规，凡是在规定范围内的单位或个人，不管愿意与否都必须参加的保险。

### 三、按照保险标的分类

根据保险标的的不同，保险可分为财产保险和人身保险两大类。

财产保险是指以财产及其相关利益为保险标的的保险，包括财产损失保险、责任保险、信用保险三类。它是以有形或无形财产及其相关利益为保险标的的一类补偿性保险。

人身保险是以人的寿命和身体为保险标的的保险。当人们遭受不幸事故或因疾病、年老以致丧失工作能力、伤残、死亡或年老退休时，根据保险合同的约定，保险人对被保险人或受益人给付保险金或年金，以解决其因病、残、老、死所造成的经济困难。这类保险又可以分为人寿保险、人身意外伤害保险和健康保险三类。

### 四、按照风险转移方式分类

发生在保险人和投保人间的保险行为，称之为原保险。发生在保险人与保险人之间的保险行为，称之为再保险。

再保险是保险人通过订立合同，将自己已经承保的风险，转移给另一个或几个保险人，以降低自己所面临的风险的保险行为。简单地说，再保险即"保险人的保险"。

我们把分出自己直接承保业务的保险人称为原保险人，接受再保险业务的保险人称为再保险人。再保险是以原保险为基础，以原保险人所承担的风险责任为保险标的的补偿性保险。无论原保险是给付性还是补偿性，再保险人对原保险人的赔付都只具有补偿性。再保险人与原保险合同中的投保人无任何直接法律关系。原保户无权直接向再保险人提出索赔要求，再保险人也无权向原保户提出保费要求。另外，原保险人不得以再保险人未支付赔偿为理由，拖延或拒付对保户的赔款；再保险人也不能以原保险人未履行义务为由拒绝承担赔偿责任。

再保险是在保险人系统中分摊风险的一种安排。被保险人和原保险人都将因此在财务上变得更加安全。利用再保险分摊风险的典型例子就是承保卫星发射保险。该风险不能满足可保风险所要求的一般条件。保险人接受特约承保后，将面临极大的风险，一旦卫星发射失败，资本较小的公司极可能因此而破产。最明智的做法是将该风险的一部分转移给其他保险人，由几个保险人共同承担。

### 五、按照保险保障对象分类

按保险保障的对象分，可以把人身保险分为个人保险和团体保险。

个人保险是为满足个人和家庭需要，以个人作为承保单位的保险。团体保险一般用于人身保险，它是用一份总的保险合同，向一个团体中的众多成员提供人身保险保障的保险。在团体保险中，投保人是"团体组织"，如机关、社会团体、企事业单位等独立核算的单位组织，被保险人是团体中的在职人员。已退休、退职的人员不属于团体的被保险人。另外，对于临时工、合同工等非投保单位正式职工，保险人可接受单位对其提出的特约投保。

团体保险包括团体人寿保险、团体年金保险、团体人身意外伤害保险、团体健康保险等，在国外发展很快。特别是由雇主、工会或其他团体为雇员和成员购买的团体年金保险和团体信用人寿保险发展尤为迅速。团体信用人寿保险是团体人寿保险的一种，是指债权人以债务人的生命为保险标的的保险。团体年金保险已成为雇员退休福利计划的重要内容。近几年，美国有些雇员福利计划中还加入了团体财务和责任保险项目，比如团体的私用汽车保险和雇主保险等。我国保险公司也开展了团体寿险、人身意外伤害险、企业补充养老保险和医疗保险等团体保险业务，但险种还不完善。随着经济体制改革的不断深入，商业保险的作用将不断加强，团体保险应有更大的发展空间。

# 第七节　保险的原则

## 一、保险利益原则

### （一）保险利益的含义

从法学的角度看，保险利益作为保险合同的效力要件，投保人或被保险人对保险标的不具有保险利益的，保险合同不具有法律效力。这里主要有两层具体含义：①只有对保险标的有保险利益的人才具有投保的资格。②是否具有保险利益是判断保险合同能否生效的依据。保险利益是指投保人对保险标的具有某种合法的经济利益，它有两层含义：①对保险标的有保险利益的人才具有投保人的资格。②保险利益是认定保险合同有效的依据。这就是保险利益原则的内涵。

具体构成需满足三个条件：

（1）合法性：具备法律上承认并为法律所保护的利益。只有如此，当该项利益受到侵犯时，权利主体才能依法主张这项利益。合法的利益是依据国家制定的相关法律或法规，如《保险法》《民法》等，以及法律认可的渠道，如有效合同等而获得的。如果投保人或被保险人以非法利益投保，就不构成保险利益，即使在保险人不知情的情况下签订了保险合同，此保险合同也是无效的。如货主走私的货物、小偷偷来的赃物、官员受贿所得财物等都不能作为保险标的的保家庭财产保险，即使投保人与保险标的之间也具有某种利益，但因这些利益是非法的，所以不能成为保险利益。

（2）确定性：投保人或被保险人对保险标的所具有利害关系，必须是已经确定或者可以确定的，才能构成具有保险利益。（也可以表现为：必须是经济上已经确认或能够确认的利益。）如投保人或被保险人对保险标的的所有权、经营权和预期利益等。预期利益是指客观上能够实现的合法的未来利益，如企业的预期利润、农民的预期产量。需要注意的是，预期利益必须是基于现有利益可能产生的利益，而不是设想利益，如某人设想5年后他要在市郊拥有一栋豪华别墅，并以此作为保险标的去保险公司投保，保险公司肯定不能接受其投保申请，因为这不是预期利益。

（3）可计算性：具备可以用货币计算和估价的利益。投保人投保的目的是弥补被保险人或受益人因保险标的出险所遭受的经济损失，如果损失不能用货币来计量，那么，即使保险事故造成了损失，也难以确定应予补偿的数额，保险的赔偿或给付也无法实现。因此，保险利益必须是可以用货币计量的经济利益。需要注意的是，对于财产保险的保险利益的确定依据是保险标的的实际或预期价值，而由于人身保险的保险标的是人的生命或身体，是无法估计的，由此确切地说人身保险的保险利益无法以货币计量，由此在保险实务中，人身保险的保险金额的确定是根据被保险人的需要与支付保险费的能力综合拟定。通过对保险利益及其构成要件的剖析，衡量投保人或被保险人对保险标的是否具有保险利益的标志是看投保人或被保险人是否会因保险标的的损毁、伤害而遭受经济上的损失，如果因此遭受经济上的损失就存在保险利益，否则保险利益就不存在。

（二）保险利益原则的含义

保险利益原则是保险的基本原则，其本质内容是要求投保人必须对投保的标的具有保险利益。如果投保人以不具有保险利益的标的投保，保险人可单方面宣布保险合同无效；保险标的发生保险责任事故，被保险人不得因保险而获得不属于保险利益限度内的额外利益。保险利益原则是保险运行中的一项重要原则。保险利益既是订立保险合同和保险合同生效的先决条件，也是财产保险合同存续期间保持合同效力的前提条件。各国保险法对保险利益原则都非常重视，也都把保险利益作为保险合同生效的要件。我国《保险法》（2003）第十二条也明确规定："投保人对保险标的不具有保险利益的，保险合同无效。"

（三）保险利益原则的意义与作用

保险利益原则的确定是为了通过法律防止保险活动成为一些人获取不正当利益的手段，从而确保保险活动可以发挥分散风险减少损失的作用，因此保险利益原则的重要作用不可偏废。

（1）保险利益原则的使用可以有效防止和遏止投机行为的发生。保险合同是投机性合同（射幸合同）当事人义务的履行取决于机会的发生或是不发生，即保险金的给付以保险合同中约定的保险事故的发生为条件，具有一定的投机性，这与赌博相类似。如果允许不具有保险利益的人以他人的生命或是财产作为保险标的，以自己作为收益方进行投保，那么一旦发生保险事故，他就不承担任何损失而获取远远超过保险费的保险给付，保险活动就完全成为投机赌博行为，而丧失了具有转移风险减少损失的作用。受益方是保险赔偿金的接受者，对保险合同有直接的利益，如果不规定受益方须有保险利益，必然使得投机性大大增加。

（2）保险利益原则的适用是防止道德危险的必备要件。道德危险是保险理论中的固有名词，是指被保险人为了索取保险人赔款而故意促使保险事故的发生或在保险事故发生时，放任损失的扩大。受益方是保险金给付的直接承受者。如果保险合同不以受益方具有保险利益为前提，那么为了获取保险赔偿，往往会出现故意破坏作为保险标的的人或物的行为，从而导致道德危险。保险利益原则的使用较好地避免了这个问题。

（3）保险事故发生时，受益方请求的损害赔偿额不得超过保险利益的金额或价值，如若不坚持保险利益原则，受益方请求的损害赔偿额超过保险利益的金额或价值，也就是说获得和所受损失不相称的利益，这将损害保险人的合法利益，更深层次将否认或是减损保险活动的价值。值得一提的是，有人否认保险利益原则在人身保险中的使用，诚然，人身保险中并没有超额保险或是重复保险，这一切源于人身保险的保险标的具有不可估价性，但是笔者认为，损失补偿原则毕竟是保险活动的根基，无论人身保险或是财产保险均受其影响，只是所受影响的程度不同罢了。即使人身保险中也不能大大超过保险利益投保，也应有个额度的限制，此额度的基础就是保险利益原则的适用。

（四）各类保险利益

由于不同种类保险的保险标的与保险责任不同，决定了保险利益的来源及保险利益原则的应用也具有一定的差异性。

1. 财产保险的保险利益

财产保险的保险标的是物质财产及其相关利益，因此，财产保险的保险利益反映的是投保人或被保险人与保险标的之间的经济利益关系，体现为对保险标的所拥有的各种权利。具体包括以下几方面权利：

（1）财产所有权。财产所有人对其所拥有的财产具有保险利益。例如，汽车与房屋的所有人、私营企业的业主、家庭财产的所有者等权利主体都可凭借其具有的所有权而享有保险利益，投保不同种类的财产保险。

（2）财产经营权、使用权、承运权与保管权。虽然财产经营者不拥有财产所有权，但由于其对财产拥有经营权或使用权而享有由此而产生的利益及承担相应的责任，所以财产经营者或使用者对其负责经营或使用的财产具有保险利益。如我国国有企业财产所有权属于国家，但企业拥有经营、使用和在一定范围的处分权，并享有通过经营国有资产而产生的经济利益，同时也要对国有资产的安全性和完整性负责，因此代表国家负责经营管理的厂长、经理对其所经营的国有资产具有保险利益。同理，财产的承运人或保管人与其负责运输或保管的财产也具有法律认可的经济利益关系，由此也具有保险利益。例如，承运人在为托运人托运货物时，如果能按照合同约定按时、安全地将货物运达目的地，就可以收取运费，获得经济收益；如果货物在运输过程中发生意外造成货物损失，那么承运人就必须对托运人进行损失赔偿，由此，承运人可以把承运权作为保险利益向保险公司进行投保，将发生损失的风险转嫁给保险公司。

（3）财产抵押权和留置权。虽然抵押与留置只是债权的一种担保，在抵押与留置期间债权人并不拥有被抵押与留置财产的所有权，但在债务人不能偿还债务时，债权人都有权在债权的范围内处理抵押与留置的财产，以收回债务。因此，债权人对抵押与留置财产具有相当于未偿贷款金额及其利息的保险利益。例如，银行实行抵押贷款，银行是抵押权人，对抵押财产具有保险利益，因为抵押财产的损失将会使银行蒙受损失。但是，应强调的是，抵押权人对抵押财产具有的保险利益，仅限于其所借出款项部分，并且在借款人还款后，银行对抵押财产的抵押权消失，其对抵押财产具有的保险利益也随之消失。

2. 人身保险的保险利益

人身保险的保险标的是人的生命或身体。因此，只有当投保人对被保险人的生命或身体具有某种利益关系时，投保人才能对被保险人具有保险利益，即人身保险的保险利益是投保人与被保险人之间的利害关系。在我国通常有三种利害关系。

（1）自身关系。任何人对其自身的生命或身体都具有最大的利害关系，因此投保人对自己的生命或身体具有保险利益，可以以自己的生命或身体作为保险标的进行投保。

（2）亲属血缘关系和合法赡养与收养关系。亲属血缘关系主要是指父母、配偶、子女、兄弟姐妹、祖父母、孙子女等家庭成员。合法赡养与收养关系是指按照合法程序所形成的既定的赡养与收养法定义务关系。由于家庭成员之间具有婚姻、血缘、抚养和赡养关系，在经济上具有密切关联的利害关系，所以彼此之间就具有保险利益。我国《保险法》的第五十三条也做出了明确规定：投保人对其配偶、子女、父母，以及有抚养、赡养或者扶养关系的家庭其他成员和近亲属具有保险利益。

（3）经济利益关系。经济利益关系主要包括雇佣与债权债务关系。因企业员工或雇主所雇佣的雇员的健康状况与生命安危会影响到企业或雇主的经济利益，所以企业或雇主对其雇员具有保险利益；同理，由于债务人的生死存亡也直接关系到债权人的切身利益，因此债权人对债务人也具有保险利益。需要注意的是，这种利益关系所形成的保险利益是不可逆转的，如债务人对债权人具有的保险利益，因债权人的生死安危对债务人并无利害关系。另外，在确定人身保险的保险利益方面，各国采取不同方式。英美法系各国通常采取"利益主义原则"，即认为保险利益是关系到人身保险合同能否成立的要件，所以以投保人与被保险人之间是否存在利益关系来确定是否具有保险利益。大陆法系国家大多采取"同意主义原则"，认为人的生命、身体等具有人格，不能未经被保险人同意即作为保险标的，而且经被保险人同意或认可，能有效地防止道德危险。其他还有一些国家采取"法定主义原则"，即通过法律形式规定一定范围的亲属之间或具有某种法律关系的人之间具有保险利益。也有的国家将上述三种方式结合起来，确定人身保险的保险利益。

我国《保险法》第五十三条规定投保人对下列人员具有保险利益：①本人。②配偶、子女、父母。③除第②项以外与投保人有抚养、赡养或者扶养关系的家庭其他成员、近亲属。④除①、②项规定外，被保险人同意投保人为其订立合同的，视为投保人对被保险人具有保险利益。由此我国人身保险采用的是利益主义和同意主义相结合的原则。

3. 责任保险的保险利益

责任保险是以被保险人依法应负的民事损害引起的经济赔偿责任或经过特别约定的合同责任为保险标的的一种保险。所有这些责任一旦产生，便会给被保险人带来经济上的损失，因此被保险人对此具有保险利益。但是，由蓄意犯罪行为所引起的经济赔偿责任不能形成责任保险的保险利益。例如，根据我国《民法》的有关规定，产品制造商、销售商、修理商等由于产品的缺陷造成消费者的人身伤害或财产损失，应承担经济赔偿责任。因此，产品制造商、销售商、修理商等对消费者使用其产品造成的损害赔偿责任都具有保险利益。

4. 信用保险和保证保险的保险利益

保证保险和信用保险均以债务履行为保险标的，均以债务人届期不履行债务为保险事故。当保险事故发生时，会致使债权人遭受经济损失，由此债权人对保险标的具有保险利益。目前理论界对信用保险的保险利益的认识具有一致性，即认为在信用保险中，投保人是合同的债权人，若债务人不履行合同条件会致使债权人受到经济损失，因此债权人对于保险标的（债务履行）具有保险利益，可以以投保人的身份进行投保。对于保证保险，由于投保人是合同的债务人，由此在对保证保险的保险利益的确认上存在较大的分歧：有的学者认为，在保证保险合同中，保险标的是投保人合同债务的履行，这种债务履行显然与投保人有利害关系，因此，保证保险合同的投保人对保险标的具有保险利益；而另有学者认为债务的履行对合同的债权人有利，对借款合同的债务人不利，且债务不履行是否发生，实际上取决于投保人（债务人）的主观意愿，这不符合保险事故必须是客观的不确定风险的基本原理。由此，保证保险不符合保险法关于保险标的、保险事故和保险利益的规定。所以，投保人（债务人）对于保险标的（债务履行）不具有保险利益。

（五）保险利益的灭失

保险利益的灭失是指投保人或被保险人失去保险利益，即在保险合同成立后，因为发生某种法律事实而引起投保人或被保险人丧失对保险标的所具有的利害关系。

有的学者认为保险人或被保险人失去保险利益可分为保险利益的转移和保险利益的灭失两种形式。保险利益的转移是指在保险合同有效期内，投保人将保险利益转让给受让人；保险利益的灭失是财产标的的灭失或人身保险的投保人与被保险人之间构成保险利益的各种利害关系的丧失。保险利益的转移的结果是投保人或被保险人失去保险利益，而保险利益的消灭也是失去保险利益，所以可统称为"保险利益的灭失"。

保险利益的消灭对于财产保险有相当的影响，而对人身保险则没有研究和分析的实际意义。只有在人身保险的投保人与被保险人非同一的场合，会发生人身保险的保险利益消灭的问题，即投保人对保险标的所具有的利益，因为投保人的死亡、破产或者投保人的法律行为，有可能转移由第三人继承。

财产保险的被保险人死亡的除保险合同另有约定外，保险利益原则上因为继承而转移给继承人，保险合同应当为继承人的利益而继续存在。财产保险的被保险人将保险标的转让给第三人的，保险利益是否因之而转移，立法上各国并不完全相同。我国《保险法》第三十三条规定：保险标的的转让应当通知保险人，经保险人同意继续承保后，依法变更合同。但是，货物运输保险合同和另有约定的合同除外。依上述规定，只有货物运输保险以及合同另有约定的保险，保险利益随保险标的的转让而自动转移，其他财产保险的标的的转让，保险利益并不随之转移。保险标的非因保险事故灭失，保险利益归于消灭，保险合同也随之消灭。

## 二、最大诚信原则

诚信原则起源于古罗马裁判官所采用的一项司法制原则，即在处理民事案件时考虑当事人的主观状态和社会所要求的公平正义。目前，诚信原则已成为世界各国立法对民事、商事活动的基本要求。在我国也有相应的规定，如我国《中华人民共和国民法通则》第四条规定："民事活动应当遵循自愿、公平、等价有偿、诚实信用的原则。"保险作为一种特殊的民事活动，而且又具有独特的经营特征，因此对参与保险活动的双方主体诚信的要求较一般民事活动更为严格，即保险双方必须履行最大的诚信。由此，最大诚信原则已成为保险的基本原则之一。

（一）最大诚信原则的内容

最大诚信的含义是指当事人真诚地向对方充分而准确的告知有关保险的所有重要

事实，不允许存在任何虚伪、欺瞒、隐瞒行为。而且不仅在保险合同订立时要遵守此项原则，在整个合同有效期内和履行合同过程中也都要求当事人间具有"最大诚信"。最大诚信原则的含义还可表述为：保险合同当事人订立合同及合同有效期内，应依法向对方提供足以影响对方做出订约与履约决定的全部实质性重要事实，同时绝对信守合同订立地约定与承诺。否则，受到损害的一方，按民事立法规定可以此为由宣布合同无效，或解除合同，或不履行合同约定的义务或责任，甚至对因此受到的损害还可以要求对方予以赔偿

最大诚信原则的内容主要包括三方面，即告知、保证及弃权与禁止反言。

1. 告知

（1）告知的含义

告知是指在签订合同时，以及合同履行过程中，投保人应将已知和应知有关保险标的的所有重要事实告知保险人；保险人在保险合同签订前或签订时也应将对投保人有利害关系的重要事实如实向投保人陈述。具体来说，对保险人而言，告知是指保险人应主动向投保人说明保险合同条款内容，如果保险合同中规定有关于保险人责任免除条款的，在订立保险合同时应当向投保人明确说明。对投保人而言，告知主要是指投保人在订立保险合同时将与保险标的有关的重要事实如实向保险人陈述，以便让保险人判断是否接受承保或以什么条件承保。

所谓重要事实，是指足以影响一个正常的、谨慎的保险人做出是否接受承保或以什么条件承保决定的事实。比如，有关投保人和被保险人的情况，有关保险标的的情况，风险因素及以往遭到其他保险人拒保的事实。具体表现为：在投保住房保险时，房屋的结构及用途；投保机动车辆保险时，汽车有无撞车的历史；船舶保险中船舶的船龄、船级、船籍以及是否有过海损记录情况；人寿保险中被保险人的年龄、性别、健康状况、既往病史、家族遗传病史、居住环境、职业、嗜好等。

（2）告知的形式

告知的表现形式通常分为口头告知和书面告知。虽然这两种告知方式具有同等的法律效力，但在保险实践中为了避免不必要的麻烦，通常采用书面告知形式。告知的立法形式也有两种，即无限告知与询问回答告知。其中，无限告知是指，法律或保险人对告知的内容没有明确具体规定，保险双方主体必须将所有有关保险标的状况及重要事实或保险合同条款的含义如实告知对方；询问回答告知是指，投保人仅就保险人对保险标的或者被保险人的有关情况提出的询问如实告知，保险人未询问的，投保人无需告知。

由此可知，询问回答告知对投保人较为有利。因为投保人只要尽其所知回答保险人的询问，就算履行了告知义务；对保险人未询问的事实，即便是重要事实，投保人不仅无义务告知，而且也不构成对告知的违反。而无限告知对投保人的要求比较高，目前仅有法国、比利时以及英美法系国家的保险立法采用无限告知的形式，大多数国家的保险立法采用的是询问回答告知形式。根据我国《保险法》第十七条的规定："订立保险合同，保险人应当向投保人说明保险合同的条款内容，并可以就保险标的或者被保险人的有关情况提出询问，投保人应当如实告知。"这表明我国采用询问回答的告

知形式。通常在国际上，只要求保险人做到列明保险的主要内容，而我国为了更好地保护被保险人的利益，则要求保险人做到向投保人明确说明保险的主要条款和责任免除内容。

2. 保证

（1）保证的含义

保证是指保险合同当事人在签订保险合同时，以及在保险期间对某种事项的作为或不作为、某种事态的存在或不存在而做出的承诺或确认。具体来说，保证对保险人的要求主要表现为：在保险事故发生或合同约定的条件满足后，保险人应按合同约定如实履行赔偿或给付义务。保证对投保人而言主要是指：按时缴纳保费、维护标的物的安全、标的物发生损失时及时进行抢救以及标的物出险后维护现场和配合保险人及有关部门进行调查等。保证的内容属于保险合同的重要条款。

（2）保证的类型

保证的种类划分方式通常有两种：一是按照保证存在的形式；二是按照保证事项是否已存在。

根据保证存在的形式，保证可分为明示保证和默示保证。明示保证是以保证条款形式在保险合同中载明的保证，即以条款形式附加在保险单上的保证。如汽车保险条款订明："被保险人或其雇用的司机，对被保险的汽车应当妥善维护，使其经常处于适宜驾驶状态，以防止发生事故。"又如，在家庭财产保险条款中列有"不准堆放危险品"的保证条款；在英国的保险单上则列有"证明我们填报的投保单各项事实属实，并作为合同的基础"这样的保证条款。这些都属于明示保证。默示保证是指所保证事项不载明于保险合同，也不构成保险合同的条款，但按照法律和惯例保险合同主体应保证的事项。如海上保险的默示保证通常包括三项内容：一是船舶必须具备适航能力；二是遵守既定航道，非因避难不得绕航或改变航程；三是必须经营合法的运输业务。值得注意的是，尽管默示保证没有在保险合同中标明，但它却与明示保证具有同等的效力。

按保证事项是否已存在，保证可分为确认保证和承诺保证。确认保证，是指投保人或被保险人对过去或现在某一特定事实的存在或不存在的保证。确认保证是要求对过去或投保当时的事实做出如实的陈述，而不涉及将来的情况，即不是对该事实以后的发展情况作保证。例如，某投保人在为自己投保人身保险时，做出自己过去与目前身体是健康的保证，这就是确认保证。但这个保证并不是保证他今后的身体也一直健康，如果能保证他也就没有参加保险的必要了。承诺保证，是指投保人或被保险人对将来某一事项的作为或不作为的保证，即对未来有关事项的保证。例如，投保家庭财产保险时，投保人或被保险人保证在保险期内不改变房屋用途，该保证即是对未来的承诺，为承诺保证。又如，某投保人为其仓库投保火险，因仓库装有自动灭火设备，得以享受优待费率，则投保人须在保险期限内使灭火装置保持良好可用的状态，否则就违背了保证。

3. 弃权与禁止反言

（1）弃权

弃权是指保险当事人主动放弃自己在保险合同中可以主张的某种权利。在保险实践中，弃权主要是约束保险人。因此，弃权通常是指保险人放弃合同解除权与抗辩权。构成保险人弃权需具备两个条件：一是保险人必须知道投保人或被保险人有违反告知义务或保证条款的情形，因而按照合同约定或相关法律规定享有合同解除权或抗辩权；二是保险人必须有弃权的意思表示，包括明示表示和默示表示。对于明示表示通常有书面文字证明，比较容易判定；而对于默示表示则可以从保险人的行为加以推断。一般地，保险人明知被保险人有下列违背约定义务的情形，而依然做出如下行为，通常可视为默示弃权：

第一，保险人或保险代理人明知与投保人订立的保险合同有违背条件、无效、实效或其他可解除的原因存在，仍然诱导投保人投保，并签发保险单收取保费后，就视为保险人放弃了只有在该险种规定条件下才可承保的权利。

第二，投保人负有按时缴纳保险费的义务，如果投保方未按期缴纳保险费，保险人就获得解除合同的权利。若此时保险人在已知该种情形的情况下却仍然收受投保人逾期缴纳的保险费，则可表明保险人放弃了合同解除权，并有继续维持合同的意思表示。

第三，在保险合同有效期内，当保险标的所处的危险增加时，保险人有权解除合同或增收保险费。若保险人已经知道该事项的发生，没有采取任何措施，则视为保险人放弃了解除合同或增收保险费的权利。

第四，保险合同规定，被保险人负有防灾减损义务，若投保方在保险期内以及保险事故发生时没有履行防灾减损义务，保险人可以解除保险合同。但保险人在明知存在该事实的情况下并没有解除保险合同，此时视保险人放弃了合同解除权。

第五，在保险事故发生后，投保方应在约定或法定的时间内通知保险人。若投保方无故逾期通知保险人，此时保险人明知有拒绝赔偿或给付的抗辩权，却依然接受投保方的理赔申请及损失证明等材料，可视为保险人放弃了对逾期通知拒绝赔付的抗辩权。

第六，若保险人在得知投保方存在其他违背保险合同约定的义务后仍保持沉默，均视为保险人放弃了相应的权利。

（2）禁止反言

禁止反言是指保险当事人一旦放弃了合同中可以主张的权利，日后不得再重新主张这项权利。与弃权一样，在保险实践中，禁止反言也主要是约束保险人的行为。例如，如果保险人在上述情况下放弃了上述所列的各项权利，那么，在保险事故发生造成损失后，投保方提出索赔时，保险人就不能再以投保方存在这些过错而拒绝赔付。

（二）最大诚信原则的功能

就本质而言，最大诚信原则是民商法诚实信用原则在保险法中的具体运用和发展。我国学者对诚实信用原则的功能进行了深入的研究。王利明教授认为，诚实信用原则功能有三：

（1）确定诚实守信，依善意方式行使权利和履行义务等行为规则；

（2）平衡当事人之间的各种利益冲突和矛盾；

（3）解释法律和合同的作用。

诚信原则是以维持法律关系当事人的利益关系合理公道为宗旨的，其独特功能表现在能够协调法律规定的有限性与社会关系无限性的矛盾，法律的相对稳定性与社会生活变动不确定性的矛盾，法律的正义性与法律的具体规定在某些情况下适用的非正义性矛盾。其表现在最大诚信原则在保险合同中的功能，可以演绎为以下几个方面：

第一，保险当事人应以善意、诚实、守信的态度行使权利、履行义务。具体内容包括三个方面：其一，善意真诚的主观心理。这是指当事人在订立保险合同时主观上不能有损人利己的心理，并且要以应有的注意程度设身处地为他人的利益着想，防止损害他人利益。它要求保险合同当事人怀有善良的合同动机，互利合作的合同目的，忠实的合同心态，不存恶意，没有欺骗的企图，排除追求不正当好处的目的。对于超额保险，如被保险人不存在恶意，保险人应按照保险标的的实际价值，根据损失程度予以补偿，不得随意主张合同无效，对投保人多交的保险费应予以退还。同理，如果保险期内未发生保险事故，投保人对约定的保险费也必须如数支付。其二，诚实守信的客观行为。这是指忠于事实真相，遵守公平交易的商业准则，践行诺言、一诺千金，以实现相对人的利益。它要求保险合同当事人在进行保险活动时实事求是，对他人以诚相待，不得以邻为壑、不得有欺诈行为。具体包括：①缔约过程中诚实不欺的言行。投保人必须如实告知保险标的的危险状况，保险人应对保险条款的内容据实说明，以免投保人误解，更不得为投保人设立陷阱。②履约过程中信守约定，严格履行以及相互协力的行为。投保人应按照约定履行缴纳保险费的义务、危险增加的通知义务、施救义务等，保险人对被保险人的损失应当及时理赔。③合同变更和解除时依据善意的合作行为。④合同关系终止时，遵守必要的附随义务的行为。保险人接受投保人的申请是完全信赖投保人能自觉履行合同义务或法定义务，投保人也信赖保险人在危险发生时能够信守合同。缘于信任而使双方得以建立起保险关系。其三，公平合理的利益结果。这是指合同当事人通过一切合同行为所追求和达到的互利公道状况，当事人不得通过欺诈手段获取利益。如对于重复保险不得取得双重补偿，对于超额保险应按照实际价值予以补偿。

第二，平衡保险当事人间的各种利益冲突。因为保险合同双方当事人不同的交易动机、交易基础和交易目标，加之保险活动的复杂性、专业性的特性以及保险活动主体判断能力、预见能力的局限性，当事人在交易中往往不能详尽、周全地约定各自的权利义务，纠纷的发生也就因此不可避免。如保险合同专业术语的理解、条款的适用、合同违约、合同履约、合同责任等种种冲突与纠纷，若不及时化解，将直接影响到双方当事人的财产、权利享有及对整个市场的信赖感与安全感，进而影响到某个地区甚至整个国家的保险业发展。每逢此法律真空地带，保险法的最大诚信原则就能起到平息争议、补充漏洞的作用。例如某市 1996 年发生了一个案例，投保人投保人寿保险，缴纳了首期保险费之后，还没有来得及体检，被保险人就死于车祸。对于这类案例的处理，现行保险法上尚无明确的规定，也无保险监管机关的相应规则可循。于此，探析当事人订立合同的真意，并运用诚实信用原则实事求是地处理就成为唯一选择。

第三，授予法官自由裁量权，使法官可以根据公平正义的要求进行创造性的司法活动，以弥补保险立法的缺陷与不足。所谓法官的自由裁量，是法官在诚实信用原则的指引下，遵守立法者本意进行的价值判断和利益衡量。一方面，在法律规定不明或者没有规定时，阐明法律意旨，对法律进行漏洞补充；另一方面，在法律规定不符合法律目的，其适用有违正义时，避免机械地适用法律，而追求实现个案正义。通过授予法官自由裁量权，使法官获得一纸"委任状"，诚实信用原则成为克服成文法局限的重要工具。有一案例：1998 年 6 月，保险公司业务员王某来到邻居徐二家推销保险，基于对保险公司和王的信赖，徐二欣然同意为目不识丁的母亲投保了两全保险。徐母经体检合格后，投保人缴纳了保险费 8000 元，保险公司出具了保险单，其后各期保险费投保人均按期缴纳。根据保险条款规定，被保险人在保险期间死亡，保险公司应向受益人支付保险金 30 万。2002 年 12 月，被保险人因车祸遇难，当投保人向保险公司提出索赔时，保险公司对合同进行了挑剔般的审查后发现，被保险人签字一栏中的签名并非被保险人亲自所为，依《保险法》第五十六条第一款之规定："以死亡为给付保险金条件的合同，未经被保险人书面同意并认可保险金额的，合同无效。"保险公司因此拒绝向受益人支付保险金。受益人诉至法院，一审、二审法院判决原告败诉，再审法院改判。此案的准确处理涉及对法律条文如何理解的问题，《保险法》第五十六条的立法本意是保护被保险人的利益，防止投保人或受益人为骗取保险金而陷害被保险人。被保险人目不识丁，要求其必须书面同意是强其所难，体检本身就证明其同意参加保险。一审、二审法院之所以判决投保人败诉，主要是法官望文生义地理解法律条文，未能领会立法意旨之所在。

从理论上讲，最大诚信原则对保险双方当事人都具有约束力，但在保险实践中，由于保险双方在业务中所处的地位与掌握的信息不同，这一原则主要表现为约束投保人或被保险人了，因为投保人想把风险转嫁出去，对要投保保险标的的风险情况最清楚，而他可以事先了解保险条款和保险单内容，然后决定是否投保；而保险人除了调查所得的情况外，只能根据投保人的陈述来决定是否承保和如何承保，若投保人陈述不实或有意欺骗，保险人是难以及时发现的。因此投保方处于主动地位，但为了保护保险人的权益要求投保人必须遵守最大诚信原则。

（三）最大诚信原则的运用

最大诚信原则贯穿于保险法的全部内容，统帅着保险立法，指导着保险司法，是保险合同当事人和关系人必须遵守的基本行为准则，适用于保险活动的订立、履行、解除、理赔、条款解释、争议处理等各个环节，限于篇幅，本文仅从保险合同当事人权利义务方面予以略论。

1. 投保人对最大诚信原则的遵守

（1）如实告知义务

如实告知义务要求投保人及被保险人就保险标的的危险状况向保险人予以公正、全面、实事求是地说明。保险合同为转移风险的合同，风险的大小和性质是决定保险人是否承保、保险费率高低、保险期限长短、保险责任范围的唯一因素。而保险标的种类繁多、情况复杂，其危险状况保险人无法了解，若对保险人课以信息收集、核实的义务，不仅费时、费力，增加交易成本，且难保准确。而投保人和被保险人作为保险标的的所有人或管理人或经营人或利害关系人，则常常知晓其全貌，为使保险人能准确评估危险，了解危险及合理控制危险，保险法从效率角度出发，课以投保人如实告知义务，以求保险合同的实质平等与自由。

如实告知义务就其本质而言就是向保险人提供准确的危险判断依据。故告知的范围应当是保险标的的重要危险情况。所谓重要危险情况，是指足以影响保险人决定是否同意承保或者提高保险费率的情况。保险合同内容不同，重要情况判断标准有别，法律条文殊难一一列述。是否为重要事项，可从以下几个方面综合考虑：①保险标的的质量状况。如机动车辆保险中车辆的状况，人身保险中被保险人身体的状况。质量愈高，抵御风险的能力愈强，损失概率愈小，则保险人所承担的损失愈少。②保险利益情况。保险利益是指被保险人对保险标的所具有的经济利益。它反映了被保险人对保险标的的利害关系，利益薄则爱心薄，继而保险人所承担的风险大；利益厚则爱心厚，继而保险人所负担的风险小。如人身保险中，亲生子女与非亲生子女在危险判断上有天壤之别。③保险标的物环境方面的情况。环境是影响危险的一个重要因素，如船舶航线对保险费的影响甚大。

投保人未尽如实告知义务的情况分为三种：告知不实，谓之误告，如真实年龄与实际年龄不符；不予告知，谓之隐瞒，如患有重病而谎称体壮如牛；应告知而未告知，谓之遗漏，如对被保险人的既往病史应说明而疏漏的。投保人违反告知义务，保险人有权解除合同。然而，判断投保人是否善尽如实告知义务尚须考虑以下几个因素：一是投保人的认识能力与知识结构，例如，对身体状况的判断，医生与农夫有霄壤之别。二是保险人是否已知或应知，倘若保险人已知或者为公众所周知的事实，投保人虽未告知，仍不能构成隐瞒。如著名运动员在购买保险时，未能告知其职业，日后保险公司不能以隐瞒重要事实而拒绝赔偿。三是是否为保险人弃权的事实，若属弃权事项则日后不得再行主张，如未体检而出具保险单的。

（2）履行保证义务

保证是投保人或被保险人向保险人所做出的承诺，依英国1906年海上保险法的解释：即保证作为或不作为某些特定事项，或保证履行某项条件，或肯定或否定某些事实特定状况的存在，一旦违反，保险人可以据以解除合同。简而言之，保证是被保险人订立合同所需履行的某种义务。如无此保证，则保险人可以不订立合同或改变合同的内容。保证重在恪守合同承诺，其目的在于控制危险，确保保险标的处于稳定的、安全的状态之中。保证必须严格遵守。如果被保险人不遵守保证，除保险单另有约定外，保险人可以从被保险人违反保证之时起解除自己的责任。所以，保证对于被保险人的要求极为严格，特别是在海上保险中，依照惯例，无论违反保证的事实对危险的发生是否重要，保险人均可宣告保险单无效。

早期的保险法理论和实践认为，对于保证的事项均假定其为重要的，故在涉讼时，保险人只要证明保证已被破坏，无论是故意还是过失，对合同的影响毫无二致。换而言之，无意的破坏并不构成被保险人抗辩的理由。甚至认为，实际的事项即使较保证的事项更有利于保险人，保险人仍能以破坏保证为理由，诉请法院判决契约失效。因为依照保险惯例，法庭往往要求被保险人严格遵守契约规定的保证事项，而不衡量保证事项对于危险的重要性。此种严格的规定，导源于18世纪的海上保险，对被保险人甚为不利。时至今日，为保障被保险人利益，各国立法在以下几个方面对被保险人利益加以补救：①强调保证内容的重要性，以使其真正具有保证的性质，否则，被保险人即使有所违背，也不一定使保险合同失效。②强调对保证采用功能的及公平的解释，对保证事项均采宽松解释，尤其当依文字解释仅能表示其为表面上的破坏，而对危险的影响仅属暂时的或轻微的时候，即须采用功能的或公平的解释。例如，某人在购买火灾保险单时，保证不在屋内放置危险品，后为庆贺新年，购置大量鞭炮，自然为保单规定的危险品。假设该房屋失火燃烧，并引起鞭炮爆炸，保险公司是否可以被保险人破坏保证为理由拒绝赔偿呢？如依文字解释，自然为对保证的破坏，但此种表面上的破坏，对危险并无重大或永久的影响，尤其当失火原因并非燃放鞭炮的情况下，法庭依公平的解释，判决保险人仍须赔偿被保险人的损失。例如，美国若干州法规定：除非破坏保证增加了损失的危险，或是对保险人承担的危险发生重大影响，保险人不得据以主张合同失效。

保证与告知的分水岭在于：告知立足于现在，保证放眼于未来。告知是对过去或现在事实的客观说明。告知虽非合同的一部分，但可以诱使合同的签订，违反告知义务并构成欺诈，合同则自始无效。而保证是对未来而言，并构成合同履行的一部分。违反保证，保险人有权解除合同，但对于解除前所产生的保险费及发生的保险事故对双方均有约束力。所谓意见或期望的告知，因其着眼于将来，实非属告知的性质。多数保险合同均有保证内容。例如，财产险一般要求被保险人做出"不堆放危险品和特别危险品的保证"；机动车辆保险的被保险人必须保证保险车辆"保持安全行驶技术状态"；货物运输保险的被保险人必须保证"货物包装符合政府有关部门规定的标准"。然而，我国保险法缺乏对保证的相应规定，理论研究有待加强。

（3）防灾及施救义务

人们投保后往往以为进了保险箱，而不再去防范风险。例如，有了盗窃保险就会放松警惕，掉以轻心，或者在保险事故发生时会熟视无睹、袖手旁观，这无异开门揖盗、引狼入室，不仅增大了危险发生的可能性，也加重了保险人的补偿责任，其结果，保险制度不但未达防御灾害、增进人类福祉的目的，反而成为灾难发生的罪魁祸首。故保险法对被保险人课以维护保险标的安全和施救的义务，以求双方平衡利益。众所周知，保险事故发生的概率，既取决于保险标的的固有风险，也取决于人为风险。防灾防损、未雨绸缪、防患于未然，对保险人、被保险人和整个社会具有积极的意义。保险事故发生后，对保险人而言，意味着要给付补偿金，对被保险人而言，因为有免赔率及间接损失的约定，也未必能得到十足的补偿。另外，保险事故发生后还有可能给第三人的人身或财产造成损害。而实践证明，风险如若进行有效预防是可以避免或减少的。为加强被保险人的责任心和防范意识，从社会整体利益出发，我国《保险法》第三十六条第三款规定，"投保人、被保险人未按照约定履行其对保险标的的安全应尽的责任的，保险人有权要求增加保险费或者解除合同。"

保险事故的发生，既是个人财产的损失，也是社会财富的浪费。投保人参加保险后，风险转嫁给保险人，而被保险人往往实际控制着保险标的，对危险的防范及施救更为有效。因此，各国保险法均规定，当保险事故发生后，被保险人负有施救义务，以防止损失的扩大和蔓延，但被保险人为防止或者减少保险标的的损失所支付的必要的、合理的费用，保险人应当承担。

2. 保险人对最大诚信原则的遵守

（1）保险条款的说明义务

说明义务是指保险人应当就保险合同利害关系条款特别是免责条款向被保险人明确说明。我国保险法规定，订立保险合同，保险人应当向投保人说明保险合同的条款内容，保险合同中规定保险人责任免除条款的，保险人未明确说明的，该条款不产生效力。保险条款的说明义务是由保险合同的性质决定的。保险合同为附和合同，其内容由保险人单方拟订，投保人或被保险人几无参与之机会，只能对保险条款表示同意与不同意，无修改的权利。而保险条款融专业性、技术性及科学性为一体，未经专门之研习，难窥堂奥。合同既然是双方当事人意思表示一致的结果，如果一方不明白合同内容就作出承诺，应视为合同当事人意思未达成一致，未达成合意的条款不能产生法律效力，如果构成重大误解或显失公平，当事人可以请求撤销合同。

说明的效果在于向投保人提示保险合同的内容，说明的范围应当包括保险合同的主要内容，特别是不保标的、除外责任、免赔额以及专业术语的内涵，以免投保人发生误解。说明形式是以书面为之还是以口头为之，保险法并无明确规定。采用书面形式履行说明义务，既可以避免当事人间举证的困难，也有利于规范保险人的说明范围，应予提倡。

（2）赔偿或给付保险金的义务

危险事故发生时，被保险人能尽速领得保险人给付的补偿金，是保险的重要宗旨。探险合同不同于其他合同，危险发生后对是否属于保险事故以及具体损失额的确定，往往需要经过复杂的调查与估算程序，如果保险人已尽力调查与估算，则通常能够及时赔偿，但若保险人故意拖延调查，或因危险事故及损失的确定较为复杂，补偿金额悬而未定时，被保险人的利益保护难以兑现。为了防止保险人久拖不赔，各国对保险人的理赔期限均有明确要求。我国《保险法》规定：保险人收到被保险人或者受益人的赔偿或支付保险金的请求后，应及时做出核定；对属于保险责任的，在与被保险人或者受益人达成有关赔偿或者给付保险金额的协议后 10 日内，履行赔偿或者给付保险金义务。保险合同对保险金额及赔偿或者给付期限有约定的，保险人应当依照保险合同的约定，履行赔偿或给付保险金的义务。保险人自收到赔偿或者给付保险金的请求和有关证明、资料之日起 60 日内，对其赔偿或者给付保险金的数额不能确定的，应当根据已有证明和资料可以确定的最低数额先予支付。

（3）保险合同解除权的行使及其限制

按照保险惯例，保险合同成立后，保险人不得随意解除保险合同，只有依法律规定，投保人或被保险人违反法定或约定的义务，保险人才有权解除合同。但若保险人不及时行使，则视为放弃权利，日后不得再主张此种权利。此即所谓弃权与禁止反言。例如，投保人违反告知义务或未按期缴纳保险费，保险人有权解除合同，但未能及时行使，在保险事故发生时再行主张则不应予以支持。其目的在于督促保险人尽快行使权利，如果允许保险人拖延时间，将使保险合同的效力处于一种不稳定的状态，而且保险人可能会选择对自己最有利的时机来决定行使或不行使该解除权，从而损害被保险人的利益。当保险事故发生时主张合同解除权，若保险事故不发生，则主张合同继续有效进而要求支付保险费，这显然有悖于最大诚实信用原则。我国台湾地区"保险法"第六十四条第三款规定，自保险人知有解除之原因后，经过 1 个月不行使而消灭，或契约订立后经过 2 年，即使有解除之原因，亦不得解除契约。我国《保险法》第五十四条对弃权与禁止反言也作了规定，但内容过窄，仅适用于年龄不实，且期限不分长短一律规定为 2 年，有偏袒保险人之嫌。《保险法》逆各国保险立法所强调的维护被保险人利益而行，应适时修正之。

（四）最大诚信原则的作用

1. 从保险关系的成立基础考查

众所周知，保险是人类抗御自然灾害和意外事故的共同行为，体现的是"人人为我，我为人人"的互助协作精神。每一个参加者都由衷地希望和要求其他当事人真诚参与，只有和衷共济，众志成城，才能抗御灾害，化险为夷。所以，当事人之间的精诚合作是保险关系成立的前提，如果一方缺乏诚意，或故意促使保险事故的发生，或于保险事故发生后拒不履行补偿或给付保险金的义务，则无异于诈欺，与保险宗旨背道而驰。当然，任何合同的签订，都须以合同当事人的诚实信用为基础。如果一方以诈欺手段诱骗他方签订合同，受欺诈的一方非但可据以解除合同，如有损害，还可要求对方予以赔偿。我国《合同法》第五十四条第二款明确规定："一方以欺诈、胁迫的手段或者乘人之危，使对方在违背真实意思的情况下订立的合同，受损害方有权请求人民法院或者仲裁机构变更或撤销。"

然而，就一般合同而言，其所应用的诚信原则是有限的。因为在一般合同中，当事人之间的关系从本质上说是一种利益分配关系。因此，合同当事人往往通过提高自己、贬损对方来达到自己的目的。所以，一般合同的签订、履行以"交易者自行当心"为第一要义。依照法律的规定，只有显失公平或者存在欺诈时，法律才赋予救济权利，对于一般的不诚实行为法律总是鞭长莫及、无能为力。例如，买卖合同中对于标的物的明显瑕疵并不要求卖方主动告知，而通常将检视货物视为买方的义务。但在保险关系中，保险人与被保险人休戚相关，双方必须善尽诚实信用，只有少发生保险事故，保险公司的偿付能力才有保障，被保险人的损失方能得到充分补偿。所以保险人与被保险人之间是利害相通，唇齿相依的关系，容不得尔虞我诈、坑蒙拐骗，而更应崇尚公平交易，强调"最大"诚实信用。

2. 从保险产品的功能进行考查

被保险人参加保险基本上出于三个方面的价值追求。一是安全保障。保险是一种精神产品，能给消费者以安全感。从买卖的角度看，对被保险人来说，投保是支付保险费以换取安全保障。投保人通过与保险人签订保险合同，消除了一旦发生危险造成财产损失或人身伤亡而影响生产或生活稳定性的后顾之忧，使被保险人在心理上得到满足。二是经济补偿。保险商品的使用价值表现为向被保险人及时提供经济补偿，以求生活的安定。可以说补偿是保险的固有职能和基本职能。三是获得收益。在人寿保险合同中，之所以特许保险利益消失后，保险合同继续有效，是因为人寿保险寓有投资的意义，合同到期时所领取的保险金，皆为自己所交付保险费的积累或增值。正是基于上述功能，保险已成为经济生活中重要的一环。

每一投保人通过与其信赖的保险公司签订合同，希望将其在生产生活中可能面临的风险转嫁出去，从而避免或减少因危险发生而可能造成的损失。而保险人作为产品的销售者，要想让自己的保险产品在保险市场上具有竞争力，就必须以诚信为本，塑造良好的形象，树立全心全意为投保人服务的意识，做到价格公道、服务周到、善尽承诺、及时理赔。事实证明，在竞争如火如荼的保险市场，经营者的产品再优、技术再精、硬件再好、热情再高、干劲再大，但若诚信不足，则一切都是子虚乌有。所以，维持保险业的良好信誉，遵循最大诚信是保险活动的基本准则。

3. 从保险合同的特征来考查

保险是转嫁风险的行业，保险事故是否发生、发生的时间及损失的大小在合同订立之际是不能预见的，故学术上也称保险合同为射幸合同。这与强调等价有偿的一般民事合同大相径庭。保险合同成立后，被保险人能否获得保险补偿还应视条款而定。在保险合同有效期内，若不发生保险事故，保险人只收取保险费，而无需承担补偿或给付义务；若发生保险事故，则保险人所支付的保险补偿将远远大于其所收取的保险费。发生保险事故后，从被保险人的角度看，因其已获得了经济补偿，而实际毫厘未损；从保险人的角度看，则因履行合同义务而成为损失的实际承受者。基于保险合同这种特殊性质，一方面，保险人希望收取高额保险费而不承担或少承担补偿义务。当保险事故发生后，保险人会千方百计利用法律和合同条款来推卸或减轻其补偿责任；另一方面，投保人则希望以最少的保险费获得最多的补偿。当保险事故发生后，被保险人往往夸大损失，以图得非分利益。可见，依诚实信用行使权利、履行义务是保险市场的基本要求。

4. 从保险的行业特性来考查

如今，保险在国民经济中占有举足轻重的地位，被誉为社会的稳定器。保险经营的特征表现为：其一，保险费收取的分散性。保险运作的原理就是各个投保人以缴纳保险费的方式来分担受害的被保险人的损失。投保人越多，收取的保险费越多；保险基金越雄厚，保险经营越安全；保险分摊越合理，保险人盈利的可能性就越大。但若保险人缺乏信用，投保人就会"敬而远之"，保险公司则门可罗雀，难以维持下去。其二，保险经营的安全性。投保人来自五湖四海，为了一个共同的目标——保险保障。试想，如果保险公司经营不善或破产，其自身难保，何以保人，可能产生的负面的社会影响将不言而喻。故保险人的责任重于泰山，其成长的好坏，不仅与被保险人利害攸关，而且与社会安定息息相关。其三，保险资金的负债性。保险资金属于保险人对被保险人的负债。特别是投资性质的保险，到期必须按固定金额偿付。保险人不得将保险资金作为盈利分配，也不得作为利润上缴，而只能充分利用，确保增值。所以，保险业要健康发展必须实行科学管理与诚信经营双管齐下。

5. 从保险业的演进来考查

现代保险源于海上保险，最大诚信原则可以追溯至海上保险初期。由于昔日尚无通信设施，而在保险合同商订之际，被保险的船货往往航行于千里之外，保险人是否承保以及保险合同的权利义务如何约定只能依据投保人提供的有关资料进行判断，若投保人以欺诈手段诱使保险人与其签订合同，将使保险方深受其害。同理，若保险事故发生后，保险人推脱责任，也将会影响被保险人的生存和发展。长期以来最大诚信被公认为保险法的基本原则。随着科学技术的日新月异，现代社会生产规模空前发展，协作范围更加广泛，交易标的日益增大，交易风险愈加突出，任何一个环节发生问题都会引起连锁反应，造成难以估量的损失。适应现代化大生产的需要，当代保险种类繁多，标的复杂，保险期限长，保险金额大，风险范围广，保险经营的安全问题日益突出和重要。不言而喻，现代保险对合同当事人的诚实信用捯出了更高、更迫切的要求。

综上所述，保险业从根本上讲就是以诚信为本的行业，诚信是保险业的基石。博弈论表明：诚实信用是获取最大利润的前提和保证。保险公司作为商事主体，只有多次交易，重复交易，才能实现盈利的愿望。为了广泛收取保险费，保险方都会理性地恪守信用，以期下次继续合作。失信或弄虚作假只能得益于一时一事，而终将失去客户、失去市场。毋庸置疑，诚实信用是保险业生命力的源泉。而对于投保人来说，良好的信誉记录可以使其以较低价格取得高额的保险保障，从这个意义上说，诚信就是金钱。"精诚所至，金石为开"，这一中国古训仍能给我们今天的保险市场提供启示：加强诚实信用是保险立法的重中之重，讲诚信才能立于不败之地。背离了最大诚信原则，保险制度将成为无源之水、无本之木。

### 三、近因原则

保险中的近因原则，起源于海上保险。1906 年英国《海上保险法》第五十五条规定："除本法或保险契约另有规定外，保险人对于因承保之海难所致之损害，均负赔偿责任，对于非因承保之海难所致之损害，均不负赔偿责任。"在保险实践中，并不是保险标的的所有损失保险人都要承担赔偿或给付的责任。保险人对保险标的的损害是否进行赔偿取决于损害事故发生的原因是否属于保险责任。若属于保险责任，保险人责无旁贷必须承担赔偿损失或给付保险金义务。若是除外责任，保险人就不承担损失赔付。然而，通常造成保险标的损失的原因不是单一原因，而是多种原因共同作用的结果，且这些原因的作用方式多种多样，有时是多种原因同时发生，有时是多种原因间断地发生，有时是多种原因连续发生。那么，如何来判定保险人是否应当承担损失赔付呢？这就要根据近因原则来判断。

（一）近因的含义及判定

1. 近因的含义

近因是指引起损失发生的最直接、最有效、起决定性作用的原因，而不一定是在时间上或空间上与保险损失最近的原因。反之，引起保险标的损失的间接的、不起决定作用的因素，常称之为远因。1907年的英国相关法律规定，近因是指引起一连串事件，并由此导致案件结果的能动的、起决定作用的原因。而后又进一步明确，近因是指处于支配地位或起决定作用的原因，即使在时间上它并不是最近的。由此可以看出，从理解的角度，近因近似于历史事件中的导火索。

2. 近因的判定

确定近因，就是确定损失与风险因素之间的因果关系。通常有两种基本方法。

（1）顺序法，即从原因推断结果。具体来说，是从最初事件出发，按照逻辑推理，分析判断下一个事件可能是什么，然后再从下一个事件出发分析判断再下一个事件可能是什么，如此下去，直到分析到最终损失为止，那么最初事件即是损失的近因。例如，某批出口包装食品投保了水渍险，在运输途中由于海浪拍打致使海水渍湿了外包装，最终导致该批食品因潮湿而发生霉变损失。很容易判定出与食品相关的最初发生事件是海水渍湿，正是由于海水渍湿外包装才使水汽侵入到食品中，又由于长期的潮湿最终使食品霉变损失。因此，最初事件即海水渍湿为霉变损失的近因。

（2）倒推法，即从结果推断导致该结果的原因。具体来说，是从损失开始，按照逻辑推理，分析引起损失的原因是不是前一件事件，若是，则继续再分析导致前一事件发生的原因，直至最初事件为止。那么，最初事件就是最终损失的近因。如在上述案例中，如果按照倒推法判定近因，就首先以霉变损失为出发点，分析导致引起霉变损失的原因，即水汽侵入，然后再寻找致使水汽侵入的原因。不难发现其原因是海水渍湿，则此时可认定海水渍湿即为霉变损失近因。

（二）近因原则的含义

保险法上的近因原则的含义为："保险人对于承保范围的保险事故作为直接的、最接近的原因所引起的损失，承担保险责任，而对于承保范围以外的原因造成的损失，不负赔偿责任。"按照该原则，承担保险责任并不取决于时间上的接近，而是取决于导致保险损失的保险事故是否在承保范围内，如果存在多个原因导致保险损失，其中所起决定性、最有效的，以及不可避免会产生保险事故作用的原因是近因。由于导致保险损失的原因可能会有多个，而对每一原因都投保于投保人经济上不利且无此必要，因此，近因原则作为认定保险事故与保险损失之间是否存在因果关系的重要原则，对认定保险人是否应承担保险责任具有十分重要的意义。我国《保险法》《海商法》只是在相关条文中体现了近因原则的精神而无明文规定，我国司法实务界也注意到这一问题，在最高人民法院《关于审理保险纠纷案件若干问题的解释（征求意见稿）》第十九条规定："（近因）人民法院对保险人提出的其赔偿责任限于以承保风险为近因造成损失的主张应当支持。近因是指造成承保损失起决定性、有效性的原因。"

（三）近因原则的运用

损失与近因存在直接的因果关系，因而，要确定近因，首先要确定损失的因果关系。确定因果关系的基本方法有从原因推断结果和从结果推断原因两种方法。从近因认定和保险责任认定看，可分为下述情况：

1. 损失由单一原因所致

若保险标的损失由单一原因所致，则该原因即为近因。若该原因属于保险责任事故，则保险人应负赔偿责任；反之，若该原因属于责任免除项目，则保险人不负赔偿责任。例如，某人身意外伤害险被保险人患癫痫病多年，在保险期内一次癫痫病发作时溺水身亡。此时导致被保险人溺水身亡的原因是癫痫病，由此，癫痫病就是被保险人死亡的近因，且该近因不属于人身意外伤害保险的保险责任，所以保险人不负有赔付责任，应拒赔。

2. 损失由多种原因所致

多种原因同时发生共同致损，是指多种原因之间没有或者无法区别因果关系，无法区别其在时间上的先后发生顺序，且各个原因对损害结果的产生都具有直接、有效、决定性的影响。由此，这多种原因都是损失的近因。此时保险人是否应进行赔付还要进行深入分析。

（1）多种原因同时发生导致损失

多种原因同时发生而无先后之分，且均为保险标的损失的近因，则应区别对待。若同时发生导致损失的多种原因均属保险责任，则保险人应负责全部损失赔偿责任。例如，李某投保了家庭财产保险的房屋及室内财产保险。在保险期内，由于暴风雨恶劣的天气导致保险房屋倒塌，并损毁部分室内保险财产。被保险人及时通知了保险人，保险人是否应当承担赔偿责任呢？由于导致被保人保险标的发生损失的近因是暴风与暴雨，且均属于家庭财产保险的保险责任。由此，保险人应根据保险合同履行赔偿责任。

若同时发生导致损失的多种原因均属于责任免除，则保险人不负任何损失赔偿责任。例如，王某以其所拥有的私家车为保险标的投保了机动车辆保险。在保险期内，王某酒后驾车行驶过程中与别人赌气高速赛车不幸发生车毁人伤事故。那么保险人是否应当对王某的损失进行赔付？由于造成王某车毁人伤损失发生的近因是酒后驾车与高速行驶，均属于机动车辆保险的除外责任，因此保险人不应当赔付。

若同时发生导致损失的多种原因不全属保险责任，则应严格区分，对能区分保险责任和责任免除的，保险人只负保险责任范围所致损失的赔偿责任；对不能区分保险责任和责任免除的，则不予赔付。如果保险责任与除外责任所造成的损失不能划分，保险人可以有两种选择：一是保险人与被保险人平分损失；二是保险人不承担任何损失。但在保险实践中，此时保险人通常会与被保险人协商以寻找一个双方都能接受的分担比例。

（2）多种原因连续发生导致损失

如果多种原因连续发生导致损失，前因与后因之间具有因果关系，且各原因之间的因果关系没有中断，则最先发生并造成一连串风险事件的原因就是近因。保险人的责任可根据下列情况来确定：

第一，若连续发生导致损失的多种原因均属保险责任，则保险人应负全部损失的赔偿责任。如船舶在运输途中因遭雷击而引起火灾，火灾引起爆炸，由于三者均属于保险责任，则保险人对一切损失负全部赔偿责任。

第二，若连续发生导致损失的多种原因均属于责任免除范围，则保险人不负赔偿责任。

第三，若连续发生导致损失的多种原因不全属于保险责任，最先发生的原因属于保险责任，而近因不属于责任免除，则近因属保险责任，保险人负赔偿责任。

第四，最先发生的原因属于责任免除，其后发生的原因属于保险责任，则近因是责任免除项目，保险人不负赔偿责任。

（3）多种原因间断发生导致损失

致损原因有多个，它们是间断发生的，在一连串连续发生的原因中，有一种新的独立的原因介入，使原有的因果关系链断裂，并导致损失，则新介入的独立原因是近因。近因属于保险责任范围的事故，则保险人应负赔偿责任；反之，若近因不属于保险责任范围，则保险人不负责赔偿责任。

**四、损失补偿原则**

经济补偿是保险的基本职能，也是保险产生和发展的最初目的和最终目标。因而损失补偿原则也是保险的重要原则。但需要说明的是，损失补偿原则只适用于具有补偿性的保险合同，如财产保险和人身保险中的医疗费保险，而对于给付性的人身保险则不适用。

（一）损失补偿原则的含义

损失补偿原则是指保险合同生效后，如果发生保险合同责任范围内的损失，被保险人有权按照合同的约定，获得全面、充分的赔偿；保险赔偿是弥补被保险人由于保险标的遭受损失而失去的经济利益，被保险人不能因保险赔偿而获得额外的利益。

损失补偿原则是财产保险处理赔案时的一项基本原则，充分体现了保险的宗旨。由此在理解损失补偿原则时必须从两个方面把握该原则的内涵：一是有损失才有赔偿，即损失补偿是以被保险人发生保险责任范围内的损失为前提条件的；二是损失多少最多赔偿多少，保险赔偿的目的只是弥补被保险人由于保险标的遭受损失而失去的经济利益，尽力使被保险人的经济状况恢复到事故发生前的状态。因而不能使被保险人从保险中获得额外利益，以防止被保险人利用保险从中牟利，进而维护保险双方的正当权益，保持保险经营的稳定性。

（二）损失补偿原则的基本内容

1. 被保险人请求损失赔偿的要件

在保险实践中，保险人并不是对被保险人的所有损失都负有保险赔偿责任。只有当被保险人的损失同时具备以下条件时，保险人才给予赔偿。

（1）被保险人对保险标的必须具有可保利益。在保险利益原则中，我们已经知道，财产保险对保险利益时效的要求是全过程的，即从合同订立到保险事故发生，被保险人都必须对保险标的具有保险利益。否则，保险合同无效或失效，保险人不承担损失赔偿责任。再者，如果保险事故发生时被保险人对保险标的不具有保险利益，事故发生并没有使被保险人遭受经济损失，根据损失补偿原则，保险人也不能对被保险人进行赔偿。

（2）被保险人遭受的损失必须是在保险责任范围之内。构成保险责任范围内损失的要件有两个：一是损失必须发生在保险合同所约定的保险标的；二是保险标的发生的损失必须是由保险责任所引起。只有这两个条件同时具备，这个损失才是保险责任范围内的损失，保险人才可能给予保险赔偿。

（3）被保险人遭受的损失必须能用货币衡量。如果被保险人所遭受的损失不是经济上的损失，即不能以货币计量出该损失多少，那么保险人就无法核定此损失，更无法履行保险赔款。

2. 保险人履行损失赔偿责任的限度

为了保证被保险人既能获得全面而充分的保险赔偿，又不因保险赔偿而获得额外利益，保险人在履行损失补偿责任时通常把握以下三个限度：

（1）以实际损失为限。实际损失是指按照保险事故发生时的市场价格计量的保险事故所造成的损失额。按照补偿原则，保险人对被保险人蒙受的实际损失进行补偿的目的是使他在经济上恢复到保险事故发生前的状态，保险人只能以发生损失时的市场价格来确定赔偿金额（定值保险与重置价值保险除外），不得超过损失金额。但如果赔偿过少，则不能充分补偿他所受到的损失；如果赔偿过多，又会引起不当获利。例如，某投保人，以其拥有房产权的住房作为保险标的投保了足额家庭财产保险，保险金额为 100 万元。在保险期内发生保险事故造成该住房全损，而由于房价跌落致使保险事故发生时该住房的市场价值仅有 90 万元，所以被保险人因保险事故发生造成了 90 万元的实际损失，因此保险人只能赔偿 90 万元。

（2）以保险金额为限。保险金额是保险人承担赔偿责任的最高限度，由此，保险人的赔偿金额只能低于或等于而不能高于保险金额。例如，在上例中，若出于市场房价上涨，致使保险事故发生时该住房的市场价值达到了 110 万元。那么，保险人应赔偿多少？这时虽然保险事故给被保险人造成了 110 万元的实际损失，但由于双方签订的保险合同所约定的保险金额只有 100 万元，所以保险人最多也只能按照保险金额这一最高限额进行赔偿，赔 100 万元。

（3）以可保利益为限。被保险人对所遭受损失的财产具有保险利益是保险人赔偿的基础与前提条件。由此，被保险人所获得的赔款也不得超过其对被损财产所具有的保险利益。例如，同样是在上例中，假设该投保人所投保的住房是他与别人按照 1∶1 出资合伙购买的，且在保险合同中仅有其一人作为被保险人。如果住房价格保持平稳，那么保险人应当赔偿多少呢？此时，由于被保险人对保险标的仅有一半的保险利益，即 50 万元，当该保险标的发生全损时，被保险人仅损失 50 万元，所以保险人也最多赔偿 50 万元。值得注意的是：通过对以上保险人履行损失补偿责任三个限度的分析，不难发现这三个限度是相互关联、相互制约的，而且保险人在针对某一具体损失进行赔偿时，还要选取实际损失、保险金额和保险利益这三者中的最低标准作为最终赔偿限度。

（三）损失补偿的方式

保险人对被保险人进行赔偿的目的是使被保险人恢复到损失发生前的经济状态，至于具体的损失赔偿的方式，保险人有权选择。通常来说，保险人可以选择的赔偿方式有三种：一是货币支付。因为被保险人的损失是以货币衡量的，所以保险人可以通过审核被保险人的损失价值，支付相应价值的货币。在保险实践中，这也是最常采取的方式。二是恢复原状或修理。当被保险人的财产遭受损坏以后，保险人可以出资把损坏的部分修好，使保险标的恢复到损失前的状态。如我国机动车辆保险理赔中对于部分损失赔偿常采用修理的方式。三是置换。在保险损失发生后，保险人可以赔偿一个与被损坏财产同等规格、型号、性能的财产。

（四）损失补偿的计算方式

1. 第一损失补偿方式

所谓第一损失补偿，是指保险损失发生后，保险人仅在保险金额限度内按照实际损失予以赔偿，而对保险金额之外的损失不予赔偿的方式。其计算公式是：

当损失金额≤保险金额时，赔偿金额＝损失金额

当损失金额＞保险金额时，赔偿金额＝保险金额

这种损失补偿方式之所以被称为第一损失补偿，是因为在采用这种方式进行赔偿数额计算时，保险人实际上是将保险标的的损失人为地分成了两部分：第一损失是保险金额限度内的损；第二损失是超过保险金额那部分的损失，而保险人仅赔偿第一损失。第一损失补偿计算方式比较简便，但不够准确。在保险实践中主要适用于家庭财产保险。

2. 比例计算补偿方式

所谓比例计算补偿方式，就是保险人按照一定的比例对被保险人的保险损失进行计算赔偿金额的方式。由于保险合同类型的不同，保险人所采取的比例也具有不同的性质。通常按照定值保险与不定值保险加以区分。

（1）不定值保险时，按保障程度计算赔偿金额保障程度，是指保险金额占损失当时保险标的实际价值的比例。保障程度越高，即保险金额越接近保险财产发生损失时的实际价值，赔偿金额就越接近损失金额。

（2）定值保险时，按损失程度计算损失赔偿金额损失程度，是指保险标的的受损价值与损失当时保险标的实际价值的比例。

3. 限额赔偿方式

（1）固定责任赔偿方式。固定责任赔偿方式，是指保险人在订立保险合同时，规定保险保障的标准限额，保险人只对实际价值低于标准保障限额之差予以赔偿的方式。

（2）免赔限度赔偿方式。免赔限度赔偿方式，是指保险人事先规定一个免赔限度，只有当损失超过该限度时才予以赔偿的一种方式。按免赔方式又可以分为两种，即绝对免赔与相对免赔。绝对免赔，是指只有当保险标的的损失程度超过规定免赔限度时，保险人才只对超过限度的那部分损失予以赔偿的方式。相对免赔，是指只有当保险标的的损失程度超过或达到规定的免赔限度时，保险人才按全部损失予以赔偿的方式。目前在海运货物保险、机动车辆保险中经常采用这种赔偿方式。

**五、代位追偿原则**

在保险损失发生后，被保险人可以依据保险合同获得充分的损失补偿。其实在现

实生活中，当保险标的发生损失后，除了保险人的补偿外，被保险人还可能拥有从第三方获得补偿的权利。在这种情况下，被保险人就可能最终获得多于实际损失的补偿，即获得额外利益。这既违背了保险的宗旨又有悖于损失补偿原则的规定，由此在损失补偿原则之下又派生出了保险的另一重要原则——代位追偿原则，且其适用范围与损失补偿原则是一致的。

（一）代位追偿原则的含义

代位追偿原则是指在财产保险中，保险标的发生保险事故造成推定全损，或者保险标的由于第三者责任导致保险损失，保险人按照合同的约定履行赔偿责任后，依法取得对保险标的的所有权或对保险标的损失负有责任的第三者的追偿权。

其中，所谓推定全损，是指保险标的遭受保险事故虽尚未达到完全损毁或完全灭失的状态，但实际全损已不可避免；或者修复和施救费用将超过保险价值；或者失踪达到法定时间，按照全损处理的一种推定性损失。

（二）代位追偿原则的意义

代位追偿原则的规定在保险实务中具有重要的意义，主要体现在以下三个方面：

首先，可以防止被保险人由于保险事故发生而获得超额赔偿。当保险标的发生的保险损失是由第三者责任造成时，被保险人即有权依法向造成损害的第三者请求赔偿，又有权依据保险合同向保险人请求赔偿。如果被保险人同时行使这两项损害赔偿请求权，就使其就同一损失获得了多于实际损失甚至双重的赔偿，也就违背了损失补偿的原则。

其次，可以维护社会公共利益，保障公民、法人的合法权益不受侵害。社会公共利益要求肇事者必须对因其疏忽或过失所造成的损害负有责任。如果致害人因受害人享受保险赔偿而免除赔偿责任，不但违背了社会公平的原则，而且也会损害保险人的利益，同时还会促使道德危险的发生。

最后，有利于被保险人及时获得经济补偿。现实中，由第三者赔偿往往使被保险人得不到及时补偿，而保险人对被保险人的赔偿时限在法律上则有明确的规定。如我国《保险法》第二十四条规定："保险人收到被保险人或者受益人的赔偿或者给付保险金的请求后，应当及时作出核定，并将核定结果通知被保险人或者受益人；对属于保险责任的，在与被保险人或者受益人达成有关赔偿或者给付保险金额的协议后 10 日内，履行赔偿或者给付保险金义务。保险合同对保险金额及赔偿或者给付期限有约定的，保险人应当依照保险合同的约定，履行赔偿或者给付保险金义务。"

（三）代位追偿原则的主要内容

1. 权利代位

权利代位即追偿权的代位，是指在财产保险中，保险标的由于第三者责任导致保险损失，保险人向被保险人支付保险赔款后，依法取得对第三者的索赔权。

（1）权利代位产生的条件

权利代位的产生必须同时具备两个条件。

第一，被保险人对保险人和第三者必须同时具有损失赔偿请求权。也就是说，首先损失必须是保险损失，而且是由第三者责任引起。也即是受损的财产必须是保险合同约定的标的，而且损失是由保险责任事故引起的。只有保险责任范围内的事故造成保险标的的损失，保险人才负责损失赔偿，否则，保险人没有赔偿责任。同时，保险事故又是由第三方的责任引起，只有保险事故的发生是由于第三者行为所致，才存在被保险人对第三者的损失赔偿请求权。其次，被保险人不能豁免第三者的赔偿责任。如果被保险人豁免了第三者的赔偿责任，那么被保险人就失去了赔偿请求权，保险人也就无法代位行使被保险人已经放弃的权利，此时保险人不履行损失赔偿责任。

第二，保险人必须按保险合同约定履行赔偿之后才能取得代位追偿权。因代位追偿权实质是债权的转移，即将被保险人对第三者的债权转移给保险人。在这种债权转移之前，只存在于被保险人与第三者之间。所以，只有保险人按照保险合同约定向被保险人履行保险赔偿后，才能获得代位追偿权，即所谓的"先赔后追"。

（2）权利代位的取得方式

一般的，保险人可以通过两种方式取得代位追偿权：一是法定取得，即权益的取得无须经过任何人的确认，按照相关法律而获得；二是约定取得，即权益的取得必须经过当事人的确认。由我国《保险法》第四十五条"保险人自向被保险人赔偿保险金之日起，在赔偿金额范围内代位行使被保险人对第三者请求赔偿的权利"的规定，可以认定，我国保险人代位追偿权的取得方式是法定取得。

（3）权利代位的权益范围

由于代位追偿权只是债权的转移，因此保险人只能在赔偿金额限度内行使代位求偿权。如我国《保险法》第四十五条第一款规定："因第三者对保险标的的损害而造成保险事故的，保险人自向被保险人赔偿保险金之日起，在赔偿金额范围内代位行使被保险人对第三者请求赔偿的权利。"具体来说，如果保险人追偿的款项的追回金额大于赔付金额，则超出部分应偿还给被保险人；若追偿到的金额若小于或等于赔付金额，全归保险人。例如，居民李某以价值30万元的自有住房为保险标的向某保险公司投保了住房保险。在保险期内，该住房被附近建筑物在实行爆破工程时震裂，居民立即向所投保的保险公司索赔。保险评估人估损为8万元，保险公司按照合同约定责任赔偿8万元后，在行使代位追偿权时却从爆破工程处追得10万元。那么，按照权利代位的权益范围规定，保险人只能在赔偿金额限度内行使代位求偿权，即保险人只能获得8万元的代位追偿权。而此时，保险人却从第三者即爆破工程处追回了10万元，超过了保险人对被保险人的损失赔偿款。如果这10万元全部归属保险人，那么保险人就会从保险赔偿中获得了额外利益，违背了保险的宗旨。因此，保险人只能在代位追偿权限内获得8万元，多余的2万元归被保险人所有，以弥补被保险人未获得的损失赔偿。

需要注意的是，保险人向第三者行使请求赔偿的权利，不影响被保险人就未取得赔偿的部分向第三者请求赔偿的权利。

2. 物上代位

物上代位是指保险标的遭受保险责任范围内的损失，保险人按保险金额全数赔付后，依法取得该项标的的所有权。物上代位也是代位原则的重要方面。在理解物上代位时应把握以下几个方面的内容：

（1）物上代位产生的基础

物上代位通常产生于对保险标的作推定全损的处理。因为推定全损只是一种推定性的损失，并不是保险标的真的完全灭失或损毁，所以还会存有一定的残值，或者失踪后复而得之。为了避免保险人对被保险人按照保险金额赔偿后，被保险人再获得额外利益，各国通常通过物上代位的规定以维护保险双方的利益关系。如我国《保险法》第四十四条规定："保险事故发生后，保险人已支付了全部保险金额，并且保险金额相等于保险价值的，受损保险标的的全部权利归于保险人；保险金额低于保险价值的，保险人按照保险金额与保险价值的比例取得受损保险标的的部分权利。"

（2）物上代位的权益取得方式

物上代位权益的取得要通过委付。所谓委付，是指被保险人在发生保险事故造成保险标的的推定全损时，将保险标的物的一切权利连同义务移转给保险人而请求保险人赔偿全部保险金额的法律行为。在保险实践中，委付的成立必须具备以下要件：

第一，委付必须以保险标的的推定全损为条件。由委付的定义可知，委付包含有两方面的内容，即全额赔偿和保险标的的权益的转让。只有推定全损才能满足于这两项内容。

第二，委付必须由被保险人向保险人提出。当保险事故发生推定全损时，如果被保险人要求保险人按照保险金额履行全部损失赔偿，就应在规定时间内向保险人提出委付请求。委付书是被保险人向保险人作推定全损索赔之前必须提交的文件。如果被保险人不提出委付，保险人对受损保险标的的只能按部分损失处理。

第三，委付应就保险标的的整体提出要求。通常来说，保险标的具有不可分割性，若对不可分的标的仅进行部分委付，极易产生纠纷。为了尽量减少不必要的事端，一般要求委付保险标的的全部。但如果保险单上的标的是由独立可分的部分组成时，只有一部分发生了委付原因，此时也可仅就该部分保险标的请求委付。

第四，委付不得附加条件。为了避免保险合同双方关系的复杂化，减少保险人与被保险人之间的纠纷，国际惯例要求委付必须是无条件委付。我国《海商法》在第二百四十九条对此也作了明确的规定。

第五，委付必须经保险人同意。被保险人提出委付请求后，保险人可以接受委付，也可以不接受委付。因为委付一旦成立，转移给保险人的不仅是保险标的的一切权利，而且也将被保险人对保险标的的一切义务转移给了保险人。由此，保险人在接受委付之前必须慎重考虑。但是，无论保险人是否接受委付，都应当在合理的时间内将决定通知被保险人。如果保险人超过合理时限仍未做出决定通知，视作不接受委付。如果保险人同意了被保险人的委付请求，委付即告成立，此时便对保险人和被保险人产生法律约束力：一方面，被保险人在委付成立时，有权要求保险人按照保险合同约定的保险金额向其全额赔偿；另一方面，被保险人必须在委付原因产生之日将保险标的的一切权利和义务转移归保险人。

（3）物上代位的权益范围

根据我国《保险法》第四十四条的规定，即"保险事故发生后，保险人已支付了全部保险金额，并且保险金额相等于保险价值的，受损保险标的的全部权利归于保险人；保险金额低于保险价值的，保险人按照保险金额与保险价值的比例取得受损保险标的的部分权利"。可以将物上代位的权益范围作如下总结：在足额保险时，保险人支付全部保险金额后，受损标的的全部权益归保险人。即使出现保险标的的处理所得或对第三者损害赔偿请求所得超过了保险人对被保险人的赔偿金额，超过部分仍归保险人所有，因这部分所得是由保险人对标的的权益所得。在不足额保险时，保险人按照保险金额赔偿后，保险人只能按照保险金额与损失发生时保险标的价值的比例取得受损标的的部分权益。在这种情况下，由于保险标的的不可分性，在保险实务中，保险人通常将其应得的部分权益作价折给被保险人，并在保险赔偿款中作相应地扣除。

### 六、重复保险分摊原则

根据损失补偿原则，当保险标的发生损失后，被保险人有权根据合同约定获得损失的充分补偿，而不能因此获得超出其损失的额外利益。但在现实中，被保险人可能拥有多份承保同一损失的保险合同，即存在着重复保险，此时被保险人就可能会获得超出其实际损失的赔偿，从而获得额外利益。此时，如果保险标的发生损失，就应将这一损失在各个保险人间进行分摊，以免被保险人获得额外利益。这既是重复保险分摊原则，也是损失补偿原则的另一派生原则。

#### （一）重复保险分摊原则的含义

重复保险的分摊原则是指在重复保险的情况下，当保险事故发生时，各保险人应采取适当的分摊方法分配赔偿责任，使被保险人既能得到充分的补偿，又不会超过其实际损失而获得额外的利益。由此可知，重复保险分摊原则主要适用客观上存在重复保险的情况。虽然很多国家都不允许重复保险，但在保险实践中这种现象又常常存在。在重复保险的情况下，如果发生保险事故造成了保险损失，被保险人可以依据不同的保险合同向不同的保险人就同一损失进行索赔，那么被保险人就可能会获得超额损失赔偿，同时也违背了损失补偿原则。而如果遵循重复保险的分摊原则，就可以维护损失补偿原则，防止被保险人利用重复保险获得超额赔款，进而维护社会公平原则。

#### （二）重复保险分摊原则的构成条件

重复保险分摊原则是指在重复保险的情况下，当保险事故发生时，各保险人应采取适当的分摊方法分配赔偿责任，使被保险人既能得到充分的补偿，又不会超过实际损失而获得额外的利益。重复保险必须具备的条件：

（1）不同保险合同均以同一保险标的、同一可保利益投保。如果保险标的不同，肯定构不成重复保险，即使保险标的是同一个，不同的权利人分别以自己的保险利益投保也不构成重复保险。例如，某人以按揭方式购买一所住房，并以该住房为保险标的投保了火灾保险。同时，他所贷款的银行也以该住房为保险标的投保了火灾保险。虽然这两份保险合同都是以同一住房为保险标的投保的，但由于他们具有不同的保险利益，保险合同的被保险人也就不同，由此也不可能存在重复保险。

（2）不同保险合同具有同一保险期间。这里的同一保险期间不是指不同保险合同的整个保险期间都是重复的，而是指部分期间重复，尤其是指保险事故发生时都在保险期间内。

（3）不同保险合同承保同一保险危险。如果以同一保险标的、同一保险利益，同时投保不同的风险，也构成不了重复保险。比如，如果某居民以其私有住房为保险标的，在甲保险公司投保了足额火灾保险，同时又在乙公司投保了足额盗窃险。这同样不构成重复保险，因为如果发生了火灾只有甲保险公司赔偿，而如果发生了盗窃只有乙保险公司赔偿。

（4）必须是与数个保险人订立数个保险合同，且保险金额总和超过保险标的的价值。如果投保人只是与一家保险公司签订保险合同，即使保险金额总和超过保险标的的价值，也不称为重复保险，只能称为超额保险；如果投保人与多家保险公司签订合同，保险金额总和不超过保险价值，此时只能是共同保险。所以，只有这两个条件同时具备才有可能成为重复保险。在判定是重复保险时，必须上述四个条件同时具备。

（三）重复保险的分摊方式

（1）比例责任分摊方式。各保险人按其所承保的保险金额与总保险金额的比例分摊保险赔偿责任。

（2）限额责任分摊方式。在没有重复保险的情况下，各保险人依其承保的保险金额而应付的赔偿限额与各保险人应负赔偿限额总和的比例承担损失赔偿责任。

（3）顺序责任分摊方式。这是指由先出单的保险人首先负责赔偿，后出单的保险人只有在承保的标的损失超过前一保险人承保的保额时，才依次承担超出的部分。

## 本章小结：

1. 从保险起源与发展的历程看，保险是人类同风险长期斗争中的一种必然选择手段。保险业从无到有，是人类社会发展的必然产物，是保证人类社会发展的一种机制。人类社会自从产生就不可避免地遇到各种自然界的风险及意外事故的发生。面对风险带来的严重后果，几千年以前的人类就萌生了对付风险的保险思想。我国作为有几千年文明历史的国家，也是世界上最早产生保险思想的国家之一。外国最早产生保险思想的国家是处在东西方贸易要道上的文明古国，如古埃及、古巴比伦和欧洲的古希腊和古罗马等国家。

2. 从保险思想的产生到现代保险的出现是一个漫长的过程，各种现代保险险种的产生都有其不同的经济背景，说明保险随着社会经济的发展而发展，必将会有更多的新险种出现。海上保险是一种最古老的保险，近代保险也是从海上保险发展而来的。火灾保险是财产保险的前身，人寿保险起源于欧洲中世纪的基尔特制度，责任保险是以被保险人的民事赔偿责任为标的，它的产生是社会文明进步尤其是法制完善的结果。

3. 我国古代保险思想产生的历史虽然悠久，但具有现代意义的保险业却发展得较晚，我国近代保险业的发展经历了较曲折的过程。

4. 从经济上看，保险是一种经济行为；从法律上看，保险又是一种合同行为；从社会功能角度，保险还是一种危险转移机制。从传统意义上定义，保险是集合具有同类危险的众多经济单位或个人，建立基金，为少数成员因该危险事故所致经济损失提供经济保障的一种危险转移机制。

5. 理想的可保风险要满足以下条件：可保风险必须是纯粹风险，而不是投机性风险；可保风险必须是大量的、相似的风险单位都面临的风险；损失的发生具有偶然性和意外性；损失是可以确定的；可保风险造成的损失必须是适度的；可保风险造成的损失的概率分布是可以被确定的。

6. 保险的功能主要有经济补偿功能、资金融通功能、社会管理功能。

7. 保险在微观上的作用有：一是有利于安定人民的生活；二是有利于受灾企业及时恢复生产；三是有利于企业加强经济核算；四是有利于加强风险管理；五是有利于民事赔偿责任的履行。

8. 保险在宏观上的作用有：一是保障社会再生产的正常进行；二是推动商品的流通和消费；三是推动科学技术向现实生产力转化；四是有利于财政和信贷收支平衡的顺利实现；五是增加外汇收入，增强国际支付能力；六是动员国际范围内的保险基金。

9. 保险依照经营目的分类，可分为商业保险、社会保险、政策性保险、互助合作保险；依照实施方式分类，可以分为自愿保险和强制保险；依照保险标的分类，可以分为财产保险和人身保险；依照风险转移方式分类，可以分原保险和再保险；依照保险的对象分类，可以分个体保险和团体保险。

10. 保险的原则有：保险利益原则，最大诚信原则，近因原则，损失补偿原则，代位追偿原则，重复保险分摊原则。

## 复习思考题：

1. 你如何理解保险的概念？
2. 世界保险业是如何发展的？
3. 保险的原则有哪些？
4. 保险是如何分类的？

# 第五章
# 保险合同

**学习要点：**

◇ 理解保险合同的概念及其法律特征
◇ 了解保险合同的分类
◇ 掌握保险合同的要素

## 第一节　保险合同的概述

### 一、保险合同的概念

保险合同是投保人与保险人之间设立、变更、终止保险法律关系的协议。依照保险合同，投保人承担向保险人缴纳保险费的义务，保险人对保险标的可能遭受的危险承担提供保障的义务。在保险事故发生后，保险人根据合同约定的范围向被保险人或受益人给付保险金，或者在合同约定期限届满时向投保人或受益人给付保险金。保险合同一般包括投保单和保险单，二者构成要约和承诺，附加包含一般约定的保险条款共同构成。有时候保险单会用其简化方式"保险凭证"替换。在特殊情形下，比如无标准化条款时，保险合同可以是当事双方签订的书面协议；无法当时出具保险单时，保险合同可以是暂保单。一般，标准化的保险条款中会规定，保险合同由投保单、保险单、保险条款、批注、附贴批单、其他相关的投保文件、双方的声明、其他书面协议共同构成。

可见，保险合同是实现社会公众寻求保险保障目的的法律手段。因为，在市场经济条件下社会公众存在的保险保障需求，与保险人专门供应的保险产品之间，仅仅是物质上的商品供求关系。它虽然是客观存在的，产生于社会经济生产和生活之中，但只是驱动供需双方建立保险商品交换关系的物质前提，其本身并不具备强制性质来约束供需双方的行为。所以，要保证这一保险供需关系实现，就必须采取相应的法律形式，即签订保险合同。保险合同作为合同的一种，具有法律约束力。当事人应当依法签订和履行，不得任意变更和解除，更不得拒不履行所应承担的义务。这意味着借助保险合同的法律强制力，可以实现当事人追求保险商品交换的目的。所以说，保险商品交换是内容，而保险合同则是其得以实现的法律手段。

## 二、保险合同的特征

保险合同具备一般合同的共性，如保险合同须涉及双方当事人，当事人的法律地位平等，当事人意思表示一致，且不得违反国家法律和政策规定，不得损害社会公共利益等。但是，保险合同作为一种有着特定的、具体的法律内容的合同，又有其自身的法律特征。

（一）投保人必须对保险标的具有保险利益

在保险合同中，投保人、被保险人如果没有保险利益，保险合同将是非法的，保险合同无效。保险利益必须是受到法律保护的，同时保险利益是可以用货币计算与估价的。

在财产保险合同中，保险利益应该是：

（1）必须是合法利益。这种利益对于投保人来说，不是违背法律或社会善良风俗而取得的，如以盗窃所得赃物投保是无效的。

（2）财产保险的主要目的是赔偿损失，如果损失不能以金钱计量，就无法赔偿，所以如收藏物、家养的花草等，虽然对被保险人来说具有相当的利益，但难以用金钱计算，因而不能成为财产保险的标的。

（3）必须是确定的利益。无论是现有利益或预期利益，在保险事故发生前或发生时必须能够确定，否则保险人难以确定是否赔偿，或赔偿多少。

在人身保险合同中，根据法律和保险业的惯例，投保人与被保险人只有存在如下关系时，才具有保险利益：

（1）婚姻关系。如丈夫可为妻子投保。

（2）血缘关系。如子女可为父母投保，父母亦可为子女投保，除此之外，对于家庭其他成员或近亲属，投保人则必须与之有抚养、赡养和扶养的关系，才具有保险利益。

（3）抚养、赡养和扶养关系。

（4）债权债务关系。债务人若在偿债期间死亡，债权人将面临难以收回债权的危险，故此债权人对债务人具有保险利益。

（5）劳动关系或某种合作关系。如用人单位或雇主，对于职工或雇员的生老病死负有法定的经济责任，自然就具有保险利益；合伙企业的合伙人之间，一旦某一合伙人死亡，可能导致合伙事业难以为继，当然互相之间具有保险利益。

（6）本人。投保人对于自身的生老病死具有切身经济利益，投保人可以为自己投保，成为被保险人。

（二）订立合同必须先履行告知义务

告知是保险人确定是否承保、怎样确定保险费率以及投保人是否投保、投保金额大小的重要依据，投保人在订立保险合同时，通常应告知下列重要事实：

（1）投保人保险史，如果投保人曾经被另外一个保险人就同一险种拒绝承保，无论是什么理由都是重要事实。

（2）投保人的品行，特别是关于欺诈方面的犯罪，都是必须告知的重要事实。

我国《保险法》还规定，投保人故意不履行如实告知义务，保险人不承担赔偿或给付保险金的责任，并不退还保险费，但因过失而未履行义务，保险人员不承担赔偿或给付保险金的责任，但还可以退还保险费。显而易见，如实告知义务对保险合同双方当事人来说都是十分重要的。

### （三）保险合同是双务有偿合同

双务合同是指合同当事人双方互负给付义务的合同，有偿合同是指享有权利的一方必须偿付相应代价的合同。我国《保险法》第十四条规定："保险合同成立后，投保人按照约定交付保险费，保险人按照约定的时间开始承担保险责任。"即投保人按照约定向保险人支付保险费作为换取保险人承担保险责任的代价；保险人在享受收取投保人的保险费的权利的同时，承担相应的保险责任。可见，保险合同为双务有偿合同。在一般买卖行为中，一方不支付代价的无偿合同，如赠与，也同样受法律保护。但保险单的赠与则不同，如果合同无保险费的约定，合同则被视为无效。在目前的保险实务中，一些保险公司为增强广告效应，有时向一些社会名人和一些参与特定活动的人提供免费保险，严格意义上是不合法的行为。特别要说明的是，有时就某一保险合同而言，双方当事人所承担的义务似乎并不等价。换句话说，被保险人所得到赔付的保险金与其所支付的保险费不等额，但就保险合同的总体而言，由于保险费率是根据风险的概率和大数法则科学厘定的，保险费总额与保险人的赔付金总额及保险经营费用之和大致平衡。

### （四）保险合同是非要式合同

保险合同的非要式性是相对于要式合同而言的。非要式合同是指合同的成立无须采用特定的形式和履行一定的手续，只需当事人意思表示一致即可成立。保险合同是非要式合同，原因是：①从我国现行保险法律规定来看，保险合同在双方当事人意思表示一致时即成立，出具保险单只是保险人的法定义务，可作为保险合同的证明，但不能作为保险合同的成立要件。保险合同应遵循一般民商事合同成立原则，即当事人一方发出要约，另一方做出承诺，合同即告成立。更何况，保险合同的内容在合同订立之前都已由保险人事先拟定作为依据，当事人另一方难以改变，这使得保险合同的要式性实际已无存在的必要。②从保险实践来看，由于保险人签发保险单通常必须经过相关程序，需要一定的时日。在实践中，有时双方当事人就合同内容已经达成协议，并且已经交付保险费后，但保险人不能及时签发保险单。如果在这段时间内发生了合同约定的保险事故，由于不具备法律规定的合同生效的形式要件，被保险人或受益人就无法得到保险保障。保险实践中确实存在一些道德危险，如保险人故意延迟保险单的签发与交付的情形时有发生。显然，这不利于保护被保险人的利益，有悖于我国保险立法的原则。

（五）保险合同是射幸合同

民法中的射幸合同是与交换合同相对应而言。交换合同是指一方当事人的给付与所得利益相当。射幸合同则是指当事人义务履行取决于机会或不确定事件的发生或不发生。当事人一方的付出，可能会得到大大超过所付代价的利益，也可能一无所获。保险合同在订立时，投保人缴付保险费，对未来保险事故是否发生无法确定。是否可以得到保险金，取决于合同约定的保险事故是否发生。如果保险事故在保险期限内发生，投保人就可以得到一定数额的保险金，该数额也许大大超过投保人所付出的保险费；如果保险事故在保险期限内没有发生，投保人将无法得到保险金。而就保险人而言，如果保险事故发生，保险人将要付出的可能大大超过所收取的保险费的代价，如果保险事故没有发生，保险人则可以得到投保人支付的保险费而无须负担给付保险金的责任。可见，保险合同当事人一方或双方获利与否均取决于保险事故的偶然性。因此，保险合同是射幸合同，保险合同的射幸性是基于保险事故的偶然性、不确定性。

（六）保险合同是格式合同

格式合同，又称附合合同，是指由当事人一方与不特定多数人订约而预先拟定，并且不允许相对人对其内容进行变更的合同，亦即一方当事人要么从整体上接受合同条件，要么不订立合同。由于保险经营本身有较高的技术性、科学性，保险合同中的主要条款（如保险标的、保险责任、保险期限以及保险费率的确定）都是建立在科学计算的基础上，一般的投保人对此不易掌握，尤其是保险业务发展迅速，要求保险合同订立手续快捷而简便。因此，保险合同的主要条款往往是由保险人事先拟定，并且印制成格式化、标准化的保险单，投保人一般只能就这些条款表示愿意接受与否，而没有拟定和充分磋商保险条款的自由。显然，保险合同的格式性表现出合同双方的不平等交易。为了弥补这一缺陷，保护投保人的利益，各国保险法一般都要求，如果双方当事人对保险条款存在疑义时，应作有利于被保险人和受益人的解释。对此我国《保险法》也做出了相关规定。同时，《保险法》不仅明确规定了保险人对保险条款应负说明、解释义务，而且还明确了保险监督管理机构对关系社会公众利益的保险险种、依法实行强制保险的险种和新开发的人寿保险险种等的保险条款和保险费率负有审批的权责，以保护投保人、被保险人和受益人的利益。

（七）保险合同是最大诚信合同

诚实信用是社会成员在市场经济活动中都应遵循的基本原则。任何合同的订立都要基于合同当事人的诚信。我国《合同法》规定，采取欺诈、胁迫等手段所订立的合同，法律不承认其法律效力。保险合同是射幸合同，保险危险具有不确定性。一般情况下，保险人与投保人或被保险人在保险标的危险状况等有关信息的了解上是不对等的，保险人决定是否承保、保险费率高低、保险费的多少等均以投保人的告知和保证为依据，投保人的任何不实之举，都有可能使保险人上当受骗。同时，由于保险经营具有很强的技术性、专业性，这就需要保险人在订立保险合同时应向投保人说明保险合同的内容，特别是与投保人有利害关系的重要内容要向投保人如实陈述。因此，在保险合同的订立和履行中，对当事人的诚信程度要求更高，正是从这个意义上说，保险合同是最大诚信合同。

### 三、保险合同的分类

保险合同按照不同的标准分成不同的种类，主要有以下几种：

（一）按保险合同的标的划分

保险合同可以分为财产保险合同和人身保险合同。这是我国保险法对保险合同的分类，也是基本的、常见的分类方法。

财产保险合同的保险标的是财产及其有关利益，是以补偿被保险人的财产利益的损失为目的的补偿合同。该财产利益损失不仅可因被保险人的财物或无形利益直接受到损害而发生，也可因被保险人对第三人负有的损害赔偿责任而发生。财产保险的目的在于满足被保险人因损害发生而产生的需要，所以也被称为"损害保险"或"损失补偿性保险"。它可分为财产损失保险合同、责任保险合同、信用保险合同。

人身保险合同的保险标的是人的寿命和身体，是在被保险人生命、身体的完整性受到侵害或损失时，对其损失以金钱方式予以弥补的给付性合同。基于生命、身体的无价性，除医疗费用保险及丧葬费用保险等就具体性损失投保的保险合同外，绝大多数人身保险合同的当事人可自由约定保险金额，在保险事故发生时，直接以保险合同约定的金额作为赔偿额加以支付。因此，人身保险合同又被称为"定额保险"或"定额给付性保险"。它可分为人寿保险合同、健康保险合同和意外伤害保险合同等。

（二）按保险合同所负责任的顺序划分

保险合同分为原保险合同和再保险合同。

原保险合同是指保险人对被保险人因保险事故所遭受的损失给予原始赔偿的合同；再保险合同是指保险人以其承保的危险责任，再向其他保险人投保而签订的保险合同。原保险又称为第一次保险，一般的保险都是原保险合同。再保险又称为第二次保险，再保险不利于提高保险人的承保能力和赔偿能力。原保险合同就是投保人与保险人订立的保险合同。它是针对再保险合同而言的，因而原保险合同的称谓只有在再保险合同出现后才能出现。通常所说的主保险合同，就是指原保险合同。再保险合同是指原保险人与再保险人订立的保险合同，即原保险人直接承保了业务后，为把自己承担的保险责任的一部分转让给再保险人承担而与其订立的保险合同。原保险合同与再保险合同是两个相互独立的合同，原保险合同的被保险人、受益人对再保险人无索赔请求权；再保险人无权向原保险合同的投保人请求保险费的给付；原保险人不得以再保险人不履行保险金额给付义务为理由，拒绝履行或延迟履行对被保险人的赔偿或给付保险金的义务。

（三）按每份合同的被保险人人数分类

对于人身保险合同，依据每份合同承保的被保险人人数的不同，可以分为个人保险合同和团体保险合同两大类。财产保险合同不以人为保险标的，所以不存在个人保险合同和团体保险合同的分类。

对于人身保险合同，如果一份合同只承保一名被保险人，应属于个人保险合同。

对于个人保险合同，保险人要对被保险人一一进行风险选择，根据被保险人的年龄、职业、健康状况、经济状况、社会关系等决定是否承保，考虑保险金额是否适当，是否存在应当增加保险费的因素等，必要时还要进行身体检查。

如果一份人身保险合同以一个机关、企业、事业单位的大多数成员作为被保险人，就属于团体保险合同。一份团体保险合同中被保险人所在的单位，必须是在订立合同时即已存在的组织，而不是为投保人身保险而成立的组织。一个单位的成员投保同一种人身保险的人数必须占大多数，而且绝对数要达到一定人数。

对于团体保险合同，保险人不对被保险人一一进行风险选择，而是对被保险人所在单位从总体上进行风险选择。根据该单位所属的行业、工业性质、被保险人的年龄结构等决定是否承保以及适用何种保险费，一般不对被保险人进行身体检查。

（四）按保险合同标的的保险划分

保险合同分为定值保险合同和不定值保险合同。这种划分只适宜财产保险合同，人身保险合同的标的是无价的。

定值保险是指保险人和被保险人在保险合同中确定保险价值，依照保险价值确定保险金额，保险人以此收取保险费和计算赔偿金额的依据。当事人订立定值保险合同的，当保险事故发生导致保险利益的损失时，保险人只需根据保险利益的实际损失情况，在保险金额内按合同载明的保险价值全额赔偿即可，不需在保险事故发生时再对保险标的价值进行评估。定值保险能够使保险人及时履行义务，减少纠纷，但它也容易使投保人故意抬高保险利益的价值，进行保险欺诈，所以其使用范围受到一定的限制。一般情况下，海洋货物运输保险大多采用定值保险合同。

不定值保险合同是指保险人与被保险人在保险合同中不确定保险标的的价值，而将保险金额作为损失赔偿的最高金额。该保险合同中仅仅对保险金额加以规定，保险赔偿以保险金额为最高限额。保险事故发生后，保险合同的当事人首先需要对保险利益的损失进行核定，然后决定赔偿保险金的数额，但保险赔偿额最高不能超过保险金额。例如房屋火灾保险合同中未约定保险价值，仅约定保险金额为 20 万元，当保险事故发生时，经评估确定房屋所有权的实际价值仅有 15 万元，即使房屋遭受全部损失，保险人仅需向被保险人支付保险金 15 万元。相反，如果房屋所有权的实际价值为 25 万元，则保险人以约定保险金额 20 万元为最高赔偿额。

# 第二节　保险合同要素

任何法律关系都包括主体、客体和内容三个不可缺少的要素，保险合同的法律关系也是由这三个要素组成的。保险合同的主体为保险合同当事人和关系人。保险合同客体为可保利益，保险合同内容为保险合同当事人和关系人的权利义务的关系。

## 一、保险合同主体

保险合同的主体是指保险合同法律关系的参加者，是保险合同得以构成的首要条件。无保险合同主体，则无保险合同。依据保险合同主体在保险合同法律关系中的地位、作用的不同，可分为保险合同当事人和保险合同关系人。保险合同的当事人是投保人和保险人。现实中大多数的保险合同是为自己的利益而订立，而有些保险合同则是为第三人利益而订立，被保险人和受益人就成为与保险合同利害关系的合同关系人。需要说明的是，保险代理人、保险经纪人、保险公证人和体检医师等，因与保险合同无直接利益关系，即不享受权利和承担义务，因而不是保险合同主体，但合同的订立和履行又离不开他们的辅助作用，故而将其称为保险合同的辅助人。

（一）保险合同当事人

（1）保险人也称承保人，是指经营保险业务，与投保人订立保险合同，收取保费，组织保险基金，并在保险事故发生或者保险合同届满后，对被保险人赔偿损失或给付保险金的保险公司。保险人具有以下特征：①保险人仅指从事保险业务的保险公司，其资格的取得只能是符合法律的严格规定；②保险人有权收取保险费；③保险人有履行承担保险责任或给付保险金的义务。

（2）投保人也称"要保人"，是指与保险人订立保险合同，并按照合同约定负有支付保险费义务的人。在人身保险合同中，投保人对被保险人必须具有保险利益；在财产保险合同中，投保人对保险标的要具有保险利益。投保人必须具备以下两个条件：①具备民事权利能力和民事行为能力；②承担支付保险费的义务。

（二）保险合同关系人

（1）被保险人。被保险人俗称"保户"，是指受保险合同保障并享有保险金请求权的人。被保险人具有以下特征：①被保险人是保险事故发生时遭受损失的人。在人身保险中，被保险人是其生命或健康由于危险事故的发生而遭受直接损失的人；在财产保险中，被保险人必须是财产的所有人或其他权利人。②被保险人是享有保险金请求权的人。③被保险人的资格一般不受限制，被保险人可以是投保人自己，也可以使投保人以外的第三人；也可以是无民事行为能力人，但是在人身保险中，只有父母才可以为无民事行为能力人投保以被保险人死亡为给付保险金条件的保险。

（2）受益人。受益人是指在人身保险合同中有被保险人或者投保人指定的享有保险金请求权的人，投保人、被保险人或者第三人都可以成为受益人。受益人具有以下特征：①受益人享有保险金请求权；②受益人由被保险人或者投保人指定；③受益人的资格一般没有资格限制，受益人无需受民事行为能力或保险利益的限制，但是若投保者为与其由劳动关系的人投保人身保险时，不得指定被保险人及其近亲属以外的人为受益人。

（三）保险合同辅助人

1. 保险代理人

保险代理人即保险人的代理人，指依保险代理合同或授权书向保险人收取报酬并在规定范围内，以保险人名义独立经营保险业务的人。保险代理是一种特殊的代理制度，表现在：

（1）保险代理人与保险人在法律上视为一人；

（2）保险代理人所知道的事情，都假定为保险人所知的；

（3）保险代理必须采用书面形式。保险代理人既可以是单位也可以是个人，但须经国家主管机关核准具有代理人资格。

2. 保险经纪人

保险经纪人是基于投保人的利益，为投保人和保险人订立合同提供中介服务，收取劳务报酬的人。

3. 保险公估人

保险公估人是指接受保险当事人委托，专门从事保险标的的评估、勘验、鉴定、估损理算等业务的单位。

## 二、保险合同客体

（一）保险合同客体的含义

保险合同的客体是指保险法律关系的客体，即保险合同当事人权利义务所指向的对象。由于保险合同保障的对象不是保险标的本身，而是被保险人对其财产或者生命、健康所享有的利益，即保险利益，所以保险利益是保险合同当事人的权利义务所指向的对象，是保险合同的客体。保险标的是保险合同所要保障的对象。

（二）保险利益的含义

保险利益，即可保利益，是指投保人对保险标的具有的法律上承认的利益。在财产保险合同中，保险利益表现为投保人或被保险人对保险标的所具有的某种经济上的利益。投保人或被保险人因保险事故发生、保险标的不安全而受到损害，或因保险事故不发生、保险标的安全而免受损害，都说明他对保险标的具有保险利益。对财产合同的保险标的具有保险利益的人，包括享有财产所有权益以及其他合法利益的人，如财产所有权人和财产使用权人。在人身保险合同中，表现为投保人对被保险人的生命和身体所具有的利害关系。

法律上确认保险利益的必备条件，主要有以下三点：

（1）必须是合法利益。保险利益必须是符合法律要求，并为法律所承认和受法律保护的利益。因此，将非法所得作为保险标的而进行投保，无论是善意还是恶意，这样的保险合同一概无效。如盗窃者以赃物投保财产险、货主以违禁品投保水渍险等，这些不法利益均不能作为财产保险的保险利益。

（2）必须是能够确定的利益。被保险人或投保人对保险标的的现有利益或因现有利益而产生的期待利益是可确定的，才可构成保险利益。如财产所有人对财产的所有权就是现有利益；对贷款利息、待销货物、尚未收获的农作物所具有的利益则为期待利益。投保人可以为其已经确定的现有利益投保，也可以为其将来可以确定的期待利益投保。但是，人身保险合同的投保人对被保险人的生命或者身体所具有的保险利益，必须是现有利益，即投保人或被保险人之间在订立保险合同时已经确定的既存的利害关系，如亲属关系等。

（3）必须具有经济上的利益。保险利益可以用货币来计算。财产保险是补偿性的保险，如果损失无法用货币来估价，保险人则无法补偿。因此，在保险实务中，财产保险的保险标的必须在保险事故发生前或发生时能够确定它的价值。之所以将珠宝、字画、文物、账簿和相册等列为非保险标的，就是因为无法确定这些财产的经济价值。人身保险是以人的身体、生命和健康为保险标的的，虽然其价值无法确定，但人的生死残伤会给其亲属带来经济上的影响，也是可以用货币来计算的。给付性的人身保险，其保险价值以投保时所确定的保险金额为准。

（三）保险标的

保险标的是一个与保险利益相类似而容易混淆的概念。保险标的是指作为保险对象的财产及其有关利益或者人的寿命和身体。可见，保险标的与保险利益是有很大区别的，但二者之间又有紧密联系。它们这种特殊的关系具体表现在以下两个方面：

（1）保险标的是保险利益的载体。保险标的是具体的，保险利益是抽象的。如投保人投保家庭财产险是为了弥补由于保险事故发生使被保险人房屋、家具等保险标的受损而遭受的利益损失，其保险利益是通过房屋、家具等具体的家庭财产体现出来的。因此，保险利益因保险标的而产生，没有具体的保险标的，保险利益将无从依附。

（2）保险标的是保险合同权利与义务直接指向的对象。在财产保险中，保险标的是进行保险估价和确定保险金额的依据，这些都必须在合同中载明。可见，保险标的是保险合同的内容之一，但它并不影响保险合同成立与否，而保险利益则是保险合同成立的要件。因此，一个保险利益可以涉及数个保险标的，但只能订立一个保险合同，而一个保险标的可以存在数个保险利益，不同利害关系的人可订立数个保险合同。如国内甲公司购进国外乙公司的货物，双方约定以 FOB（离岸价格）委托丙船运公司运输。甲以货物与运输的损失之间的利害关系投保货物运输险；乙以货物与货款回收之间有利害关系投保信用保险；丙因对货物运输负有责任而投保责任保险。

### 三、保险合同内容

保险合同既然反映了保险当事人和关系人之间的一种权利与义务关系，那么，对于保险合同关系中的任意一方来说，都必须清楚地了解保险合同的主要条款、保险合同的形式、自己的权利和义务、合同生效及无效的条件，以便充分利用保险的功能，防止法律纠纷的出现。

保险合同双方当事人就保险的权利和义务关系达成的协议内容，是通过合同条款来表现的。保险合同的条款是用以固定和表现保险权利和义务关系的法律形式。鉴于保险合同的格式化特点，这些条款都由保险人为了重复使用而在设计各个险种、险别时事先予以拟订的，供双方当事人在订立保险合同时进行协商。它主要分为法定的基本条款和自行约定的特约条款。

1. 保险合同的基本条款

投保人与保险人之间签订的保险合同的主要内容，主要包括投保人的有关保险标的的情况、保险价值与保险金额、保险风险、保险费率、保险期限违约责任与争议处理以及双方当事人的应尽义务与享受的权利。

（1）投保人的姓名与住所。明确投保人姓名与住所，是签订保险合同的前提。这里需说明几点：被保险人不是一人时，需在保险合同中一一列明，经保险人核定承保后签发保险单。保险合同中除载明投保人外，若另有被保险人或受益人，还需要加以说明；在货物运输保险中，有特别约定：货物运输保险合同有指示式和不记名两种。在指示式合同中，除记载投保人的姓名外，还有"其他指定人"字样，则可由投保人背书而转让第三人，在无记名式保险合同中，无须记明投保人的姓名，而随保险标的物的转移而同时转让第三人。

（2）保险标的。保险标的是保险合同当事人双方权利与义务所指的对象，是保险作用的对象，也是可保利益的物质形式。只有在保险合同中载明保险标的，才能够根据已确定保险的种类和保险的范围，认定投保人是否具有保险利益以及保险利益的大小，并由此决定保险金额及保险价值的多少。财产保险合同中的保险标的是被保险的财产及其有关利益；人身保险合同中的保险标的是人的身体、生命等。在保险合同中，应载明保险标的的名称、数量、坐落地点和投保时标的的具体状况等有关保险标的的详尽情况。

（3）保险风险及责任免除。保险人对投保人承担损失赔偿责任或保险金给付的风险因素，也必须在合同中一一列明。在保险合同中，保险责任条款又称"保险危险条款"，具体分为基本保险责任和特约保险责任。责任免除又称除外责任，是指保险合同的保险人不应承担的赔付责任的范围。通过对保险责任的限制性规定，可以进一步明确保险人的责任范围，避免由于保险责任和除外责任相混淆引起保险争议。

（4）保险价值与保险金额。保险价值是指投保人在投保时保险标的用货币计量的实际价值。保险价值条款是确定保险责任大小和保险金额多少的依据。由于人身保险合同标的的价值无法用金钱来衡量，因此，人身保险合同中不存在保险价值条款。保险价值的确定通常有三种方法：①由当事人双方在合同中约定。如果在保险期限内发生保险事故，保险人无须再对保险标的重新估价，可直接根据合同约定的保险标的的价值额计算赔款。②由市场价格决定。即在订立合同时不确定保险标的的价值，只约定一个保险金额作为保险人赔偿的最高额度，保险价值按事故发生后保险标的的市场价值来确定，以此计算赔偿额。③依照法律规定。某些保险由法律规定保险价值的计算标准，如我国《海商法》中就有计算船舶保险和海上运输保险价值的规定。

保险金额是指保险人对投保标的的承保金额或订入保险合同中的保险价值，是保险人计算保险费的依据和承担补偿或给付责任的最大限额。保险金额不仅限定了合同当事人权利和义务的范围，同时也为计算保险费提供了依据。因此，保险金额是双方当事人权利义务的焦点，过高或不足都会影响双方当事人享受权利和履行义务。不同的保险合同，其保险金额的确定有所不同。在财产保险合同中，保险金额的确定要以保险标的的实际价值为标准，一般要等值。如果保险金额超过保险标的实际价值（超额保险），超过部分无效。在人身保险合同中，由于人的身体和生命无法用金钱来衡量，因此，不存在保险标的的价值问题，其保险金额由合同当事人根据保险需求和保险费缴付能力协商确定并在合同中载明。

（5）保险费及支付方法。保险费简称保费，是投保人按照合同约定向保险人缴付的费用，是投保人为获得保险保障而付出的相应的经济代价。支付保险费是投保人的基本义务，也是保险合同生效的条件。所以，在保险合同中必须明确规定保险费及其支付办法。投保人缴纳保险费的多少，取决于保险金额、保险期限和保险费率等因素。保险合同当事人不仅要在合同中约定保险费的数额，而且还要明确约定交付保险费的办法和时间。投保人可以一次性交付，也可以分期分批交付。如果保险合同中没有约定保险费的交付办法和时间，则投保人应在保险合同成立时一次性交清。

（6）保险赔款或保险金的给付。保险金是指保险合同约定的保险事故发生而致使被保险人遭受损失时或保险期限届满时，保险人所应当赔偿或给付的款项。保险金的赔偿或给付是保险人履行保险合同义务，承担保险责任的基本方式，也是投保人和被保险人实现其保险保障权利的具体体现。所以，必须在保险合同中确定保险金数额的计算、支付方式和支付时间等事项。不同的保险合同种类，保险金的赔偿或给付办法有所区别。在财产保险合同中按规定的赔偿方式计算赔偿金额。人身保险合同中应按合同约定的定额给付保险金。保险金原则上应以货币形式赔偿或给付，但在财产保险的个别险种中，如汽车保险，也可采用修复、换置零部件等代替货币赔付。

（7）保险期限及责任开始时间。保险期间即保险合同的有效期限，是指保险人根据合同规定为被保险人提供保险保障的起讫期限。保险期间是保险合同当事人履行义务的重要依据，同时也是计算保险费的依据。保险期限由当事人在合同中约定，长短不一。一般采用两种计算方法：①以年、月、日计算。②以某一事件或业务过程的起止计算，如海洋货物运输保险，以一个航程起止期限计算。不同的保险合同，保险期限不同，如财产保险合同一般为 1 年，期满后可续保；人身保险合同的保险期限一般较长，有 5 年、10 年、20 年等。保险责任开始时间即保险人开始承担保险责任的时间，一般由当事人约定并在合同中载明。在保险实务中，双方通常约定以起保日的零时为保险责任开始时间，以合同期满日的 24 时为保险责任终止时间。

（8）违约责任与争议处理。违约责任是指保险合同当事人因其过错致使保险合同不能完全履行，或违反保险合同规定的义务而需承担的法律责任。规定违约责任，可以保证保险合同的顺利履行，保障合同当事人权利的实现。争议处理是保险合同履行过程中发生争议时的解决方式和途径，保险合同条款在履行过程中，由于当事人看法不同，可能会出现某些争议。如何解决这些争议，往往与合同当事人的权益紧密相关。所以，双方应在保险合同中约定解决争议的方式和程序、解决争议的机关等事项。

（9）订立合同的时间。在保险合同中必须明确订立合同的具体年、月、日，这在法律上具有重要的意义：①为判定保险利益是否存在提供时间标准。如果投保人对保险标的不具有保险利益，保险合同则无效。②为判定保险事故是否已经发生提供时间标准。如果在保险合同订立之前，保险标的已经因发生保险事故而遭受损失，则保险人不负赔偿责任。③为确定保险责任开始时间提供依据。因此，订立合同的年、月、日也是保险合同的必备条款。

2. 特约条款

保险合同条款不限于法定的基本条款，当事人可自愿协商约定履行特别义务的条款。凡是经保险合同当事人依其意愿和实际需要而拟订的合同的条款，称为特约条款。

在保险实践中，投保人与保险人就有关保险的其他事项做出约定，诸如保险金额限制条款、免赔额条款、保证条款、退保条款、危险增加条款、通知条款及索赔期限条款等。特约条款作为保险合同的条款，其内容和范围应符合订立保险合同的原则，并不得与现行的保险法及其他法律、法规相抵触，不得违背社会公共利益。尽管特约条款的内容和范围有别于基本条款，但在法律效力上二者并无不同，保险合同当事人若违反了特约条款，也会发生相应的法律后果。

### 四、保险合同形式

保险合同的形式，是保险合同双方当事人洽谈有关保险事宜及意思表示一致的书面表现形式，能够起到证明的作用。保险合同采用保险单和保险凭证的形式签订。合同订明的附件，以及当事人协商同意的有关修改合同的文书、电报和图表，也是合同的组成部分。保险合同是要式合同，但保险单仅为保险合同的书面证明，并非保险合同的成立要件。通常，保险合同由投保单、保险单（或暂保单、保险凭证）及其他有关文件和附件共同组成。其中以投保单、暂保单、保险单、保险凭证最为重要。

（一）投保单

投保单又称要保书，是投保人向保险人递交的书面要约，投保单经保险人承诺，即成为保险合同的组成部分之一。投保单一般由保险人事先按统一的格式印制而成，投保人在投保书上所应填具的事项一般包括：①投保人姓名（或单位名称）及地址；②投保的保险标的名称和存在地点；③投保险别；④保险价值或确定方法及保险金额；⑤保险期限；⑥投保日期和签名等。在保险实践中，有些险种，保险人为简化手续，方便投保，投保人可不填具投保单，只以口头形式提出要约，提供有关单据或凭证，保险人可当即签发保险单或保险凭证，这时，保险合同即告成立。投保人应按保险单的各项要求如实填写，如有不实填写，在保险单上又未加修改，则保险人可依此解除保险合同。

投保人必须如实填写投保单，否则将影响保险合同的效力。投保单上如果有记载，即使正式保险单上遗漏，也不影响保险合同的效力；如果投保人在投保单中告知不实，在保险单上又不改正，保险人可以以投保人违背合同的诚信原则为由而解除合同。投保单作为订立保险合同的书面形式的一部分，具有以下法律意义：①投保单是投保人提出的书面要约，对投保人具有约束力。②经保险人承诺，投保单即成为保险合同一部分，其真实与否直接影响保险合同效力。

（二）暂保单

暂保单是保险人在签发正式保险单之前的一种临时保险凭证。暂保单上载明了保险合同的主要内容，如被保险人姓名、保险标的、保险责任范围、保险金额、保险费率、保险责任起讫时间等。在正式的保险单作成交付之前，暂保单与保险单具有同等效力；正式保险单签发后，其内容归并于保险单，暂保单失去效力。如果保险单签发之前保险事故就已发生，暂保单所未载明的事项，应以事前由当事人商定的某一保险单的内容为准。使用暂保单的情况大致有三种：一是保险代理人或保险经纪人所发出的暂保单。保险代理人在争取到保险业务而尚未向保险人办妥保险单之前，可以签发暂保单作为保险合同的凭证。保险经纪人与保险人就保险合同的主要内容经协商已达成协议后，也可向投保人签发暂保单，但这种暂保单对保险人不发生约束力，如果因保险经纪人的过错致使被保险人遭受损害的，被保险人有权向该保险经纪人请求赔偿。二是保险公司的分支机构对某些需要总公司批准的业务，在承保后，总公司批准前而签发的暂保单。三是保险合同双方当事人在订立保险合同时，就合同的主要条款已达成协议，但有些条件尚须进一步协商；或保险人对承保危险需要进一步权衡；或正式保险单需由微机统一处理，而投保人又急需保险凭证等。在这种情况下，保险人在保险单作成交付前先签发暂保单，作为保险合同的凭证。暂保单的法律意义在于：在正式保险单签发前，为被保险人提供保障。在暂保单出立后，如遇到保险事故发生，保险人应当承担保险责任。

（三）保险单

保险单简称保单，是保险合同成立后由保险人向投保人签发的保险合同的正式书面凭证，它是保险合同的法定形式。保险单应该将保险合同的内容全部详尽列说。尽管各类保险合同因保险标的及危险事故不同，因而保险单在具体内容上以及长短繁简程度上亦有所不同，但在明确当事人权利义务方面，则是一致的。保险单并不等于保险合同，仅为合同当事人经口头或书面协商一致而订立的保险合同的正式凭证而已。只要保险合同双方当事人意思表示一致，保险合同即告成立，即使保险事故发生于保险单签发之前，保险人亦应承担保险给付的义务。如果保险双方当事人未形成合意，即使保险单已签发，保险合同也不能成立。但在保险实践中，保险单与保险合同相互通用。保险单的作成交付是完成保险合同的最后手续，保险人一经签发保险单，则先前当事人议定的事项及暂保单的内容尽归并其中，除非有诈欺或其他违法事情存在，保险合同的内容以保险单所载为准，投保人接受保险单后，推定其对保险单所载内容已完全同意。保险单除作为保险合同的证明文件外，在财产保险中，于特定形式及条件下，保险单具有类似"证券"的效用，可作成指示或无记名式，随同保险标的转让。在人身保险中，投保人还可凭保险单抵借款项。

保险单作为保险合同的正式书面凭证，它的法律意义如下：

（1）证明保险合同的成立。保险单是在保险合同成立后签发的，它不是保险合同成立的要件，但可作为保险合同成立的凭据。

（2）确认保险合同内容。我国《保险法》明文规定保险单应载明合同内容，故保险单所载明事项即为保险合同内容。

（3）是当事人双方履行保险合同的依据。保险单中载明了当事人双方的权利、义务和责任，因此，当事人双方均以保险单所载事项为履行保险合同的依据。

（4）具有有价证券的作用。在某些特定情况下，保险单具有证券作用。如在海上货物运输保险、成品质量保险等财产保险中，保险单通常为指示式或无记名式，随保险标的的转移而转移。

（四）保险凭证

保险凭证是保险合同的一种证明，实际上是简化了的保险单，所以又称之为小保单。保险凭证与保险单具有同等的法律效力。凡保险凭证中没有列明的事项，则以同种类的正式保险单所载内容为准，如果正式保险单与保险凭证的内容有抵触或保险凭证另有特订条款时，则以保险凭证为准。目前，中国在国内货物运输保险中普遍使用保险凭证，此外，汽车保险也可以使用保险凭证。在团体保险中也常有应用，一般是在主保险单之外，对参加团体保险的个人再分别签发保险凭证。保险凭证的法律意义是：既具有保险单的法律效力，又简化了单证手续。

（五）其他书面形式的保险合同

经投保人与保险人协商同意，保险合同也可采用保险单或其他保险凭证以外的书面形式，如批单、保险协议书等。批单是在保险合同有效期内变更保险合同条款时，当事人根据投保人或被保险人的要求，并经双方协商同意后，由保险人签发的，确认双方当事人所变更的保险合同内容的法律文件。一般情况下，保险人可在原保险单或保险凭证上批注，也可以由保险人另行出立一张格式性批单，附贴在保险单或保险凭证上。保险协议书是指投保人与保险人约定保险权利义务关系的书面协议。它通常是针对特定的保险事项而订立的，所以应包括合同的全部内容。

## 本章小结：

1. 保险合同是指投保人与保险人约定关于保险的权利义务关系的协议。具有以下法律特征：①保险合同是双务有偿合同。②保险合同是非要式合同。③保险合同是射幸合同。④保险合同是格式合同。⑤保险合同是最大诚信合同。

2. 保险合同的法律关系由主体、客体和内容三个要素构成。

3. 保险合同主体包括当事人和关系人，投保人和保险人是保险合同的当事人，被保险人和受益人是保险合同关系人。保险合同客体为可保利益，保险合同内容是保险合同当事人和关系人的权利义务，一般通过保险合同的条款表现出来。

4. 保险合同的形式主要表现为投保单、保险单、暂保单和保险凭证等保险单证。

5. 保险合同的成立是指投保人与保险人就保险合同条款达成协议，保险合同生效是指已经成立的保险合同在主体之间产生法律约束力，保险合同成立是保险合同生效的逻辑前提。

5. 保险合同的履行是合同当事人依照合同约定全面履行义务，从而实现权利的法律行为。

6. 保险合同的变更是指保险合同依法成立后，在没有履行或没有完全履行前，当事人依照法定的条件和程序，在协商一致的基础上，对原合同的某些条款进行修改和补充。主要包括保险合同主体的变更、内容的变更和效力的变更。

7. 保险合同的终止是指保险合同当事人之间权利义务关系归于消灭。保险合同争议是在保险合同订立后，保险合同主体就保险合同内容及履行时的具体做法产生的分歧或纠纷。其解决方式主要有协商、调解、仲裁、诉讼。

**复习思考题：**

1. 如何理解投保人、被保险人和受益人之间的关系？

2. 保险合同投保人和保险人各自履行哪些义务？若不履行保险合同义务，会产生什么法律后果？

3. 为什么许多合同不适用"成立即生效"的原则？

4. 保险合同有哪些法定条款？

5. 保险利益和保险标的有何区别和联系？

# 第六章
# 财产损失风险与保险

**学习要点：**

◇ 了解财产风险与保险的概念、种类

◇ 理解火灾保险、机动车辆保险、货物运输保险、工程保险、企业财产保险、家庭财产保险的概念和内容

◇ 掌握火灾保险、机动车辆保险、货物运输保险、工程保险、企业财产保险、家庭财产保险的承保方式及免责范围

## 第一节　财产风险与保险概述

### 一、财产风险概述

#### (一) 财产风险种类

致使财产遭受损失的风险很多，从引起财产风险的要素的角度，可以将财产风险分为自然风险、社会风险、经济风险、法律风险四类。下面将详细介绍前三类财产风险。

1. 自然风险

自然风险是指因自然因素造成财产损失的风险。自然因素主要是指由于自然力的作用而造成的灾难，包括人力不可抗拒的、突然的、偶发的和具有破坏力的自然现象，如洪水、地震、泥石流、滑坡、崩塌、地面下沉、火山、风暴潮、海啸和台风等。

2. 社会风险

社会风险是指个人或集团的社会行为导致财产损失的风险。它主要来自几个方面，一是道德风险，是指人为地、有意识地制造的风险，如纵火、偷窃、抢劫、渎职、贪污、泄密和挪用公款等。这些风险给企业造成的损失是不可预见的、很难控制的。二是政治风险，如罢工、暴乱造成财产遭受损毁。政治事件对国际工程、出境旅游的影响尤为重要，如旅游目的国发生战争、革命和政变等政治事件，造成的财产损失。三是法律风险，是指风险主体在生产生活中不符合法律规定或者外部法律事件导致风险

损失的可能性。如法律重新修订，违反合同等。

### 3. 经济风险

在市场经济中，经济风险一般含义是指在商品生产及交换过程中，由于经营管理不善、价格增减变动或消费要求变化等各种有关因素造成的，致使各经济主体的实际收益与预期收益相背离，产生超出预期经济损失或收益的可能性。简言之，经济风险是指在市场经济中，经济行为主体的预期收益与实际收益的偏差。要理解这一概念，还必须从以下三个方面来把握：

一是要明确经济风险是市场经济特有的一种普遍的经济现象。因为在原始社会、奴隶社会、封建社会，社会经济的运行机制是自给自足，生产和消费的全过程中除某些自然因素无从预测外，所有社会联系中几乎没有不确定性因素。而未来的共产主义社会是产品经济，虽有市场经济的成分，但并不占主导地位。因此，经济活动中虽存在着经济风险因素，但并不能成为一种独立的经济现象。只有在资本主义社会和社会主义初级阶段，经济运行的主导机制是市场机制，生产社会化的程度不断提高，生产、交换、消费各个环节上的不确定因素越来越多，经济风险这才成为一种不可忽视的独立的经济现象。

二是承担经济风险的各市场主体目的相同。现代市场经济中，个人、家庭、企业、政府等各类经济行为主体尽管在社会经济中的作用各不相同，承担风险的能力和方式也不一样，但它们在进行各种经济活动时，在受市场经济规律支配的同时，又都采取种种不同的经济行为来达到同一目的，即以最小的经济代价获取最大的经济利益，其经济行为的性质及风险效应相似。

三是经济风险这种经济收益上的偏差是一个预期性概念，而不是实际发生的结果。正是这种预期性，使得研究经济风险问题显得非常必要，对经济行为的预期风险性了解越全面，分析越透彻，研究越深刻，就越能最大限度地减小风险，增加收益。

### （二）财产风险导致的损失后果

一般情况下，财产遭受风险事件后，既会引起直接损失，又可能产生一些间接的损失后果。

直接损失是由风险事件直接引起的物体价值降低或损失，主要包括财产遭受破坏、损毁或者被征收而导致的损失；企业因承担法律责任被诉讼而应支付的法律费用等。

间接损失是直接损失的后果，包括遭受灾害事故后导致的后续支出及相关利益输入的减少。例如一场暴风雨摧毁了房屋，房东必须支付修理费，还需承担由此产生的更新费用或者暂住费用。

## 二、财产保险概述

### （一）财产保险的概念

财产保险是指以各种物质财产及有关利益、责任和信用为保险标的的保险。它是现代保险业的两大种类之一。对财产保险概念的界定，不同学者有着不同的阐述。一般而言，人们大多根据财产保险经营业务的范围，将其分为广义财产保险与狭义财产保险。其中：广义财产保险是指包括财产损失保险、责任保险、信用保险和保证保险等业务在内的一切非人身保险业务；而狭义财产保险则仅指财产损失保险，它强调保险标的是具体的物资财产。可见，狭义财产保险是广义财产保险中的一个重要组成部分。也有学者根据财产保险承保标的的实虚，将其分为有形财产保险和无形财产保险。其中：有形财产保险是指以各种具备实体的财产物资为保险标的的财产保险，它在内容上与狭义财产保险业务基本一致；无形财产保险则是指以各种没有实体但属于投保人或被保险人的合法利益为保险标的的保险，如责任保险、信用保险、利润损失保险等。在上述四个概念中，广义财产保险是最高层次的概念，狭义财产保险则是广义财产保险的有机组成部分，而有形财产保险和无形财产保险的相加也等于广义财产保险。国际上，通常不是将保险业划分为财产保险与人身保险，而是根据各种保险业务的性质和经营规则，将整个保险业划分为非寿险和寿险。其中，非寿险是寿险之外的一切保险业务的总称。我国《保险法》将保险业直接划分为财产保险与人身保险两大类，显然与国际流行的划分即寿险与非寿险两大类存在着差异。不过，这种差异主要表现在业务经营范围的大小方面，而不会造成对财产保险性质等方面的认识偏差。况且，我国境内的财产保险公司业务的经营范围实际上也可以包括短期性人身保险业务在内，如总部设在上海的天安保险公司，即开办了有关短期人身保险的业务。

（二）财产保险的重要性

财产保险不仅在保险标的方面与人身保险不同，而且在财产保险业务方面有其自身的特点。

1. 保险标的为各种财产物资及有关责任

财产保险业务的承保范围，覆盖着除自然人的身体与生命之外的一切风险保险业务，它不仅包含着各种差异极大的财产物资，而且包含着各种民事法律风险和商业信用风险等。大到航天工业、核电工程、海洋石油开发，小到家庭或个人财产等，无一不可以从财产保险中获得相应的风险保障。财产保险业务承保范围的广泛性，决定了财产保险的具体对象必然存在着较大的差异性，也决定了财产保险公司对业务的经营方向具有更多的选择性。与此同时，财产保险的保险标的无论归法人所有还是归自然人所有，均有客观而具体的价值标准，均可以用货币来衡量其价值，保险客户可以通过财产保险来获得充分补偿。而人身保险的保险标的仅限于自然人的身体与生命，且无法用货币来计价。保险标的形态与保险标的价值规范的差异，构成了财产保险与人身保险的分野，同时也是财产保险的重要特征。

2. 业务性质是组织经济补偿

保险人经营各种类别的财产保险业务，意味着承担起对保险客户保险利益损失的赔偿责任。尽管在具体的财产保险经营实践中，有许多保险客户因未发生保险事故或保险损失而得不到赔偿，但从理论上讲，保险人的经营是建立在补偿保险客户的保险利益损失基础之上的。因此，财产保险费率的制定，需要以投保财产或有关利益的损失率为计算依据；财产保险基金的筹集与积累，也需要以能够补偿所有保险客户的保险利益损失为前提。当保险事件发生后，财产保险讲求损失补偿原则。它强调保险人必须按照保险合同规定履行赔偿义务，同时也不允许被保险人通过保险获得额外利益，从而不仅适用权益转让原则，而且适用重复保险损失分摊和损余折抵赔款等原则。而在人身保险中，因人的身体与生命无法用货币来衡量，则只能讲被保险人依法受益，除医药费重复给付或赔偿不被允许外，并不限制被保险人获得多份合法的赔偿金，既不存在多家保险公司分摊给付保险金的问题，也不存在第三者致被保险人伤残、死亡而向第三者代位追偿的问题。财产保险的这种补偿性，正是其成为独立的新兴产业并与人身保险业务相区别的又一重要特征。

3. 经营内容具有复杂性

无论是从财产保险经营内容的整体出发，还是从某一具体的财产保险业务经营内容出发，其复杂性的特征均十分明显。它主要表现在以下四个方面：

（1）投保对象与承保标的复杂。一方面，财产保险的投保人既有法人团体，又有居民家庭和个人投保，既可能只涉及单个法人团体或单个保险客户，也可能同一保险合同涉及多个法人团体或多个保险客户。如合伙企业或者多个保险客户共同所有、占有或据有的财产等，在投保时就存在着如何处理其相互关系的问题；另一方面，财产保险的承保标的，包括从普通的财产物资到高科技产品或大型土木工程，从有实体的各种物资到无实体的法律、信用责任乃至政治、军事风险等，不同的标的往往具有不同的形态与不同的风险。而人身保险的投保对象与保险标的显然不具有这种复杂性。

（2）承保过程与承保技术复杂。在财产保险业务经营中，既须强调承保前风险检查、承保时严格核保，又须重视保险期间的防灾防损和保险事故发生后的理赔勘查等。承保过程程序多、环节多。在经营过程中，要求保险人熟悉与各种类型投保标的相关的技术知识。例如，要想获得经营责任保险业务的成功，就必须以熟悉各种民事法律、法规及相应的诉讼知识和技能为前提；再如，保险人在经营汽车保险业务时，就必须同时具备保险经营能力和汽车方面的专业知识，如果对汽车技术知识缺乏必要的了解，汽车保险的经营将陷入被动或盲目状态，该业务的经营也难以保持稳定等。

（3）风险管理复杂。在风险管理方面，财产保险主要强调对物质及有关利益的管理，保险对象的危险集中，保险人通常要采用分保或再保险的方式来进一步分散危险；而人身保险一般只强调被保险人身体健康，因每个自然人的投保金额均可以控制，保险金额相对要小得多，对保险人的业务经营及财务稳定不构成威胁，从而无需以再保险为接受业务的条件。例如，每一笔卫星保险业务都是风险高度集中，其保险金额往往以数亿元计，任何一家保险公司要想独立承保此类业务都意味着巨大的风险，一旦发生保险事故，就会给承保人造成重大的打击；再如飞机保险、船舶保险、各种工程保险、地震保险等，均需要通过再保险才能使风险在更大范围内得以分散，进而维护保险人业务经营和财务状况的稳定。与人身保险业务经营相比，财产保险公司的风险主要直接来自保险经营，即直接保险业务的风险决定着财产保险公司的财务状况。而人身保险公司的风险却更多地来自投资风险，投资的失败通常导致公司的失败。因此，财产保险公司特别强调对承保环节的风险控制，而人身保险公司则更注重对投资环节的风险控制。

（4）单个保险关系具有不等性。财产保险遵循等价交换、自愿成交的商业法则。

保险人根据大数法则与损失概率来确定各种财产保险的费率（价格），从而在理论上决定了保险人从保户那里所筹集的保险基金与所承担的风险责任是相适应的，保险人与被保险人的关系是等价关系。然而，就单个保险关系而言，保险双方却又明显地存在着交易双方在实际支付的经济价值上的不平等现象。一方面，保险人承保每一笔业务都是按确定费率标准计算并收取保险费，其收取的保险费通常是投保人投保标的实际价值的千分之几或百分之几，而一旦被保险人发生保险损失，保险人往往要付出高于保险费若干倍的保险赔款，在这种情形下，保险人付出的代价巨大，而被保险人恰恰收益巨大；另一方面，在所有承保业务中，发生保险事故或保险损失的保户毕竟只有少数甚至于极少数，对多数保户而言，保险人即使收取了保险费，也不存在经济赔偿的问题，交易双方同样是不等的。可见，保险人在经营每一笔财产保险业务时，收取的保险费与支付的保险赔款事实上并非是等价的。而在人寿保险中，被保险人的收益总是与其投保人的交费联系在一起，绝大多数保险关系是一种相互对应的经济关系。正是这种单个保险关系在经济价值支付上的不等性，构成了财产保险总量关系等价性的现实基础和前提条件。财产保险关系的建立，即是保险人与保险客户经过相互协商、相互选择并对上述经济价值不等关系认同的结果。

## 第二节　火灾保险

### 一、火灾保险的概念和特点

火灾保险简称"火险"，是指以存放在固定场所共处于相对静止状态的财产物资为保险标的的一种财产保险。作为财产保险中最常见的一种业务来源，火灾保险的产生要晚于海上保险，早于工业保险与汽车保险等。需要指出的是，火灾保险只是历史遗留下来的一种险别名称，它在产生之初，因只承保陆上财产的火灾危险而得名，但后来却发展到了承保各种自然灾害与意外事故，因此，就保险责任而言，火灾保险早已超出了当初火灾保险的范围。不过，保险界仍然保留着对此类业务的传统叫法。

火灾保险是一种传统的、独立的保险业务，其独立存在并发展至今的事实，即是该业务具有不同于其他保险业务的特点，并无法用其他保险险种来替代的具体体现。

根据火灾保险的实践，可以总结出火灾保险的如下特征：

（1）火灾保险的保险标的，是陆上处于相对静止状态条件下的各种财产物资，动态条件下或处于运输中的财产物资，不能作为火灾保险的投保标的投保。

（2）火灾保险承保财产的存放地址是固定的，被保险人不得随意变动。如果被保险人随意变动被保险财产的存放地址或处所，将直接损害保险合同的效力。

（3）火灾保险危险相当广泛，不仅包括各种自然灾害与多种意外事故，还可以附加有关责任保险或信用保险，企业还可以投保附加利润损失保险，或附加盗窃危险保险等。可见，火灾保险的承保危险通过与附加险的组合，实际上可以覆盖绝大部分可保危险。

## 二、火灾保险的适用范围

从保险业务来源角度看，火灾保险是适用范围最广泛的一种保险业务，各种企业、团体及机关单位均可以投保团体火灾保险；所有的城乡居民家庭和个人均可投保家庭财产保险。

就保险标的范围而言，火灾保险的可保财产包括：房屋及其他建筑物和附属装修设备；各种机器设备，工具、仪器及生产用具；管理用具及低值易耗品、原材料、半成品、在产品、产成品或库存商品和特种储备商品；各种生活消费资料等。对于某些市场价格变化大、保险金额难以确定、风险较特别的财产物资，如古物、艺术品等，则需要经过特别约定的程序才能承保。

## 三、火灾保险的组成

火灾保险分主险和附加险两大块。

### （一）火灾保险的主险

主险的责任范围包括任何一个投保人都必须面对的雷电、失火等引起的火灾以及延烧或因施救、抢救而造成的财产损失或支付的合理费用。投保人投保火灾险时根据本身财产的危险程度，缴纳相应的保费。火灾保险费一般相当于相应危险程度传统财产保费的 60%~70%。

### （二）火灾保险的附加险

投保火灾保险主险以后，可根据本身财产面临的客观危险，自由选择投保附加险。火灾保险共设八个附加险：

（1）水灾险。承保由于暴雨、洪水、消防装置失灵、水管爆裂造成的财产损失。

（2）风灾险。承保 8 级以上的风，如台风、飓风、龙卷风等造成的财产损失。

（3）爆炸险。承保因核子以外的爆炸事故造成的财产损失。

（4）碰撞险。承保因飞机、飞机部件或飞行物体的坠落以及外来机动车辆、轮船碰撞所致的财产损失。

（5）地震、地陷、火山爆发险。承保地震、地陷、火山爆发造成的财产损失。

（6）岸崩、冰凌、泥石流险。承保岸崩、冰凌、泥石流造成的财产损失。

（7）外来恶意行为险。承保非被保险人及其雇员的抢劫、盗窃攻击、打砸暴力等行为造成的财产损失。

（8）罢工、暴动、民众骚乱险。承保因罢工、集合游行以及治安当局为防止上述行为而采取的行动所造成的财产损失。

每个附加险的保费相当于传统财产险保费的 5%~20%，投保人可根据实际情况，选择适当的附加险，既可避免不必要的经济支出，又可获得充分的经济保障。

## 四、火灾保险的主要险种

### （一）财产保险基本险

财产保险基本险，是以企事业单位、机关团体等的财产物资为保险标的，由保险人承担被保险人财产所面临的基本风险责任的财产保险，它是团体火灾保险的主要险种之一。

根据我国财产保险基本险条款，该险种承担的保险责任包括：①火灾；②雷击；③爆炸；④飞行物体和空中运行物体的坠落；⑤被保险人拥有财产所有权的自用的供电、供水、供气设备因保险事故遭受破坏，引起停电、停水、停气以及造成保险标的的直接损失，保险人亦予以负责；⑥必要且合理的施救费用。

（二）财产保险综合险

财产保险综合险也是团体火灾保险业务的主要险种之一，它在适用范围、保险对象、保险金额的确定和保险赔偿处理等内容上，与财产保险基本险相同，不同的只是保险责任较财产保险基本险有扩展。

根据财产保险综合险条款规定，保险人承保该种业务时所承担的责任包括：①火灾、爆炸、雷击；②暴雨；③洪水；④台风；⑤暴风；⑥龙卷风；⑦雪灾；⑧雹灾；⑨冰凌；⑩泥石流；⑪崖崩；⑫突发性滑坡；⑬地面突然塌陷；⑭飞行物体及其他空中运行物体坠落。

（三）团体火灾保险

团体火灾保险，是以企业及其他法人团体为保险对象的火灾保险。它是火灾保险的主要业务来源。在国外，通常直接用火灾保险的名称。在国内的各种保险学书籍中，通常用以往的企业财产保险来取代火灾保险的名称。然而，企业财产保险从理论上似乎不能包括非企业法人的财产保险在内，加之企业财产保险这一险种在我国已经成为历史，而被财产保险基本险、财产保险综合险所替代，因此，本书采用团体火灾保险的名称。在团体火灾保险经营实践中，工商企业构成了主要的保险客户群体。凡是领有工商营业执照、有健全的会计账册、财务独立核算的各类企业都可以投保企业财产保险，其他法人团体（如党政机关、工会、共青团、妇联、科研机构、学校、医院、图书馆、博物馆、电影院、剧场以及文化艺术团体等）亦可投保团体火灾保险。至于个体工商户，包括小商小贩、夫妻店、货郎担、家庭手工业等个体经营户，不属于团体火灾保险范畴，他们只能以家庭财产的投保人身份投保。因此，团体火灾保险强调的是保险客户的法人资格。

（四）家庭财产保险

家庭财产保险是面向城乡居民家庭或个人的火灾保险。家财险的特点在于投保人是以家庭或个人为单位，业务分散，额小量大，风险结构以火灾、盗窃等风险为主。主要险种：普通家庭财产保险、家庭财产两全保险、房屋及室内财产保险、安居类综合保险、投资保障型家庭财产保险、专项家庭财产保险。

**五、团体火灾保险的基本内容**

（一）可保标的与不保标的

团体火灾保险的保险标的是各种财产物资，但也并非一切财产物资均可以成为团体火灾保险的保险标的。保险人的承保范围可以通过划分可保财产、特约可保财产和不保财产来加以体现。

1. 可保财产

凡是为被保险人自有或与他人共有而由被保险人负责的财产、由被保险人经营管理或替他人保管的财产以及具有其他法律上承认的与被保险人有经济利害关系的财产，而且是坐落、存放于保险单所载明地址的下列家庭财产，都属可保财产：①房屋及其附属设备（含租赁）和室内装修材料，包括正在使用、未使用或出租、承租的房屋以及房屋以外的各种建筑物，如船坞、车库等。②机器及设备，包括各种机床、电炉、铸造机械、传导设备以及其他各种工作机器、设备等。③工具、仪器及生产用具，如切削工具，模压工具，检验、实验和测量用仪器及达到固定资产标准的包装容器等。④管理用具及低值易耗品，即办公、计量、消防用具及其他经营管理用的器具设备，工具、玻璃器皿以及在生产过程中使用的包装容器等不能作为固定资产的各种低值易耗品。⑤原材料、半成品、在产品、产成品或库存商品、特种储备商品，如各种原料、材料、备品备件、物料用品、副产品、残次商品、样品、展品、包装物等。⑥账外及已摊销的财产，如简易仓棚、边角、不入账的自制设备、无偿转移的财产、账上已摊销而尚在使用的"低值易耗品"等。此外，建造中的房屋、建筑物和建筑材料等也属于团体火灾保险的可保财产。

2. 特约可保财产

特约可保财产是指必须经过保险双方的特别约定，并在保险单上载明才能成为保险标的的财产。这种特别约定包含两层含义：一是取消保险单中对该特约可保财产的除外不保；二是将该项目纳入可保财产范围。团体火灾保险中的特约可保财产包括：①市场价格变化大、保险金额难以确定的财产，如金银、珠宝、玉器、首饰、古玩、邮票、艺术品等。②价值高、风险较特别的财产，如堤堰、水闸、铁路、道路、桥梁、码头等，这些财产虽不易遭受火灾并导致损失，但有洪水、地震等风险却往往造成巨额损失。③风险大，需要提高费率的财产，如矿井、矿坑内的设备和物资等。

3. 不保财产

不保财产是保险人不予承保或不能在火灾保险项下承保的财产。它包括如下几项：①土地、矿藏、森林、水产资源等。②货币、有价证券、票证、文件、账册、技术资料、图表等难以鉴定其价值的财产。③违章建筑、非法占有的财产，以及正处于紧急状态的财产。④未经收割的农作物及家禽、家畜及其他家养动物。

（二）保险金额的确定

法人团体投保标的的保险金额，一般都以账面为基础确定，但因财产种类不同，其计算方式也有所不同。在实务中按固定资产与流动资产分别确定。

1. 固定资产的保险金额

固定资产是法人单位尤其是企业生产经营的物质基础，也是团体火灾保险中的主要内容。团体火灾保险中保险金额的确定，可采取如下三种不同方式进行确定：①按账面原值投保，即固定资产的账面原值就是该固定资产的保险金额。②按重置重建价值投保，即按照投保时重新购建同样的财产所需支出确定保险金额。③按投保时实际价值协议投保，即根据投保时投保标的所具有的实际价值由保险双方协商确定保险金额。保险客户可以任意选择上面一种方式确定保险金额。

2. 流动资产的保险金额

一般而言，法人团体的流动资产通常分为物化流动资产与货币形态的流动资产。前者表现为原材料、在产品、半成品、产成品及库存商品等；后者表现为现金、银行存款等，保险人通常只负责物化流动资产的保险，对非物化流动资产是不承担保险责任的。因此，在承保时还需要区分流动资产的结构与形态。然而，法人团体的流动资产在结构与形态方面是处于经常变动之中的，任何一个时点上的物化流动资产均不一定等于出险时的物化流动资产。对此，保险人通常确定两种保险金额确定方式，则被保险人选择：①被保险人物化流动资产最近 12 个月的平均账面余额投保。②被保险人物化流动资产最近账面余额投保。对于已经摊销或未列入账面的财产，可以由被保险人与保险人协商按实际价值投保，以此实际价值作为保险金额。

3. 保险费率的厘定

团体火灾保险的费率，主要根据不同保险财产的种类、占用性质，按危险性的大小、损失率的高低和经营费用等因素制定。我国现行的团体火灾保险费率采用的是分类级差费率制，具体包括工业险费率、仓储险费率、普通险费率三大类。

4. 保险责任范围的确定

在团体火灾保险经营实务中，不同险种的保险责任范围是不同的，如财产保险综合险承担的责任较宽，财产保险基本险承担的保险责任范围较窄。概括起来，团体火灾保险的可保责任仍可分为如下五大类。

（1）列明的自然灾害。如雷击、暴风、龙卷风、暴雨、洪水、地陷、崖崩、突发性滑坡、雪灾、冰凌、泥石流等。

（2）列明的意外事故。如火灾、爆炸、空中运行物体坠落等。

（3）特别损失承担的责任。如被保险人自有的供电、供水、供气设备因前述列明的保险责任遭受损害，引起停电、停水、停气以致造成保险标的的直接损失等。保险人在承担该项责任时，要求必须同时具备下列三个条件：①必须是被保险人同时拥有全部或部分所有权和使用权的供电、供水、供气设备，包括企业自有设备和与其他单位共有的设备，这些设备包括发电机、变压器、配电间、水塔、管道线路等供应设施。②这种损失仅限于保险单列明的保险责任范围内的意外危险和自然灾害所造成的，由规定的保险责任以外的危险、灾害或其他原因引起的"三停"事故对于保险标的的造成的损失，保险人不承担赔偿责任。③这种损失的对象必须是需要通过供电、供水和供气设备的正常运转，才能保证财产正常存在的保险标的，如熔炼、冷凝、发酵、烘烤、蒸发等需要通过"三供"设备进行操作的保险标的。

（4）在发生保险事故时，为抢救财产或防止灾害蔓延，采取合理的、必要的措施而造成保险标的的损失。保险人在承担该项责任时，通常要求必须是在保险单列明的保险责任发生时，为了抢救保险标的或防止灾害的蔓延而造成的保险标的的损失，对于在抢救保险标的或防止灾害的蔓延时造成非保险标的的损失，则不予赔偿。

（5）在发生保险事故时，为了减少保险标的的损失，被保险人对于保险标的的采取施救、保护、整理措施而支出的合理费用。保险人在承担该项责任时，只对保险标的的施救费用负责，如果施救的财产中包括了非保险标的，或者保险标的与非保险标的无法分清时，保险人可以按照被施救的保险标的占全部被施救的实际的比例承担施救费用。

5. 赔偿计算方法

团体火灾保险的赔偿采取分项计赔、比例赔偿的办法，即按照保险财产的不同种类及其投保时确定保险金额的方法不同而所采取的赔偿计算方式也不同。

（1）固定资产的赔偿计算方法。如果发生保险责任范围内的损失属于全部损失，无论被保险人以何种方式投保，都按保险金额予以赔偿。但倘若受损财产的保险金额高于重置重建价值时，其赔偿金额以不超过重置价值为限。如果固定资产的损失是部分损失，其赔偿方式为：如果受损保险财产的保险金额相当于或高于重置价值，按实际损失计算赔偿金额；如果受损财产的保险金额低于重置价值，应根据保险金额按财产损失程度或修复费用占重置价值的比例计算赔偿金额。

（2）流动资产的赔偿计算方法。流动资产的赔偿计算方法有如下两种：①按最近12个月账面平均余额投保的财产发生全部损失，按出险当时的账面余额计算赔偿金额；发生部分损失，按实际损失计算赔偿金额。②按最近账面余额投保的财产发生全部损失，按保险金额赔偿，如果受损财产的实际损失金额低于保险金额，以不超过实际损失为限；发生部分损失，在保险金额额度内按实际损失计算赔偿金额，如果受损财产的保险金额低于出险当时的账面余额时，应当按比例赔偿。对已经摊销或不列入账面财产投保的财产损失，其赔偿计算方法为：若全部损失按保险金额赔偿，受损财产的保险金额高于实际价值时，其赔偿金额以不超过实际损失金额为限；如若部分损失，则按实际损失计算赔偿金额，但以不超过保险金额为限。

## 第三节　机动车辆保险

### 一、机动车辆保险概述

#### （一）机动车辆保险的概念

机动车辆保险是以机动车辆本身及其第三者责任等为保险标的的一种运输工具保险。其保险客户主要是拥有各种机动交通工具的法人团体和个人。其保险标的主要是各种类型的汽车，但也包括电车、电瓶车等专用车辆及摩托车等。机动车辆是指汽车、电车、电瓶车、摩托车、拖拉机、各种专用机械车、特种车。2012 年 3 月份，中国保监会先后发布了《关于加强机动车辆商业保险条款费率管理的通知》和《机动车辆商业保险示范条款》，推动了车辆保险的改革。

机动车辆保险的主要特点：机动车辆保险属于不定值保险；机动车辆保险的赔偿方式主要是修复；机动车辆保险赔偿中采用绝对免赔方式；机动车辆保险采用无赔款优待方式；机动车辆保险中的第三者责任保险一般采用强制保险的方式。

## （二）机动车辆保险的分类

按照保险标的分类，可以分为车辆损失保险和车辆责任保险两个大类。车辆损失保险除主险车辆损失险外，还包括全车盗抢险、玻璃单独破碎、自然损失险、新增设备损失险、车辆停驶损失险六个附加险种。车辆责任险除主险第三者责任险外，还包括车上责任险、车载货物掉落责任险、无过失责任险等附加险种。

按照实施的形式可以分为自愿保险和强制保险。自愿保险是指投保人和保险人在自愿、平等、互利的基础上，经协商一致而订立的机动车辆保险合同。强制保险是依据国家的法律规定发生效力或者必须投保的保险。强制保险基于法律的特别规定而开办，是针对机动车辆第三者责任的基本保障，投保人有投保的义务，保险人有接受投保的义务。

按照机动车辆的常见类型可以分为汽车保险、摩托车保险和拖拉机保险等。

按照保险期限可以分为一年期保险和短期保险。我国机动车辆保险一般都是一年期的保险，但是为适应特殊需求也可以开办短期保险，执行相应的短期费率或条款，提车险就是短期保险。

按照承保条件可以分为基本险和附加险。未投基本险，不得投保相应的附加险；基本险的保险责任终止时，相应的附加险的保险责任同时终止；附加条款解释与基本险条款解释相抵触时，以附加条款解释为准；未尽之处，以基本险条款解释为准。机动车辆保险基本险一般分为车辆损失险和第三者责任险。其中，车辆损失险是指保险车辆遭受保险责任范围内的自然灾害或意外事故，造成保险车辆本身损失，保险人依照保险合同的规定给予赔偿；第三者责任险是指保险车辆因意外事故，致使他人遭受人身伤亡或财产的直接损失，保险人依照保险合同的规定给予赔偿。

## 二、车辆损失基本险

### （一）车辆损失险

在机动车辆保险中，车辆损失保险与第三者责任保险构成了其主干险种，并在若干附加险的配合下，共同为保险客户提供多方面的危险保障服务。

**1. 保险标的**

车辆损失险的保险标的是各种机动车辆的车身及其零部件、设备等。当保险车辆遭受保险责任范围的自然灾害或意外事故，造成保险车辆本身损失时，保险人应当依照保险合同的规定给予赔偿。

**2. 保险责任**

车辆损失保险的保险责任，包括碰撞责任、倾覆责任与非碰撞责任。其中碰撞是指被保险车辆与外界物体的意外接触，如车辆与车辆、车辆与建筑物、车辆与电线杆或树木、车辆与行人、车辆与动物等碰撞，均属于碰撞责任范围之列；倾覆责任指保险车辆由于自然灾害或意外事故，造成本车翻倒，车体触地，使其失去正常状态和行驶能力，不经施救不能恢复行驶。非碰撞责任，则可以分为以下几类：

（1）保险单上列明的各种自然灾害，如洪水、暴风、雷击、泥石流、地震等。

（2）保险单上列明的各种意外事故，如火灾、爆炸、空中运行物体的坠落等。

（3）其他意外事故，如倾覆、冰陷、载运被保险车辆的渡船发生意外等。

机动车辆损失险的责任免除包括风险免除（损失原因的免除）和损失免除（保险人不赔偿的损失）。风险免除主要包括：地震、战争、军事冲突、恐怖活动、暴乱、扣押、罚没、政府征用；竞赛、测试，在营业性维修场所修理、养护期间；利用保险车辆从事违法活动；驾驶人员饮酒、吸食或注射毒品、被药品麻醉后使用保险车辆；驾驶人员无驾驶证或驾驶车辆与驾驶证准驾车型不相符；非被保险人直接允许的驾驶人员使用保险车辆；保险车辆不具备有效行驶证件。

损失免除主要包括自然磨损、锈蚀、故障，市场价格变动造成的贬值等。需要指出的是，机动车辆保险的保险责任范围由保险合同规定，且并非是一成不变的，如我国以往均将失窃列为基本责任，后来却将其列为附加责任，即被保险人若不加保便不可能得到该项危险的保障。

3. 保险金额详细算法

（1）按投保时被保险机动车的新车购置价确定。投保时的新车购置价根据投保时保险合同签订的同类型新车的市场销售价格（含车辆购置税）确定，并在保险单中载明，无同类型新车市场销售价格的，由投保人与保险人协商确定。

（2）按投保时被保险机动车的实际价值确定。投保时被保险机动车的实际价值根据投保时的新车购置价减去折旧金额后的价格确定。被保险机动车的折旧按月计算，不足一个月的部分，不计折旧。例如9座以下客车月折旧率为0.6%，10座以上客车月折旧率为0.9%，最高折旧金额不超过投保时被保险机动车新车购置价的80%。

折旧金额＝投保时的新车购置价×被保险机动车已使用月数×月折旧率

（3）在投保时被保险机动车的新车购置价内协商确定。此外，车损险是费率浮动的险种，车主在续保时保险公司会根据出险和理赔的情况进行动态的调整。比如某保险公司设定了12个车险费率调整等级，等级最高的为十二等级，其保险费将调整为200%；等级最低的为一等级，其保险费将调整为50%。

4. 保险金额或赔偿限额的调整

被保险人调整保险金额或赔偿限额必须履行批改手续。在保险合同有效期内，被保险人要求调整保险金额或赔偿限额，应向保险人书面申请办理批改。在保险人签发批单后，申请调整的保险金额或赔偿限额才有效。对于车辆损失险，调整的原因一般有：车辆增添或减少设备；车辆经修复后有明显增值；车辆改变用途；车辆牌价上涨或下跌幅度较大。

（二）第三者责任保险

机动车辆第三者责任险，是承保被保险人或其允许的合格驾驶人员在使用被保险车辆时、因发生意外事故而导致的第三者的损害索赔危险的一种保险。由于第三者责任保险的主要目的在于维护公众的安全与利益，因此，在实践中通常作为法定保险并强制实施。

机动车辆第三者责任保险的保险责任，即是被保险人或其允许的合格驾驶员在使用被保险车辆过程中发生意外事故而致使第三者人身或财产受到直接损毁时，被保险人依法应当支付的赔偿金额。此保险的责任核定，应当注意两点：

（1）直接损毁，实际上是指现场财产损失和人身伤害，各种间接损失不在保险人负责的范围内。

（2）被保险人依法应当支付的赔偿金额，保险人依照保险合同的规定进行补偿。

这两个概念是不同的，即被保险人的补偿金额并不一定等于保险人的赔偿金额，因为保险人的赔偿必须扣除除外不保的责任或除外不保的损失。例如，被保险人所有或代管的财产，私有车辆的被保险人及其家庭成员以及他们所有或代管的财产，本车的驾驶人员及本车上的一切人员和财产在交通事故中的损失，不在第三者责任保险负责赔偿之列；被保险人的故意行为，驾驶员酒后或无有效驾驶证开车等行为导致的第三者责任损失，保险人也不负责赔偿。

第三者责任险的每次事故最高赔偿限额应根据不同车辆种类选择确定：①对摩托车、拖拉机第三者责任险的赔偿限额分为 4 个档次：2 万元、5 万元、10 万元、20 万元。但因不同区域其选择原则是不同的，与《机动车辆保险费率规章》有关摩托车定额保单销售区域的划分相一致。②对摩托车、拖拉机以外的机动车辆第三者责任险的赔偿限额分为 6 个档次：5 万元、10 万元、20 万元、50 万元、100 万元、100 万元以上 1000 万元以内。③挂车投保后与主车视为一体。发生保险事故时，挂车引起的赔偿责任视同主车引起的赔偿责任。保险人对挂车赔偿责任与主车赔偿责任所负赔偿金额之和，以主车赔偿限额为限。投保人和保险人在投保时可以根据不同车辆的类型自行协商选择确定第三者责任险按每次事故最高赔偿限额。

（三）基本险的责任免除

下列原因造成保险车辆的损失或第三者的赔偿责任，保险人均不负责赔偿。①战争、军事冲突、暴乱、扣押、罚没、政府征用。②非被保险人或非被保险人允许的驾驶员使用保险车辆。③被保险人或其允许的合格驾驶员的故意行为。④竞赛、测试、在营业性修理场所修理期间。⑤车辆所载货物掉落、泄漏。⑥机动车辆拖带车辆（含挂车）或其他拖带物，二者当中至少有一个未投保第三者责任险。⑦驾驶员饮酒、吸毒、被药物麻醉。⑧保险车辆肇事逃逸。⑨驾驶员有下列情形之一者：没有驾驶证，驾驶与驾驶证准驾车型不相符合的车辆，持军队或武警部队驾驶证驾驶地方车辆，持地方驾驶证驾驶军队或武警部队车辆，持学习驾驶证学习驾车时无教练员随车指导，或不按指定时间、路线学习驾车，实习期驾驶大型客车、电车、起重车和带挂车的汽车时，无正式驾驶员并坐监督指导，实习期驾驶执行任务的警车、消防车、工程救险车、救护车和载运危险品的车辆，持学习驾驶证及实习期在高速公路上驾车，驾驶员持审验不合格的驾驶证，或未经公安交通管理部门同意，持未审验的驾驶证驾车，使用各种专用机械车、特种车的人员无国家有关部门核发的有效操作证，公安交通管理部门规定的其他属于无有效驾驶证的情况。⑩保险事故发生前，未按书面约定履行缴纳保险费义务。除本保险合同另有书面约定外，发生保险事故时保险车辆没有公安交通管理部门核发的行驶证和号牌，或未按规定检验或检验不合格。

下列损失和费用，保险人也不负责赔偿。①保险车辆发生意外事故，致使被保险人或第三者停业、停驶、停电、停水、停气、停产、中断通信以及其他各种间接损失。②因保险事故引起的任何有关精神损害赔偿。③因污染引起的任何补偿和赔偿。④直接或间接由于计算机 2000 年问题引起的损失。⑤保险车辆全车被盗窃、被抢劫、被抢夺，以及在此期间受到损坏或车上零部件、附属设备丢失，以及第三者人员伤亡或财产损失。⑥其他不属于保险责任范围内的损失和费用。

### 三、机动车辆保险的附加险

机动车辆的附加险是机动车辆保险的重要组成部分。从中国现行的机动车辆保险条款看，主要有附加盗窃险、附加自燃损失险、附加涉水行驶损失险、附加新增加设备损失险、附加不计免赔特约险、附加驾驶员意外伤害险、附加指定专修险等，保险客户可根据自己的需要选择加保。

（一）全车盗抢险的保险责任

它包括：①保险车辆（含投保的挂车）全车被盗窃、被抢劫、被抢夺，经县级以上公安刑侦部门立案证实，满 3 个月未查明下落。②保险车辆全车被盗窃、被抢劫、被抢夺后受到损坏或车上零部件、附属设备丢失需要修复的合理费用。

（二）车上责任险的保险责任

它包括：投保了该保险的机动车辆在使用过程中，发生意外事故，致使保险车辆上所载货物遭受直接损毁和车上人员的人身伤亡，依法应由被保险人承担的经济赔偿责任，以及被保险人为减少损失而支付的必要合理的施救、保护费用，保险人在保险单所载明的该保险赔偿限额内计算赔偿。该保险为机动车辆第三者责任险的附加险。

（三）无过失责任险的保险责任

它包括：投保了本附加险的机动车辆在使用过程中，因与非机动车辆、行人发生交通事故，造成对方人员伤亡和财产直接损毁，保险车辆一方无过失，且被保险人拒绝赔偿未果。对被保险人已经支付给对方而无法追回的费用，保险人按《道路交通事故处理办法》和出险当地的道路交通事故处理规定标准在保险单所载明的本保险赔偿限额内计算赔偿。

（四）车载货物掉落责任险的保险责任

它包括：投保了本保险的机动车辆在使用过程中，所载货物从车上掉下致使第三者遭受人身伤亡或财产的直接损毁，依法应由被保险人承担的经济赔偿责任，保险人在保险单所载明的赔偿限额内计算赔偿。

（五）玻璃单独破碎险的保险责任

它包括：投保了本保险的机动车辆在使用过程中，发生本车玻璃单独破碎，保险人按实际损失计算赔偿。投保人在与保险人协商的基础上，自愿按进口风挡玻璃或国产风挡玻璃选择投保，保险人根据其选择承担相应保险责任。

（六）车辆停驶损失险的保险责任

它包括：投保了本保险的机动车辆在使用过程中，因发生基本险第一条所列的保险事故，造成车身损毁，致使车辆停驶，保险人按以下规定承担赔偿责任：①部分损失的，保险人在双方约定的修复时间内按保险单约定的日赔偿金额乘以从送修之日起至修复竣工之日止的实际天数计算赔偿。②全车损毁的，按保险单约定的赔偿限额计算赔偿。③在保险期限内，上述赔款累计计算，最高以保险单约定的赔偿天数为限。

（七）自燃损失险的保险责任

它包括：投保了本保险的机动车辆在使用过程中，因本车电器、线路、供油系统发生故障及运载货物自身原因起火燃烧，造成保险车辆的损失，以及被保险人在发生本保险事故时，为减少保险车辆损失所支出的必要合理的施救费用，保险人在保险单该项目所载明的保险金额内，按保险车辆的实际损失计算赔偿；发生全部损失的按出险时保险车辆实际价值在保险单该项目所载明的保险金额内计算赔偿。

（八）新增加设备损失险的保险责任

它包括：投保了本保险的机动车辆在使用过程中，发生基本险第一条所列的保险事故，造成车上新增加设备的直接损毁，保险人在保险单该项目所载明的保险金额内，按实际损失计算赔偿。

（九）不计免赔特约险的保险责任

它包括：只有在同时投保了车辆损失险和第三者责任险的基础上方可投保本附加险。当车辆损失险和第三者责任险中任一险别的保险责任终止时，本附加险的保险责任同时终止。

## 四、机动车辆保险的赔偿处理

（一）理赔流程

得到出险通知、登记立案、查抄单底、现场查勘、确定责任、协商定损、计算赔款、缮制赔款计算书、复核审批、分理单据、结案登记、案卷归档。其赔款金额经保险合同双方确认后，保险人在10天内一次性赔偿结案。

（二）免赔的规定

我国机动车辆保险条款规定了机动车辆保险每次保险事故的赔款计算应按责任免赔比例的原则。根据保险车辆驾驶员在事故中所负责任，车辆损失险和第三者责任险在符合赔偿规定的金额内实行绝对免赔率：负全部责任的免赔20%；负主要责任的免赔15%，负同等责任的免赔10%；负次要责任的免赔5%；单方肇事事故的绝对免赔率为20%。

（三）理赔计算

车辆肇事后，经现场查勘或事后了解情况，并由被保险人提供保险单、事故证明、事故责任认定书、事故调解书、判决书、损失清单和有关费用单据，经审核无误后，业务经办人员应按车辆损失险、施救费、第三者责任险分别计算赔款金额。保险人依据保险车辆驾驶员在事故中所负责任比例，相应承担赔偿责任。

保险车辆因保险事故受损或致使第三者财产损坏，应当尽量修复。修理前被保险人须会同保险人检验，确定修理项目、方式和费用，否则，保险人有权重新核定或拒绝赔偿。在机动车辆保险合同有效期内，保险车辆发生保险事故而遭受的损失或费用支出，保险人按以下规定赔偿。

1. 车辆损失险赔偿计算

（1）全部损失。全部损失是指保险标的整体损毁或保险标的受损严重，失去修复价值，或保险车辆的修复费用达到或超过出险当时的实际价值，保险人推定全损。全部损失时按保险金额计算赔偿，但保险金额高于实际价值时，以不超过出险当时的实际价值计算赔偿。当足额或不足额保险时，保险车辆发生全部损失后，如果保险金额等于或低于出险当时的实际价值，则按保险金额计算赔偿。当超额保险时，保险车辆发生全部损失后，如果保险金额高于出险当时的实际价值，按出险当时的实际价值计算赔偿。出险当时的实际价值可按以下方式确定：按出险时的同类型车辆市场新车购置价减去该车已使用年限折旧金额后的价值合理确定；按照出险当时同类车型、相似使用时间、相似使用状况的车辆在市场上的交易价格确定。折旧按每满 1 年扣除 1 年计算，不足 1 年的部分，不计折旧。折旧率按国家有关规定执行，但最高折旧金额不超过新车购置价的80%。如果加保了盗抢险，车辆被窃 3 个月后无法寻回，应按全损赔付，已寻回原车而车主因车损坏而要求赔偿，则以修复方式赔偿；如果车主不肯领回原车，则按全损赔偿，原车归保险公司处理。

（2）部分损失。部分损失是指保险车辆受损后未达到"整体损毁"或"推定全损"程度的局部损失。其赔款计算的基本方法有以下三种：

第一，保险车辆的保险金额是按投保时新车购置价确定的，无论保险金额是否低于出险当时的新车购置价，发生部分损失均按照实际修复费用赔偿。

第二，保险车辆的保险金额低于投保时的新车购置价，发生部分损失按照保险金额与投保时的新车购置价比例计算赔偿修复费用。

保险车辆损失最高赔款金额及施救费分别以保险金额为限。保险车辆按全部损失计算赔偿或部分损失一次赔款加免赔金额之和达到保险金额时，车辆损失险的保险责任即行终止。但保险车辆在保险期限内，不论发生一次或多次保险责任范围内的部分损失或费用支出，只要每次赔款加免赔金额之和未达到保险金额，其保险责任仍然有效。

第三，施救费仅限于对保险车辆的必要、合理的施救支出。如果施救财产中含有保险车辆以外的财产，则应按保险车辆的实际价值占施救总财产的实际价值的比例分摊施救费用。

2. 第三者责任保险的赔偿

保险车辆发生第三者责任事故时，按我国《道路交通事故处理办法》（1991 年 9 月 22 日）中赔偿范围、项目和标准以及保险合同的规定，在保险单载明的赔偿限额内核定赔偿数额。对被保险人自行承诺或支付的赔偿金额，保险人有权重新核定或拒绝赔偿。其基本原则如下：

（1）保险车辆发生第三者责任事故时，应当按《道路交通事故处理办法》规定的赔偿范围、项目和标准以及保险合同的规定处理。

（2）根据保险单载明的赔偿限额核定赔偿数额，当被保险人按事故责任比例应支付的赔偿金额超过赔偿限额时：赔款=赔偿限额×（1-免赔率）；当被保险人按事故责任比例应支付的赔偿金额低于赔偿限额时：赔款=应负赔偿金额×（1-免赔率）。

（3）自行承诺或支付的赔偿金额不符合《道路交通事故处理办法》和有关法律、法规等规定，且事先未征得保险人同意，被保险人擅自同意承担或支付的赔款，保险人拒赔。机动车辆保险采用一次性赔偿结案的原则，保险人对第三者责任险保险事故赔偿结案后，对受害人追加被保险人的任何赔偿费用不再负责。第三者责任险的保险责任为连续责任。保险车辆发生第三者责任保险事故，保险人赔偿后，每次事故无论赔款是否达到保险赔偿限额，在保险期限内，第三者责任险的保险责任仍然有效，直至保险期满。保险车辆、第三者的财产遭受损失后的残余部分，可协商作价折归被保险人，并在赔款中扣除。

3. 代位求偿

由于第三方的过失造成保险事故，则经被保险人要求，保险人先予赔偿后，取得向第三方追偿的权利。

### 五、购买汽车保险的六大原则

原则一：优先购买足额的第三者责任保险。

所有的汽车保险险种第三者最为重要。毕竟，汽车毁了可以不开车，但是，他人的赔偿是免除不了的，购买汽车保险时应该将保持赔偿他人损失的能力放在第一位。否则，唯一可做的就是在事故出现后，先把房子卖掉，或者离婚保全财产，你愿意吗？上述钻空子的前提是对方没有对你的资产申请财产保全。所以，为了避免类似麻烦，还是把第三者险保足额。

原则二：第三者险的保险金额要参考所在地的赔偿标准。

全国各个地方的赔偿标准是不一样的，据汽车保险赔偿的最高标准计算，如果死亡1人，深圳地区最高赔偿可达到150万元，北京地区最高可能也要80万元。举例来说：如果2008年交通事故负全部责任，死亡一人，死者30岁，北京城市户口，赔偿计算如下，估计需要60万元。

死亡赔偿金约40万元。（计算方法：死亡赔偿金按照受诉法院所在地上一年度城镇居民人均可支配收入或者农村居民人均纯收入标准，按20年计算。2007年北京城市居民人均年可支配收入达到19 978元；农村居民人均纯收入8620元。死亡补偿金为19 978×20≈400 000元）

如果有小孩1岁，抚养费支付到18岁。

如果有需要赡养的老人，需要支付赡养费。

上述三项加起来可能超过60万元。如果是北京车主，建议看看自己的老保险单，如果是保险金额不足的，建议至少投保20万元以上，有条件的投保50万元，不要去节省第三者责任保险的钱。有的保险公司在投保超过50万元，还拒绝保险。从这个角度看，就应该知道第三者责任险的要害了。

原则三：买足车上人员险后，再购买车损险。

开车的人是你，建议如果没有其他意外保险和医疗保险的车主，给自己上个10万元的司机险，作为医疗费用，算是对家人负责。乘客险，如果乘客乘坐几率多，可以投保金额多些，5万~10万元/座，算是对家人和乘客负责。如果乘客乘坐几率少，每座保1万元就比较经济。

原则四：购买车损险后再买其他险种。

交通事故往往伴随汽车损坏，这里不用多说了。

原则五：购买三者险、司机乘客座位责任险、车损险的免赔险。

多花一点钱，就让保险公司赔偿的时候不扣这扣那。

原则六：其他险种（盗抢险、玻璃、自燃、划痕险）结合自己的需求购买。

比如盗抢险、玻璃、自燃、划痕险等其他险种，在汽车风险中，相对于上述1~5的风险，不会对家庭幸福和财务导致严重的影响。因此，建议根据需求来购买。

## 第四节　货物运输保险

### 一、货物运输保险概述

（一）货物运输保险的含义

货物运输保险是以运输途中的货物作为保险标的，保险人对由自然灾害和意外事故造成的货物损失负责赔偿责任的保险。在我国，进出口货物运输最常用的保险条款是C. I. C. 保险条款（中国保险条款），该条款是由中国人民保险公司制定，中国人民银行及中国保险监督委员会审批颁布。C. I. C. 保险条款按运输方式来分，有海洋、陆上、航空和邮包运输保险条款四大类；对某些特殊商品，还配备有海运冷藏货物、陆运冷藏货物、海运散装桐油及活牲畜、家禽的海陆空运输保险条款，以上八种条款，投保人可按需选择投保。

（二）货物运输保险的特点

被保险人的多变性。承保的运输货物在运送保险期限内可能会经过多次转卖，因此最终保险合同保障受益人不是保险单注明的被保险人，而是保单持有人。

保险利益的转移性。保险标的转移时，保险利益也随之转移。

保险标的的流动性。货物运输保险所承保的标的，通常是具有商品性质的动产。

承保风险的广泛性。货物运输保险承保的风险，包括海上、陆上和空中风险，自然灾害和意外事故风险，动态和静态风险等。

承保价值的定值性。承保货物在各个不同地点可能出现的价格有差异，因此货物的保险金额可由保险双方按约定的保险价值来确定。

保险合同的可转让性。货物运输保险的保险合同通常随着保险标的、保险利益的转移而转移，无须通知保险人，也无须征得保险人的同意。保险单可以用背书或其他习惯方式加以转让。

保险利益的特殊性。货物运输的特殊性决定在货运险通常采用"不论灭失与否条款"，即投保人事先不知情，也没有任何隐瞒，即使在保险合同订立之前或订立之时，保险标的已经灭失，事后发现承保风险造成保险标的灭失，保险人也同样给予赔偿。

合同解除的严格性。货物运输保险属于航次保险，我国《保险法》《海商法》规定，货物运输保险从保险责任开始后，合同当事人不得解除合同。

## 二、货物运输保险的主要内容

（一）平安险

保险人主要负责下列保险事故造成保险货物的损失、责任和费用：

因恶劣气候、雷电、海啸、地震、洪水自然灾害造成整批货物的全部损失；

由于运输工具遭受搁浅、触礁、沉没、互撞、与流冰或其他物体碰撞、失火、爆炸意外事故造成货物的损失；

在运输工具遭受意外事故的情况下，货物在此前后又在海上遭受自然灾害所造成的损失；

在装卸、转运时由于一件或数件整件货物落海造成的损失；

被保险人对遭受承保责任范围内危险的货物采取抢救、防止或减少货损的措施而支付的合理费用；

运输工具遭遇海难后，在避难港由于卸货所引起的损失以及在中途港、避难港由于卸货、存仓以及运送货物所产生的特别费用；

共同海损的牺牲、分摊和救助费用；

运输契约订有"船舶互撞责任"条款，根据该条款规定应由货方偿还船方的损失。

（二）水渍险

除包括上列平安险各项责任外，还负责被保险货物因自然灾害所造成的部分损失。

（三）一切险

除包括上列平安险、水渍险的各项责任外，还负责被保险货物在运输途中由于外来原因所致损失。

## 三、货物运输险涉及的损失

海上货物运输的损失又称海损，指货物在海运过程中由于海上风险而造成的损失，海损也包括与海运相连的陆运和内河运输过程中的货物损失。海上损失按损失的程度可以分成全部损失和部分损失。

（一）全部损失

全部损失又称全损，指被保险货物的全部遭受损失，有实际全损和推定全损之分。实际全损是指货物全部灭失或全部变质而不再有任何商业价值。推定全损是指货物遭受风险后受损，尽管未达实际全损的程度，但实际全损已不可避免，或者为避免实际全损所支付的费用和继续将货物运抵目的地的费用之和超过了保险价值。推定全损需经保险人核查后认定。

（二）部分损失

不属于实际全损和推定全损的损失，为部分损失。按照造成损失的原因可分为共同海损和单独海损。

在海洋运输途中，船舶、货物或其他财产遭遇共同危险，为了解除共同危险，有意采取合理的救难措施所直接造成的特殊牺牲和支付的特殊费用，称为共同海损。在船舶发生共同海损后，凡属共同海损范围内的牺牲和费用，均可通过共同海损理算，由有关获救受益方（船方、货方和运费收入方）根据获救价值按比例分摊，然后再向各自的保险人索赔。共同海损分摊涉及的因素比较复杂，一般均由专门的海损理算机构进行理算

不具有共同海损性质未达到全损程度的损失，称为单独海损。该损失仅涉及船舶或货物所有人单方面的利益损失。

按照货物险保险条例，不论担保何种货运险险种，由于海上风险而造成的全部损失和共同海损均属保险人的承保范围。对于推定全损的情况，由于货物并未全部灭失，被保险人可以选择按全损或按部分损失索赔。倘若按全损处理，则被保险人应向保险人提交"委付通知"。把残余标的物的所有权交付保险人，经保险人接受后，可按全损得到赔偿。

海上风险还会造成费用支出，主要有施救费用和救助费用。所谓施救费用，是指被保险货物在遭受承保责任范围内的灾害事故时，被保险人或其代理人或保险单受让人，为了避免或减少损失，采取各种措施而支出的合理费用。所谓救助费用，是指保险人或被保险人以外的第三者采取了有效的救助措施之后，由被救方付给的报酬。保险人对上述费用都负责赔偿，但以总和不超过货物险保险金额为限。

**四、货物运输险的免责及终止**

（一）货物运输保险的免责及条件

（1）被保险人的故意行为或过失所造成的损失；

（2）属于发货人责任所引起的损失；

（3）在保险责任开始前，被保险货物已存在的品质不良或数量短差所造成的损失；

（4）被保险货物的自然损耗、本质缺陷、特性以及市价跌落、运输延迟所引起的损失或费用。

（二）货物运输保险的终止

1. 对出口货运险

下述两个条件以先满足为准。

条件一：自被保险货物运离保险单所载明的起运地仓库或储存处所开始运输时生效，直至该货物到达保险单所载明的目的地收货人的最后仓库或储存处所时终止。

条件二：被保险货物在最后卸载港全部卸离海轮后满60天。

2. 对进口货运险

根据国际保险惯例，保险责任自被保险货物运上运输工具（越过船舷）起开始生效，直至该货物到达保险单所载明的目的地收货人的最后仓库或储存处所时终止（散装货物一般以到达保单载明的目的港仓库或储存场地时终止）。

### 五、国际货物运输险程序

在国际货物买卖过程中，由哪一方负责办理投保海洋运输保险，应根据买卖双方商订的价格条件来确定。例如按 F.O.B.（船上交货）条件和 C.F.R.（成本加运费）条件成交，保险即应由买方办理国际运输保险；如按 C.I.F.（成本加保险费加运费）条件成交，就应由卖方办理国际运输保险。办理国际贸易运输保险的一般程序是：

（一）确定投保国际运输保险的金额

投保金额是诸保险费的依据，又是货物发生损失后计算赔偿的依据。按照国际惯例，投保金额应按发票上的 C.I.F. 的预期利润计算。但是，各国市场情况不尽相同，对进出口贸易的管理办法也各有差异。向中国平安保险公司办理进出口货物运输保险，有两种办法：一种是逐笔投保；另一种是按签订预约保险总合同办理。

（二）填写国际运输保险投保单

保险单是投保人向保险人提出投保的书面申请，其主要内容括被保险人的姓名、被保险货物的品名、标记、数量及包装、保险金额、运输工具名称、开航日期及起讫地点、投保险别、投保日期及签章等。

（三）支付保险费，取得保险单

保险费按投保险别的保险费率计算。保险费率是根据不同的险别、不同的商品、不同的运输方式、不同的目的地，并参照国际上的费率水平而制订的。它分为"一般货物费率"和"指明货物加费费率"两种。前者是一般商品的费率，后者系指特别列明的货物（如某些易碎、易损商品）在一般费率的基础上另行加收的费率。交付保险费后，投保人即可取得保险单。保险单实际上已构成保险人与被保险人之间的保险契约，是保险人与被保险人的承保证明。在发生保险范围内的损失或灭失时，投保人可凭保险单要求赔偿。

（四）提出索赔手续

当被保险的货物发生属于保险责任范围内的损失时，投保人可以向保险人提出赔偿要求。按 [INCOTERNS 1990] E 组、F 组、C 组包含的 8 种价格条件成交的合同，一般应由买方办理索赔。按 [INCOTERNS 1990] D 组包含的 5 种价格条件成交的合同，则视情况由买方或卖方办理索赔。

## 第五节 工程保险

### 一、工程保险概述

（一）工程保险的含义

工程保险是指对进行中的建筑工程项目、安装工程项目及工程运行中的机器设备等面临的风险提供经济保障的一种保险。工程保险在性质上属于综合保险，既有财产风险的保障，又有责任风险的保障。传统的工程保险仅指建筑、安装工程以及船舶工程项目的保险。进入 20 世纪以后，许多科技工程活动迅速地发展，又逐渐形成了科技工程保险。

工程保险起源于 19 世纪的英国，是随工业革命应运而生的，在第二次世界大战结束后的欧洲大规模重建中得以迅速发展。工程保险体系与制度的建立和发展，减少了工程风险的不确定性，保障工程项目的财务稳定性，并通过保险公司的介入提供专业风险管理服务而消除一直困扰工程建设的工程质量、工期保证、支付信用等诸多问题，对规范和约束建筑市场主体行为，自觉维护建筑市场秩序，按市场经济规律、规则办事均起到了不可替代的作用。20 世纪 80 年代初在利用世界银行贷款和"三资"建设项目中，工程保险作为工程建设项目管理的国际惯例之一被引入中国，工程保险在中国得以认同和发展。

工程保险作为一个相对独立的险种起源于 19 世纪初，第一张工程保险保险单是 1929 年在英国签发的承保泰晤士河上的拉姆贝斯大桥建筑工程的。

所以，工程保险的历史相对于财产保险中的火灾保险来讲要短得多，可以说是财产保险家族中的新成员。但是，由于工程保险针对的是具有规模宏大、技术复杂、造价昂贵和风险期限较长特点的现代工程，其风险从根本上有别于普通财产保险标的的风险。所以，工程保险是在传统财产保险的基础上有针对性地设计风险保障方案，并逐步发展形成自己独立的体系。

（二）工程保险的特点

工程保险虽然承保了火灾保险和责任保险的部分风险，但与传统的财产保险相比较，与普通财产保险相比，工程保险的特点在于：

工程保险承保的风险是一种综合性风险，表现为风险承担者的综合性、保险项目的综合性和风险范围的综合性。

风险承担者的综合性。在工程保险中，由于同一个工程项目涉及多个具有经济利害关系的人，如工程所有人、工程承包人、各种技术顾问及其他有关利益方（如贷款银行等），均对该工程项目承担不同程度的风险，所以，凡对于工程保险标的具有保险利益者，均具备对该工程项目进行投保的投保人资格，并且均能成为该工程保险中的被保险人，受保险合同及交叉责任条款的规范和制约。

保险项目的综合性。在建筑工程保险中，通常包含着安装项目，如房屋建筑中的供电、供水设备安装等，而在安装工程保险中一般又包含着建筑工程项目，如安装大型机器设备就需要进行土木建筑（如打好座基等）；在船舶建造保险中，本身就是建筑、安装工程的高度融合。因此，这类业务虽有险种差异，相互独立，但内容多有交叉，经营上也有相通性。

风险范围的综合性。工程保险的许多险种对除条款列明的责任免除外，保险人对保险期间工程项目因一切突然和不可预料的外来原因所造成的财产损失、费用，均予赔偿；现代工程项目集中了先进的工艺、精密的设计和科学的施工方法，使工程造价猛增，造成工程项目本身就是高价值、高技术的集合体，使风险越来越集中，从而使工程保险承保承担巨额风险。

工程保险承保的风险是一种高科技风险。现代工程项目的技术含量很高，专业性极强，而且可能涉及多种专业学科或尖端科学技术，如兴建核电站、大规模的水利工程和现代化工厂等。因此，从承保的角度分析，工程保险对于保险的承保技术、承保手段和承保能力较之其他财产保险提出了更高的要求。

（三）工程保险的保险金额及赔偿限额

工程保险与普通财产保险不同的另一个特点是：财产保险的保险金额在保险期限内是相对固定不变的。但是，工程保险的保险金额在保险期限内是随着工程建设的进度不断增长的。所以，在保险期限内的不同时点，保险金额是不同的。

（四）工程保险的保险期限及赔偿处理

普通财产保险的保险期限是相对固定的，通常是1年。而工程保险的保险期限一般是根据工期确定的，往往是几年，甚至十几年。与普通财产保险不同的是，工程保险保险期限的起止点也不是确定的具体日期，而是根据保险单的规定和工程的具体情况确定的。为此，工程保险采用的是工期费率，而不是年度费率。

## 二、工程保险的责任范围

工程保险的责任范围由两部分组成，第一部分主要是针对工程项下的物质损失部分，包括工程标的有形财产的损失和相关费用的损失；第二部分主要是针对被保险人在施工过程中因可能产生的第三者责任而承担经济赔偿责任导致的损失。

（一）关于责任范围的限定

首先，工程保险的物质损失部分属于财产保险的一种，它主要是针对被保险财产的直接物质损坏或灭失。通常对因此产生的各种费用和其他损失不承担赔偿责任。

造成损失的原因是除外责任以外的任何自然灾害和意外事故，"除外责任以外"的措辞使其成为"一切险"保单，尽管措辞是"任何自然灾害和意外事故"，但在之后的"定义"对自然灾害和意外事故的概念又做了限定。

关于"在本保险期限内"，工程保险的保险期限的确定不同于其他财产保险，普通财产保险的保险期限是在保单上列明的具体日期，一般是一个确定的时间点。工程保险尽管在保单上也有一个列明的保险期限，但保险人实际承担保险责任的起止点往往要根据保险工程的具体情况确定，是一个事先难以确定的时间点。如工程项目所用的尚未进入工地范围内的材料、工程项目中已交付的部分项目发生保险责任范围内的损失，尽管发生损失的时间是在保单列明的保险期限内，但保险人对上述损失不承担赔偿责任。

关于"在列明的工地范围内"，工程保险对于保险标的的地理位置限定于工地范围内，即被保险财产只有在工地范围内发生保险责任范围内的损失，保险人才负责赔偿。若在工地范围之外发生保险责任范围内的损失，保险人不承担赔偿责任。被保险人若因施工的需要，必须将被保险财产存放在施工工地以外的地方时，应在确定保险方案时就予以考虑。解决的办法有两种：一是如果这种工地外存放的地点相对集中、固定，可以在保单明细表上的"工程地址"栏进行说明和明确；二是如果这种工地外存放的地点相对分散，且投保时尚无法确定，可以采用扩展"工地外储存"条款，对这类风险进行扩展承保。

责任范围除了对承保的风险进行"定性"的限制外，同时对保险人承担赔偿责任进行"定量"的限制。在进行定量限制中采用的是分项限制和总限制相结合。分项限制主要是三类：一是保险单明细表的对应分项限额，如场地清理费用；二是特别条款中明确的赔偿限额；三是批单中规定的赔偿限额。总限额是对整个保险单的赔偿限额进行总体的限制，即在任何情况下保险人承担赔偿责任的最高数额。

（二）关于风险事件的定义

风险事件是指造成生命和财产损失的偶发事件，是造成损失的直接原因或外在原因，是损失的媒介物，即风险只有通过风险事件的发生，才能导致损失。

工程保险中的风险事件主要是指自然灾害或意外事故。

为了明确责任范围，工程保险的保单中采用了"定义"的形式对关键性的名词进行了明确的界定。

1. 自然灾害的定义

自然灾害：指地震、海啸、雷电、飓风、台风、龙卷风、风暴、暴雨、洪水、水灾、冻灾、冰雹、地崩、山崩、雪崩、火山爆发、地面下陷下沉及其他人力不可抗拒的破坏力强大的自然现象。

从上述定义可以看出工程保险对于"自然灾害"的概念性定义是"人力不可抗拒的破坏力强大的自然现象"，凡是符合这一条件的均为"自然灾害"。同时，为了明确起见，保单罗列了常见的自然灾害现象。但由于这些自然灾害现象的程度可能存在巨大的不同，可能造成损失的情况也有很大的差异，所以，在保险实践中往往需要对这些现象做进一步的规定和明确，以免发生争议。一般是通过国家的保险监管机关，如中国保险监督管理委员会或以前的中国人民银行颁发的具有法律效力的条款解释来实现的。

2. 意外事故的定义

意外事故指不可预料的以及被保险人无法控制并造成物质损失或人身伤亡的突发性事件，包括火灾和爆炸。

从上述定义可以看出工程保险对于"意外事故"的概念性定义是"不可预料的以及被保险人无法控制并造成物质损失或人身伤亡的突发性事件"，凡是符合这一条件的均为"意外事故"。定义的关键词为："不可预料""无法控制"和"突发性"。工程保险将火灾和爆炸归入"意外事故"。

### 三、工程保险的主要险种

工程保险的主要险种包括建筑工程保险、安装工程保险、科技工程保险。

（一）建筑工程保险

1. 建筑工程保险的主要内容

略。

2. 建筑工程保险的适用范围

建筑工程保险承保的是各类建筑工程，即适用于各种民用、工业用和公共事业用的建筑工程，如房屋、道路、桥梁、港口、机场、水坝、道路、娱乐场所、管道以及各种市政工程项目等，均可以投保建筑工程保险。

建筑工程保险的被保险人大致包括以下几个方面：

一是工程所有人，即建筑工程的最后所有者；

二是工程承包人，即负责建筑工程项目施工的单位，它又可以分为主承包人和分承包人；

三是技术顾问，即由工程所有人聘请的建筑师、设计师、工程师和其他专业技术顾问等。

当存在多个被保险人时，一般由一方出面投保，并负责支付保险费，申报保险期间的风险变化情况，提出原始索赔等。在实务中，由于建筑工程的承包方式不同，所以其投保人也就各异。主要有以下四种情况：

（1）全部承包方式。所有人将工程全部承包给某一施工单位，该施工单位作为承包人（或主承包人）负责设计、供料、施工等全部工程环节，最后以钥匙交货方式将完工的建筑物交给所有人。在此方式中，由于承包人承担了工程的主要风险责任，故而一般由承包人作为投保人。

（2）部分承包方式。所有人负责设计并提供部分建筑材料，施工单位负责施工并提供部分建筑材料，双方各承担部分风险责任，此时可由双方协商，推举一方为投保人，并在合同中写明。

（3）分段承包方式。所有人将一项工程分成几个阶段或几部分分别向外发包，承包人之间是相互独立的，没有契约关系。此时，为避免分别投保造成的时间差和责任差，应由所有人出面投保建筑工程险。

（4）施工单位只提供服务的承包方式。所有人负责设计、供料和工程技术指导；施工单位只提供劳务，进行施工，不承担工程的风险责任。此时应由工程所有人投保。由于建筑工程保险的被保险人有时不止一个，而且每个被保险人各有其本身的权益和责任需要向保险人投保，为避免有关各方相互之间的追偿责任，大部分建筑工程保险单附加交叉责任条款，其基本内容就是：各个被保险人之间发生的相互责任事故造成的损失，均可由保险人负责赔偿，无须根据各自的责任相互进行追偿。

3. 保险标的和保险金额

建筑工程保险的保险标的范围广泛，既有物质财产部分，也有第三者责任部分。为方便确定保险金额，在建筑工程保险单明细表中列出的保险项目通常包括如下几个部分：

（1）物质损失部分。建筑工程险的物质损失可以分为以下七项：

一是建筑工程。它包括永久性和临时性工程及工地上的物料。

二是工程所有人提供的物料和项目。这是指未包括在上述建筑工程合同金额中的所有人提供的物料及负责建筑的项目。该项保险金额应按这一部分的重置价值确定。

三是安装工程项目。这是指未包括在承包工程合同金额内的机器设备安装工程项目，如办公大楼内发电取暖、空调等机器设备的安装工程。这些设备安装工程已包括在承包工程合同内，则无须另行投保，但应在保单中说明。该项目的保险金额按重置价值计算，应不超过整个工程项目保险金额的 20%。若超过 20%，则按安装工程保险费率计收保费；超过 50%的，则应单独投保安装工程保险。

四是建筑用机器、装置及设备。这是指施工用的各种机器设备，如起重机、打桩机、铲车、推土机、钻机、供电供水设备、水泥搅拌机、脚手架、传动装置、临时铁路等机器设备。该类财产一般为承包人所有，不包括在建筑工程合同价格之内，因而应作为专项承保。其保险金额按重置价值确定，即重置同原来相同或相近的机器设备的价格，包括出厂价、运费、保险费、关税、安装费及其他必要的费用。

五是工地内现成的建筑物。这是指不在承保工程范围内的，归所有人或承包人所有的或其保管的工地内已有的建筑物或财产。

六是场地清理费。这是指发生保险责任范围内的风险所致损失后为清理工地现场所支付的费用。

七是所有人或承包人在工地上的其他财产。这是指不能包括在以上六项范围内的其他可保财产。如需投保，应列明名称或附清单于保单上。其保险金额可参照以上六项项目标准由保险双方协商确定。

以上七项之和，构成建筑工程险物质损失项目的总保险金额。

（2）特种风险赔偿。特种风险是指保单明细表中列明的地震、海啸、洪水、暴雨和风暴。特种风险赔偿则是对保单中列明的上述特种风险造成的各项物质损失的赔偿。为控制巨额损失，保险人对保单中列明的特种风险必须规定赔偿限额。凡保单中列明的特种风险造成的物质损失，无论发生一次或多次保险事故，其赔款均不得超过该限额。其具体限额主要根据工地的自然地理条件、以往发生该类损失记录、工程期限的长短以及工程本身的抗灾能力等因素来确定。

（3）第三者责任。建筑工程险的第三者责任，是指被保险人在工程保险期内因意外事故造成工地及工地附近的第三者人身伤亡或财产损失依法应负的赔偿责任。第三者责任采用赔偿限额，赔偿限额由保险双方当事人根据工程责任风险的大小商定，并在保险单内列明。

4. 建筑工程保险的保险责任范围

（1）保险责任。建筑工程保险的保险责任可以分为物质部分的保险责任和第三者责任两大部分。其中物质部分的保险责任主要有保险单上列明的各种自然灾害和意外事故，具体有自然灾害、意外事故、人为灾害三大类：

第一类：列明的自然灾害。自然灾害是指地震、海啸、雷电、飓风、台风、龙卷风、风暴、暴雨、洪水、水灾、冻灾、冰雹、地崩、山崩、雪崩、火山爆发、地面下沉下陷及其他人力不可抗拒的破坏力强大的自然现象。建筑工程保险所承保的自然灾害有洪水、潮水、水灾、地震、海啸、暴雨、风暴、雪崩、地陷、山崩、冻灾、冰雹及其他自然灾害（如泥石流、龙卷风、台风等）。

第二类：列明的意外事故。建筑工程保险承保的意外事故有：雷电、火灾、爆炸、飞机坠毁、飞机部件或物体坠落，原材料缺陷或工艺不善所引起的事故，责任免除以外的其他不可预料的和突然的事故以及在发生保险责任范围的事故后，现场的必要清除费用，在保险金额内，保险人可予赔偿。原材料缺陷是指所用的建筑材料未达到既定标准，在一定程度上属于制造商或供货商的责任。其中原材料缺陷或工艺不善所引起的损失是指由于原材料缺陷或工艺不善造成的其他保险财产的损失，对原材料本身损失不予赔偿。

第三类：人为风险。建筑工程保险承保的人为风险有盗窃、工人或技术人员缺乏经验、疏忽、过失、恶意行为。其中，工人、技术人员恶意行为造成的损失必须是非被保险人或其代表授意、纵容或默许的，否则，便是被保险人的故意行为，不予赔偿。

建筑工程第三者责任险的保险责任包括：在保险期间因建筑工地发生意外事故造成工地及邻近地区的第三者人身伤亡和财产损失，且依法应由被保险人承担的赔偿责任，以及事先经保险人书面同意的被保险人因此而支付的诉讼费用和其他费用，但不包括任何罚款。其中，建筑工程第三者责任险的第三者是除所有被保险人及其与工程有关的雇员以外的自然人和法人。赔偿责任不得超过保险单中规定的每次事故赔偿限额或保单有效期内累计赔偿限额。若一项工程中有两个以上被保险人，为避免被保险人之间相互追究第三者责任，则由被保险人申请，经保险人同意，可加保交叉责任条款。该条款规定，除所有被保险人的雇员及可在工程保险单中承保的物质标的外，保险人对保险单所载每一个被保险人均视为单独承保的被保险人，对他们的相互责任而引起的索赔，保险人均视为第三者责任赔偿，不得向负有赔偿责任的被保险人追偿。

（2）责任免除。物质损失部分的一般责任免除。主要包括下列七项：①错误设计引起的损失、费用或责任。建筑工程的设计通常是由被保险人自己或其委托的设计师进行的，因此，设计错误引起的损失、费用等被视为被保险人的责任，故保险人不予负责。同时设计师的责任可通过相应的职业责任险提供保障。②换置、修理或矫正标的本身原材料的缺陷或工艺不善所支付的费用。③非外力引起的机械或电器装置的损坏或建筑用机器、设备装置失灵。④全部停工或部分停工引起的损失、费用或责任。⑤保单中规定应由被保险人自行负担的免赔额。⑥领有公共运输用执照的车辆、船舶、飞机的损失。⑦建筑工程保险的第三者责任险条款规定的责任范围和责任免除。由于保险标的不同，其遭受的风险各异，因而对一些特殊的保险标的除上述责任免除外，保险人还有必要规定特别责任免除，以限制其责任。常用的物质部分特别责任免除条款主要有隧道工程特别责任免除条款和大坝水库工程特别责任免除条款。

第三者责任险的责任免除。它包括下列五项：①明细表中列明的应由被保险人自行承担的第三者物质损失的免赔额，但对第三者人身伤亡不规定免赔额。②领有公共运输用执照的车辆、船舶、飞机造成的事故。③被保险人或其他承包人在现场从事有关工作的职工的人身伤亡和疾病；被保险人及其他承包人或他们的职工所有或由其照管、控制的财产损失。因为这些人均不属于建筑工程保险中的第三者范围。④由于震动、移动或减弱支撑而造成的其他财产、土地、房屋的损失或由于上述原因造成的人身伤亡或财产损失。但若被保险人对该类责任有特别要求，则可作为特约责任加保。⑤被保险人根据与他人的协议支付的赔偿或其他款项。

5. 建筑工程保险的费率

（1）厘定建筑工程险费率的依据。主要根据以下因素确定：保险责任范围的大小；工程本身的危险程度；承包人及其他工程关系方的资信、经营管理水平及经验等条件；

保险人本身以往承保同类工程的损失记录；工程免赔额的高低及第三者责任和特种风险的赔偿限额。

（2）建筑工程险费率的组成。建筑工程险的费率一般由以下几个方面组成：①建筑工程所有人提供的物料及项目、安装工程项目、场地清理费、工地内已有的建筑物、所有人或承包人在工地的其他财产等，为一个总的费率，整个工期实行一次性费率。②建筑用机器、装置及设备为单独的年度费率，如保期不足一年，按短期费率计收保费。③保证期费率，实行整个保证期的一次性费率。④各种附加保险增收费率，实行整个工期一次性费率。⑤第三者责任险，实行整个工期一次性费率。对于一般性的工程项目，为方便起见，在费率构成考虑了以上因素的情况下，可以只规定整个工期的平均一次性费率。但在任何情况下，建筑用施工机器装置及设备必须单独以年费率为基础开价承保，不得与总的平均一次性费率混在一起。

6. 建工险的保险期限与保证期

（1）保险责任的开始时间。建筑工程保险的保险期限开始有两种情况，自工程破土动工之日或自被保险项目原材料等卸至工地时起，两者以先发生者为准。动工日包括打地基在内，若经被保险人要求也可从打完地基开始，但应在保单中注明。

（2）保险责任的终止时间。保险责任的终止有以下几种情况，以先发生者为准：保单规定的终止日期；工程所有人对部分或全部工作签发完工验收证书或验收合格时；所有人开始使用时，若部分使用，则该部分责任终止。

（3）保证期。工程完毕后，一般还有一个保证期，在保证期间如发现工程质量有缺陷甚至造成损失，根据承包合同承包人须负赔偿责任，这是保证期责任。保证期责任加保与否，由投保人自行决定，但加保则要加交相应的保费。

（4）保险期限的扩展时间。在保单规定的保险期限内，若工程不能按期完工，则由投保人提出申请并加缴规定保费后，保险人可签发批单，以延长保险期限。其保费按原费率以日计收，也可根据当地情况或风险大小增收适当的百分比。

7. 建筑工程保险承保与理赔

（1）建筑工程保险承保。对建筑工程保险的承保，关键是要进行承保前的风险调查、现场查勘、划分危险单位、确定赔偿限额和免赔额。

（2）建筑工程保险的理赔。建筑工程保险的理赔基本程序包括：出险通知、现场查勘、责任审核、核定损失、损余处理、计算赔款、赔付结案。即被保险人在发生保险责任范围内的事故后，应及时通知保险人；保险人应尽快赶到事故现场予以查勘定损，根据事故发生的时间、地点及原因来审核是否属于保险人应承担的保险责任；如果属于保险事故的损失，则应按保险单赔付。对各承保项目的损失，按发生损失的账面金额或实际损失赔付；对于第三者责任事故造成他人的财产损失和人身伤亡，分别按保险单规定的赔偿限额予以赔付；对于施救、保护、清理费用，应与保险项目和第三者责任保险分别计算，且以保险项目发生损失当天的账面金额为限。同时，保险人支付赔款时要扣除有关财产物质的残值。

与一般财产保险不同的是，建筑工程保险采用的是工期保险单，即保险责任的起讫通常以建筑工程的开工到竣工为期。保险人承担的赔偿责任则根据受损项目分项处理，并适用于各项目的保险金额或赔偿限额。如保险损失为第三者引起，适用于权益转让原则，保险人可依法行使代位追偿权。

（二）安装工程保险

1. 安装工程保险的特点

安装工程保险简称安工险，与建筑工程险同属综合性的工程保险业务，但与建筑工程险又有区别。

以安装项目为主要承保对象的工程保险，安装项目为主体的工程项目为承保对象。虽然大型机器设备的安装需要进行一定范围及一定程度的土木建筑，但安装工程保险承保的安装项目始终在投保工程建设中占主体地位，其价值不仅大大超过与之配套的建筑工程，而且建筑工程的本身亦仅仅是为安装工程服务的。

安装工程在试车、考核和保证阶段风险最大。在建筑工程保险中，保险风险责任一般贯穿于施工过程中的每一环节。而在安装工程保险中，机器设备只要未正式运转，许多风险就不易发生。虽然风险事件的发生与整个安装过程有关，但只有到安装完毕后的试车、考核和保证阶段，各种问题及施工中的缺陷才会充分暴露出来。

保险风险主要是人为风险。各种机器设备本身是技术产物，承包人对其进行安装和试车更是专业技术性很强的工作，在安装工程施工过程中，机器设备本身的质量如何，安装者的技术状况、责任心，安装中的电、水、气供应以及施工设备、施工方式方法等均是导致风险发生的主要因素。因此，安装工程保险虽然也承保着多项自然风险，但人为风险却是该险种中的主要风险。

2. 安装工程保险的适用范围

安装工程保险的承保项目，主要是指安装的机器设备及其安装费，凡属安装工程合同内要安装的机器、设备、装置、物料、基础工程（如地基、座基等）以及为安装工程所需的各种临时设施（如临时供水、供电、通信设备等）均包括在内。此外，为完成安装工程而使用的机器、设备等，以及为工程服务的土木建筑工程、工地上的其他财物、保险事故后的场地清理费等，均可作为附加项目予以承保。安装工程保险的第三者责任保险与建筑工程保险的第三者责任保险相似，既可以作为基本保险责任，亦可作为附加或扩展保险责任。同建筑工程险一样，所有对安装工程保险标的具有保险利益的人均可成为被保险人，均可投保安装工程险。安装工程险中可作为被保险人的与建筑工程保险的相同，也分为七类。

3. 保险标的和保险金额

安装工程保险的标的范围很广，但与建筑工程险一样，也可分为物质财产本身和第三者责任两类。其中，物质财产本身包括安装项目、土木建筑工程项目、场地清理费、所有人或承包人在工地上的其他财产；第三者责任则是指在保险有效期内，因在工地发生意外事故造成工地及邻近地区的第三者人身伤亡或财产损失，依法应由被保险人承担的赔偿责任和因此而支付的诉讼费及经保险人书面同意的其他费用。为了确定保险金额的方便，安装工程险保单明细表中列出的保险项目通常也包括物质损失、特种风险赔偿、第三者责任三个部分。其中，后两项的内容和赔偿限额的规定均与建筑工程险相同，故不再赘述。安装工程险的物质损失部分包括以下几项：

（1）安装项目。这是安装工程险的主要保险标的，包括被安装的机器设备、装置、物料、基础工程（地基、机座）以及安装工程所需的各种临时设施，如水、电、照明、通信等设施。安装项目保险金额的确定与承包方式有关。若采用完全承包方式，则为该项目的承包合同价；若由所有人投保引进设备，保险金额应包括设备的购货合同价加上国外运费和保险费（FOB 价格合同）、国内运费和保险费（CIF 价格合同），以及关税和安装费（包括人工费、材料费）。安装项目的保险金额，一般按安装合同总金额确定，待工程完毕后再根据完毕时的实际价值调整。

（2）土木建筑工程项目。这是指新建、扩建厂矿必须有的工程项目，如厂房、仓库、道路、水塔、办公楼、宿舍、码头、桥梁等。土木建筑工程项目的保险金额应为该项工程项目建成的价格。这些项目一般不在安装工程内，但可在安装工程内附带投保，其保险金额不得超过整个安装工程保额的 20%。超过 20% 时，则按建筑工程险费率收保费；超过 50%，则需单独投保建筑工程险。

（3）场地清理费。保险金额由投保人自定，并在安装工程合同价外单独投保。对于大工程，一般不得超过工程总价值的 5%；对于小工程，一般不得超过工程总价值的 10%。

（4）为安装工程施工用的承包人的机器设备。其保险金额按重置价值计算。

（5）所有人或承包人在工地上的其他财产。指上述三项以外的保险标的，大致包括安装施工用机具设备、工地内现成财产等。保额按重置价值计算。

上述五项保险金额之和即构成物质损失部分的总保险金额。

4. 保险责任和责任免除

（1）保险责任。安装工程险在保险责任规定方面与建筑工程险略有区别。安装工程险物质部分的保险责任除与建筑工程险的部分相同外，一般还有以下几项内容：安装工程出现的超负荷、超电压、碰线、电弧、走电、短路、大气放电及其他电气引起的事故。安装技术不善引起的事故。除安装工程保险有关物质部分的基本保险责任外，有时因投保人的某种特别要求，加保附加险。安装工程第三者责任险的保险责任与建筑工程第三者责任险的相同。若一项工程中有两个以上被保险人，为了避免被保险人之间相互追究第三者责任，由被保险人申请，经保险人同意，可加保交叉责任险。

（2）责任免除。安装工程险物质部分的责任免除，多数与建筑工程险相同。所不同的是：建筑工程险将设计错误造成的损失一概除外；而安装工程险对设计错误本身的损失除外，对由此引起的其他保险财产的损失予以负责。

（三）科技工程保险

（1）海洋石油开发保险。海洋石油开发保险面向的是现代海洋石油工业，它承保从勘探到建成、生产整个开发过程中的风险，海洋石油开发工程的所有人或承包人均可投保该险种。

该险种一般被划分为四个阶段：普查勘探阶段，钻探阶段，建设阶段，生产阶段。每一阶段均有若干具体的险种供投保人选择投保。每一阶段均以工期为保险责任起讫期。当前一阶段完成，并证明有石油或有开采价值时，后一阶段才得以延续，被保险人亦需要投保后一阶段保险。因此，海洋石油开发保险作为一项工程保险业务，是分阶段进行的。

其主要的险种有勘探作业工具保险、钻探设备保险、费用保险、责任保险、建筑安装工程保险。在承保、防损和理赔方面，均与其他工程保险业务具有相通性。

（2）卫星保险。卫星保险是以卫星为保险标的的科技工程保险，它属于航天工程保险范畴，包括发射前保险、发射保险和寿命保险，主要业务是卫星发射保险，即保险人承保卫星发射阶段的各种风险。卫星保险的投保与承保手续与其他工程保险并无区别。

（3）核电站保险。核电站保险以核电站及其责任风险为保险对象，是核能民用工业发展的必要风险保障措施，也是对其他各种保险均将核子风险除外不保的一种补充。核电站保险的险种主要有财产损毁保险、核电站安装工程保险、核责任保险和核原料运输保险等，其中财产损毁保险与核责任保险是主要业务。在保险经营方面，保险人一般按照核电站的选址勘测、建设、生产等不同阶段提供相应的保险，从而在总体上仍然具有工期性。当核电站正常运转后，则可以采用定期保险单承保。

## 第六节　企业财产保险

### 一、企业财产保险概述

（一）企业财产保险的概念

企业财产保险是一切工商、建筑、交通运输、饮食服务行业、国家机关、社会团体等，对因火灾及保险单中列明的各种自然灾害和意外事故引起的保险标的的直接损失、从属损失和与之相关联的费用损失提供经济补偿的财产保险。

企业财产综合保险是中国财产保险的主要险种，它是以企业的固定资产和流动资产为保险标的，以企业存放在固定地点的财产为对象的保险业务，即保险财产的存放地点相对固定且处于相对静止的状态。企业财产保险具有一般财产保险的性质，许多适用于其他财产保险的原则同样适用于企业财产保险。

投保的企业应根据保险合同向保险人支付相应的保险费。保险人对于保险合同中约定的可能发生的事故因其发生而给被保险人所造成的损失，予以承担赔偿责任。

（二）企业财产保险的作用

企业财产综合保险是中国财产保险的主要险种，是以各类企业及其他经济组织存放在相对固定地点，且处于相对静止状态的企业固定资产、流动资产和其他与企业经济利益有关的财产为主要保险对象的一种保险。它是在过去火灾保险的基础上，不断扩大保险责任、充实保险内容而逐渐发展起来的，使被保险企业及其他经济组织在遭受到保险责任范围内的自然灾害或意外事故时，能够及时得到经济补偿，保障企业正常生产和经营，同时还配合企业开展防灾防损工作，保护社会财产安全。企业财产保险的具体作用有以下三个方面：

1. 为企业分担风险，提供经济补偿

我们知道，各种自然灾害和意外事故，如火灾、爆炸、洪水、雷击、风灾等，是不可避免的，如果某个企业遇到了灾害事故，轻则影响生产，重则中断生产经营，甚至破产。因此，灾害事故就成了企业管理中一种不可预料的风险。保险是一种分担风险的方法，是建立在灾害事故的偶然性和必然性这种矛盾对立统一基础上，对个别投保企业来说是偶然和不确定的，但对所有投保企业来说却是必然和确定的。

参加保险就是以缴付一定的保险费用支出，把风险转嫁给保险公司，一旦发生灾害事故的损失，能够及时得到经济补偿，从而保证企业生产、经营的正常进行和经济效益的实现。保险组织通过向众多的投保企业收取保险费来分摊其中少数企业遭受的损失，保险对象的大多数一般不可能同时遭受损失，但如洪水、暴风、暴雨及地震等自然灾害，经常造成巨灾损失，保险公司则运用积累的保险基金，在全国范围内调剂，及时提供经济补偿。

2. 为社会加强防灾工作，保护财产安全

开展防灾防损工作是由保险经营的特点决定的。首先，在日常业务的承保、计算费率及理赔工作中，都涉及灾害事故，掌握了财产的设置，分布各种灾害事故损失的统计资料，对灾害事故的原因也进行分析和研究，积累了一定的防灾防损经验，具有积极参与公安消防、防汛和防洪等社会职能部门搞这项工作的社会责任。其次是在保险经营中，使业务、理赔与防灾紧密结合，保险赔偿只是分摊灾害事故损失，但整个社会仍受到危害，因此保险既管"赔"又抓"防"，花费一定资金向社会宣传防灾防损、为专职部门增添设备，加强防灾工作。最后是通过业务经营，促使投保企业重视防灾防损工作，对保险财产安全情况进行检查，发现不安全因素及时向企业提出改进建议，并督促落实措施，消除不安全因素。此外，还在保险费率上鼓励投保企业加强防灾防损，按规定享受费率减成优惠。

3. 为国家提供资金，支援四化建设

保险的目的是为遭受灾害事故的企业单位提供经济补偿，同时也为国家积累大量的建设资金，保险公司将按当年保险费收入扣除保险责任准备金、赔款和经营费用后的剩余，大部分上缴给国家，其中中央与地方财政各50%。保险公司积聚的资金也大部分存入银行，成为银行信贷资金来源之一，支援了四化建设。保险公司还在中国人民银行核定的放款额度内，从经济上帮助保险企业解忧排难，解决在资金运用上的暂时困难，有利于企业生产的发展。

## 二、企业财产保险的内容

### （一）保险标的

团体火灾保险的保险标的是各种财产物资，但也并非一切财产物资均可以成为团体火灾保险的保险标的。保险人的承保范围可以通过划分为可保财产、特约可保财产和不保财产来加以体现。

凡是为被保险人自有或与他人共有而由被保险人负责的财产、由被保险人经营管理或替他人保管的财产以及具有其他法律上承认的与被保险人有经济利害关系的财产，而且是坐落、存放于保险单所载明地址的下列家庭财产，都属可保财产：可保财产按企业财产项目类别分类，包括房屋、建筑物及附属装修设备，机器及设备，工具、仪器及生产用具，交通运输工具及设备，管理用具及低值易耗品，原材料、半成品、在产品、产成品或库存商品、特种储备商品，建造中的房屋、建筑物和建筑材料，账外或已摊销的财产，代保管财产等。

特约可保财产（简称特保财产）是指经保险双方特别约定后，在保险单中载明的保险财产。特保财产又分为不提高费率的特保财产和需要提高费率的特保财产。不提高费率的特保财产是指市场价格变化较大或无固定价格的财产。如金银、珠宝、玉器、首饰、古玩、古画、邮票、艺术品、稀有金属和其他珍贵财物；堤堰、水闸、铁路、涵洞、桥梁、码头等。需提高费率或需附贴保险特约条款的财产一般包括矿井、矿坑的地下建筑物、设备和矿下物资等。

不保财产包括：土地、矿藏、矿井、矿坑、森林、水产资源以及未经收割或收割后尚未入库的农作物；货币、票证、有价证券、文件、账册、图表、技术资料以及无法鉴定价值的财产；违章建筑、危险建筑、非法占用的财产；在运输过程中的物资等。

（二）企业投保和索赔流程

1. 企业财产投保流程，如图 6-1 所示：

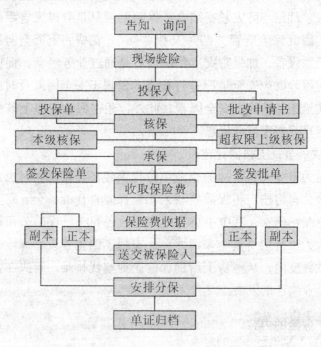

图 6-1 企业财产投保流程

申报材料：投保单、财产风险调查表、投保财产清单，根据保险标的、保险责任和风险级别等不同情况索要或要求投保人填写的其他材料。

2. 索赔流程。企业财产保险索赔流程，如图 6-2 所示：

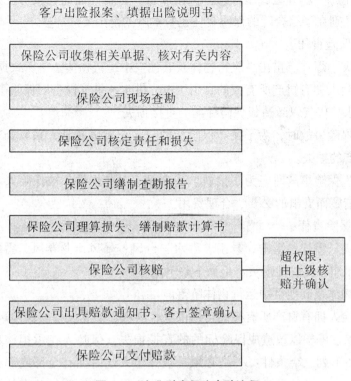

图 6-2 企业财产保险索赔流程

申报材料：

（1）出险通知书、索赔申请书、保险单、损失清单及其所列物品的原始发票或其复印件（加盖财务章）、修理预（决）算书、重置或修理受损财产的原始发票或其复印件、施救费用发票（加盖财务章）。

（2）有关账册：当受损标的为固定资产的，应提供有关月份资产负债表、资产变动表、固定资产明细账、入账凭证；当受损标的为流动资产或递延资产的，应提供有关月份资产负债表、递延资产明细账复印件、仓库保管账、盘点表、出入库单、明细账、入账凭证。

（3）第三方提出的索赔函、与第三方签署的索赔协议（适用于责任险）；相关部门出具的伤残证明、死亡证明（发生伤残、死亡时）；医疗费单证；权益转让书；诉讼材料（诉讼发生时）；法院裁决的受益人证明（造成第三者伤亡时）；现场照片（在未进行现场查勘时）；根据不同的保险事故提供相关部门（如公安、消防、气象、检验、海关、港务等）的技术鉴定证明、事故报告书；公估公司出具的损失理算报告（聘请公估公司时）；权益转让书及相关追偿文件（损失涉及其他责任方时）；开户银行及账号；其他材料。

### 三、企业财产保险的类别

企业财产综合保险主要有财产基本险和综合险两大类，以及若干附加险，主要承保那些可用会计科目来反映，又可用企业财产项目类别来反映的财产，如固定资产、流动资产、账外资产、房屋、建筑物、机器设备、材料和商品物资等。财产基本险和综合险的主要区别在于综合险的保险责任比基本险的范围要广一些。

1. 基本险保险责任

（1）因火灾、爆炸、雷击、飞行物体及其他空中运行物体坠落所致损失。

（2）被保险人拥有财产所有权的自用供电、供水、供气设备因保险事故遭受损坏，引起停电、停水、停气以致造成保险标的的直接损失。

（3）发生保险事故时，为了抢救保险标的或防止灾害蔓延，采取合理必要的措施而造成保险财产的损失。

（4）在发生保险事故时，为了抢救、减少保险财产损失，被保险人对保险财产采取施救、保护措施而支出的必要、合理费用。

2. 综合险保险责任

（1）因火灾、爆炸、雷击、暴雨、洪水、台风、暴风、龙卷风、雪灾、雹灾、冰凌、泥石流、崖崩、突发性滑坡、地面下陷下沉。

（2）飞行物体及其他空中运行物体坠落。

（3）被保险人拥有财产所有权的自用供电、供水、供气设备因保险事故遭受损坏，引起停电、停水、停气以致造成保险标的的直接损失。保险人在承担该项责任时，要求必须同时具备下列三个条件：一是必须是被保险人同时拥有全部或部分所有权和使用权的供电、供水、供气设备，包括企业自有设备和与其他单位共有的设备，这些设备包括发电机、变压器、配电间、水塔、管道线路等供应设施。二是这种损失仅限于保险单列明的保险责任范围内的意外危险和自然灾害所造成的，由规定的保险责任以外的危险、灾害或其他原因引起的"三停"事故对于保险标的造成的损失，保险人不承担赔偿责任。三是这种损失的对象必须是需要通过供电、供水和供气设备的正常运转，才能保证财产正常存在的保险标的，如熔炼、冷凝、发酵、烘烤、蒸发等需要通过"三供"设备进行操作的保险标的。

（4）发生保险事故时，为了抢救财产或防止灾害蔓延，采取合理必要的措施而造成保险财产的损失。保险人在承担该项责任时，通常要求必须是在保险单列明的保险责任发生时，为了抢救保险标的或防止灾害的蔓延而造成的保险标的的损失，对于在抢救保险标的或防止灾害的蔓延时造成非保险标的的损失，则不予赔偿。

（5）在发生保险事故时，为了抢救、减少保险财产损失，被保险人对保险财产采取施救、保护措施而支出的必要、合理费用。

### 四、保险金额与保险期限

（一）保险金额

企业财产综合保险金额是根据被保险财产的性质确定的。固定资产保险金额的确定方法主要有三种：①按账面原值投保，即固定资产的账面原值就是该固定资产的保险金额。②按重置重建价值投保，即按照投保时重新购建同样的财产所需支出确定保险金额。③按投保时实际价值协议投保，即根据投保时投保标的所具有的实际价值由保险双方协商确定保险金额。保险客户可以任意选择上面一种方式确定保险金额。

一般而言，法人团体的流动资产通常分为物化流动资产与货币形态的流动资产。前者表现为原材料、在产品、半成品、产成品及库存商品等；后者表现为现金、银行存款等，保险人通常只负责物化流动资产的保险，对非物化流动资产是不承担保险责任的。因此，在承保时还需要区分流动资产的结构与形态。然而，法人团体的流动资产在结构与形态方面是处于经常变动之中的，任何一个时点上的物化流动资产均不一定等于出险时的物化流动资产。流动资产保险金额的确定方法有两种：按最近账面余额确定保险金额和按最近1年账面平均余额确定保险金额。专项资产可以按照最近账面余额确定保险金额，也可以按计划数确定保险金额。代保管财产由于保管人对其负有经济安全责任的，可以投保。如有代保管账登记的财产，可以根据账面反映的价值确定保险金额；如账上不反映的财产，可由投保人估价投保。

在企业财产保险经营中，保险人必须对同类财产在总的平均费率基础上，按照被保险财产的种类，分别制定级差费率。一般而言，影响企业财产保险级差费率的主要因素有：房屋的建筑结构、占用性质、危险种类、安全设施、防火设备等。企业财产保险的现行费率就是在考虑上述因素的条件下制订的，并分为基本保险费率和附加险费率两部分。基本保险费率又分为工业险、仓储险和普通险三类，每类均按占用性质确定不同的级差费率。附加险费率指企业财产保险的附加险（特约保险）的费率，一般由各地根据调查资料统计的损失率为基础进行厘定。此外，还有企业财产保险的短期费率，适用于保险期不满1年的业务。对统保单位或防灾设施良好的投保人，保险人还可以采用优惠费率。

### （二）保险期限

企业财产保险的保险期限指保险责任的开始至保险责任终止的保险有效期限；是保险人对保险财产在发生保险责任范围内的自然灾害或意外事故所遭受的损失，承担赔偿责任的期限，也就是保险事故只有发生在保险期限内，保险人才承担赔偿责任。

企业财产保险的保险期限，应从保险合同双方当事人约定的起保日的零时开始生效，至期满日的24时止。因此不能认为被保险人已将投保单送达保险人，保险责任就已开始。无特殊情况保险人一般不在被保险人投保的当时开始起保，如被保险人坚持要求投保时立即起保的，应认真了解情况，并在投保单与保险单上批明×年×月×日时起保，以明责任。

企业财产保险的保险期限一般为1年期，也可以投保多年期（如保险期限定为3年，保险费可以保险财产账面金额按年或按季分期结算），如有特殊情况，如仓储物资也可投保短期保险，但应按短期费率计收保费，不满一个月的按一个月计算。

保险期限一经确定，无特殊原因，一般不予以随意变更，但是保险人和被保险人可以根据保险条款规定或实际情况的变更，提出改变或终止保险责任期限，如被保险人因单位撤消而申请中途退保，又如被保险人不履行保险条款规定的应尽各项义务，保险人从收到通知日起终止保险责任。

### 五、赔偿金额的计算

#### （一）固定资产的赔偿金额的计算

1. 全部损失

按保险金额赔偿，如果受损财产的保险金额高于重置重建价值时，其赔偿金额以不超过重置重建价值为限。但倘若受损财产的保险金额高于重置重建价值时，其赔偿金额以不超过重置价值为限。

2. 部分损失

一是按账面原值投保的财产，如果受损财产的保险金额低于重置重建价值，应根据保险金额按财产损失程度或修复费用与重置重建价值的比例计算赔偿金额；如果受损保险财产的保险金额相当于或高于重置重建价值，按实际损失计算赔偿金额。

二是按账面原值加成数或按重置重建价值投保的财产，按实际损失计算赔偿金额。

以上固定资产赔款应根据明细账、卡分项计算，其中每项固定资产的最高赔偿金额分别不得超过其投保时确定的保险金额。

#### （二）流动资产的赔偿金额的计算

按最近 12 个月账面平均余额投保的财产发生全部损失，按出险当时的账面余额计算赔偿金额；发生部分损失，按实际损失计算赔偿金额。

以上流动资产选择部分科目投保的，其最高赔偿金额分别不得超过出险当时该项科目的账面余额。

按最近账面余额投保的财产发生全部损失，按保险金额赔偿，如果受损财产的实际损失金额低于保险金额，以不超过实际损失为限；发生部分损失，在保险金额额度内按实际损失计算赔偿金额，如果受损财产的保险金额低于出险当时的账面余额时，应当比例计算赔偿金额。

以上流动资产选择部分科目投保的，其最高赔偿金额分别不得超过其投保时约定的该项科目的保险金额。

### 六、利润损失保险

利润损失保险又称为营业中断保险，它赔偿企业遭受灾害事故并导致正常生产或营业中断造成的利润损失，是依附于财产保险上的一种扩大的保险。一般的财产保险只对各种财产的直接损失负责，不负责因财产损毁所造成的利润损失。利润损失保险则是对于工商企业特别提供的一种保险。它承保的是被保险人受灾后停业或停工的一段时期内（估计企业财产受损后恢复营业达到原有水平所需的时间）的可预期的利润损失，或是仍需开支的费用。如企业被焚毁不能营业而引起的利润损失，或是企业在停工、停业期间仍需支付的各项经营开支，如工资、房租、水电费等。在国际保险市场上，利润损失保险既有使用单独保单承保的（如英国），又有作为前述团体火灾保险的附属保单承保的（如美国）。我国保险人一般将利润损失保险作为财产保险的一项附加险承保。

（一）利润损失保险的保险责任

利润损失保险以附加险种的形式出现，只有保险损失的原因与基本险种的承保风险一致，保险公司才负责赔偿因此引起的营业中断损失。利润损失保险主要承保保险责任事故引起的利润损失及营业中断期间仍需支付的必要费用等间接损失，从而打破了财产保险只承保直接损失责任的传统做法。其保险责任可以扩展到因其他相关单位（如供应商、销售商等）遭受同样风险使被保险人停业、停产造成的利润损失。

（二）利润损失保险的赔偿期限

在利润损失保险经营实务中，保险人应当充分注意其保险赔偿期限与保险期限的区别。保险期限是指保险单的起讫期限，保险人负责承保保险有效期内发生的灾害事故。保险赔偿期限则是指在保险期限内发生了灾害事故后到恢复正常生产经营的一段时间。利润损失保险只负责保险赔偿期内所遭受的损失，即由保险双方当事人，事先估计企业财产受损后要恢复原有的生产经营状况所需要的时间（如从财产受灾之日起，3 个月、半年或 1 年等），商定赔偿期限。

（三）利润损失保险的保险金额

利润损失保险的保险金额一般按本年度预期毛利润额确定，即根据企业上年度账册中的销售额或营业额、本年度业务发展趋势及通货膨胀等因素估计得出。如果赔偿期限为 1 年之内，保额为本年度预期毛利润额；若赔偿期限在 1 年以上，则保额按比例增加。例如，规定赔偿期限为 15 个月，保险金额就是本年度预期毛利润额的 125%。利润损失保险的保险费率一般以承保的财产保险的费率为基础费率，然后根据不同性质的企业标准费率及其他影响损失的因素大小进行增减。

（四）利润损失保险的赔偿计算

利润损失保险既赔偿毛利润损失，又承担营业中断期间支付的必要费用。具体而言，包括营业额减少所致的毛利润损失、营业费用增加所致的毛利润损失和佣金损失三个方面。毛利润损失用公式表示为：

毛利润＝营业额＋年终库存－生产费用＋固定费用

其中：标准营业额是指上年度同期的可比营业额；实际赔偿期内的营业额是指从损失发生之日起到安全恢复生产经营为止的营业额，实际赔偿期以保险赔偿期限为限；标准营业额与实际赔偿期内的营业额之差额，即为赔偿期限内由于损失所造成的营业额低于标准营业额的差额。毛利润率是指上年度的毛利润额与营业额之比。保险人赔偿毛利润损失时，一般按以上公式计算，必要时应根据营业趋势及情况的变化，或损失发生前后业务受影响情况，或如未发生损失原会影响业务的其他情况予以调整，使调整的数额尽可能合理地接近在出险后有关期间如未发生损失原可取得的经营结果。营业中断期间支付的必要费用，主要是指企业为减少营业中断损失而支付的合理费用。如商场遭火灾后继续营业而租用他人房屋的租金；为加快修建被焚毁的厂房，要求建筑工人加班工作而支付的加班费。这类费用为营业费用增加所致的毛利润损失。此外，限于被保险人因保险项目下的索赔，保险人为了自身的需要而提供及证明其账册或其他营业账册或文件的任何细节或细目或其他证明、证据或情况所付给其会计师或审计师的合理佣金费用，往往也属于在营业中断期间支付的必要费用。但营业费用的增加额不能超过若不支出该费用而造成的毛利润损失额。此外，利润损失保险一般规定了免赔额，由被保险人自己承担一部分损失。

（五）利润损失保险的除外责任

利润损失保险对因下列原因所造成的灭失或损失不予赔偿：①被保险人或其代表的故意行为或实际过失。②战争、类似战争行动、敌对行为、武装冲突、没收或征用。③核反应、核辐射或核污染。④其他不属于保险单及保险公司签发的机器损坏险保单所承保的任何原因或风险。

# 第七节 家庭财产保险

## 一、家庭财产保险概述

### （一）家庭财产保险的基本介绍

家庭财产保险简称家财险，是个人和家庭投保的最主要险种。凡存放、坐落在保险单列明的地址，属于被保险人自有的家庭财产，都可以向保险人投保家庭财产保险。家庭财产保险为居民或家庭遭受的财产损失提供及时的经济补偿，有利于居民生活，保障社会稳定。我国目前开办的家庭财产保险主要有普通家庭财产险和家庭财产两全险。有些地区还有城镇居民安全用电保险、家用电器超电压责任特约险、家庭财产附加柴草火灾险等险种。在家庭财产保险业务经营中，其保险标的、承保地址、保险责任等与企业财产保险均具有相似性：一是保险标的都属于具有实体的财产物资；二是都要求存放在固定的处所；三是保险人承保的风险均包括若干自然灾害与意外事故，可以附加承保盗窃风险等。

### （二）家庭财产保险的特点

财产保险作为与团体火灾保险相对应的另一类火灾保险业务，在经营实践中有以下特征：

（1）业务分散，额小量大。即城乡居民均是以家庭或个人为单位的，不仅居住分散，而且物质财产的积累有限，每一户城乡居民家庭都是保险人的一个展业对象和一个潜在的保险客户来源。因此，家庭财产保险业务是一种分散性业务，其单个保单的承保额不高，但业务量却很大。

（2）风险结构有特色。家庭财产面临的风险一般主要是火灾、盗窃等风险，这种风险结构与团体火灾保险有着巨大的差异。因此，保险人需要有针对性地做好风险选择与防损工作。

（3）保险赔偿有特色。一方面，家庭财产保险的赔案大多表现为小额、零星赔案，需要投保人投入较多的人力来处理；另一方面，保险人对家庭财产保险中理赔一般采取有利于被保险人的第一危险赔偿方式。

（4）设计更具灵活性。家庭财产保险业务面向普通的城乡居民，为满足他们的不同需要并使险种真正具有吸引力，保险人不仅提供普通家庭财产保险，往往还推出具有还本性质的家庭财产两全保险及家庭财产长效还本保险，以及综合承保财产损失与有关责任的保险等。因此，城乡居民的投保选择机会较多。

（三）家庭财产保险的适用范围

家财险适用于我国城乡居民家庭或个人以及外国驻华者个人及其家庭成员。凡属于城乡居民家庭或个人、外国驻华者个人及其家庭的自有财产、代他人保管财产或与他人共有的财产，都可以投保家财险。在开展家财险业务时，应当注意如下两点。

（1）家财险可以接受个人投保，承保个人财产，如现行家庭财产公证制，将一个家庭内部（主要是夫妻双方）成员的财产具体到个人，这样既可以以个人名义投保，也可以以家庭名义投保。

（2）对于个体工商业者及合作经营组织，包括个体劳动者、手工业者、小商小贩、合伙经营等生产、经营用的厂房、工具、器具、原材料、商品等，即使是属于城乡居民家庭或个人所有，也一般不投保家财险，而是另行投保个体工商户和合作经营组织财产保险。

（四）家庭财产保险的基本分类

根据家财险承保业务的独立与否，它可以分为家财险基本险和附加险两类。其中，基本险是以保险合同为依据的承保业务，一般表现出独立性、综合性特征；而附加险却只能依附于主险之上，它不能独立承保，且一般属于主险不保的某一项除外风险或不保财产。在家财险经营实务中，主险是为了满足大众化的风险转嫁需求，而附加险种则是为了满足保险客户的特别需求，它们共同构成家财险系列，供投保人自主选择。

根据家财险承保的责任范围不同，可以分为综合家财险和单一家财险两类。其中，单一家财险是指由保险人在一张保险单中承保被保险人某一种（类）财产或某一种风险责任的保险，如液化气罐保险、自行车专项保险、家用电器专项保险等；综合家财险是指由保险人在一张保险单中承保被保险人多项保险标的、多种风险责任的保险，如保险市场上流行的普通家财险、还本家财保险、利率联动型家庭财产保险等险种。

1. 普通家庭财产保险

普通家庭财产保险是采取缴纳保险费的方式，保险期限为一年，从保险人签发保单零时起，到保险期满 24 小时止。没有特殊原因，中途不得退保。保险期满后，所缴纳的保险费不退还，继续保险需要重新办理保险手续。

普通家庭财产保险的保险金额由投保人根据家庭财产保险标的的实际价值自行确定。家庭财产保险业务的保险金额的确定有下列两种方式。

（1）单一总保险金额制。保险单只列明保险财产的总保险金额。采取单一总保险金额制时，保险人只要求投保人根据投保财产的实际价值确定投保的保险金额，不确定不同类别的财产的保险金额。

（2）分项总保险金额制。保险单列明的总保险金额为各项保险金额之和。家庭财产保险业务采取分项总保险金额制时，有两种操作方法：一种是投保人按照保险人提供的投保单所列明的投保财产的类别，分项列明保险金额或者列明投保财产的名称及其保险金额，然后将各个类别的保险金额之和作为总保险金额；另一种是根据家庭财产的不同种类标明各种类别的家庭财产所适用的保险费率，然后按照这个保险费率分别计算不同类别的家庭财产的保险金额，最后计算保险单的总保额。我国保险公司对于家庭财产保险业务采取第一危险赔偿方式，凡是属于保险责任范围内的损失都可以在保险金额限度内获得赔偿。

**2. 投资保障型家庭财产保险**

投资保障型家庭财产保险不仅具有保障功能，还具有投资功能。投保人所交付的是保险投资资金，按规定，保险投资资金必须按份购买。例如，每份保险金额需缴纳保险投资资金 2000 元，则被保险人不但可得到保险金额为 10 000 元的保险保障，而且在保险期满后，无论是否获得过保险赔偿，均可以领取保险投资资金本金 2000 元和一定的投资收益。具体有以下两种险种：

（1）到期还本型家庭财产保险。它的承保范围和保险责任与普通家财险相同。到期还本型家庭财产保险具有灾害补偿和储蓄的双重性质。投保时，投保人缴纳固定的保险储金，储金的利息转作保费，保险期满时，无论在保险期内是否发生赔付，保险储金均返还投保人。

（2）利率联动型家庭财产保险。随着物价指数的上涨和央行不断升息，人们对保险保障提出了更高的要求。利率联动型家庭财产保险应运而生。投保此类险种除拥有相应的保障责任外，如遇银行利率调整，随一年期银行存款利率同步、同幅调整，分段计息，无论是否发生保险赔偿，期满均可获得本金和收益。

## 二、保险的标的范围

（一）可保财产

在家财险的经营实务中，凡是坐落在保险单所载明的固定地点，属于被保险人自有或代保管或负有安全管理责任的财产，都可以投保家财险。它们的共同特点是处于被保险人的直接控制之下。具体而言，家财险的可保财产有：房屋及其附属设备；生活资料；农民的农具、工具和已经收获的农副产品（拖拉机、农业机械等需要另外投保专项险种）；与他人共有的前述财产；代保管财产；租用的财产等。

在投资保障型家庭财产保险中，其一般可保财产范围除上述财产之外，还包括现金、金银、珠宝、玉器、钻石及制品、首饰等贵重物品。

（二）特保财产

特约可保财产（简称特保财产）是指经保险双方特别约定后，在保险单中载明的保险财产。特保财产又分为不提高费率的特保财产和需要提高费率的特保财产。不提高费率的特保财产是指市场价格变化较大或无固定价格的财产。需提高费率或需附贴保险特约条款的财产。特保财产主要包括：农村家庭存放在院内的非动力农机具、农用工具和已收获的农副产品、个体劳动者存放在室内的营业器具、工具、原材料和商品，代他人保管的财产或与他人共有的财产，须与保险人特别约定才能投保的财产。

（三）不保财产

普通家庭财产保险一般不予承保的有：个体工商户和合作经营组织的营业器具、

工具和原材料等保险人通常将其作为单独承保的内容；正处于危险状态的财产；价值高、物品小，出险后难以核实的财产或无法鉴定价值，以及无市场价值的财产。亦将上述项目中的有些内容纳入保险标的的范围。如：生长期的农作物、机动车辆、运输中的货物等；金银、珠宝、首饰、古玩、货币、古书、字画等珍贵财物（价值太大或无固定价值），货币、储蓄存折、有价证券、票证、文件、账册、图表、技术资料等（不是实际物资），违章建筑、危险房屋以及其他处于危险状态的财产，摩托车、拖拉机或汽车等机动车辆，寻呼机、手机等无线通信设备和家禽家畜（其他财产保险范围），食品、烟酒、药品、化妆品，以及花、鸟、鱼、虫、树、盆景等（无法鉴定价值）。有的保险公司为了满足保险客户的需要，如中国太平洋保险公司的家居综合保险，就可以承保金银珠宝等物品。

### 三、家庭财产保险的责任范围

#### （一）保险责任

家庭财产保险的基本责任范围与团体火灾保险综合险的保险责任范围相似。保险财产由于下列原因造成的损失，负责赔偿：火灾、爆炸；雷击、冰雹、雪灾、洪水、崖崩、龙卷风、冰凌、泥石流和自然灾害引起地陷或下沉；空中运行物体坠落、外界物体倒塌；暴风或暴雨使房屋主要结构（外墙、屋顶、屋架）倒塌；存放于室内的保险财产，因遭受外来的、有明显痕迹的盗窃、抢劫。其他列明的自然灾害：龙卷风、洪水、海啸、地面突然塌陷、崖崩、泥石流、突发性滑坡、雪灾、雹灾、冰凌、外界建筑倒塌（保险建筑自行倒塌不赔）、暴风、暴雨造成房屋主要结构倒塌施救所致的损失和费用。

#### （二）除外责任

保险财产由于下列原因造成的损失，不负赔偿责任：地震、海啸；战争、军事行动、暴动、罢工、没收、征用；核反应、核辐射或放射性污染；被保险人或其家庭成员的故意行为或重大过失；保险财产本身缺陷、保管不善、变质、霉烂、受潮、虫咬、自然磨损。需指出的是，在国内现行的家庭保险条款中，房屋及其附属设备通常被列为除外不保的范围，这主要是因为房屋与其他生活资料等存在着性质差异，但并不意味着房屋即是不保财产，而是需要专门的房屋保险加以承保，或者开发出更加综合的保险单来承保。因此，此处未将房屋及其附属设备列入。

#### （三）责任期限

家庭财产保险的保险责任期限，采用定期保险方式，但按期限的长短又可以分为两类。①与团体火灾保险等财产保险业务一样，为1年期保险业务，即从约定起保日期的零时起至期满日期的24时止，到期可以续保、另行办理投保手续。②多年期保险业务，即保险人可以同时规定几个保险期限，由被保险人加以选择确定，如2年期、3年期、5年期，甚至某些公司经营的还本家庭财产保险责任期限可达8年期，表现出了经营的灵活性与选择性。除还本家庭财险外，普通普通家庭财产保险一般不允许被保险人退保。

## 四、保险金额与保险费率

### （一）保险金额

普通家庭财产保险保险金额的确定一般有两种方式：一是由投保人根据其财产的实际价值自行估价确定；二是保险人提供以千元为单位设计保险金额档次，投保人可以根据自己的需要自主选择，多投多保、少投少保，如 5000 元、10 000 元、50 000 元等。

### （二）保险费率

普通家庭财产保险的保险费率，是计算并收取家财险保险费的直接依据，而它又是依据家财险损失率等因素厘定的。在家财险实务中，保险费率的确定通常要考虑房屋建筑物结构与等级、家庭财产的结构及其本身的危险、社会治安状态等因素。由于不同地区的家财险风险不一，保险费率在各地区之间也存在着较大的差异。一般而言，家财险保险费率通常按房屋结构等级分为不同的档次。如果将盗窃风险列入基本保险责任范围，保险费率从 3‰~5‰不等；如果将盗窃风险作为附加责任，则基本险的保险费率还会降低。但若被保险人加保盗窃风险，则还要再加上盗窃责任的附加费率。

## 五、家庭财产保险的赔偿处理

被保险人索赔时，应当向保险公司提供保险单、损失清单和其他必要的单证。

保险财产遭受保险责任范围内的损失时，保险公司按照出险当时保险财产的实际价值计算赔偿，但最高不超过保险单分项列明的保险金额。

保险财产遭受部分损失经保险公司赔偿后，保险合同继续有效，但其保险金额相应减少。减少金额由保险公司出具批单批注。

发生保险责任范围内的损失后，应由第三者赔偿的，被保险人可以向保险公司或第三者索赔。被保险人如向保险公司索赔，应自收到赔款之日起，向保险公司转移向第三者代位索赔的权利。在保险公司行使代位索赔权利时，被保险人应积极协助，并向保险公司提供必要的文件及有关情况。

保险事故发生时，如另有其他保险对同一保险财产承保同一责任，不论该保险是否由被保险人或他人投保，保险公司仅按比例负责赔偿。

被保险人的索赔期限，自其知道保险事故发生之日起，不得超过两年。

## 六、被保险人义务

被保险人应依照保险人规定的家庭财产收费标准在起保日前一次缴清保险费或保险储金。

被保险人如在保险期内要求退还保险储金，保险人按照家庭财产保险规定的费率计收当年保险费，保险费从退还的保险储金中扣除。

在保险期限内，保险财产存放地点发生变更，或保险财产所有权转移，被保险人应及时向保险人申请办理批改手续。

被保险人应当维护保险财产的安全，按照有关部门的要求做好防灾、防损的工作。

保险财产发生保险责任范围内的灾害或事故时，被保险人应当尽力救护并保存现场，在 24 小时内通知保险人，同时向当地公安或有关部门报告，以便及时查勘处理。

被保险人在向保险人申请赔偿时，应当提供保险单、保险财产损失清单、救护费用单据以及所在单位、街道、乡（镇）和有关职能部门（如公安、气象等部门）。

保险财产发生保险责任范围内的损失，应当由第三方负责赔偿的，被保险人应当向第三方索赔。如果被保险人向保险人提出赔偿请求时，保险人可以按照本条款有关规定先予赔偿，但被保险人必须将向第三方追偿的权利转让给保险人，并协助保险人向第三方追偿。

被保险人如果不履行本条款规定的各项义务，或有虚报损失等欺骗行为，保险人有权拒绝赔偿，追回已经支付的赔款，或者终止保险合同。

### 七、投保家庭财产保险的注意事项

家财险适用于我国城乡居民家庭或个人，以及外国驻华者个人及其家庭成员。凡属于城乡居民家庭或个人、外国驻华者个人及其家的自有财产、代他人保管财产或与他人共有的财产，都可以投保家财险。为了保证家庭财产安全，消费者应投保家庭财产保险，在投保时消费者应细读保险责任，注意以下几个方面：

第一，不是所有家庭财产都可以投保。保险专家说，家财险的保障范围涵盖房屋、房屋附属物、房屋装修及服装、家具、家用电器、文化娱乐用品等。

第二，家财险"按需投保"最经济。消费者在投保家财险时应事先和保险公司沟通，不要超额投保和重复投保，最好的投保方法就是"按需投保"。

第三，保险标的发生变化应及时告知保险公司。"对于家财险，保险合同内容的变更，投保人必须得到保险公司的审核同意，签发批单或对原保单进行批注后才产生法律效力。"

第四，家财险可以接受个人投保，承保个人财产，如现行家庭财产公证制，将一个家庭内部（主要是夫妻双方）成员的财产具体到个人，这样既可以以个人名义投保，也可以以家庭名义投保。

第五，对于个体工商业者及合作经营组织，包括个体劳动者、手工业者、小商小贩、合伙经营等生产、经营用的厂房、工具、器具、原材料、商品等，即使是属于城乡居民家庭或个人所有，也一般不投保家财险，而是另行投保个体工商户和合作经营组织财产保险。

## 本章小结：

1. 财产保险是指以各种物质财产及有关利益、责任和信用为保险标的的保险。它是现代保险业的两大种类之一。

2. 火灾保险是财产保险中最常见也是最重要的一种保险，是指以存放在固定场所并处于相对静止状态的财产物资为保险标的的一种财产保险。火灾保险是一种传统的、独立的保险业务，其独立存在并发展至今的事实表明该业务具有不同于其他保险业务的特点，并无法用其他保险险种来替代。运输保险是财产保险的重要支柱。传统的财产保险只对保险标的物质损失提供保障，而对保险风险所造成被保险人停产、减产和营业中断等间接损失不负责任。

3. 利润损失保险则专门提供这方面的保障，实质上是财产保险责任的扩展和补充。

4. 工程保险是 20 世纪 30 年代以后才出现的又一类有形财产保险。工程保险是对建筑工程，安装工程以及各种机器设备因自然灾害和意外事故造成物质财产损失和第三者责任进行补偿的保险。

## 复习思考题：

1. 请具体分析自己家庭面临着哪些财产风险，并找出相应的风险因素。
2. 分析汽车保险在现代生活中的重要性。
3. 分析什么是定值保险。

# 第七章
# 责任风险与保险

**学习要点：**

◇ 掌握责任保险的概念和特点

◇ 理解责任保险的概念，承包方式和责任范围

◇ 了解责任保险的种类

## 第一节　责任风险与保险概述

### 一、责任风险

随着科学进步、社会发展和法律制度的成熟，责任风险在四大风险中凸显出来，引起社会各方广泛的重视，并因我国法律制度建设的日趋完善而被人们所知。责任风险和事故无处不在：1994 年新疆克拉玛依一家剧院所发生的公共场所火灾造成群死群伤；一些产品，如热水器漏电、瓦斯爆炸以及啤酒瓶爆炸造成的消费者伤亡事件；各类医疗事故引发的旷日持久的官司大战；人们就餐时食物中毒等恶劣事件频繁发生。而相关法律法规的完善，包括消费者保护法、医疗事故处理条例、产品质量法、食品安全法、注册会计法等法律法规的出台，进一步明确了相应的民事损害赔偿责任，加大了赔偿力度，越来越体现出对人的合法权益的尊重和保护，同时也使各行各业的企业，个人不得不正视面临着的各种责任风险。

与财产风险比较，责任风险具有更大的不确定性。例如，大型客机由于技术和天气的原因坠落，其机身损失可能达到数千万美元，而其可能造成的乘客及他人人身伤害和财产损失的赔偿可能更加巨大。国际上因产品事故、交通、医疗事故等引起的索赔中，责任者被法庭判处巨额赔偿的情况司空见惯，在美国著名的"石棉"产品责任中，法院判处责任者几亿美元的赔款。

从责任风险发生的总趋势和对企业以及个人带来的损失程度来看，责任风险越来越受到人们的重视。①法律建设日趋成熟，入世后的中国以前所未有的速度完善着法

律法规的建设，更注重与尊重每一个人的合法权益，各种法律责任风险随之而产生；②公众法治思想增强，索赔意识不断增强，人们懂得在遭受他人侵权损害时如何借助法律手段保护自己，使责任方承担对损害的赔偿；③现代工业、科学技术日新月异的进步，在给人们物质生活带来巨大变化的同时，也给人们的生活带来更加巨大、潜在的风险，给新技术、新材料、新工艺的使用者、制造商带来了巨大的潜在责任风险；④人们生活水平的提高以及物价指数的上升也导致了对物质损失、人身伤害和由此失去劳动能力的经济赔偿日趋升高，如新的《医疗事故处理条例》就大幅度提高了对患者的赔偿额度。

责任风险从其发生的因素来看，一般可归纳为以下三种：①直接责任风险。主要是企业和个人由于自身的行为或财产所有权或代别人保管财产而产生的经济索赔。②转嫁的责任风险。它是指非直接肇事但因为直接肇事者承担风险。③合同责任风险。根据书面合同或口头协议，同意承担另一方的法律责任。

由于人类的社会进步、科学技术的发展和法治观念的强化，责任风险引起了人们越来越多的重视。为生产经营的稳定，日常生活的安定，正确地预见、克服、处理好责任风险具有极为重要的意义。责任保险就是这样的背景下，顺应社会需求产生、发展起来的。

### 二、责任保险概念与类型

（一）责任保险的概念

责任保险属于广义的财产保险范畴。由于责任保险的经营范围涉及专业服务、生产、经营、销售等各个经济社会领域，覆盖面广，保障范围宽，并具有很强的公众性和社会管理功能，因此，目前已经形成一类独具特色的保险业务体系。

责任保险，是指以保险客户的法律赔偿风险为承保对象的一类保险，它属于广义财产保险范畴，适用于广义财产保险的一般经营理论，但又具有自己的独特内容和经营特点，从而是一类可以自成体系的保险业务。对于责任保险的理解，对于责任保险，应从其内涵所具有的以下三方面的特征加以理解和把握。

首先，责任保险与一般财产保险具有共同的性质，即都属于赔偿性保险。在责任保险中，被保险人转嫁的是责任风险，因此，保险人所承保的保险标的是没有实体的赔偿责任风险，即是被保险人致他人损害而依法应当承担的损害赔偿责任风险。这不但与一般财产保险承保的有实体的各种财产物资标的表现形式不同，而且在客观上也是有所不同的，因一般财产保险承保的标的在投保时就已经客观存在了，而责任保险所承保的标的在投保时是不存在的，如果已经存在，那么保险公司就不可能承保。

其次，责任保险承保的风险是被保险人的法律风险。责任保险的保险人为被保险人承担的仅仅是具有财产责任性质的民事赔偿责任，即当被保险人的过失行为侵害了他人的财产权利或人身权利而造成经济损失，且依照相关法律法规被保险人应负有赔偿责任时，保险人才替被保险人承担这种赔偿责任。这就表明，责任保险的赔偿责任具有民事赔偿性，而对于那些由被保险人某些重大过失触犯法律所引起的刑事责任，以及产生的无直接财产内容的人身权利（如肖像权、荣誉权等）的侵害所需承担的非财产的民事责任，如赔礼道歉，保险人则不承担。

再次，责任保险以被保险人在保险期内可能造成他人的利益损失为承保基础。责任保险的保险人支付的损失赔偿金仅限于被保险人因过失行为造成第三者的经济损失。也就是说，保险人只就第三者向被保人的索赔进行代位赔偿，而对于被保险人自身所遭受的生命、身体或财产的损失则不予赔偿。由此也可以看出，责任保险从某种程度上是以保护第三者受害方的利益为目的的。

根据业务内容的不同，责任保险可以分为公众责任保险、产品责任保险、雇主责任保险、职业责任保险和第三者责任保险五类业务，其中每一类业务又由若干具体的险种构成。

（二）责任保险的具体特征

责任保险与一般财产保险相比较，其共同点是均以大数法则为数理基础，经营原则一致，经营方式相近（除部分法定险种外），均是对被保险人经济利益损失进行补偿。

1. 责任保险产生与发展基础的特征

责任保险产生与发展的基础不仅是各种民事法律风险的客观存在和社会生产力达到了一定的阶段，而且是由于人类社会的进步带来了法律制度的不断完善，其中法制的健全与完善是责任保险产生与发展的最为直接的基础。

2. 责任保险补偿对象的特征

尽管责任保险中承保人的赔款是支付给被保险人，但这种赔款实质上是对被保险人之外的受害方即第三者的补偿，从而是直接保障被保险人利益、间接保障受害人利益的一种双重保障机制。

3. 责任保险承保标的的特征

责任保险承保的却是各种民事法律风险，是没有实体的标的。保险人在承保责任保险时，通常对每一种责任保险业务要规定若干等级的赔偿限额，由被保险人自己选择，被保险人选定的赔偿限额便是保险人承担赔偿责任的最高限额，超过限额的经济赔偿责任只能由被保险人自行承担。

4. 责任保险承保方式的特征

责任保险的承保方式具有多样化的特征。在独立承保方式下，保险人签发专门的责任保险单，它与特定的物没有保险意义上的直接联系，而是完全独立操作的保险业务。在附加承保方式下，保险人签发责任保险单的前提是被保险人必须参加了一般的财产保险，即一般财产保险是主险，责任保险则是没有独立地位的附加险。在组合承保方式下，责任保险的内容既不必签订单独的责任保险合同，也无需签发附加或特约条款，只需要参加该财产保险便使相应的责任风险得到了保险保障。

5. 责任保险赔偿处理中的特征

责任保险的赔案，均以被保险人对第三方的损害并依法应承担经济赔偿责任为前提条件，必然要涉及受害的第三者，而一般财产保险或人身保险赔案只是保险双方的事情。

责任保险赔案的处理也以法院的判决或执法部门的裁决为依据，从而需要更全面地运用法律制度。

责任保险中因是保险人代替致害人承担对受害人的赔偿责任，被保险人对各种责任事故处理的态度往往关系到保险人的利益，从而使保险人具有参与处理责任事故的权力。

责任保险赔款最后并非归被保险人所有，而是实质上付给了受害方。

（三）责任保险的发展

责任保险作为一种保险业务，产生于19世纪的欧美国家，20世纪70年代以后在工业化国家迅速得到发展。1880年，英国颁布《雇主责任法》，当年即有专门的雇主责任保险公司成立，承保雇主在经营过程中因过错致使雇员受到人身伤害或财产损失时应负的法律赔偿责任；1886年，英国在美国开设雇主责任保险分公司，而美国自己的雇主责任保险公司则到1889年才出现。

绝大多数国家均采取强制手段并以法定方式承保的汽车责任保险，始于19世纪末，并与工业保险一起成为近代保险与现代保险分界的重要标志。当时的英国"法律意外保险公司"最为活跃，它签发的汽车保险单仅承保汽车对第三者的人身伤害责任，保险费每辆汽车按10~100英镑不等收取，火险则列为可以加保的附加险；到1901年，美国才开始有现代意义的汽车第三者责任险——承保人身伤害和财产损失法律赔偿责任的保险。进入20世纪70年代以后，责任保险的发展在工业化国家进入了黄金时期。在这个时期，首先是各种运输工具的第三者责任保险得到了迅速发展；其次是雇主责任保险成了普及化的责任保险险种。随着商品经济的发展，各种民事活动急剧增加，法律制度不断健全，人们的索赔意识不断增强，各种民事赔偿事故层出不穷，终于使责任保险在20世纪70年代以后的工业化国家得到了全面的、迅速的发展。在20世纪70年代末，美国的各种责任保险业务保费收入就占整个非寿险业务收入的45%~50%左右，欧洲一些国家的责任保险业务收入占整个非寿险业务收入的30%以上，日本等国的责任保险业务收入也占其非寿险业务收入的25%~30%，进入20世纪90年代以后，许多发展中国家也日益重视发展责任保险业务。

西方保险界认为，保险业的发展可以划分为三个大的发展阶段：第一阶段是传统的海上保险和火灾保险（后来扩展到一切财产保险）；第二阶段是人寿保险；第三阶段是责任保险。

保险业由承保物质利益风险，扩展到承保人身风险后，必然会扩展到承保各种法律风险，这是被西方保险业发展证明了的客观规律。同时我们还知道，责任保险在保险业中的地位是很高的，它既是法律制度走向完善的结果，又是保险业直接介入社会发展进步的具体表现。

**三、责任保险的基本内容**

（一）适用范围

责任保险的适用范围非常广泛，适用于一切可能造成他人财产损失与人身伤亡的各种单位、家庭或个人。具体来说，责任保险的适用范围主要包括如下六个方面：

（1）各种公众活动场所的所有者、经营管理者，如商场、市政机关、城市各种公用设施等，均有可能导致公众的人身或财产损害，由此该场所的所有者或经营管理者就负有相应的法定赔偿责任，从而需要且可以通过责任保险的方式向保险公司转嫁风险。

（2）各种产品的生产者、销售者、维修者。

（3）各种运输工具的所有者、经营管理者或驾驶员。

（4）各种需要雇用员工的法人或个人。

（5）各种提供职业技术服务的单位。

（6）城乡居民家庭或个人。

此外，在各种工程项目的建设过程中，也存在着民事责任事故危险，建设工程的所有者、承包者等，亦对相关责任事故危险具有保险利益；各单位场所（即非公众活动场所）也存在着一定的公众责任危险，企业等单位亦有投保公众责任保险的必要性。可见，责任保险的适用范围几乎覆盖了所有的团体组织和所有的社会成员。

（二）保险责任范围

责任保险的保险责任和民事损害赔偿责任这二者既有联系又有区别，是不能完全等同的。

一方面，责任保险承保的责任主要是被保险人的过失行为所致的责任事故风险，即被保险人的故意行为通常是绝对除外不保的风险责任，这一经营特点决定了责任保险承保的责任范围明显地小于民事损害赔偿责任的范围；

另一方面，在被保险人的要求下并经过保险人的同意，责任保险又可以承保着超越民事损害赔偿责任范围的风险。这种无过错责任即超出了一般民事损害赔偿责任的范围，但保险人通常将其纳入承保责任范围。

责任保险的保险责任，一般包括两项内容：①被保险人依法对造成他人财产损失或人身伤亡应承担的经济赔偿责任；②因赔偿纠纷引起的由被保险人支付的诉讼、律师费用及其他事先经过保险人同意支付的费用。

另外，保险人在列明承担保险赔偿责任范围的同时，也通常在责任保险合同中规定若干除外责任。尽管不同的责任保险合同中所规定的除外责任可能有所不同，但主要的除外责任一般包括：①被保险人故意行为所致的各种损害后果。②战争、军事行动及罢工等政治事件造成的损害后果。③核事故危险导致的损害后果，但在核事故保险或核责任保险中例外。④被保险人家属、雇员的人身伤害或财产损失，但在雇主责任保险中却承保雇主对雇员的损害赔偿责任。⑤被保险人所有、占有、使用或租赁的财产，或由被保险人照顾、看管或控制的财产损失。⑥被保险人的合同责任，但经过特别约定者除外。所列这些除外责任，是责任保险的通常除外责任，但个别危险经过特别约定后也可以承保。

（三）责任保险的赔偿

由于责任保险承保的是被保险人的赔偿责任风险，而不像狭义的财产保险是有固定价值的标的，且赔偿责任又因损害责任事故大小而异，签订保险合同时很难准确预计。因此，不论何种责任保险，均无保险金额的规定，而是采用在承保时由保险双方约定赔偿限额的方式，来确定保险人承担的责任限额，也是保险人的赔偿限额，凡超过赔偿限额的索赔仍须由被保险人自行承担。

从责任保险的发展实践来看，赔偿限额作为保险人承担赔偿责任的最高限额，通常有以下三种类型：

（1）每次责任事故或同一原因引起的一系列责任事故的赔偿限额，它又可以分为财产损失赔偿限额和人身伤亡赔偿限额两项。

（2）保险期内累计的赔偿限额，它也可以分为累计的财产损失赔偿限额和累计的人身伤害赔偿限额。

（3）在某些情况下，保险人也将财产损失和人身伤亡两者合成一个限额，或者只规定每次事故和同一原因引起的一系列责任事故的赔偿限额而不规定累计赔偿限额。

在责任保险经营实践中，保险人除通过确定赔偿限额来明确自己的承保责任外，还通常有免赔额的规定，以此达到促使被保险人小心谨慎、防止发生事故和减少小额、零星赔款支出的目的。责任保险的免赔额，通常采取绝对免赔额，即无论受害人的财产是否全部损失，免赔额内的损失均由被保险人自己负责。

赔偿金额的确定，一般以具体数字表示，也可以规定赔偿限额或赔偿金额的一定比例。因此，责任保险人承担的赔偿责任，一般是超过免赔额之上又在赔偿限额之内的赔偿金额。

（四）保险费率

责任保险费率的制定依据与其他险种类似，通常根据各种责任保险的危险大小及损失率的高低来确定。虽然不同的责任保险种类，在制定费率时所考虑的具体因素存在着差异，但从总体上看，保险人在厘定责任保险费率时应考虑以下六个因素：①被保险人的业务性质、种类和产品等产生意外损害赔偿责任可能性大小；②法律对损害赔偿的规定；③赔偿限额及免赔额的高低；④承保区域的大小；⑤同类业务历史损失资料；⑥保险人的业务水平和每笔责任保险业务的总量。

## 第二节　公众责任保险

### 一、公众责任保险概念

公众责任险是指对投保人在公共场合发生的意外事故进行保障的险种，如在营业期间的运动场所、娱乐场所，在施工期间的建筑、安装工程，在生产过程中的各种企业等，都可能因意外事故造成他人的人身伤亡或财产损失，因而产生投保空间。公众责任保险是责任保险中独立的、适用范围最为广泛的保险类别。凡依法设立的企事业单位、社会团体、个体工商户、其他经济组织及自然人，均可以以场所的所有者、经营管理者等身份作为被保险人，为与其有利益关系的工厂、旅馆、商店、医院、学校、影剧院、歌舞厅等各种公众活动场所投保公众责任保险来转嫁责任风险。在欧美发达地区，公众责任险已成为机关、企业、团体及各种游乐、公共场所的必须保障。

公众责任险包括餐饮业综合保险、火灾公众责任保险、物业责任保险等等。如果消费者在商场或餐馆等场所发生了意外事故，且责任在商场或餐馆，投保了公众责任险的商场或餐馆就可以先赔钱给消费者，再找保险公司索赔。

这类险种的最终目的是使第三方受害人获得及时有效的经济补偿，因此具有很强的公益性。如旅行社等投保了相关责任保险后，旅客在旅途中发生人伤物损的，即可获得保险公司的赔偿。

在发达国家，责任保险在财险业中所占的比重目前高达30%以上，如美国为45%。而现时中国仅为4%左右。随着各项保护公民生命财产权益不受侵犯的法律责任制度的健全完善，以及公民维权意识的不断增强，我国责任保险已具备了大力发展的条件。

保监会人士表示，在煤炭开采等行业推行强制责任保险试点，取得经验后逐步在高危行业、公众聚集场所、境内外旅游等方面推广。也就是说，今后国家将通过立法的形式，商场、旅游公司、娱乐场所都要购买强制的公众责任险，一旦发生意外事故，将由保险公司向受害者进行赔偿。

**二、公众责任保险的责任范围**

公众责任险主要承保被保险人在其经营的地域范围内从事生产、经营或其他活动时，因发生意外事故而造成他人（第三者）人身伤亡和财产损失，依法应由被保险人承担的经济赔偿责任。公众责任险正是为适应上述风险的需要而产生的。公众责任险可适用于企事业单位、社会团体、个体工商户、其他经济组织及自然人均可为其经营的工厂、办公楼、旅馆、住宅、商店、医院、学校、影剧院、展览馆等各种公众活动的场所投保该险种。

（一）公众责任保险的保险责任

在保险有效期内，被保险人在保险单明细表列明的范围内，因经营业务发生意外事故，造成第三者的人身伤亡和财产损失，依法应由被保险人承担的经济赔偿责任，保险人负责赔偿。

被保险人因上述原因而支付的诉讼费用和发生保险责任事故后，被保险人为缩小或减少对第三者人身伤亡或财产损失的赔偿责任所支付的必要的、合理的费用，以及事先经保险公司书面同意而支付的其他费用。

（二）公众责任保险的除外责任

被保险人故意行为引起的损害事故。

战争、暴动、骚乱、罢工或封闭工厂引起的损害事故。

地震、洪水、海啸、台风、龙卷风、火山喷发等不可控自然灾害引起的损失。

任何与保险人一起居住的亲属引起的损害。

有缺陷的卫生装置以及其他不洁或有害物引起的损失。

由于地震、移动或减弱支撑引起的任何土地、财产或房屋的损失责任。

需要说明的是，对于某些除外责任，也可经保险双方约定作为特别条款予以承保。

### 三、公众责任保险的赔偿限额

公众责任保险的赔偿限额的确定，通常也有两种方式：一是只规定每次事故赔偿限额，即仅规定每次公众责任事故的混合赔偿限额。在这种情况下，保单中没有人身伤亡与财产损失的分项限额，而且通常又无保险期内的累计限额，只能制约每次事故的赔偿责任，对整个保险期内的总的赔偿责任不起作用。二是不但规定每次事故赔偿限额，而且也规定保险期限内的累计赔偿限额。

### 四、公众责任保险的费率与保险费

保险人在经营公众责任保险业务时，一般不像其他保险业务那样有预先确定的保险费率表，而通常视被保险人的风险情况、每次事故或累计赔偿限额及经营性质等因素逐笔议定费率，以便确保保险人承担的风险责任与所收取的保险费相适应。公众责任保险费的计算方式通常也有两种：一是以每次事故或累计赔偿限额乘以适用费率；二是按照场所面积乘以适用费率收取。

## 第三节　雇主责任保险

### 一、雇主责任保险概念

雇主责任保险，是以被保险人即雇主的雇员在受雇期间从事业务时因遭受意外导致伤、残、死亡或患有与职业有关的职业性疾病而依法或根据雇佣合同应由被保险人承担的经济赔偿责任为承保风险的一种责任保险。

在理解雇主责任保险的含义时，应当注意的是雇主责任保险所承保的雇主责任与雇主对雇员的责任是有所不同的。这是因为雇主对雇员的责任不仅包括雇主过失行为和无过失行为所致的雇员人身伤害赔偿责任，而且还包括雇主的故意行为所致的雇员人身伤害赔偿责任。然而保险人所承担的责任风险将被保险人（雇主）的故意行为列为除外责任，主要承保被保险人（雇主）的过失行为所致的损害赔偿，或者将无过失风险一起纳入保险责任范围。构成雇主责任的前提条件是雇主与雇员之间存在着直接的雇佣合同关系。

以下情况通常被视为雇主的过失或疏忽责任：

雇主提供危险的工作地点、机器工具或工作程序；

雇主提供的是不称职的管理人员；

雇主本人直接的疏忽或过失行为，如对有害工种未提供相应的合格的劳动保护用品等即为过失。

凡属于这些情形且不存在故意意图的均属于雇主的过失责任，由此而造成的雇员人身伤害，雇主应负经济赔偿责任。目前，在许多国家，雇主责任保险都是一种普遍性的强制保险业务，普及程度极高；也有一些国家将类似业务纳入社会保险范围，即以工伤社会保险取代雇主责任保险；还有一些国家是将工伤社会保险与雇主责任保险并存，但工伤保险仅负责基本的保障，而雇主责任保险负责超额的保障。

### 二、雇主责任保险的责任范围

雇主责任保险的保险责任，包括在责任事故中雇主对雇员依法应负的经济赔偿责任和有关法律费用等，导致这种赔偿的原因主要是各种意外的工伤事故和职业病。具体有以下两个方面：

被保险人所雇用的员工（包括短期工、临时工、季节工和徒工），在本保险有效期内，在受雇过程中，从事本保险单所载明的被保险人的业务与有关工作时，遭受意外而致受伤、死亡或患与业务有关的职业性疾病，所致伤残或死亡，被保险人根据雇用合同和相关法律法规规定，须承担的医药费及经济赔偿责任。

被保险人因解决该赔偿案件责任而支付的诉讼费、仲裁费以及其他必要的、合理的费用。保险人应依据保险单的规定，在约定的赔偿限额内予以赔付。

但下列原因导致的责任事故通常除外不保：一是战争、暴动、罢工、核风险等引起雇员的人身伤害；二是被保险人的故意行为或重大过失；三是被保险人对其承包人的雇员所负的经济赔偿责任；四是被保险人的合同项下的责任；五是被保险人的雇员因自己的故意行为导致的伤害；六是被保险人的雇员由于疾病、传染病、分娩、流产以及由此而施行的内外科手术所致的伤害等。

### 三、雇主责任保险的赔偿

在处理雇主责任保险索赔时，保险人必须首先确立受害人与致害人之间是否存在雇佣关系。根据国际上流行的做法，确定雇佣关系的标准包括：一是雇主具有选择受雇人的权利；二是由雇主支付工资或其他报酬；三是雇主掌握工作方法的控制权；四是雇主具有中止或解雇受雇人的权利。

如果保险责任事故是第三者造成的，保险人在赔偿时仍然适用权益转让原则，即在赔偿后可以代位追偿。

雇主责任保险的赔付限额通常是规定若干个月的工资收入，即以每一雇员若干个月的工资收入作为其发生雇主责任保险时的保险赔付额度，而且通常还分为死亡赔付限额和伤残赔付限额。由此可以看出，不同的员工所适用的赔付限额是有所不同的。

在保险实务中，通常又将伤残分为三种：一是永久丧失全部工作能力。此时按照最高赔付限额赔付；二是永久丧失部分工作能力。此时根据受伤部位及程度，并参照保单所附赔付金额表规定的百分率赔付；三是暂时丧失工作能力，此时保险公司将负责补偿雇员在此期间的工资收入损失。在一些国家的雇主责任保险界，保险人对雇员的死亡赔偿额度与永久完全残疾赔偿额度是有区别的，后者往往比前者的标准要高。但对于部分残疾或一般性伤害，则严格按照事先规定的赔偿额度表进行计算。其计算公式为：

$$赔偿金额 = 该雇员的赔偿限额 \times 适用的赔偿额度比例$$

### 四、雇主责任保险的费率与保险费

雇主责任保险的保险费率一般是按照行业或工种厘定，并根据赔付限额的高低进行调整。如在中国人民财产保险股份有限公司开办的涉外雇主责任保险中，旅馆业内勤人员、电梯司机和锅炉工的保险费率分别厘定为 1.2%～2.4%、1.6%～3.2% 和 2.4%～4.8%。雇主责任保险的保险费是根据被保险人在保险期内支付的雇员工资或薪金、加班费、奖金及其他津贴的总数与适用费率的乘积计算保险费。计算公式如下：

应收保险费＝A 工种年工资总额×适用费率＋B 工种工资总额×适用费率＋…

在保险实务中，保险人通常根据被保险人估计的保险期限内付给其雇用人员工资/薪金、加班费、奖金及其他津贴的总数，计算预付保险费。在保险单到期后的一个月内，被保险人再提供保险单有效期间实际付出的。

### 五、雇主责任保险的附加险

#### （一）附加第三责任险

该项附加险承保被保险人（雇主）因其疏忽或过失行为导致雇员以外的他人人身伤害或财产损失的法律赔偿责任，它实质上属于公众责任保险范围，但如果雇主在投保雇主责任保险时要求加保，保险人可以扩展承保。

#### （二）附加雇员第三者责任保险

该项附加保险承保雇员在执行公务时因其过失或疏忽行为造成的对第三者的伤害且依法应由雇主承担的经济赔偿责任。

#### （三）附加医药费保险

该项附加险种承保被保险人的雇员在保险期限内，因患有疾病等所需的医疗费用的保险，它实质上属于普通人身保险或健康医疗保险的范畴。

此外，雇主责任保险还可以附加战争等危险的保险和附加疾病引起的雇员人身伤亡的保险。

## 第四节　产品责任保险

### 一、产品责任与产品责任保险

产品责任是指产品使用过程中因其自身缺陷而造成用户、消费者或公众人身伤亡或财产损失时，依法应当由产品供给方（包括制造者、销售者、修理者等）承担的民事损害赔偿责任。如某厂生产销售的高压锅，消费者在正常使用过程中发生了爆炸，并造成一定的财产损失，此时就出现了产品责任事故，那么该高压锅的生产者就应依法承担相应的产品责任。

产品责任保险，是指以产品制造者、销售者、维修者等的产品责任为承保风险的一种责任保险，而产品责任又以各国的产品责任法律制度为基础。所谓产品责任，是指产品在使用过程中因其缺陷而造成用户、消费者或公众的人身伤亡或财产损失时，依法应当由产品供给方（包括制造者、销售者、修理者等）承担的民事损害赔偿责任。

产品的制造者包括产品生产者、加工者、装配者；产品修理者指被损坏产品或陈旧产品或有缺陷的产品的修理者；产品销售者包括批发商、零售商、出口商、进口商等各种商业机构，如批发站、商店、进出口公司等。此外，承运人如果在运输过程中损坏了产品并因此导致产品责任事故时，亦应当承担起相应的产品责任。

由此可见，产品责任保险承保的产品责任，是以产品为具体指向物，以产品可能造成的对他人的财产损害或人身伤害为具体承保风险，以制造或能够影响产品责任事故发生的有关各方为被保险人的一种责任保险。在我国，产品责任保险并不是法律规定必须购买的保险，然而却是进入美国主流销售市场必不可少的一个条件。大多数的美国公司都将是否具备产品责任保险作为跟你做生意的一个必要条件。

### 二、产品责任保险的责任范围

保险人承保的产品责任风险，是承保产品造成的对消费者或用户及其他任何人的财产损失、人身伤亡所导致的经济赔偿责任，以及由此而导致的有关法律费用等。

（一）保险责任

产品责任保险的保险责任一般包括两项内容：①被保险人生产、销售、分配或修理的产品发生事故，造成用户、消费者或其他任何人的人身伤害或财产损失，依法应由被保险人承担的损害赔偿责任，保险人在保险单规定的赔偿限额内予以赔偿。②被保险人为产品责任事故支付的法律费用及其他经保险人事先同意支付的合理费用，保险人也负赔偿责任。

（二）除外责任

产品责任保险的除外责任一般包括：①被保险人承担的违约责任，除非经过特别约定。②被保险人根据劳工法或雇佣合同对其雇员及有关人员应承担的损害赔偿责任，这种责任应由劳工保险或雇主责任保险承保。③被保险人所有或照管或控制的财产损失。这种损失应由财产保险承保。④产品或商品仍在制造或销售场所，其所有权尚未转移至用户或消费者之前的责任事故损失。这种损失应由公众责任保险承保。⑤被保险人故意违法生产、销售的产品发生的事故责任损失。⑥被保险产品或商品本身的损失及被保险人因收回有缺陷产品造成的费用及损失。这种损失应由产品保证保险承保。⑦不按照被保险产品说明书要求运安装使用或在非正常状态下使用造成的责任事故损失。⑧由于战争及类似战争行为、敌对行为、武装冲突、恐怖活动、谋反、政变等直接或间接引起的任何后果所致责任。⑨由于核风险所引起的直接或间接的责任。⑩罚款、罚金、惩罚性赔款；另外，还包括保单中规定的免赔额等项。

### 三、产品责任保险的赔偿

在产品责任保险的理赔过程中，保险人的责任通常以产品在保险期限内发生事故为基础，而不论产品是否在保险期内生产或销售。

赔偿标准以保险双方在签订保险合同时确定的赔偿限额为最高额度，它既可以每次事故赔偿限额为标准，也可以累计的赔偿限额为标准。在此，生产、销售、分配的同批产品由于同样原因造成多人的人身伤害、疾病、死亡或多人的财产损失均被视为一次事故造成的损失，并且适用于每次事故的赔偿限额。限额由投保人根据自己的需要向保险人提出，经保险人审核同意后在保险单中订明。保险单赔偿限额的高低通常由产品责任风险的大小以及产品销往国别的不同等因素决定。如药物的产品责任风险通常大于服装的产品责任风险，所以药物的赔偿限额要高于服装；销往欧美地区的产品赔偿限额要高于销往亚非国家的产品赔偿限额。

### 四、产品责任保险的费率与保险费

产品责任保险费率的厘定，主要考虑如下因素：

产品的特点和可能对人体或财产造成损害的危险大小。如药品、烟花、爆竹等产品的责任事故风险就比一般产品的责任事故风险要大得多，所以对这类高危险产品的承保费率也会远远高于一般产品的承保费率。

承保的区域范围。如出口产品，尤其是出口到欧美国家的产品责任事故风险要高于国内销售的产品的责任事故风险。

产品制造者的技术水平和质量管理情况。如生产厂家生产技术水平越高、质量管理越严格，产品的责任事故风险就会越低，由此费率也会相对较低。

赔偿限额的高低。赔偿限额越高，保险人赔偿的责任越大，所以承保时的费率就会越高。在保险实践中，保险人承保时要综合考虑上述因素，并按照风险大小将不同产品划分为若干类型，如一般风险产品、中等风险产品和特别风险产品等，并以此作为确定投保产品的具体费率依据。

产品责任保险的保险期限多为 3~5 年。保险费通常是按照被保险人年计划销售额乘以责任期限（通常为 1 年），到期可以续保。对于适用年限较长的产品或商品，也可以投保 3 年、5 年期的产品责任保险，但保险费仍逐年结算。产品责任保险的索赔有效期限应按保险单规定或当地有关法律规定的时间区间为准，如我国按法律规定为 1 年，有的国家或地区规定的为 3 年。

### 五、产品责任保险和产品质量保险的区别

在一些场合，人们极易将产品责任与产品质量违约责任相混淆。其实，尽管这两者都与产品直接相关，其风险都存在于产品本身且均需要产品的制造者、销售者、修理者承担相应的法律责任，但作为两类不同性质的保险业务，它们仍然有本质的区别。

第一，风险性质不同。产品责任保险承保的是被保险人的侵权行为，且不以被保险人是否与受害人之间订有合同为条件。它以各国的民事民法制度为法律依据。而产品质量保证保险承保的是被保险人的违约行为，并以合同法供给方和产品的消费方签订合同为必要条件。它以经济合同法规制度为法律依据。

第二，处理原则不同。产品责任事故的处理原则，在许多国家采用严格责任的原则。即只要不是受害人处于故意或自伤所致，便能够从产品的制造者或销售者、修理

者等处获得经济赔偿，并受到法律的保护。而产品质量保险的违约责任只能采取过错责任的原则进行处理。即产品的制造者、销售者、修理者等存在过错是其承担责任的前提条件。可见，严格责任原则与过错责任原则是有很大区别的，其对产品责任保险和产品质量保险的影响也具有很大的直接意义。

第三，自然承担者与受损方的情况不同。从责任承担方的角度看，在产品责任保险中，责任承担者可能是产品的制造者、修理者、消费者，也可能是产品的销售者甚至是承运者。其中制造者与销售者负连带责任。受损方可以任择其一提出赔偿损失的要求，也可以同时向多方提出赔偿请求，在产品质量保证保险中，责任承担者仅限于提供不合格产品的一方，受损人只能向他提出请求。从受损方的角度看，产品责任保险的受损方可以是产品的直接消费者或用户，也可以是与产品没有任何关系的其他法人或者自然人，即只要因产品造成了财产或人身损害，就有向责任承担者取得经济赔偿的法定权益。而在产品质量保险中，受损方只能是产品的消费者。

第四，承担责任的方式与标准不同。产品责任事故的责任承担方式，通常只能采取赔偿损失的方式，即在产品责任保险中，保险人承担的是经济赔偿责任，这种经济赔偿的标准不受产品本身的实际价值的制约。而在产品质量保险中，保险公司承担的责任一般不会超过产品本身的实际价值。

第五，诉讼的管辖权不同。产品责任保险所承保的是产品责任事故，因此产品责任提起诉讼案件应由被告所在地或侵权行为发生地法院管辖，产品质量保险违约责任的案件有合同签订地和履行地的法院管辖。

第六，保险的内容性质不同。产品责任保险提供的是代替责任方承担的经济赔偿责任，属于责任保险。产品质量保险提供的是带有担保性质的保险，属于保证保险的范畴。

由于这两者的本质差异，保险公司在经营这两类保险业务时，必须严格区分。以避免因顾客的不了解而产生不必要的纠纷。不过，在欧美国家的产品保险市场上，被保险人一般同时承担产品责任保险和质量保险，以此达到控制风险和避免纠纷的目的。

# 第五节　职业责任保险

## 一、职业责任保险概述

职业责任保险，是以各种专业技术人员在从事职业技术工作时因疏忽或过失造成合同对方或他人的人身伤害或财产损失所导致的经济赔偿责任为承保风险的责任保险。职业责任保险所承保的职业责任风险，是从事各种专业技术工作的单位或个人因工作上的失误导致的损害赔偿责任风险，它是职业责任保险存在和发展的基础。

职业责任的特点在于：一是它属于技术性较强的工作导致的责任事故；二是不仅与人的因素有关，同时也与知识、技术水平及原材料等的欠缺有关。

它限于技术工作者从事本职工作中出现的责任事故。

## 二、职业责任保险的承保方式

### （一）以索赔为基础的承保方式

所谓以索赔为基础的承保方式，是保险人仅对在保险期内受害人向被保险人提出的有效索赔负赔偿责任，而不论导致该索赔案的事故是否发生在保险有效期内。这种承保方式实质上是使保险时间前置了，从而使职业责任保险的风险较其他责任保险的风险更大。采用上述方式承保，可使保险人能够确切地把握该保险单项下应支付的赔款，即使赔款数额在当年不能准确确定，至少可以使保险人了解全部索赔的情况，对自己应承担的风险责任或可能支付的赔款数额作出较切合实际的估计。同时，为了控制保险人承担的风险责任无限地前置，各国保险人在经营实践中，又通常规定一个责任追溯日期作为限制性条款。保险人仅对追溯日以后、保险期限满日前所发生的职业责任事故，且在保险有效期内提出索赔的法律赔偿责任承担赔偿义务。

### （二）以事故发生为基础的承保方式

该承保方式是保险人仅对在保险有效期内发生的职业责任事故而引起的索赔负责，而不论受害方是否在保险有效期内提出索赔，它实质上是将保险责任期限延长了。

它的优点在于保险人支付的赔款与其保险期内实际承担的风险责任相适应，缺点是保险人在该保险单项下承担的赔偿责任往往要经过很长时间才能确定，而且由于货币贬值等因素，受害方最终索赔的金额可能大大超过职业责任保险事故发生当时的水平或标准。在这种情况下，保险人通常规定赔偿责任限额，同时明确一个后延截止日期。

从一些国家经营职业保险业务的惯例来看，采用以索赔为基础的承保方式的职业责任保险业务较多些，采用以事故发生为基础的承保方式的职业责任保险业务要少些。在保险实务中，采用第一种即以期内索赔为基础的承保方式较为多见。而且按照惯例，保险人规定的追溯日期或后延日期一般以 3 年为限。

## 三、职业责任保险的保险责任和除外责任

职业责任保险的责任范围因职业间的差异而有较大的不同，但归结起来，职业责任保险的保险人主要负责以下两个方面的赔偿：一是赔偿金指专业人员由于职业上的疏忽、错误或失职造成的损失的赔偿金，且无论损失是否发生在保险合同的有效期内，只要受有损害的第三人在合同有效期内提起索赔的应由被保险人承担的赔偿金都在此列；二是费用指事先经保险人同意支付的各项费用，一般包括诉讼费用及律师费用等。

需要特别注意的是，职业责任保险在保险责任范围内的具体赔偿项是与其他责任保险有所不同，主要体现在应承担的事故自身所致的赔偿责任。即职业责任保险的保险责任不仅包括被保险人及其雇员因职业事故应承担的赔偿责任，而且还包括被保险人的前任与雇员的前任因职业事故应承担的赔偿责任，这是由职业技术服务和保险服务的连续性所决定的。

职业责任保险中保险人的除外责任根据所承保职业的类别的不同存在较大的差异，

除了责任保险的一般除外责任外，通常规定保险人对下列事项不负责赔偿：一是被保险人与未取得相关专业技术任职资格的人员发生的业务往来导致的损失；二是超越代理权的行为导致的损失；三是泄露个人隐私或商业秘密等造成的损失等不负责任；四是被保险人在保险期间不如实向保险人报告危险增加而引起的民事赔偿责任。

### 四、职业责任保险的费率

由于职业种类繁多，而且不同的职业具有不同的特定风险，由此也就需要制定不同的保险费率。从总体而言，在厘定职业责任保险的费率时需要着重考虑以下几个因素：职业种类；被保险人及其雇员的专业技术水平和责任心；单位的管理水平；工作单位的性质；被保险人职业责任事故的历史损失资料以及同类业务的职业责任事故情况；赔偿限额、免赔额和其他承保条款。

### 五、职业责任保险的主要分类

#### （一）医疗职业责任保险

医疗职业责任保险也叫医生失职保险，它承保医务人员或其前任由于医疗责任事故而致病人死亡或伤残、病情加剧、痛苦增加等，受害者或其家属要求赔偿且依法应当由医疗方负责的经济赔偿责任。医疗职业责任保险以医院为投保对象，以有固定场所的医疗机构及经国家有关部门认定合格的医务人员作为被保险人，普遍采用以索赔为基础的承保方式。

我国平安保险公司于 1999 年 10 月在国内首创医疗责任保险，2002 年初中国人民保险公司云南分公司、中国太平洋保险公司昆明分公司在全国率先联合开办了"医疗职业责任综合险"。随着 2002 年 9 月 1 日《医疗事故处理条例》正式施行后，医疗责任保险的发展进入了一个新阶段。目前中国人民财产保险公司、太平洋保险公司、平安保险公司等多家保险公司均在全国范围内开展了医疗责任保险，而且云南、上海、北京已经在当地政府的推动下实行了地区统保。

#### （二）律师责任保险

律师责任保险承保被保险人或其前任，作为一个律师在自己的能力范围内在职业服务中发生的一切疏忽行为、错误或遗漏过失行为所导致的法律赔偿责任，包括一切侮辱、诽谤，以及赔偿被保险人在工作中发生的或造成的对第三者的人身伤害或财产损失。律师责任保险的承保基础可以以事故发生或索赔为依据确定，它通常采用主保单——法律过失责任保险和额外责任保险单——扩展限额相结合的承保办法。此外，还有免赔额的规定，其除外责任一般包括被保险人的不诚实、欺诈犯罪、居心不良等行为责任。

在我国最早开办律师责任保险的是友邦保险公司。早在 1994 年友邦保险公司就与上海建设律师事务所签订了律师执业失误保险，并约定每个案件的赔偿额不超过律师代理费的 10 倍，总赔偿额不超过 500 万元。随后中国平安保险公司、中国太平洋保险公司等保险公司陆续开展了律师责任保险。由于我国《律师法》第四十九条规定，律师违法执业或因过错给当事人造成损失的，由其所在的律师事务所承担赔偿责任。由此，一般律师事务所作为律师责任保险的被保险人，但在实践中也有时是律协代表当地律师事务所统一与保险公司签订保险合同。

（三）会计师责任保险

会计师责任保险承保被保险人或其前任在约定的追溯期或保险期限内，在从事业务过程中，因过失行为未尽其在业务上应尽之责任及义务，造成委托人及其利害关系人的直接经济损失，委托人及其利害关系人在保险期限内向被保险人提出索赔的，依法应由被保险人承担的赔偿责任。需要注意的是，会计师责任保险所承担的赔偿责任不包括身体伤害、死亡及实质财产的损毁。

我国的会计师责任保险，是由中国平安保险公司于 2000 年 7 月首次开办。紧随其后，平安保险公司也正式开办了此险种。目前该险种在深圳、广州、北京、上海等大城市开展得比较好，如深圳 60 多家会计师事务所购买会计责任保险的比例达到 80%。但就全国范围内来说，会计责任保险的开展状况并不十分理想。

（四）建筑、工程技术人员责任保险

建筑、工程技术人员责任保险承保因建筑师、工程技术人员的过失而造成合同对方或他人的财产损失与人身伤害并由此导致经济赔偿责任的职业技术风险。建筑、安装以及其他工种技术人员、检验员、工程管理人员等均可以投保该险种。

在我国，建筑工程设计责任保险的被保险人是指经国家建设行政主管部门批准，取得相应资质证书并经工商行政管理部门注册登记，依法成立的建设工程设计单位及与被保险建设工程设计单位签订劳动合同的设计人员。

（五）董事及高级职员责任保险

董事及高级职员责任保险是承保被保险董事及高级职员在约定的追溯期或保险期限内，在执行职务过程中，由于单独或共同的过错行为导致第三者遭受经济损失，依法应由被保险董事及高级职员承担的赔偿责任。其中的过错行为包括违反义务的行为、过失行为、与事实不符的陈述、误导股东的陈述、应作为而不作为或其他过错行为。公司董事及高级职员责任保险的主要保障对象包括：公司董事、其他单位派驻的独立董事、公司高级职员、可扩展承保公司外兼董事和高级职员（指被保险公司派遣到其他公司的董事和高级职员）。

虽然在国际上董事及高级职员责任保险已得到广泛推广，但在我国该险种起步较晚。直到 2002 年 1 月 23 日，平安保险公司才与万科企业股份有限公司签订了我国首份公司董事及高级职员责任保险保单，这将有利于为国内公司的董事及高级职员提供任职风险的配套转移机制，增强公司董事、尤其是独立董事及高级管理人员的责任心，进一步加强鼓励他们更好地行使职能，保护公司和股东的利益，完善上市公司治理，并为我国证券市场的稳步发展提供保障。

（六）其他险种

此外，还有美容师责任保险、保险经纪人和保险代理人责任保险、情报处理者责任保险等多种职业责任保险业务，它们在发达的保险市场上同样是受到欢迎的险种。

**本章小结：**

1. 责任保险属于广义的财产保险范畴，它是随着法律的发展和完善而逐渐兴起的险种，是以被保险人依法应负的民事损害赔偿责任为保障内容。在保障被保险人的同时，也有效地保护了保险合同之外的受害者即第三者的利益。由于责任保险承保的是被保险人的赔偿责任风险，该风险及其发生损害赔偿责任都具有很强的不确定性，因此，责任保险的突出特征是不规定保险金额，只在承保时由保险双方约定赔偿限额，以此确定保险人承担的责任限额，凡超过赔偿限额的赔偿责任仍须由被保险人自行承担。

2. 目前，在保险实践中，责任保险主要有产品责任保险、公众责任保险、雇主责任保险和职业责任保险等类别。其中，产品责任保险是以产品制造者、销售者和维修者等的产品责任为承保风险的一种责任保险；公众责任险是承保被保险人在经营场所进行生产、经营或其他活动时，因发生意外事故而造成的他人人身伤亡和财产损失，依法应由被保险人承担的经济赔偿责任；雇主责任保险是承保被保险人即雇主由于其雇员在受雇期间，从事业务过程中因发生意外或因职业病而造成人身伤残或死亡，根据《劳动法》或《劳动合同法》等规定应由被保险人承担的经济赔偿责任的一种保险；职业责任保险是承保各种专业技术人员在从事职业技术工作时因疏忽或过失致使他人遭受人身伤害或财产损失，依法应负有的经济赔偿责任的一种保险。

163

**复习思考题：**

1. 责任保险主要有哪些特征？
2. 为什么责任保险只规定赔偿限额而不确定保险金额？
3. 产品责任保险、公众责任保险、雇主责任保险和职业责任保险的保险责任分别是如何界定的？

# 第八章
# 信用保证风险与保险

学习要点:

◇ 理解信用保险、保证保险的定义与特点
◇ 了解信用保险、保证保险的种类

## 第一节　信用风险

### 一、信用风险简介

信用风险又称违约风险，是指交易对手未能履行约定契约中的义务而造成经济损失的风险，即受信人不能履行还本付息的责任而使授信人的预期收益与实际收益发生偏离的可能性，它是金融风险的主要类型。在过去的数年中，利用新的金融工具管理信用风险的信用衍生工具发展迅速。适当利用信用衍生工具可以减少投资者的信用风险。业内人士估计，信用衍生市场发展不过数年，在1995年全球就有了200亿美元的交易量。

### 二、信用风险的特征

#### （一）风险的潜在性

很多逃废银行债务的企业，明知还不起也要借，例如，许多国有企业决定从银行借款时就没有打算要偿还。据调查，目前国有企业平均资产负债率高达80%左右，其中有70%以上是银行贷款。这种高负债造成了企业的低效益，潜在的风险也就与日俱增。

#### （二）风险的长期性

观念的转变是一个长期的、潜移默化的过程，尤其在当前中国从计划经济向市场经济转变的这一过程将是长久的阵痛。切实培养银行与企业之间的"契约"意识，建立有效的信用体系，需要几代人付出努力。

### （三）风险的破坏性

思想道德败坏了，事态就会越变越糟。不良资产形成以后，如果企业本着合作的态度，双方的损失将会减少到最低限度；但许多企业在此情况下，往往会选择不闻不问、能躲则躲的方式，使银行耗费大量的人力、物力、财力，也不能弥补所受的损失。

### （四）控制的艰巨性

当前银行的不良资产处理措施，都具有滞后性，这与银行不良资产的界定有关，同时还与银行信贷风险预测机制、转移机制、控制机制没有完全统一有关。不良资产出现后再采取种种补救措施，结果往往于事无补。

## 三、信用风险的后果影响

信用风险对形成债务双方都有影响，主要对债券的发行者、投资者和各类商业银行和投资银行有重要作用。

### （一）对债券发行者的影响

由于债券发行者的借款成本与信用风险直接相联系，债券发行者受信用风险影响极大。计划发行债券的公司会由于种种不可预料的风险因素而大大增加融资成本。例如，平均违约率升高的消息会使银行增加对违约的担心，从而提高了对贷款的要求，使公司融资成本增加。即使没有什么对公司有影响的特殊事件，经济萎缩也可能增加债券的发行成本。

### （二）对债券投资者的影响

对于某种证券来说，投资者是风险承受者，随着债券信用等级的降低，则应增加相应的风险贴水，即意味着债券价值的降低。同样，共同基金持有的债券组合会受到风险贴水波动的影响。风险贴水的增加将减少基金的价值并影响到平均收益率。

### （三）对商业银行的影响

当借款人对银行贷款违约时，商业银行是信用风险的承受者。银行由于两个原因会受到相对较高的信用风险。首先，银行的放款通常在地域上和行业上较为集中，这就限制了通过分散贷款而降低信用风险的方法的使用。其次，信用风险是贷款中的主要风险。随着无风险利率的变化，大多数商业贷款都设计成浮动利率。这样，无违约利率变动对商业银行基本上没有什么风险。而当贷款合约签订后，信用风险贴水则是固定的。如果信用风险贴水升高，则银行就会因为贷款收益不能弥补较高的风险而受到损失。

# 第二节　信用保险

## 一、信用保险的内容

信用保险是指权利人向保险人投保债务人的信用风险的一种保险，是一项企业用于风险管理的保险产品。其主要功能是保障企业应收账款的安全。其原理是把债务人的保证责任转移给保险人，当债务人不能履行其义务时，由保险人承担赔偿责任。通常情况下，信用保险会在投保企业的欠款遭到延付的情况下，按照事先与企业约定好的赔付比例赔款给企业。引发这种拖延欠款的行为可能是政治风险（包括债务人所在国发生汇兑限制、征收、战争及暴乱等）或者商业风险（包括拖欠、拒收货物、无力偿付债务、破产等）。在实际操作中，投保企业需要为其买家向保险公司申请限额，限额规定了投保企业在一定时期内向该买家赊销，能够获保的最高金额。限额体现了保险公司对于与该买家进行交易的潜在风险的认定。投保信用保险需要支付一定比率的保费。通常保费的比率（费率）较低，由债务人所在国风险以及债务人自身风险等标准厘定。信用保险的一般条件除与其他财产保险一样之外，还有以下限制：①放款赊销，以对经常有清偿能力而且信用好的人或企业为限；②被保险人应视为共保人，或规定损失超过一定百分比时，始由保险人就约定保险金额内负责。

## 二、信用保险的作用

### （一）有利于保证企业生产经营活动的稳定开展

银行向企业发放贷款必然要考虑贷款的安全性，即能否按期收回贷款的问题。企业投保了信用保险以后，就可以通过将保单作为一种保证手段抵押给贷款银行，通过向贷款银行转让保险赔款，要求保险人向贷款银行出具担保等方式，使银行得到收回贷款的可靠保证，解除银行发放贷款的后顾之忧。可见，信用保险的介入，使企业较容易得到银行贷款，这对于缓解企业资金短缺，促进生产经营的开展均有保障作用。

### （二）有利于促进商品交易的健康发展

在商品交易中，当事人能否按时履行供货合同，销售货款能否按期收回，一般受到多种因素的影响。而商品的转移又与生产者、批发商、零售商及消费者有着连锁关系。一旦商品交易中的一道环节出现信用危机，不仅会造成债权人自身的损失，而且常常会引起连锁反应，使商品交易关系中断，最终阻碍商品经济的健康发展。有了信用保险，无论在何种交易中出现信用危机，均有保险人提供风险保障。因此，即使一道环节出了问题，也能及时得到弥补。

### （三）有利于促进出口创汇

外贸出口面向的是国际市场。风险大，竞争激烈，一旦出现信用危机，出口企业就会陷入困境，进而影响市场开拓和国际竞争力。如果企业投保了出口信用保险，在当被保险人因商业风险或政治风险不能从买方收回货款或合同无法执行时，他就可以从保险人那里得到赔偿。因此，出口信用保险有利于出口企业的经济核算和开拓国际市场，最终促使其为国家创造更多的外汇收入。

## 三、信用保险的分类

### （一）商业信用保险

商业信用保险主要是针对企业在商品交易过程中所产生的风险。在商品交换过程中，交易的一方以信用关系规定的将来偿还的方式获得另一方财物或服务，但不能履行给付承诺而给对方造成损失的可能性随时存在。比如买方拖欠卖方货款,对卖方来说就是应收款项可能面临的坏账损失。有些人会认为提取坏账准备金已经是一种自行保险了,参加这种商业保险不仅要支付保费增加企业的成本费用,而且保险公司参与监督企业的经营活动会损害公司管理的独立性,然而情况并非如此。对于小公司来说,可用于周转的资金量较小,一笔应收款项成为坏账就可能使整个企业陷于瘫痪状态,所提取的坏账准备于事无补,发生这类情况的例子举不胜举;对于规模较大的公司来说,一般不会因少数几笔坏账就出现资金周转困难,但从我国这些年发生的"三角债"拖垮企业的众多事例中,可以看出信用保险是一项能避免信用风险、维持企业正常经营的有效措施。

### (二) 出口信用保险

出口信用保险,也叫出口信贷保险,是各国政府为提高本国产品的国际竞争力,推动本国的出口贸易,保障出口商的收汇安全和银行的信贷安全,促进经济发展,以国家财政为后盾,为企业在出口贸易、对外投资和对外工程承包等经济活动中提供风险保障的一项政策性支持措施,属于非营利性的保险业务,是政府对市场经济的一种间接调控手段和补充。是世界贸易组织(WTO)补贴和反补贴协议原则上允许的支持出口的政策手段。目前,全球贸易额的 12%~15% 是在出口信用保险的支持下实现的,有的国家的出口信用保险机构提供的各种出口信用保险保额甚至超过其本国当年出口总额的 1/3。

#### 1. 中国出口信用保险

信用保险是国际通行的贸易促进手段,但在我国起步较晚。中国信保自成立以来,一面快速学习国际同业先进经验,一面结合国情,"摸着石头过河",使我国信用保险业呈现超常规、跨越式增长态势。10 年间,中国信保积极推进产品服务创新。中国信保成立之初,我国信用保险产品单一,只有短期出口信用保险、中长期出口信用保险和海外投资保险三种产品。10 年来,为适应我国出口、投资和消费需求的发展变化,中国信保不断创新完善保险产品,改进保险服务,目前已经拥有由 43 种产品、26 种承保模式组成的项目险、贸易险等业务板块以及包括资信评估、应收账款管理在内的完整的信用风险管理服务体系,建立了与客户无缝对接的"信保通"客户服务系统。中国信保专业、完善的产品服务体系,能够为我国进出口贸易、海外投资、国内贸易等经济活动提供完整的信用风险保障。

#### 2. 短期出口信用保险

保单规定,凡是在中华人民共和国境内注册的,有外贸经营权的经济实体,采用付款交单(D/P),承兑交单(D/A),赊账(OA)等一切以商业信用付款条件产品全部或部分在中国制造(军品除外),信用期不超过 180 天的出口,均可投保短期出口信用保险。经保险公司书面同意,也可以是适用于下述合同:规定以银行或其他金融机构开具的信用证付款的合同;由中国转口的在中国以外地区生产或制造但已向中国政府申报进口的货物的合同;信用期限超过 180 天的合同;信用证方式改为非信用证方式,付款交单(D/P)方式改为承兑交单(D/A)方式或赊账(OA)方式的合同;延展付款期限超过六十天的合同。短期出口信用的投保范围不包括出口货物的性质或数量或付款条件或付款货币未定的合同。

（三）投资保险

投资保险又称政治风险保险，承保投资者的投资和已赚取的收益因承保的政治风险而遭受的损失。投资保险的投保人和被保险人是海外投资者。开展投资保险的主要目的是鼓励资本输出。作为一种新型的保险业务，投资保险于20世纪60年代在欧美国家出现以来，现已成为海外投资者进行投资活动的前提条件。

# 第三节　保证保险

## 一、保证保险的内容

从广义上说，就是保险人为被保证人向权利人提供担保的保险。它包括两类保险：一类是狭义的保证保险，另一类是信用保险。它们的保险标的都是被保证人的信用风险，当被保证人的作为或不作为致使权利人遭受经济损失时，保险人负经济赔偿责任。因此保证保险实际上是一种担保业务。

保证保险虽具担保性质，但对狭义的保证保险和信用保险而言，担保的对象却不同，两者是有区别的。凡被保证人根据权利人的要求，要求保险人承担自己（被保险人）信用的保险，属狭义的保证保险；凡权利人要求保险人担保对方（被保证人）信用的保险，属信用保险，权利人也即被保险人。保证保险是指在约定的保险事故发生时，被保险人需在约定的条件和程序成就时方能获得赔偿的一种保险方式，其主体包括投保人、被保险人和保险人。投保人和被保险人就是贷款合同的借款方和贷款方，保险人是依据保险法取得经营保证保险业务的商业保险公司，保证保险常见的有诚实保证保险和消费贷款保证保险。保证保险的内容主要由投保人缴纳保险费的义务和保险人承担保险责任构成。保证保险的性质属于保险，而不是保证。在保证保险中，保险责任是保险人的主要责任，只要发生了合同约定的保险事由，保险人即应承担保险责任，这种责任因在合同有效期未发生保险事由而消灭。

## 二、保证保险的功能和范围

保证保险的功能在于转嫁被保险人的风险，作为一种保险手段，是分散风险、消化损失的一种经济补偿制度。因为保证保险不是保证，所以保险人不能享有保证所产生的先诉抗辩权或物保优于人保的抗辩权，一旦发生保险事故，保险人就应当按照保证保险合同的约定向被保险人支付保险金。在消费贷款保证保险中，投保人即贷款合同中的债务人未能按贷款合同约定的期限归还欠款，视为保险事故发生，保险人应当承担保险责任。保证保险的范围表现为，保险人承担的保证保险责任仅限于保证保险合同约定的保险金额限度内的贷款本金，对于违约金、利息、罚息等均不属于赔偿范围。

保证保险的权利义务及法律依据保证保险合同是与主合同（消费贷款合同）处于并存关系，属于双方有偿合同，一经成立便产生独立的权利义务关系。保险人履行保险责任是以收取保险费为前提，而被保险人应承担一定的义务，保险人在履行赔偿义务时，可按保险条款免责和享有一定比例的免赔。保证保险作为一种保险形式，处理其纠纷的法律依据是保险法和相应的保险条款约定。保证保险的适用及程序保证保险是一种财产保险，是当事人之间的一种商品交换关系，保险人通过开展保险业务化解和分散商业风险，换取商业利润，而被保险人要求保险人支付保险赔偿金时，必须按保证保险合同条款约定的程序向保险人求偿，保险人应当依保险条款支付保险金。

### 三、保证风险的分类

保证保险主要分为二类：合同保证保险、忠实保证保险、商业信用保险和保证保险。以保险标的为标准划分，财产保险可以分为财产损失保险、财产责任保险、信用保险和保证保险等。投保人与保险人之间签订的以各种财产及其有关利益为保险标的保险合同则分别为财产损失保险合同、责任保险合同、信用保险合同和保证保险合同。

（一）合同保证保险

合同保证保险专门承保经济合同中因一方不履行经济合同所负的经济责任。合同保证保险实质上起着金融直辖市的作用，首先它涉及保证人、被保证人、权利人三方，而不像一般保险合同那样只有两方；其次，合同保证保险的保险费是一种服务费而不是用于支付赔款的责任准备。合同保证保险的历史不长，传统上是由银行出具信用证来担保涉外经济合同的履行。由于出立银行信用证条件较为苛刻，手续比较繁琐，就导致了对合同保证保险需求的增加，从而促进了保证保险业务的发展。从法律意义上讲，保证人只有在被保证人无力支付时才有义务支付赔款，而保证人只对权利人有赔偿义务。在承保合同保证保险时，保证人既要考虑违约的风险，同时还要考虑汇率风险、政治风险，并要考虑到各国政治制度、法律制度、风俗习惯的判别。在确定风险程度时，被保证人的财务状况是一个决定性因素。在承保前，保证人往往要对被保证人的财务状况、资信度进行调查。调查的主要内容包括：①有关被保证人基本情况的记录，包括被保证人的历史、在社会上的影响等；②最近财务年度的财务由册及有关材料；③合同业务的进展状况；④反担保人的财务状况；⑤与银行的往来信函；⑥企业的组织、经营状况，信贷情况，财务审计及记账方法，附属企业的情况。

（二）忠实保证保险

忠实保证保险通常承保雇主因其雇员的不诚实行为而遭受的损失。涉外忠实保证保险一般承保在中国境内的外资企业或合资企业因其雇员的不诚实行为而遭受的经济损失，也可承保中国劳务出口中，因劳务人员的不诚实行为给当地企业主造成的损失。

忠实保证保险与合同保证保险的区别在于：①忠实保证涉及的是雇主与雇员之间的关系，而合同保证并不涉及这种关系；②忠实保证的承保危险是雇员的不诚实或欺诈，而合同保证承保的危险主要是被保证人的违约行为；③忠实保证可由被保证人购买，也可由权利人购买，而合同保证保险必须由被保证人购买。

### （三）商业信用保险和保证保险

商业信用保险和保证保险是由权利人投保他人的信用，如他人不守信用而使权利人遭受损失，则由保证人负责赔偿。在中国商业信用保险和保证保险主要是出口信用保险。

出口信用保险是以鼓励该国出口商扩大出口贸易为出发点，给该国出口商提供出口贸易收汇风险保障的一项特种业务，即由国家设立专门机构对该国出口商或商业银行向外国进口商或银行提供的信贷进行担保，当外国债务人拒绝付款时，这个机构负责支付遭拒付款部分的全部或部分损失。现在各工业发达国家、一些东欧国家，以及不少发展中国家都开办了此类业务。

办理出口信用保险一方面解除了出口企业收汇风险的后顾之忧，提高了出口企业在国际市场上的竞争能力，保证了出口企业的正常经济核算；另一方面帮助出口企业解决资金需要，扩大了出口企业的经营能力。因此，出口信用保险受到许多出口企业的欢迎。随着外贸体制的改革，出口信用险的需求在今后一段时间内还会有进一步的扩大。从保险人的角度来看，如何在保证基本的收支平衡基础上，提供更全面、更有效的信用保证，也是一个亟须解决的重大课题。

### 四、保证保险与保证的异同

通过对保证保险与保证的特点进行比较分析，可以进一步加深对保证保险与保证法律性质的认识，从而得出正确的结论。

### （一）保证保险与保证相同性之分析

根据我国《担保法》第六条给保证所下的定义，保证以担保债权为目的，为确保债权之效力所设之制度。而根据《保险法》第二条对保险的定义，保证保险属于保险的一种，也具有保障作为消费借贷（或买卖）合同债权人债权实现的功能，当债务人不能按约定向债权人履行其债务时，保险人则应向债权人承担赔偿责任，两者在目的上存在相似性。

1. 保障功能相同

保证是保证人以其资信能力为债务人的债务提供担保，以保证债权人的债权得以实现。保证保险是保险人以其资信能力向债权人作保，当债务人不履行债务时，则由保险人依约履行保险责任来保护债权人所享有债权的实现。

2. 履行的或然性相同

被保证人和被保险人是否履行债务都具有不确定性，只有当保证合同的主债务人未履行债务或者保证保险合同所涉及的消费借贷（或买卖）合同的债务人未履行债务时，保证人或者保险人才需要向被保证人或者被担保的债权人履行保证责任或保险责任。

3. 债务人履行债务结果相同

被保证人债务履行完毕，被保证债务消灭，保证责任随之消灭，保证人的保证责任免除。被保险人债务履行完毕，被保险标的不存在，保险人保险责任免除。

4. 免责事由相同

保证人免责的事由一般为不可抗力和债权人的过错，如债权人与债务人恶意串通，骗取保证人为债务人提供保证的，应认定担保无效，保证人负责。在不可抗力或债权人过错的情形下，保险人不承担保险责任。

5. 使用的"保证"之名相同

保证是中国《担保法》明文确认的一种担保方法，即由保证人以其资信能力向主债权人作保，担保主债务人履行债务，以保护主债权人所享有的主债权的实现。而保证保险名称中之所以使用"保证"一词，则源于保证保险业务所包含的确保相关消费借贷（买卖）合同履行的保证功能。

（二）保证保险与保证相异性之分析

虽然保证保险与保证存在上述诸多相似之处，但二者之间却存在本质的区别。

1. 主体资格不同

保险人为特殊主体，保险人是经过保险监管机关批准享有保证保险经营权的商业保险公司。保证人为一般主体，除了《担保法》规定禁止作保证人以外的一切自然人、法人或其他组织均可作为保证人。

2. 合同目的不同

保证保险合同作为一种保险手段，虽具有保障债权实现的功能，但其是以降低违约风险和分散风险为主要目的。而保证合同是以担保债权的实现为目的。

3. 合同内容不同

保证保险合同是双向性的有偿合同，其内容主要是由投保人缴纳保费的义务和保险人承担保险责任构成。而保证合同通常是单向无偿合同，其内容由债权人的担保权利和保证人的保证义务构成。

4. 责任性质不同

在保证保险合同中，保险责任是保险人的主要责任，只要发生了合同约定的保险事由，保险人即应承担保险责任，这种责任在合同有效期未发生保险事由而消灭。在保证合同中，保证人承担的是保证责任，保证人履行了保证责任标志着合同目的的实现，若债务人履行债务，则保证责任消灭。

5. 债产生的原因不同

保证保险合同为依据的保险之债不是原来已存在的债的一部分，而是独立于原债的一个新债。而以保证合同而形成的保证之债是原债的一部分，是作为主债的从债。

6. 抗辩权利不同

保证保险合同作为财产保险合同的一种，既适用《保险法》的一般规定，也适用财产保险合同的有关规定，保险人拥有广泛的抗辩权。而除一般保证的保证人享有先诉抗辩权外，连带保证的保证人的抗辩权受到很大的限制。

7. 运行方式不同

保证合同以担保主债为目的，其内容体现的是依附被担保的主债，而不追求任何经济利益为目的。保证保险合同是一种财产保险合同，是当事人之间的一种商品交换关系，保险人通过开展保险业务化解和分散商业风险，换取商业利润。

8. 合同对价不同

保证保险以投保人支付相当的保险费为条件，保险费率的确定由保险人根据社会公众购买保证保险的需求情况和降低自身经营风险的需要以及保证保险的成本来确定，体现了商品交换中的经济法则。保证一般是无偿的，即使有对价存在，也是由保证人确定一个具体的数额，而且并不以追求经济利益为目的。

9. 责任承担的前提不同

一般保证人承担责任的前提是债权人经判决或仲裁并就债务人的财产依法强制执行仍不能清偿，其本质是一种补充赔偿责任；保险责任则以保险事故的发生为充分必要条件，只要双方约定的保险事故已确定发生，保险公司就应当承担保险责任。

10. 合同的地位不同

保险合同是独立存在的合同，它不是依附其他合同的从合同；而保证合同是主合同的从合同，不能脱离主合同而独立存在。

11. 承担责任的财产来源不同

保险人承担责任的财产是投保人的保费所形成的保险基金而不是保险人自己的财产，保险人只是保险基金的管理者，保险人不用自己的财产承担保险责任；而保证人承担保险责任的财产是自己所有的财产。

从上述分析可知，保证保险与保证虽有许多相同之处，但两者的差异是明显的，即相同之处是次要的，非本质的；而不同之处才是主要的，本质的。保证保险是中国保险业务创新出来的一个新品种，不同于单纯的保证合同，其本质上是一种保险。尽管保证保险也是对投保人信用和履约情况向第三人做出的一种保障承诺，但它是将投保人违约情形的出现确定为一种保险事故，通过对保险条件的确定、对保险事故和免责范围的限制以及对保险责任承担方式的约定来实现对第三人的保障的。因此，保证保险是独立于保证担保之外的另一种市场保障方式，是保险公司利用本身信用优势进行产品创新的自然结果，具有本身的独立性、科学性，不能将其简单归入旧的保证担保体系。

## 本章小结：

1. 信用保险和保证保险是随着商业信用和银行信用的普遍化逐渐形成，并在近几年得到快速发展的现代保险业务。与责任保险一样，信用保险和保证保险也属于广义的财产保险范畴。

2. 信用保险和保证保险是一种以经济合同所约定的有形财产或预期应得的经济利益为保险标的的一种保险。它以信用风险为承保风险，是一种具有担保性质的保险。

3. 在保险实务中，常常根据担保对象的不同，将信用保险和保证保险可分为信用保险和保证保险。

4. 所谓信用保险，是权利人要求保险人担保义务人（被保证人）的信用的一种保险；保证保险，是义务人（被保证人）根据权利人的要求，要求保险人向权利人担保义务人自己信用的保险。信用保险和保证保险种类很多，但由于起步较晚，目前在保险实务中开展的还不是很多。常见的业务种类主要包括出口信用保险、国内信用保险、投资保险、产品质量保证保险、忠诚保证保险和合同保证保险等险种。

## 复习思考题：

1. 信用风险如何产生的？
2. 保证保险的本质是什么？

# 第九章
# 人身风险与保险

学习要点：
　　◇ 理解人身保险的概念、特征、主要类型
　　◇ 掌握人寿保险的概念、特征、主要类型
　　◇ 掌握意外伤害保险的概念、类型、内容
　　◇ 掌握健康保险的种类、主要条款、主要种类

## 第一节　人身风险与保险概述

### 一、人身风险概述

　　人身风险是指导致人的伤残、死亡、丧失劳动能力以及增加费用支出的风险。人身风险包括生命风险和健康程度的风险。需要说明的是，死亡是人的生命中的必然发生的事，并无不确定可言，但死亡发生的时间却是不确定的，而健康风险则具有明显的不确定性，如伤残是否发生，疾病是否发生，其损害健康的程度大小等，均是不确定的。人身风险所致的损失一般有两种：一种是收入能力损失；另一种是额外费用损失。

### 二、人身保险的概述

　　人身保险是以人的寿命和身体为保险标的的一种保险。当人们遭受不幸事故或因疾病、年老以致丧失工作能力、伤残、死亡或年老退休时，根据保险合同条款的规定，保险人对被保险人或受益人给付预定的保险金或年金，以解决病、残、老、死所造成的经济困难，是对社会保障不足的一种补充。

　　（一）人身保险的特征

　　定额给付性质的保险合同。大多数财产保险是补偿性合同，当财产遭受损失时，保险人按其实际损失进行补偿。大多数人身保险，不是补偿性合同，而是定额给付性

质的合同，只能按事先约定金额给付保险金。健康保险中有一部分是补偿性质，如医疗保险。在财产保险方面，大多数财产可参考其当时市价或重置价、折旧来确定保险金额，而在人身保险方面，生命价值就难有客观标准。保险公司在审核人身保险的保险金额时，大致上是根据投保人自报的金额，并参照投保人的经济情况、工作地位、生活标准、缴付保险费的能力和需要等因素来加以确定。

长期性保险合同。人身保险的特点之一就是其保险期限长。个别人身保险险种期限较短，有几天，甚至几分钟的，如旅客意外伤害保险和高空滑车保险，则另当别论。投保人身保险的人不愿将保险期限定得过短的一个原因是，人们对人身保险保障的需求具有长期性；另一个原因是，人身保险所需要的保险金额较高，一般要在长期内以分期缴付保险费方式才能取得。

保险期限的长期性使人身保险的经营会受到外界因素的影响。一是利率因素的影响。人身保险合同的投保人缴纳保费的时间与保险人支付保险金的时间之间有很长的距离，保险人应对投保人缴纳的保费负有保值增值的责任，因此在人身保险的长期合同中都有预定利率假设，即保险公司承诺给投保人的利率保证。这种预定利率与银行利率的变动有着直接的关系。一年期业务和短期业务往往可以忽略利率因素的影响，但对于长期合同利率因素则会产生很大的影响，时间越长，利率的影响作用越大。二是通货膨胀的影响。通货膨胀是经济发展过程中难以避免的一种经济规律。传统寿险的最主要特征是固定利率和固定给付，即保险合同规定的预定利率和约定的保险金额不会因为通货膨胀的存在而改变，因此持续的通货膨胀会导致人身保险实际保障水平的下降。通胀问题一直是人身保险经营的重大困难之一，许多国家保险业务都经历了相当长的困难时期，同时也在不断寻找克服通货膨胀影响的途径。最主要的办法是进行险种的不断变革。目前世界上比较流行的利率敏感性险种，主要包括万能寿险、变额寿险、变额万能寿险、变额年金等，这些险种都可以在一定程度上克服通货膨胀对人身保险的影响。三是预测因素的偏差。人身保险合同的长期性使保险公司对未来因素的预测变得十分困难，例如死亡率因素、利率因素、费用因素等。特别是利率因素永远是动态的，它不可能长期稳定于某个固定值，而寿险业务又是长期合同，因此对于利率因素可能发生的变动及其对寿险业务的影响必须进行非常谨慎的预测。国际上通行的分红保单和利率敏感性保单都在一定程度上克服了利率波动对寿险的影响。目前我国开办这些险种的内外部环境都不成熟，因此各个公司相继推出利差返还保单，以期能抵冲利率波动产生的影响。对于死亡率因素、费用因素等都有类似的问题。一般而言，保险公司对于长期因素的预定是十分保守的，当保险公司经营较好的时候则通过险种本身的特点或者分红的方法返还给保单持有人，以实现保险的公平性原则。

储蓄性保险。人身保险不仅能提供经济保障，而且大多数人身保险还兼有储蓄性质。作为长期的人身保险，其纯保险费中大部是用来提存准备金，这种准备金是保险人的负债，可用于投资取得利息收入，以其用于将来的保险金给付。正因为大多数人身保险含有储蓄性质，所以投保人或被保险人享有保单质押贷款、退保和选择保险金给付方式等权利。财产保险的被保险人没有这些权利。

不存在超额投保、重复保险和代位求偿权问题。由于人身保险的保险利益难以用货币衡量，所以人身保险一般不存在超额投保和重复保险问题。但保险公司可以根据被保险人的需要和收入水平加以控制，使保险金额不高得过分。同样代位求偿权原则也不适用于人身保险。如果被保险人的伤害是由第三者造成的、被保险人或其受益人既能从保险公司取得保险金，又能向肇事方提出损害照偿要求，保险公司不能行使代位求偿权。

生命风险的相对稳定性。以生命风险作为保险事件的人寿保险，其主要风险因素是死亡率。死亡率的规律直接影响人寿保险的经营成本。对于死亡保险而言，死亡率越高，则费率越高。死亡率因素受很多因素的影响，如年龄、性别、职业等。同时，其死亡率随着经济的发展、医疗卫生水平和生活水平的提高而不断降低，因此可以说死亡率是变动的。但是根据许多专业机构对死亡率经验的研究结论，死亡率因素比其他非寿险风险发生的概率的波动稳定，所以在寿险经营中的巨灾风险较少，稳定性较好；与此相适应，在寿险经营中对于再保险手段的运用相对较少，保险公司只是对于大额的次标准体保险进行再保险安排。

（二）人身保险作用

随着人们生活水平的提高，风险意识的增强，居安思危不仅体现在对物质补偿的需求上，而且发展到越来越多的人寻求养老的保障、死亡的抚恤、伤残的给付等。我国经济体制改革以来，个体经济、集体经济的发展，医疗、待业、住房、分配制度的改革等，都使人们对人身保险有了进一步的需求。

开展人身保险是对国家社会保障措施的必要补充。根据实际需要设计不同形式的人身保险，可以满足人民的需求，促进社会安定。

俗话说得好，人有旦夕祸福。人的一生中无法避免疾病、年迈和死亡，人身保险可以起到有备无患的作用，无论对家庭还是个人，都可以提供各种保障，解决经济上的困难，解除后顾之忧，使人民安居乐业。

我国是世界上人口最多的国家，人身保险的潜力很大，将分散的、小额的保险费积少成多，并利用寿险资金长期性的特点加以充分运用，使一部分消费基金转化为生产基金，从而促进国民经济的发展。同时也为被保险人提供了可靠保障。因为通过资金运用，进一步壮大了保险基金。

### 三、人身保险的分类

（一）按照保障范围的不同

人身保险包括人寿保险、健康保险和人身意外伤害险。人寿保险，简称寿险，是一种以人的生死为保险对象的保险，是被保险人在保险责任期内生存或死亡，由保险人根据契约规定给付保险金的一种保险。在全部人身保险业务中，人寿保险占绝大部分，因而人寿保险是人身保险的主要的和基本的种类；健康保险，是以非意外伤害而由被保险人本身疾病导致的伤残、死亡为保险条件的保险；人身意外伤害保险，是以人的身体遭受意外伤害为保险条件的保险。其中人寿保险的业务范围包括生存保险、死亡保险、两全保险。

1. 死亡保险

定期死亡保险习惯上亦称为定期寿险，是一种以被保险人在规定期间内发生死亡事故而由保险人负责给付保险金的保险合同。此险为期不长，有时短于 1 年，大都是保障被保险人短期内担任一项有可能危及生命的临时工作，或一定时期内因被保险人的生命安全而影响投保人的利益。由于定期保险在保险期满前未发生保险事故，保险费就不再退还，而且定期保险费不包含储蓄因素，因而定期保险的保险费低于任何一种人寿保险，从而使投保人只要花费极为低廉的保险费就可以得到较大的保险保障，因而这种保险对负担能力较低而又需要保障的人最为适宜。

由于有以上特点，目前定期死亡保险已被广泛运用，此险还可以与其他各类人寿保险混合，共同组合成为各种类型的新险种来满足多层次的需求。终身保险是指一种不定期的死亡保险，亦是一种不附生存条件的生存保险，保险人要一直负责到被保险人死亡时为止。终身保险的费率要高于定期保险而低于两全保险，事实上，终身保险接近于最长期的两全保险费率，它们的费率构成中含有储蓄因素。

2. 生存保险

生存保险是以被保险人在规定期间内生存作为给付保险金的条件，亦就是指被保险人自下而上到约定期限时，给付保险金，如在此期间被保险人死亡，则所缴保险费也不退还，将充作所有生存到期满日为止的人的保险金。这里包含死亡者已缴而未偿还的保险费。

生存保险主要是为了使被保险人到了一定期限后，可以领取一笔保险金以满足其生活上的需要，一般生存保险大都与其他险种结合办理，例如生存保险与年金保险结合成为现行的养老保险，生存保险与死亡保险结合成为两全保险。由于这种结合使人寿保险能满足多方面的需要，有助于寿险业务的普及和发展。

3. 两全保险

两全是指被保险人不论在保险期内死亡，或生存到保险期满时，均可领取约定保险金的一种保险。这种保险由生存保险同死亡保险合并而成，所以又称两全保险。两全保险并不是将生存保险附保于死亡保险，而是两者合一，合并考虑生存与死亡因素。因此，两全保险无论在保险金额中或保险费中，这两方面因素都在相互消长。第一是两全保险的纯保险费中包含着危险保险费与储蓄保险费，其中危险保险费相对地说在逐年上升。第二是由于储蓄保险费的逐年上升使保险费转为责任准备金的积存部分年年上升，而相对使保险金额中的危险保险金逐年下降，最终到保险期届满时危险保险金额达到零。

通常在两全保险中，储蓄因素远远超过危险保险费因素，于是保险人在设计寿险新险种时，为了增加危险保障的比重，就有一种多倍保障养老保险，使死亡给付的保险金可以 10 倍或多倍于满期生存给付的保险金，它既保障了人们的害怕早期死亡的危险后果，也保障了老人们担心晚年生活。所以两全保险是人寿保险中最受欢迎的一个险种。

（二）按照保险期限长短的不同

人身保险可以分为长期业务、一年期业务和短期业务。长期业务是保险期限超过一年的人身保险业务，人寿保险大多为长期业务，健康保险也可以是长期业务；一年期业务是保险期限为一年的人身保险业务，一年期业务中以人身意外伤害保险居多，健康保险也可以是一年期业务；短期业务是保险期限不足一年的人身保险业务，人身意外伤害保险中的许多为短期业务，如只保一次航程、一次旅程的旅客或公共场所游客意外伤害保险。

（三）按照实施方式的不同

人身保险可以分为自愿保险和强制保险。强制保险是根据法律的规定而自动生效，不管被保险人是否愿意投保或保险人是否愿意承保，都得依法确立保险关系，所以强制保险也叫法定保险；自愿保险是保险双方当事人在公平自愿的基础上，通过订立契约而形成的保险关系。人身保险中的绝大多数业务都属于自愿保险，只有旅客意外伤害保险等少数险种属于强制保险。

（四）按照投保方式的不同

人身保险可以分为个人保险和团体保险。个人保险是指一张保险单只为一个人提供保障的保险；团体保险是指一张总的保险单为某一团体单位的所有成员或其中的大多数员工（一般要求至少为总人数的75%）提供保险保障的保险。

（五）按照保单是否分红

人身保险可以分为分红保险和不分红保险。分红保险是指被保险人可以每期以红利的形式分享保险人盈利的保险；不分红保险是指被保险人不分享保险人盈利的保险。

# 第二节　人寿保险

人寿保险起源于海上保险。15世纪末，奴隶贩子将奴隶作为货物投保海上保险，当时虽不以人寿保险命名，但实质上是最早将人的生命作为保险标的而投保的一种标志。17世纪中叶，意大利银行家洛伦佐·佟蒂设计了"联合养老保险法"，也称"佟蒂法"，其实是一种类似于养老年金的保险制度，是养老年金的一种起源。1693年，英国人埃德蒙·哈雷用数学方法编制了世界上第一张生命表（哈雷生命表），奠定了现代人寿保险的数理基础。1762年，世界上第一家人寿保险公司——英国人寿及遗嘱公平保险社，首次依据生命表计收保费，这标志着现代人寿保险的开始。英国形成的人身保险制度先传入德国和法国，后又传入美国，在美国得到长足发展。第二次世界大战后，日本的寿险业务也迅速崛起。1987年，世界寿险保费收入总量首次超过非寿险业务保费收入，这种情况延续至今。

## 一、人寿保险的概念

人寿保险亦称"生命保险"，属"人身保险"范畴，是以人的生命为保险对象的保险。投保人或被保险人向保险人缴纳约定的保险费后，当被保险人于保险期内死亡或生存至一定年龄时，履行给付保险金。

　　人寿保险一词在使用时有广义和狭义之分。广义的人寿保险就是人身保险，狭义的人寿保险是人身保险的一种，但不包括意外伤害保险和健康保险，仅是以人的生死为保险事件，保险人根据合同的规定负责对被保险人在保险期限内死亡或生存至一定年龄时给付保险金。人寿保险从保险意义上讲，有补偿性、给付性和储蓄性。储蓄性本身不是保险的范畴，只是平准保费的副产品。保险业务向银行业务的拓展丰富了人寿保险储蓄性功能。人寿保险的给付性往往被认为是人寿保险区别于财产保险的主要特征。其实，财产保险补偿性与人寿保险给付性没有本质上的差别。从伦理上看对人的寿命来说是不可能补偿的。难道对物品就可以补偿吗？实则不然，除了时间不可重复外，人与物的情感也是不可重建的。如果不可重置物品就谈不上严格意义上的补偿。人寿保险认识到了人的生命的不可重置性，为了区别补偿而提出了给付的概念。从这个意义上说，财产保险补偿性与人寿保险给付性只是术语差别。人寿保险的补偿是绝对的，给付是相对的。如果脱离了补偿的给付约定将悖于保险的真正意义。但人寿保险在理赔时不能像财产保险行使代位追偿。这正是给付性所决定的。其根本原因是生命价值度量的不精确性。

**二、人寿保险的特点**

（一）人寿保险的保险标的是人的生命

　　以人的生命作为保险标的，是人寿保险的独特性所在，与财产保险相比有着本质的区别。主要体现在以下四个方面。

　　1. 职能不同

　　人寿保险的基本职能是保险金给付，而财产保险的基本职能是损失补偿。在财产保险中，保险标的是被保险人的财产及相关利益、责任和信用等，保险金额的确定以保险标的的价值为依据，发生保险事故后，保险人按实际损失额和投保方式就其损失进行补偿，适用的是补偿原则，赔偿额以保险金额为限，且不得超过保险价值。而人寿保险的保险标的是人的生命，是无价的，人的死亡给家人带来的损失无法用货币衡量。因此，在人寿保险中，保险金额不是以保险标的的价值来确定，而是根据被保险人对保险的需求程度及投保人的经济能力来确定，并明确记载于保险合同中，当保险事故发生时，保险人按合同约定的保险金额给付，此为约定给付或定额给付。

　　2. 适用的原则不同

　　财产保险以损失补偿为其最基本的原则之一，并基于该原则而派生出重复保险分摊和代位求偿权等制度。为了贯彻损害补偿原则，在财产保险中，保险金额超过可保利益或财产价值造成超额投保，超过部分无效；在重复保险的情况下，各保险人按照其保险金额与保险金额总和的比例承担赔偿责任，赔偿金额的总和不得超过保险价值；因第三者对保险标的的损害而造成保险事故的，保险人自向被保险人赔偿保险金之日起，在赔偿金额范围内代位行使被保险人对第三者请求赔偿的权利。财产保险的补偿原则并不适用人寿保险，由于人寿保险的可保利益无法用货币精确衡量，故人寿保险不存在超额投保和重复保险的问题。投保人可以同时为被保险人投保几种人寿保险或取得多份保险单；同样的道理，代位求偿原则亦不适用于人寿保险。如果被保险人死亡是由第三者造成的，受益人既能从保险公司取得保险金，又能同时向加害方提出损害赔偿要求，即便保险人给付了保险金，也无权取得并行使代位求偿权。

### 3. 保险事故发生的特点不同

人寿保险事故的发生具有必然性和稳定性。人寿保险承保的保险事故是被保险人的生存或死亡，其发生具有必然性（非生即死）。应该注意的是，人的生或死是必然的，但何时生存或何时死亡是不确定的，因此，这仍属于风险定义的范畴。单纯以生存或死亡为保险事故，保险人可能给付也可能不给付，但在现实生活中，大部分人寿保险是终身寿险或两全保险，因此人寿保险给付率很高，大大超过财产保险赔款率，寿险费率自然也就高于财产险费率。人寿保险事故的发生按照人的生命规律，具有分散性，一般不会发生众多被保险人同时死亡的情况（大型灾害除外）。此外，死亡事故的发生概率虽然随被保险人年龄增长而增大，但波动较小，具有相对稳定性。相比而言财产保险事故发生具有更强的不确定性和波动性。

### 4. 保险利益产生的依据不同

财产保险中保险利益产生的依据是被保险人对物享有的权利、利益或对他人承担的义务或责任，而人寿保险中保险利益产生的依据是投保人与被保险人之间的关系。根据我国《保险法》第五十二条的规定："投保人对下列人员具有保险利益：本人、配偶、子女、父母，除前项以外与投保人有抚养、赡养或者扶养关系的家庭其他成员、近亲属。除前款规定外，被保险人同意投保人为其订立合同的，视为投保人对被保险人具有保险利益。"该规定表明，人身保险利益产生的依据，既强调"利益主义原则"，也在某些情况下实行利益与同意的适当结合。

### （二）人寿保险的保险期限具有长期性

人寿保险的保险期限往往持续几年、十几年、几十年，而且缴费期也长达几年、十几年或几十年，因此寿险的这一特点使得人寿保险又具有别于其他保险的特征。

### 1. 人寿保险通常按照年度均衡保费率计收保险费

人寿保险大多是长期性业务，死亡事故发生的概率随被保险人年龄的增长而增大。如果按自然费率即当年死亡率为计收保费依据，就容易出现年轻的投保人缴费负担轻而年老的投保人缴费负担过重的情况。那么，投保人到年老时往往因收入少、保费负担重而中途放弃保险，这给投保人和保险人都带来不必要的损失。因此，人寿保险采用年度均衡费率来计收保险费。具体做法是：投保人每年向保险人缴纳相同数量的保险费，费率在整个保险缴费期间保持不变。在缴费早期，均衡费率高于自然费率；在缴费后期，均衡费率低于自然费率。投保人早期多缴的保费用来弥补后期保费的不足。通过这种方法，人寿保险解决了由于其长期性和死亡率随年龄增长而增大所带来的矛盾。

### 2. 保险人对每份人寿保险单逐年提取准备金

在财产保险中，保险人不需对每份保单都进行责任准备金的计提。在人寿保险中，保险人在前期多收的超额保费是投保人预先支付给保险人的用以履行未来赔偿义务的部分，因此它是保险人对被保险人的负债，保险人必须计提保险准备金。由于每份保单的具体情况（如保险责任、保险期限、缴费方式等）不同，故每年的责任准备金也不同。通常，保险人在保单确立时就计算出了保险期间每年的准备金数额。

3. 人寿保险具有储蓄性

鉴于人寿保险长期性的特征，保险人采取年度均衡收取保费，可获得长期稳定的保费来源。而在保险前期多收的保费，经过很长时间才被用于支付。因此，这笔资金可用于各种投资，以获取收益。正因为人寿保险的这种储蓄性质，保单所有人才可享有保单质押权、退保金、选择保险金给付方式等权利。而财产保险的保险期限通常为一年，不存在均衡缴费和多年后保费才用于支付的问题。

4. 人寿保险经营管理具有连续性、专业性和高难度性

这些特点是由人寿保险业务的长期性特点决定的。在较长的保险期内，不可避免地出现保户要求增减保额、退保或发生迁移等情况，这就要求保险人对被保险人的变化及时记录、查阅、核算和处理，即要建立严格的经营管理制度。另外，在相当长的保险期限内，保险合同订立之初确定的保费和保额，可能不再适应新的形势变化，如对原保单进行调整，可能会对投保人和保险人双方产生重大影响。因此，面对诸如通货膨胀、利率变化、投资收益变化等问题时，如何设计灵活的人寿保险产品，如何在寿险经营管理中处理好各种变化，如何使寿险产品同其他金融产品竞争时占有优势，是寿险经营管埋中面临的高难度问题。

### 三、人寿保险的作用

人寿保险使"老有所养"。中国社会制度的转型，使传统的完全依赖国家、单位的养老制度逐渐发生深刻变化，国家对职工生老病死的"大包大揽"已成为过去，人们已意识到真正保障自己将来生活的只能是自己。所以人们在年轻时早准备早投入，年老时就可以有充足的生活保障，从而度过一个"夕阳无限好"的晚年。投保养老保险可以说既是老人为子女分担一份忧愁，也是晚辈献给长辈的一片孝心。

（1）人寿保险使"病有所医"。俗话说，"食五谷，得百病"，尤其现代社会，生活节奏加快，竞争日趋激烈，小病小灾的，人们还可以抵抗过去，一旦大病临头，许多人纵使债台高筑，家徒四壁，也无力负担高昂的医疗费用；有的家道富殷，也会因一场大病，耗尽积蓄。据《上海保险》1997年第6期登载，在对上海市民的一次社会调查中发现，医疗与养老是寿险市场的最大需求，而在这二者之间，医疗保险的比例又占主要地位，因为现在许多寿险险种中，住院医疗和意外伤害，不能单独承保，只能作为主险后面的附加险投保。于是，市民为了得到一份附加险，就顺便买了份主险。可见人们已意识到投保寿险，可以使自己病有所医，康复有望。

（2）人寿保险使"幼有所依"。"子女在父母面前永远是需要保护的孩子"，这种观念使中国父母对子女有更多的经济义务，父辈与子女的经济联系往往持续到子女就业、婚嫁、生育之后。中国的计划生育政策使小型的核心家庭增多，子女从教育费用到婚嫁费用，负担很沉重，如果家庭收入水平都不高，承担这些费用将是很困难的。所以许多适合少儿的险种无疑为望子成龙、望女成凤的父母送去了及时雨。

181

（3）人寿保险有利于自身发展。在计划经济体制下，一个人只要有一个工作单位，那么便"大树底下好乘凉"，生、老、病、残、死等人身风险都可以依靠单位来解决。随着市场经济体制的逐步确立，政府和企事业单位的职能转变，尤其是用工制度和社会保障制度的改革，个人日益成为风险的主要承担者。只要有合适的商业保险做后盾，获得更多的安全感，许多人就可以义无反顾地自由选择适合自己的职业，把握每一个可以发展自己才能的机会，尽情展现自己的才华。

（4）人寿保险是一种投资。随着中国金融市场的完善，人们收入水平的提高，购买寿险、股票、债券、国库券、商品房等也成为人们将货币保值增值的选择。人寿保险费一般有三部分组成：意外事故保险费、疾病死亡保险费和增值保险费。前两者保费的主要功能是保障被保险人因意外、疾病等事故致残或身故而造成的损失，可以看成一种消费；增值部分保费作用主要在于能按照保单预定利率增值，满足收益人的养老、升学等需求，具有投资功能。我国保险市场的人寿保险险种，功能齐全，大部分属于综合性险种，从风险性、保障性、可靠性和收益性角度来考虑，具有投资功能。而且参加个人保险还将享受一定的优惠政策，如免税等，与其他投资手段相比，这一点也是相当优越的。

### 四、人寿保险的分类

在人寿保险实务上，人寿保险分为普通人寿保险和特种人寿保险。

#### （一）普通人寿保险

总体上看，普通人寿保险一直处于寿险业务核心位置。普通人寿保险具有三种基本形式，即定期人寿保险、终身寿险和生死合险（又称两全保险）。在这三种基本形式基础上，可将其进行不同的组合。

1. 定期人寿保险

（1）定期人寿保险是提供特定期限内死亡或生存的经济保障的人寿保险，分为定期死亡保险和定期生存保险。

定期死亡保险。定期死亡保险，简称定期寿险。它是指被保险人在保险期限内死亡，保险人一次性给付保险金的寿险。如果被保险人期满生存，保险人无给付保险金的责任。因此定期寿险与其他寿险相比，在性质上更接近财产保险。定期死亡保险通常可分为以下五种类型。一是普通定期寿险。该险种的效力至保险期满自动终止，保险期限可为1年或数年，通常为5年、10年或20年。在保险期限内，保费采用平准计算法。二是可续保（更新）定期寿险。此种保险产品基于定期寿险的可续保性而得名。保单包括了保单所有人的续保选择权。在保险期间届满时，被保险人不必提供可保性证明即可要求续保，以延长保险期限。定期寿险的费率在一定时期内不变，但每次更新续保时要根据被保险人续保时的年龄来增加保费。这项选择权是为了保护被保险人利益，但容易产生逆选择，因此保险人通常限制可续保的最高年龄。三是可变换定期寿险。大多数定期寿险具有可变换的特性。此种保单在保险期限届满前，保单所有人有把定期寿险变换为终身寿险或生死合险的选择权而不需提供可保性证明。此种变换选择权增加了定期寿险的弹性。在定期寿险合同订立之时，保单所有人可能无法确定最需要的保单或因当时经济条件的限制而选择了定期寿险，经过一段时间后，客观条件可能发生改变，保单所有人想利用保险作为累积资金的工具而不仅仅是死亡的保障。因此，变换选择权的存在可以满足保单所有人的这一需要。四是保额递减定期寿险。该险种主要是为了配合个人需要而设计的，通常体现在信用人寿保险或抵押贷款保障保险以及家庭收入保险中。此种保单的保险金额在一定期限内逐年减少，虽然应缴保费保持不变，但被保险人所需保障在逐渐缩小。例如，在信用人寿保险和抵押保障保险中，随着被保险人所欠债务逐年清偿或家庭收入逐年减少，所需保险金额亦随之减少。因此，该险种的费率很低。五是保额递增定期寿险。保额递增一般通过附约的形式来实现。如在《美国生活费用调整附约》中规定，随消费物价指数的上升而自动增加保单的死亡给付。消费者物价指数下降并不使保额减少，只将上一年度的保额转移到当年度。

（2）定期生存保险。定期生存保险是以被保险人在保险期限届满时仍生存为给付条件，由保险人按合同约定一次性给付保险金的一种人寿保险。这里说的定期生存保险指的是单纯的生存保险。它具有以下特点：与定期死亡保险相反，若被保险人在保险期间内死亡，保险人不负保险责任，并且不退还保费。生存者所得到的保险金除本人所缴保费外，还包括死亡者已缴付、但保险人未返还的保险费，有较高的储蓄性，这是生存保险最突出的特点；由于定期生存保险是保障被保险人今后的生活，以被保险人的生存为给付保险金的条件，因此，投保人放弃现实的消费而为被保险人购买此类保险，为被保险人将来的生活提供经济来源；定期生存保险的目的是为一定时间后被保险人可获得满足生活需要的保险金，如子女教育保险；保障功能不强。根据该险种的特点，由于被保险人在保险期限内死亡，保险人不承担给付保险金的责任，所以，很少有人冒保险期间内死亡而丧失所有保费的风险，故一般很少作为独立的保险险种出售。

2. 终身寿险

与定期寿险相比，终身寿险是一种不定期的死亡保险，即自合同生效后，被保险人不论何时死亡，保险人均要给付保险金。由于终身寿险大多数都基于假设被保险人在 100 岁之前死亡的生命表，若保险人生存到 100 岁，则认为保单到期，保险人要给付保险金。因此，终身寿险也可看做是到 100 岁的定期寿险。保险费的缴付一般有终身缴费和限期缴费两种方式。根据终身寿险在缴费方式、保单选择权的不同，可以将其分成普通终身寿险、特种终身寿险、保费不确定的终身寿险、利率敏感型终身寿险和变额终身寿险等不同的种类。

（1）普通终身寿险。普通终身寿险又称终身缴费的终身寿险。它是指投保人自保险合同生效之日起必须按期缴纳均衡保险费，直至被保险人死亡，即缴费期等于保险期。其每期缴纳的保费相对较低，适于中等收入的人购买。在普通终身寿险上可附加"低附加费，高保额"的定期寿险。

（2）特种终身寿险。特种终身寿险又称为限期缴费的终身寿险。该险种被保险人仍享受终身保障，只是缴费方式是限期而非终身，故其保险费比普通终身寿险费高。

关于该险种的缴费方式，具体又可分为限期缴费终身寿险和趸缴终身寿险。前者是指投保人的缴费期限并非终身，而是限定在一定时期内，例如5年、10年或20年等。由于缴费期限相对较短，其年均衡保费大于终身缴费的年均衡保费，所以适于短期内有较高收入的人购买。保险费缴纳的期间越短，每期所缴保费越多，现金价值的积累越迅速；后者是指投保人投保时一次缴清全部保费，因此保单一开始就具有现金价值。该险种可被看做是限期缴费终身寿险的一种极端形式，由于一次缴纳金额过高，故很少被人采用。

（3）保费不确定的终身寿险。为了增加不分红保险的有效竞争能力，有些保险公司提出保费不定的终身寿险，保险公司设定保费的最高限额。投保人每年应付保费根据保险人的业务经营状况调整，但要低于最高的保费限额。

（4）利率敏感终身寿险。利率敏感终身寿险，即当期假设终身寿险。它是指使用目前的投资收益率和当期死亡成本来决定现金价值，进而调整投保人所需缴纳的保费或死亡给付金额来体现利率变化的一种终身寿险。若新假设与签发保单条件相同时，保费与死亡给付金额不变。若假设改变，新订立的保费可能高于或低于先前的保费。若新保费低于先前的保费，保单所有人有如下选择：按新的保费支付，原来约定的死亡给付即保险金额不变；按原有标准支付保费，并提供可保性证明，保费差额用于支付增加的死亡给付保费；按原有标准支付保费，且保险金额不变，将此两种保费的差额加入积累资金中。若新保费高于先前的保费，保单所有人有如下选择：按新保费支付保险金额不变；按原有标准支付保费，死亡给付额减少到保费所能维持的保额；按原有标准支付保费，但用保单的现金价值弥补保费差额以维持先前的给付金额。

（5）变额终身寿险。变额终身寿险的保费固定而保险金额随分立账户中投资基金的投资绩效不同而变化。该险种可抵制因通货膨胀导致的死亡给付不足。其特点表现在：保费固定，死亡金额可变动，但有一个最低给付金额；开设分立账户。保险公司对变额寿险实行单独账户管理，同其他寿险分开，资金主要用于投资。保险人可根据资产运用状况，对投资分立账户的资产组合不断进行调整。保单所有人也可以在各种投资产品中自由选择投资组合。保险人将投资风险全部转移给保单所有人，只承担死亡率和费用变动的风险；现金价值随着所选择的投资组合中投资业绩的状况变化而变动。投资分立账户的投资收益高则保单的现金价值高，保额也高。反之亦然。某一时刻保单的现金价值取决于该时刻其投资组合中分立账户的市场价值。

（6）联合人寿保险。人寿保险大多以一人为被保险人，这种保单为个人寿险保单。当一份人寿保险单承保两个或两个以上人的生命时，就称为联合人寿保险。联合人寿保险一般是以其中一人的死亡为给付保险金条件，只要其中有任何一个被保险人死亡，保险人即需给付保险金，保险合同即告终止。此种保单最适用于夫妇两人购买，一方死亡，另一方可获得保险金，以保证经济生活的安定。同时也适用于合伙组织的合伙人以及股票不得转让公司的股票持有人等。此外，还有一种与联合寿险保单性质相近的保单，即最后生存者保单，它是以两个被保险人中最后一人死亡为给付条件，保险人将保额给付给受益人。该保单的被保险人通常为夫妇，受益人为其子女。

### 3. 生死合险

生死合险又称两全保险或混合保险。它是死亡保险和生存保险的结合，不论被保险人在保险有效期内死亡还是生存至保险期满，保险人都要依合同约定给付保险金。因此，生死保险的保险金给付是必然的，故其保险费是生存保险与死亡保险保费的总和，比终身寿险或定期寿险都高。生死合险是由纯粹生存保险和定期寿险混合而成的，因此生死合险既有生存保险的储蓄因素，又有死亡保险的保障因素。两者在保险金额中所占比例随时间的增长互为消长，即保障因素递减而储蓄因素递增。若被保险人生存至保险期满，保险金额可全部看做是被保险人的储蓄。生死合险的储蓄性使保单与终身寿险一样具有现金价值，保单所有人享有由现金价值带来的权益。此外，若被保险人生存至保单期满，即可领到相当于银行储蓄的保险金，以保障退休后的生活，这一特点是终身寿险所不具备的。生死合险有多种形式，包括：普通两全保险，不论被保险人在保险期间内死亡还是生存至保险期满，保险人都给付同样数目的保险金；期满双（多）赔两全保险，生存保险金是死亡保险金的 2（多）倍；联合两全保险，在保险期内，联合被保险人中的任何一人死亡，保险人给付全部保险金，保单效力终止。若无一人死亡，保险期满时保险金由全体被保险人共同领取。

### （二）特种人寿保险

### 1. 年金保险

年金保险是生存保险的特殊形态，是指在被保险人达到一定年龄后的约定生存期间，保险人每年给付一定金额保险金的生存保险。年金保险可以满足被保险人老年时的经济需求。按照不同的分类标准，年金保险可以划分为不同的种类。

按缴费方式划分，年金保险分为趸缴年金和年缴年金。趸缴年金是指年金保险费由投保人一次缴清后，于约定时间开始，由年金受领人按期领取年金；年缴年金是指年金保险费由投保人采用分年缴付的方式，然后于约定年金给付开始日期起由年金受领人按期领取年金。

按被保险人数划分，年金保险分为个人年金、联合年金、联合及生存者年金。个人年金是以一个被保险人生存作为年金给付条件的年金；联合年金是以两个或两个以上的被保险人均生存作为年金给付条件的年金。在这种年金中，当数个被保险人中第一个人死亡时即停止其给付；联合及生存者年金是以两个或两个以上的被保险人中至少有一个人生存作为年金给付条件的年金。这种年金的给付持续到最后一个生存者死亡时为止。

按照给付额是否变动划分，年金保险分为定额年金和变额年金。定额年金是每次按固定数额给付的年金；变额年金是指年金给付额按货币购买力的变化予以调整，这种年金可以克服定额年金在通货膨胀下的缺点。

按照给付开始日期划分，年金保险分为即期年金和延期年金。即期年金是指合同成立后保险人即行按期给付的年金；延期年金是指合同成立后，经过一定时期或达到一定年龄后才开始给付的年金。

按给付期间划分，年金保险分为终身年金和短期年金。终身年金的受领人在有生之年可以一直领取约定金额的年金，直到死亡为止。终身年金通常附有最低保证。最低保证的形式有两种：一种是期间保证，即规定了一个最低保证领取年数，在规定期间内无论被保险人生存与否均可得到年金给付；另一种是金额保证，即当年金受领人死亡时其年全领取总额低于年金购买价格时，保险人以现金方式一次或分期退还其差额。短期年金是以被保险人在规定的时间内生存为给付条件的年金。年金的给付以一定的年数为限，若被保险人一直生存，则给付到期满。若被保险人在规定的期限内死亡，则年金给付立即停止。

### 2. 简易人寿保险

简易人寿保险是指用简易的方法经营的一种人寿保险。它是一种小额的、免体检的、适应低工资收入职工需要的两全性寿险。简易人寿保险的缴费周期较短，通常是按月、半月或周缴付。简易人寿保险合同的保险金额有严格的限制。为了防止逆选择，大多采用等待期或削减给付制度，即被保险人必须经过一定时期，保险单才能生效。若被保险人在此期间内死亡，保险人不负给付责任或按保险金额的一定比例给付保险金。简易人寿保险的保险费率略高于普通人寿保险的保险费率。主要原因有：免体检造成死亡率偏高、业务琐碎使得管理费用偏高、失效比率较高使保险成本提高。

### 3. 变额人寿保险

变额人寿保险是一种保额随资金投资收益的变化而变化的寿险。最早于1976年在美国寿险市场上出现。这种产品可有效抵消通货膨胀给寿险带来的不利影响。在变额寿险保单的管理上，保费减去费用及死亡给付分摊额后，存入一个单独的投资账户。大多数保险公司可提供的投资方式有：普通股票基金、债券基金以及其他形式的基金。通常保险金额与投资收益直接相连，但不管投资收益如何，保额不能低于某限额。保单现金价值也与投资收益相关，但并无最低值承诺。在任一时点的保单现金价值取决于该时点该险种保费投资资产的市场价值。变额寿险几乎将所有投资风险都转移给了保单持有人。该保单的死亡给付包括两个部分：第一部分是保单约定的最低死亡给付额，这一部分是固定的；第二部分是可变的死亡给付部分，即随投资收益变化的部分。投资收益超过保单预定利率的部分用来购买一份额外的保险。这份保险通常按纯费率购买，购买时间可以按天、按周、按月、按年进行；如果投资收益低于保单预定的利率，则会相应减少过去已增加了的保额，直至保额的最低限度为止。

### 4. 万能寿险

万能寿险是一种缴费灵活、保额可调整、非约束性的寿险。首先于1976年在美国寿险市场上出现，是为了满足那些要求保费支出少且缴费方式灵活的寿险消费者的需要而设计的。万能寿险确实为保单持有人选择灵活的缴费方式提供了便利，但保费支出的高低与其他寿险险种一样，取决于保险人的定价基础。万能寿险的保费缴纳方式灵活，保险金额可以根据规定进行调整。保单持有人在缴纳一定量的首期保费后，可以按自己的经济状况选择其他任何时候缴纳任何数量的保费，有时也可以不再缴费，但前提条件是保单的现金价值足以支付保单的相关费用。保单持有人可以在具备可保性前提条件下提高保额，也可以根据自己的需要降低保额，万能寿险的经营具有较高的透明度。万能寿险的特点体现在以下五个方面：

（1）死亡给付模式。万能寿险主要提供两种死亡给付方式，投保人可以任选其一。当然，给付方式也可随时改变。这两种方式习惯上被称为 A 方式和 B 方式。A 方式是一种均衡给付的方式，B 方式是直接随保单现金价值的变化而改变的方式。在 A 方式中，净危险保额每期都进行调整，以使得净危险保额与现金价值之和成为均衡的死亡受益额。这样，如果现金价值增加了，则危险保额就会等额减少。反之，若现金价值减少了，则危险保额会等额增加。这种方式与其他传统的具有现金价值给付方式的保单较为类似；在 B 方式中，规定了死亡给付额为均衡的净危险保额与现金价值之和。这样，如果现金价值增加了，则死亡给付额会等额增加。

（2）保费缴纳规定。万能寿险的保单持有人可以在保险公司规定的幅度内，选择任何一个数额，在任何时候缴纳保费。

（3）保单附加费。通常有两种等价的保单费用附加方法，即预先附加和事后附加。早期的万能寿险主要采用预先附加的方法，而新的万能寿险主要采用事后附加的方法。

（4）死亡给付成本。死亡给付成本每月从万能寿险的现金价值中扣除，每月死亡给付成本是按照保单的净危险保额计算的。每份保单中都规定了各个年龄千元保额的最大死亡给付分摊额，死亡给付分摊从不超过规定的最大额度。大多数万能寿险死亡给付分摊额是不确定的，可能因被保险人是否吸烟及其性别的不同而不同。

（5）现金价值。万能寿险保费扣除各种分摊额后的累积价值为其现金价值。保单通常都规定一个最低的现金价值累积利率，这个利率通常为 4% 或 5%。有的保险公司为保户提供一种滚动式的利率，保险单的最低利率将不低于外界某一移动平均利率（也可做某些扣除），如 5 年期国债利率。大多数万能寿险的当前利率将由公司确定，这使得现金价值累积利率稍稍低于外部利率。许多非指数化的万能寿险保单的利率是基于保险公司的投资收益率的。有的保险公司使用投资组合收益率作为其保单利率。

5. 变额万能寿险

变额万能寿险是融合了保费缴纳灵活的万能寿险与投资灵活的变额寿险而形成的新险种。变额万能寿险遵循万能寿险的保费缴纳方式，而且保单持有人可以根据自己的意愿将保额降至保单规定的最低水平，也可以在具备可保性条件下，将保额提高。与万能寿险不同的是，变额万能寿险的资产保存在一个或几个分离账户中。其现金价值的变化也与变额寿险现金价值的变化不同。变额万能寿险没有现金价值的最低承诺，即保单现金价值可能降至零。变额万能寿险的投资通常是多种投资基金的集合。保单持有人可以在一定时期将其现金价值从一个账户转至另一个账户，而不用缴纳手续费。变额万能寿险的死亡给付不同于变额寿险，而与万能寿险相同。变额万能寿险的死亡给付在 B 方式下，随资产份额价值的改变而变化。而在 A 方式下，死亡给付保持不变，除非保单持有人改变死亡给付额。因此，投资收益的变化，只反映在保单现金价值中，而不改变保单的净危险保额。变额万能寿险保单适合那些将寿险保单现金价值视为投资而非储蓄的人，保单持有人承担投资风险。其可能的不利结果是，如果分离账户的投资结果不理想，保单的现金价值可能减至零，这时如果没有另外的保费注入，保单就会失效。这种保单的分离账户与保险公司的一般账户的资产是分开的，当保险公司其他业务面临财务困难时，分离账户的变额万能寿险可能增加保单持有人的安全性。

# 第三节　人身意外保险

## 一、人身意外保险的概念

人身意外保险，又称为意外险或伤害保险，是指投保人向保险公司缴纳一定金额的保费，当被保险人在保险期限内遭受意外伤害，并以此为直接原因造成死亡或残废时，保险公司按照保险合同的约定向保险人或受益人支付一定数量保险金的一种保险。

人身意外保险是以被保险人的身体作为保险标的，以被保险人因遭受意外伤害而造成的死亡、残疾、医疗费用支出或暂时丧失劳动能力为给付保险金条件的保险。根据这个定义，意外伤害保险保障项目包括死亡给付、残疾给付、医疗给付和停工给付。伤害必须是人体的伤害，人工装置以代替人体功能的假肢、假眼、假牙等，不是人身天然躯体的组成部分，不能作为保险对象。

人身意外保险是指针对于保险人受到外来的、突发性的、非本意和非疾病的情况下，还要求保险人是自然躯体，没有假肢、假牙、假眼等人工的非天然躯体，遭受到伤害而由保险公司进行经济赔偿的一种险种。同时在受到保险人自身之外的比如摔砸、打压、烫伤、烧伤、冻伤等因素使人体外表或内在留有损害迹象。

意外伤害保险承保的风险是意外伤害，但是并非一切意外伤害都是意外伤害保险所能承保的。按照是否可保划分，意外伤害可以分为不可承保意外伤害、特约承保意外伤害和一般可保意外伤害三种。

1. 不可承保意外伤害

不可承保意外伤害包括以下情形：

（1）被保险人在犯罪活动中所受的意外伤害。意外伤害保险不承保被保险人在犯罪活动中受到的意外伤害，因为保险只能为合法的行为提供经济保障，只有这样，保险合同才具有法律效力。一切犯罪行为都是违法行为，所以，被保险人在犯罪活动中所受的意外伤害不予承保。犯罪活动具有社会危害性，如果承保被保险人在犯罪活动中所受意外伤害，即使该意外伤害不是由犯罪行为直接造成的，也违反了社会公共利益。

（2）被保险人在寻衅斗殴中所受的意外伤害。寻衅斗殴指被保险人故意制造事端挑起的斗殴。寻衅斗殴不一定构成犯罪，但具有社会危害性，属于违法行为，因而不能承保。

（3）被保险人在酒醉、吸食（或注射）毒品（如海洛因、鸦片、大麻、吗啡等麻醉剂、兴奋剂、致幻剂）后发生的意外伤害。酒醉或吸食毒品对被保险人身体的损害，是被保险人的故意行为所致，当然不属意外伤害。

（4）由于被保险人的自杀行为造成的伤害等。对于不可保意外伤害，在意外伤害保险条款中应明确列为除外责任。

2. 特约承保意外伤害

特约意外伤害保险是指只有经过投保人与保险人特别约定，有时还要另外加收保险费后才予承保的意外伤害。特约承保意外伤害包括如下情形：

（1）战争使被保险人遭受的意外伤害。由于战争使被保险人遭受意外伤害的风险过大，保险公司一般没有能力承保。战争是否爆发、何时爆发、会造成多大范围的人身伤害，往往难以预计，保险公司难以拟订保险费率。所以，对于战争使被保险人遭受的意外伤害，保险公司一般不予承保，只有经过特别约定并另外加收保险费以后才能承保。

（2）被保险人在从事登山、跳伞、滑雪、江河漂流、赛车、拳击、摔跤等剧烈的体育活动或比赛中遭受的意外伤害。被保险人从事上述活动或比赛时，会使其遭受意外伤害的概率大大增加。因而保险公司一般不予承保，只有经过特别约定并另外加收保险费以后才能承保。

（3）核辐射造成的意外伤害。核辐射造成人身意外伤害的后果，往往在短期内不能确定，而且如果发生大的核爆炸时，往往造成较大范围内的人身伤害。从技术和承保能力上考虑，保险公司一般不承保核辐射造成的意外伤害。

（4）医疗事故造成的意外伤害（如医生误诊、药剂师发错药品、检查时造成的损伤、手术切错部位等）。意外伤害保险的保险费率是根据大多数被保险人的情况制定的，而大多数被保险人身体是健康的，只有少数患有疾病的被保险人才存在医疗事故遭受意外伤害的危险。为了使保险费的负担公平合理，保险公司一般不承保医疗事故造成的意外伤害。对于这些特约承保意外伤害，在保险条款中一般列为除外责任，经投保人与保险人特别的约定承保后，由保险人在保险单上签注特别约定或出具批单，对该项除外责任予以剔除。

3. 一般可保意外伤害

即在一般情况下可以承保的意外伤害。除不可承保意外伤害、特约承保意外伤害以外，均属一般可保意外伤害。

## 二、人身意外保险的类型

### （一）按实施方式划分

（1）自愿性的人身意外伤害保险。自愿性的人身意外伤害保险是投保人根据自己的意愿和需求投保的各种人身意外伤害保险。比如，我国现开办的中小学生平安险、投宿旅客人身意外伤害保险就是其中的险种。这些险种均采取家长或旅客自愿投保的形式，由学校或旅店代收保费，再汇总交保险公司。

（2）强制性的人身意外伤害保险。强制性的人身意外伤害保险是由政府强制规定有关人员必须参加的一种人身意外伤害保险，它是基于国家保险法令的效力构成的被保险人与保险人的权利和义务关系。

### （二）按承保风险划分

（1）普通人身意外伤害保险。该类人身意外伤害保险是承保由一般风险而导致的各种人身意外伤害事件。在投保普通人身意外伤害保险时，一般由保险公司事先拟定好条款，投保方只需做出"是"与"否"的附和。在实际业务中，许多具体险种均属此类人身意外伤害保险，如我国现开办的团体人身意外伤害保险、个人平安保险等。

（2）特种人身意外伤害保险。该类人身意外伤害保险是承保在特定时间、特定地点或由特定原因而发生或导致的人身意外伤害事件。由于"三个特定"，相对于普通人身意外伤害保险而言，后者发生保险风险的几率更大些，故称之为特种人身意外伤害保险。例如在游泳池或游乐场所发生的人身意外伤害，江河漂流、登山、滑雪等激烈的体育比赛或活动中发生的人身意外伤害等。实际开办此类业务时，大多采取由投保方和保险方协商一致后签订协议的方式办理。

（三）按保险对象划分

1. 个人人身意外伤害保险

个人人身意外伤害保险是以个人作为保险对象的各种人身意外伤害保险。机动车驾乘人员人身意外伤害保险、航空人身意外伤害保险、旅客人身意外伤害保险和旅游人身意外伤害保险等是个人人身意外伤害保险的主要险种。个人人身意外伤害保险的特点是：一是大多属于自愿保险，但有些险种属于强制性保险。如我国旅客人身意外伤害保险就带有强制性的特点。二是多数险种的保险期间较短。三是投保条件相对宽松。一般的个人人身意外伤害保险对保险对象均没有资格要求，凡是身体健康、能正常工作或正常劳动者均可作为保险对象。四是保险费率低，而保障范围较大。由于一般的个人人身意外伤害保险不具有储蓄性，所以保险费仅为保险金额的千分之几，甚至万分之几。个人意外伤害保险投保时，对于被保险人的年龄以及身体健康状况，并没有太严格的限制。65岁（有的保单延至70岁或80岁）以下的自然人均可成为被保险人，而且一般不需要进行严格的身体检查，但出于避免道德危险发生的考虑，有的意外险保单对以未成年人或超高年龄者为被保险人时，在保险金额上加以限制或者加入相关的加费标准。

2. 团体人身意外伤害保险

团体人身意外伤害是以团体为保险对象的各种人身意外险。由于人身意外伤害保险的保险费率与被保险人的年龄和健康状况无关，而是取决于被保险人的职业，所以人身意外伤害保险最适合于团体投保。

团体人身意外伤害保险的特点：一是投保人与被保险人不是一个人，投保人是一个投保前就已存在的单位，如机关、学校、社会团体、企业、事业单位等，被保险人是单位的人员，如学校的学生、企业的员工等。二是保险责任主要是死亡责任，以被保险人死亡作为给付保险金的条件，所以投保人在订立保险合同时，应经被保险人书面同意，并认可保险金额。三是保险金额一般没有上限规定，仅规定最低保额。四是保险费率低，团体人身意外伤害保险由于是单位投保，降低了保险人管理成本等方面的费用，保险费率因此降低。五是在通常情况下，保险费缴纳是在保险有效期开始之日一次交清，保险费交清后保单方能生效。

团体人身意外保险与个人人身意外伤害保险相比较而言，二者在保险责任、给付方式等方面相同，区别比较明显的是：保单效力有所不同。在团体人身意外伤害保险中，被保险人一旦脱离投保的团体，保险单即对该被保险人失效，投保单位可以专门为该被保险人办理退保手续，保险单对其他被保险人仍然有效。

3. 家庭意外伤害保险

家庭意外险主要有 A、B 两种类型的条款，其中，A 款主要适用于年龄在 16 周岁以上 65 周岁以下的人作为被保险人，且身体健康、能正常工作或劳动。该类条款规定的承保条件及保险责任与个人意外险类似；B 款中被保险人的年龄放宽，凡年满 1 周岁至 70 周岁的人均可成为被保险人，投保人可以为本人投保，也可以为与其共同居住的家庭成员（以户籍资料为准，在投保时注明）投保，被保险人在 15 周岁及其以下的，投保人只能是其父亲或母亲。根据 B 类条款的规定，每一被保险人的意外伤害保险金额等于保险单的意外伤害保险金额除以投保时注明的被保险人人数；任一被保险人发生意外伤害住院医疗，保险人均按保险合同规定给付意外伤害住院医疗保险金，至累计给付金额达到意外伤害医疗保险金额时终止；保险人对每一被保险人所负给付保险金的责任以该被保险人的对应保险金额为限，一次或累计给付的保险金达到对应保险金额时，对该被保险人的该项保险责任终止；每一被保险人无论持有几份该保险，保险人对其承担的意外伤害保险金给付责任最高不超过人民币 10 万元；意外伤害住院医疗保险金给付责任最高不超过人民币 5000 元，15 周岁及其以下的被保险人的意外伤害保险金额不得超过人民币 5 万元，对超过限额的部分保险人不予负责。

**（四）按保险期限划分**

1. 极短期人身意外伤害保险

保险期限往往只有几天、几小时甚至更短。我国目前开办的公路旅客人身意外伤害保险、住宿旅客人身意外伤害保险、旅游保险、索道游客人身意外伤害保险、游泳池人身意外伤害保险、大型电动玩具游客人身意外伤害保险等，均属于极短期人身意外伤害保险。其中，公路旅客人身意外伤害保险一般由地方政府或有关管理机关发布地方性法规或地方性行政规章，规定搭乘长途汽车的旅客必须投保。住宿旅客人身意外伤害保险以在旅馆住宿的旅客为被保险人，由旅店代办承保手续，但旅客可以自由选择投保。旅游保险以组织团体旅游的旅行社（或机关、学校、企业、事业单位、群众团体等）为投保人，以参加旅游团体的旅游者为被保险人，由旅行社为被保险人办理投保手续。

旅客意外伤害保险。旅客意外伤害保险是以旅客在搭乘运输工具过程中遭受意外伤害为承保对象的保险。目前可以搭乘的交通工具有汽车、火车、轮船和飞机等。因交通工具的不同，旅客意外险又分为铁路旅客意外险、公路旅客意外险、航空旅客意外险和轮船旅客意外险等。例如，在我国，铁路旅客意外险属于强制保险的范围，凡持票搭乘国营或专用铁路火车的旅客，都应向保险公司投保铁路旅客意外险，保险手续由铁路管理局直接办理，不另签发保险凭证。旅客购买车票的同时也买了保险，火车票既是乘车凭证，也是保险凭证。旅客在乘车过程中因意外事故而遭受伤害需在医院治疗的，保险人在保险金额以内给付医疗保险金。旅客死亡或残疾的，保险人按照约定给付死亡保险金或残疾保险金；轮船旅客意外险也属于强制保险的范畴。凡持票搭乘国营、公私合营或私营轮船公司所有轮船的旅客，都必须向保险公司投保轮船旅客意外险，保险手续由轮船公司办理，不另签发保险凭证。旅客买船票时也买了保险，保险费包含在船票票价内，一般为基本票价的3%，由轮船公司核算代收统一汇缴保险公司。旅客在乘船过程中因意外事故遭受伤害的，保险人按照约定给付死亡保险金或残疾保险金或医疗保险金。航空旅客意外险属于非强制性保险，即属于柜台销售的、投保人可以自愿决定是否投保的一种旅客意外险。旅客愿意投保的，在购买机票时即可向机票代销处办理保险手续并缴纳保险费，保险费并不包含在飞机票价内，而是需在票价之外另行缴纳。其保险期限自被保险人踏入保险单上指定的航班班机（或等效班机）的舱门开始，至飞机飞抵目的地走出舱门后终止。保险人对这一期间被保险上因意外事故发生遭受的伤害，负一次性给付相应保险金的责任。但属于除外责任范围内的原因引发的伤害，保险人不承担保险责任。

旅游意外伤害保险。旅游意外险主要承保以旅行社、机关、团体及企业事业单位组织的团体旅游者在旅游过程中遭受的人身意外伤害。其保险期限可以根据旅行的期限确定，一般是旅游的全过程，自被保险人乘上旅行社等单位指定的交通工具时开始，至本次旅游结束离开相应的交通工具时终止。如果旅游期限发生变化，保险期限及保险费也要作相应的调整。在保险期限内，保险人对因下列原因造成的被保险人的伤害承担保险责任：爆炸、雷电、溺水、跌坠、碰撞、交通事故、歹徒行凶、牲畜袭击等。但下列原因引起的伤害除外：被保险人自杀或故意自伤、犯罪行为、殴斗、冒险行为、疾病、酗酒、药物中毒、吸食毒品、擅自离开组织旅游单位规定的旅游地点、不乘坐指定的交通工具等。

住宿旅客意外伤害保险。住宿旅客意外险主要承保住宿于旅馆、饭店或招待所的旅客遭受的人身意外伤害。该险种要求旅客所住宿的旅馆、饭店或招待所必须已经经过工商行政管理部门的登记。其保险期限自被保险人办理完住宿手续时开始，至其退宿并办理完退宿手续且按照退宿规定可停留在住宿地的时间结束时终止。在保险期限内，被保险人无论外出或者在住处因意外事故发生而遭受意外伤害时，保险人按照约定给付保险金。

2. 一年期人身意外伤害保险

人身意外伤害保险的大多数险种的保险期限为一年。目前我国开办的团体人身意外伤害保险、团体人身保险、学生团体平安保险、附加人身意外伤害医疗保险等都属于一年期人身意外伤害保险。其中，团体人身意外伤害保险和团体人身保险都是以具有法人资格的机关、团体、企业、事业单位为投保人，以这些单位的职工为被保险人，由投保人为被保险人向保险人集体办理投保手续。由于是以团体方式投保，如果被保险人在保险期间离职，则自离职之日起，保险合同对其丧失保险效力，保险人退还未到期保费。学生团体平安保险是以在校学生为承保对象，由学校为学生向保险人集体办理投保手续。

3. 多年期人身意外伤害保险

保险期限超过一年，但基本上不超过五年。如我国目前开办的人身意外伤害期满还本保险，保险期限可以是三年、五年。人身意外伤害还本保险的保险本金是根据团体人身意外伤害保险的保险费率和相应年期的利息率制定的。被保险人投保人身意外伤害还本保险缴纳的保险本金远大于投保团体人身意外伤害保险时缴纳的保险费，但由于保险人在保险期限结束时返还本金，被保险人只是损失利息。

（五）按险种结构划分

单纯人身意外伤害保险。保险责任仅限于人身意外伤害。我国目前开办的团体人身意外伤害保险、公路旅客人身意外伤害保险、学生团体人身意外伤害保险、驾驶员人身意外伤害保险等，都属于单纯人身意外伤害保险。

附加人身意外伤害保险。这种保险包括两种情况：一是其他保险附加人身意外伤害保险；二是人身意外伤害保险附加其他保险责任。如我国目前开办的简易人身保险，以生存到保险期满或保险期限内死亡为基本保险责任，附加人身意外伤害造成的残废，属于生死两全保险附加人身意外伤害保险。再如，住宿旅客人身意外伤害保险，保险责任包括旅客由于人身意外伤害造成的死亡、残废以及旅客随身携带行李物品的损失，属于人身意外伤害保险附加财产保险。

（六）按是否出立保险单划分

出单人身意外伤害保险。它是指承保时必须出立保险单的人身意外伤害保险。一年期和多年期人身意外伤害保险都必须出立保险单，如团体人身意外伤害保险、学生团体平安保险等。

不出单人身意外伤害保险。它是指承保时不出立保险单，以其他有关凭证为保险凭证的人身意外伤害保险。不出单人身意外伤害保险多为极短期人身意外伤害保险。例如公路旅客人身意外伤害保险以汽车票为保险凭证，而不需要单独出立书面的保险单。

### 三、意外伤害保险的基本内容

（一）意外伤害保险的保险责任

意外伤害保险的保险责任是指由保险人承担的被保险人因意外伤害所导致的死亡和残疾给付保险金的责任，不负责疾病所致的死亡。死亡保险的保险责任是被保险人因疾病或意外伤害所致死亡，不负责意外伤害所致的残疾。两全保险的保险责任是被保险人因疾病或意外伤害所致的死亡以及被保险人生存到保险期结束。在意外伤害保险中，责任期限是指被保险人遭受意外伤害的事件发生在保险期内，而且自遭受意外伤害之日起的一定时期内（即责任期限内，如 90 天、180 天、360 天等）造成死亡或残疾的后果，保险人就要承担保险责任，给付保险金，即使被保险人在死亡或确定残疾时保险期限已经结束，只要未超过责任期限，保险人就要负责。意外伤害保险的保险责任由三个必要条件构成，即被保险人在保险期限内遭受了意外伤害；被保险人在责任期限内死亡或残疾；被保险人所受意外伤害是其死亡或残疾的直接原因或近因。上述三个必要条件缺一不可。

1. 被保险人遭受了意外伤害

被保险人在保险期限内遭受意外伤害是构成意外伤害保险的保险责任的首要条件。这一首要条件包括以下两方面的要求：一是被保险人遭受意外伤害必须是客观发生的事实，而不是臆想的或推测的；二是被保险人遭受意外伤害的客观事实必须发生在保险期限之内。如果被保险人在保险期限开始之前曾遭受意外伤害，而在保险期限内死亡或残疾，则不构成保险责任。

2. 被保险人死亡或残疾

被保险人在责任期限内死亡或残疾，是构成意外伤害保险的保险责任的必要条件之一。这一必要条件包括以下两方面的要求：一是被保险人死亡或残疾。死亡即肌体生命活动和新陈代谢的终止。在法律上发生效力的死亡包括两种情况：生理死亡，即已被证实的死亡；宣告死亡，即按照法律程序推定的死亡。《中华人民共和国民法通则》第二十三条规定："公民有下列情形之一的，利害关系人可以向人民法院申请宣告他死亡：下落不明满4年的；因意外事故下落不明，从事故发生之日起满2年的。"残疾包括两种情况：人体组织的永久性残缺（或称缺损）如肢体断离等；人体器官正常机能的永久丧失，如丧失视觉、听觉、嗅觉、语言机能、运动障碍等。二是被保险人的死亡或残疾发生在责任期限之内。责任期限是意外伤害保险和健康保险特有的概念，指自被保险人遭受意外伤害之日起的一定期限（如90天、180天、360天等）。在人寿保险和财产保险中，没有责任期限的概念。如果被保险人在保险期限内遭受意外伤害，在责任期限内生理死亡，则显然已构成保险责任。但是，如果被保险人在保险期限内因意外事故下落不明，自事故发生之日起满2年、法院宣告被保险人死亡后，责任期限已经超过。为了解决这一问题，可以在意外伤害保险条款中订有失踪条款或在保险单上签注关于失踪的特别约定，规定被保险人确因意外伤害事故下落不明超过一定期限（如3个月、6个月等）时，视同被保险人死亡，保险人给付死亡保险金，但如果被保险人以后生还，受领保险金的人应把保险金返还给保险人。责任期限对于意外伤害造成的残疾实际上是确定残疾程度的期限。如果被保险人在保险期限内遭受意外伤害，治疗结束后被确定为残疾，且责任期限尚未结束，当然可以根据确定的残疾程度给付残疾保险金。但是，如果被保险人在保险期限内遭受意外伤害，责任期限结束时治疗仍未结束，尚不能确定最终是否造成残疾以及造成何种程度的残疾，那么，就应该推定责任期限结束时这一时点上被保险人的组织残缺或器官正常机能的丧失是否是永久性的，即以这一时点的情况确定残疾程度，并按照这一残疾程度给付残疾保险金。此后，即使被保险人经过治疗痊愈或残疾程度减轻，保险人也不追回全部或部分残疾保险金。反之，即使保险人加重了残疾程度或死亡，保险人也不追加给付保险金。

3. 意外伤害是死亡或残疾的直接原因或近因

在意外伤害保险中，被保险人在保险期限内遭受了意外伤害，并且在责任期限内死亡或残疾，并不意味着必然构成保险责任。只有当意外伤害与死亡、残疾之间存在因果关系，即意外伤害是死亡或残疾的直接原因或近因时，才构成保险责任。意外伤害与死亡、残疾之间的因果关系包括以下三种情况：

（1）意外伤害是死亡、残疾的直接原因。即意外伤害事故直接造成保险人死亡或残疾。当意外伤害是被保险人死亡、残疾的直接原因时，则构成保险责任，保险人应该按照保险金额给付死亡保险金，或按照保险金额和残疾程度给付残疾保险金。

（2）意外伤害是死亡或残疾的近因。即意外伤害是引起直接造成被保险人死亡、残疾的事件或一连串事件的最初原因。

（3）意外伤害是死亡或残疾的诱因。即意外伤害使被保险人原有的疾病发作，从而加重后果，造成被保险人死亡或残疾。当意外伤害是被保险人死亡、残疾的诱因时，保险人不是按照保险金额和被保险人的最终后果给付保险金，而是比照身体健康遭受这种意外伤害会造成何种后果给付保险金。

（二）意外伤害保险的给付方式

意外伤害保险属于定额给付性保险，当保险责任成立时，保险人按保险合同中约定的保险金额给付死亡保险金或残疾保险金。在意外伤害保险合同中，死亡保险金的数额是保险合同中规定的，当被保险人死亡时如数支付。残疾保险金的数额由保险金额和残疾程度两个因素确定。残疾程度一般以百分率表示，残疾保险金数额的计算公式是：

残疾保险金＝保险金额×残疾程度百分率

在意外伤害保险合同中，应列举残疾程度百分率，列举得越详尽，给付残疾保险金时，保险方和被保险方就越不易发生争执。但是，列举不可能完备穷尽，无论残疾程度百分率列举得如何详尽，也不可能包括所有的情况。对于残疾程度百分比率中未列举的情况，只能由当事人之间按照公平合理的原则，参照列举的残疾程度百分率协商确定。协商不一致时可提请有关机关仲裁或由人民法院审判。在意外伤害保险中，保险金额不仅是确定死亡保险金、残疾保险金数额的依据，而且是保险人给付保险金的最高限额，即保险人给付每一被保险人死亡保险金、残疾保险金累计以不超过该保险金额为限。当一次意外伤害造成被保险人身体若干部位残疾时，保险人按保险金额与被保险人身体各部位残疾程度百分率乘积之和计算残疾保险金，但如果各部位残疾程度百分率之和超过100%，则按保险金额给付残疾保险金。被保险人在保险期限内多次遭受意外伤害时，保险人对每次意外伤害造成的残疾均按保险合同中的规定给付保险金，但给付的保险金累计以不超过保险金额为限。

195

# 第四节　健康保险

## 一、健康保险的概念

健康保险是以人的身体为对象，保证被保险人在疾病或意外事故所致伤害时的费用或损失获得补偿的一种保险。并不是每一个健康保险保单的承保内容都包含所有费用和损失，否则其成本相当大。一般来说，健康保险承保的主要内容有如下两大类：一是由于疾病或意外事故所致的医疗费用。在现实生活中，人们习惯将承保医疗费用的健康保险统称为医疗保险或称医疗费用保险。二是由于疾病或意外伤害事故所致的收入损失。如果被保险人不能参加任何工作，则其收入损失是全额的。如果只能从事比原工作收入低的工作，那么收入损失则是部分的，其损失数额即为原收入与新收入之差。这种健康保险的保单被称为残疾收入补偿保险。

健康保险单中，有的给被保险人支付临时的残疾补偿，或是长期的每月或每周生活补助，有的提供全部的或部分的收入损失补偿，也有的是在残疾时给付一笔保险金，例如双目失明或肢体残缺等情况。而相当大部分的健康保单则集中在承保医疗费用方面。健康保险中的疾病与伤害是两个完全不同的概念。疾病是指由于人体内在的原因，造成精神上或肉体上的痛苦或不健全。构成健康保险所指的疾病必须具备以下三个条件：

（1）必须是由于明显的非外来原因所造成的。外来的、剧烈的原因造成的病态视为意外伤害，而疾病是由身体内在的生理的原因所致，但若因饮食不慎感染细菌引起疾病，则不能简单视为外来因素。因为，外来的细菌还要经过体内抗体的抵抗以后，最后再形成疾病。因此，一般讲，要以是否是明显外来的原因，作为疾病和意外伤害的分界线。

（2）必须是非先天性的原因所造成的。健康保险仅对被保险人的身体由健康状态转入病态承担责任。由于先天原因，使身体发生缺陷，例如视力、听力的缺陷或身体形态的不正常，这种缺陷或不正常，则不能作为疾病由保险人负责。

（3）必须是由于非长存的原因所造成的。在人的一生中，要经历生长、成年、衰老的过程，因此在肌体衰老的过程中，也会显示一些病态，这是人生必然要经历的生理现象。对每一个人来讲，衰老是必然的，但在衰老的同时，诱发出其他疾病却是偶然的，需要健康保险来提供保障。而属于生理上长存的原因，即人到一定年龄以后出现的衰老现象，则不能被称为疾病，也不是健康保险的保障范围。

### 二、健康保险的特征

健康保险是以被保险人在保险期间内因疾病不能从事正常工作，或因疾病造成残疾或死亡时由保险人给付保险金的保险。健康保险的保险费率与被保险人的年龄、健康状况密切相关，保险公司往往要求被保险人体检，规定观察期或约定自负额，承保比较严格。因此，趁年轻、健康时购买最有利。

（一）连续有效条款

健康保险的保险期限通常为一年。一般的健康保险条款都注明保单在什么条件下失效，在什么条件下可自动续保，常见的方式有以下四类：

（1）定期保单。这种保单规定了有效期限，一旦期满，被保险人必须重新投保。在保险期限内，保险人不能提出解除或终止合同，也不能要求改变保险费或保险责任。但合同期满后被保险人重新投保时，保险人有权拒绝承保或要求改变保费或保险责任。

（2）可取消保单。对于这种保单，被保险人或保险人在任何时候都可以提出终止合同或改变保险费以及合同条件、保障范围。但是，当保险人提出终止合同或改变合同条件、保障范围时，对于已经发生尚未处理完毕的保险事故，仍应按原来规定的合同条件、保障范围承担责任。这种保单的优点在于保险人承担的风险小，所以其成本低，并对承保条件要求不严格。

（3）续保。被保险人续保时，一般有两种不同的续保条款：一是条件性续保。只要被保险人符合合同规定的条件，就可续保其合同，直到某一特定的时间或年数。二是保证性续保。这种保单规定，只要被保险人继续交费，其合同可继续有效，直到一个规定的年龄。在这期间，保险人不能单方面改变合同中的任何条件。

（4）不可取消条款。就是对被保险人和保险人而言，都不得要求取消保险合同，被保险人不能要求退费。但如果被保险人不能缴纳保费时，则保险人可自动终止合同。

（二）严格的承保条件

健康保险的承保条件一般比寿险要严格，由于疾病是健康保险的主要风险，因而对疾病产生的因素需要相当严格的审查，一般是根据被保险人的病历来判断，了解被保险人身体的既往史、现病史，有时还需要了解被保险人的家族病史。此外还要对被保险人所从事的职业及其居住的地理位置及生活方式也要进行评估。在承保标准方面，一般有以下三种规定：

（1）观察期。由于仅仅依据以前的病历难以判断被保险人是否已经患有某些疾病，为了防止已经患有疾病的被保险人投保，有时要在保单中规定一个观察期或称免责期，观察期一般为半年，被保险人在观察期内因疾病支出医疗费及收入损失，保险人不负责，观察期结束后保单才正式生效。

（2）次健体保单。对于不能达到标准条款规定的身体健康要求的被保险人，一般按照次健体保单来承保。这时可能采用的方法有两种：一是提高保费；二是重新规定承保范围，比如将其某种疾病或某种保险责任作为批注除外后才予以承保。

（3）特殊疾病保单。对于被保险人所患的特殊疾病，保险人制定出特种条款，以承保规定的特殊疾病。

（三）免赔额条款

免赔额条款是医疗保险的主要特征之一，这种规定对保险人和被保险人都有利。在医疗费用方面，保单中规定了免赔额，即保险费用给付的最低限额。保险人只负责超过免赔额的部分。

免赔额的计算一般有三种：一是单一赔款免赔额。针对每次赔款的数额。二是全年免赔额，按每年赔款总计。超过一年数额后才赔付。三是集体免赔额，这是对团体投保的被保险人而言，对于同一事故，按所有成员的费用累计来计算。

规定了免赔额之后，小额的医疗费由被保险人自负，大额的医疗费由保险人承担。这种做法是基于这样一种承保理论，即自负费用的一定比例能够促使被保险人努力去恢复身体，而不会去利用没有必要的服务和医疗设备；而且并不意味着医疗保险就可以随便拿药、住院，医疗保险并不是无限度的。

（四）给付条件

在健康保险的保险事故发生时，合理的和必需的费用，保险人都会给予保险金给付。可以赔付的费用包括门诊费、药费、住院费、护理费、医院杂费、手术费、各种检查费等。医疗费用保险一般规定一个最高保险金额，保险人在此保险金额的限度内支付被保险人所发生的费用，超过此限额时，则保险人停止支付。在一个年度内当医疗费用的支出累计超过（也可以是按次计算）免赔额时，被保险人才有资格申请给付各种医疗费用。

（五）保险费率

决定健康保险费率的因素主要包括：残疾发生率、利率和费用率等，健康保险保费的多少，与残疾率、费用率的高低成正比例，而与利率成反比例。另外，免赔额和保险费的费率密切相关，免赔额高则费率低；反之，免赔额低则费率高。健康保险的费率确定主要是根据被保险人的职业、性别、年龄、保险金额及给付种类。其中职业尤为重要，一般依职业危险的大小划分等级，规定费率，而年龄因素不像人寿保险那样重要。

三、健康保险的分类

（一）医疗保险

医疗保险是指提供医疗费用保障的保险，它是健康保险的主要内容之一。医疗费用是病人为了治病而发生的各种费用，它不仅包括医生的医疗费和手术费用，还包括住院、护理、医院设备使用等费用。医疗保险就是医疗费用保险的简称。医疗保险的范围很广，医疗费用则一般按照其医疗服务的特性来区分，主要包含医生的门诊费用、药费、住院费用、护理费用、医院杂费、手术费用、各种检查费用等。各种不同的健康保险保单所保障的费用一般是其中的一项或若干项组合。医疗费用保险一般规定一个最高保险金额，保险人在此保险金额限度内支付被保险人所发生的费用，超过此限额时，保险人则停止支付。免赔额条款则是医疗保险的主要特征之一，在此基础上，经常采用比例给付条款。如果是一个家庭投保，则免赔额可规定在整个家庭成员所需费用之和的基础上。常见的医疗保险包括普通医疗保险、住院保险、手术保险和特种疾病保险、住院津贴保险、综合医疗保险等。

1. 普通医疗保险

普通医疗保险给被保险人提供治疗疾病相关的一般性医疗费用，主要包括门诊费用、医药费用、检查费用等。这种保险比较适用于一般社会公众。因为到医院看病是每个人经常发生的事，而这种保险的保费成本较低。由于对医药费用和检查费用的支出控制有一定的难度，所以，这种保单一般也具有免赔额和比例给付规定，保险人支付免赔额以上部分的一定百分比（比如80%），保险费用则每年规定一次。每次疾病所发生的费用累计超过保险金额时，保险人不再负责任。

2. 住院保险

由于住院所发生的费用是相当可观的，故将住院的费用作为一项单独的保险，住院保险的费用项目主要是每天住院的床位费用、住院期间医生费用、使用医院设备的费用、手术费用、医药费等，住院时间长短将直接影响其费用的高低。由于住院费用比较高，因此，这种保险的保险金额应根据病人平均住院费用情况而定。为了控制没必要的长时间住院，这种保单一般规定保险人只负责所有费用的一定百分比（例如90%）。

### 3. 手术保险

这种保险提供因病人需做必要的手术而发生的费用。这种保单一般是负担所有手术费用。

### 4. 综合医疗保险

综合医疗保险是保险人为被保险人提供的一种全面的医疗费用保险，其费用范围则包括医疗和住院、手术等的一切费用。这种保单的保险费较高，一般确定一个较低的免赔额连同适当的分担比例（例如 85%）。

### 5. 特种疾病保险

某些特殊的疾病往往给病人带来的是灾难性的费用支付，例如癌症、心脏疾病等。这些疾病一经确诊，必然会产生大范围的医疗费用支出。因此，这种保单的保险金额通常要求比较大，以足够支付其产生的各种费用。特种疾病保险的给付方式一般是在确诊为特种疾病后，立即一次性支付保险金额。

### （二）残疾收入补偿保险

如果一个人因疾病或意外伤害事故而不能参加工作，那么他就会失去原来的工资收入。这种收入的损失数额可能是全部的，也可能是部分的，其时间可能较长，也可能较短。提供被保险人在残疾、疾病或意外受伤后不能继续工作时所发生的收入损失之补偿的保险称为残疾收入补偿保险，或称丧失劳动能力收入补偿保险。残疾收入补偿一般可分为两种：一种是补偿因伤害而致残疾的收入损失；另一种是补偿因疾病而致残疾的收入损失。在实际过程中，因疾病而致的残疾比伤害的要广泛。残疾收入补偿保险的给付方式一般有以下三种：一是按月或按周给付。根据被保险人的选择而定，每月或每周可提供金额相一致的收入补偿。二是按给付期限给付。给付期限可以是短期或长期的。短期补偿是为了补偿在身体恢复前不能工作的收入损失，长期补偿则规定较长的给付期限，一般是补偿全部残疾而不能恢复工作的被保险人的收入，通常规定给付到 60 周岁或退休年龄，或被保险人死亡时停止给付。短期给付期限一般为 1 年到 2 年。三是按推迟期给付。在残疾后的前一段时间称为推迟期，在这期间不给付任何补偿，推迟期一般为 3 个月或半年，这是由于在短时间内，被保险人还可以维持一定生活。同时，通过取消对短期残疾的给付可以减少保险成本。

### 四、健康保险的常用条款

健康保险的基本责任，主要是指疾病医疗给付责任，即对被保险人的疾病医治所发生的医疗费用支出，保险人按规定给付相应的疾病医疗保险金。由于健康保险具有风险大、不易控制和难以预测的特性，因此在健康保险中，保险人对所承担的疾病医疗保险金的给付责任往往带有很多限制或制约性条款，常用的条款有以下四种：

### （一）免赔额条款

在健康保险中，一般对一些金额较低的医疗费用均采用免赔额的规定。这样做，一方面是金额较低的医疗费用，被保险人在经济上可以承受，同时也可以省去保险人因此而投入的大量工作；另一方面，免赔额的规定可以促使被保险人加强对医疗费用的自我控制，避免不必要的浪费。

（二）等待期或观望期条款

健康保险合同生效一段时间后，保险人才对被保险人因疾病发生的医疗费用履行给付责任。在此之前，尽管保险合同已经签订，但保险人并不履行给付义务。这一规定是对已经患病或在等待期或观望期中出现的疾病或发生的费用不予负责，以防止可能出现的逆选择。

（三）比例给付条款

比例给付条款又称共保比例条款。在健康保险中，由于是以人的身体为标的，不存在是否足额投保问题，同时由于健康保险的危险不易控制性，因此，在大多数健康保险合同中，对于保险人医疗保险金的支出均有比例给付的规定，即对超免赔额以上的医疗费用部分采用保险人和被保险人共同分摊的比例给付办法。比例给付，既可以按某一固定比例（例如，保险人承担70%，被保险人自负30%）给付，也可按累进比例给付，即随着实际医疗费用支出的增大，保险人承担的比例累进递增，被保险人自负的比例累进递减。这样规定，既有利于保障被保险人的经济利益，解除其后顾之忧，也利于被保险人对医疗费用的控制。

（四）给付限额条款

由于健康的危险性大小差异很大，医疗费用支出的高低也相差很大，为了加强对健康保险的管理、保障保险人和广大被保险人的利益，一般对保险人医疗保险金的最高给付均有限额规定，以控制总支出水平。当然，在以某些专门的大病为承保对象的健康保险中，也可以没有赔偿限额的规定，但这种合同的免赔额比较高，被保险人自负的比例一般也较高。健康保险的除外责任，一般包括战争或军事行动，故意自杀或企图自杀造成的疾病、死亡和残疾，堕胎导致的疾病、残疾、流产、死亡等。健康保险中将战争或军事行动除外，是因为战争所造成的损失程度，一般来讲是较高的，而且难以预测，在制定正常的健康保险费率时，不可能将战争或军事行动的伤害因素以及医疗费用因素计算在内，因而把战争或军事行动列为除外责任。而故意自杀或企图自杀均属于故意行为，与健康保险所承担的偶然事故相悖，故亦为除外责任。

# 本章小结：

1. 人身保险的保险标的是人的身体和生命，因此人身保险具有区别于其他保险种类的特殊性，表现为保险金额的确定与给付、保险期限的长期性、生命风险的相对稳定和储蓄性。

2. 人寿保险是人身保险的主要种类，它是以人的生命为保险标的，主要包括普通人寿保险和特种人寿保险。而普通人寿保险又可分为定期人寿保险、终身寿险、生死合险等。

3. 特种人寿保险可分为年金保险、简易人寿保险、变额人寿保险、万能寿险和变额万能寿险。

4. 意外伤害保险是以保险人因被保险人在保险期限内遭受意外伤害造成死亡、残疾为给付保险金条件的人身保险业务。意外伤害保险中要注意其含义、可保风险等概念。

5. 意外伤害保险责任构成包括：被保险人在保险期限内遭受了意外伤害、在责任期限内死亡或残疾，意外伤害是死亡和残疾的直接原因或近因。

6. 健康保险是以人的身体为保险标的，保证被保险人在疾病或意外事故所致伤害时的费用或损失获得补偿的人身保险业务。

7. 健康保险有两种基本类型，即医疗保险和残疾收入补偿保险。其中医疗保险是主要种类，是补偿性保险，具有代位追偿权。由于健康保险的危险具有变动性和不易预测性，加上健康保险道德风险很大，因此在健康保险中有免赔额、等待期或观望期、比例给付和给付限额等条款。

8. 团体保险是向因非投保目的而组成的集体成员所提供的人身保险。同个人保险相比，它具有本身的基本特征。具体包括团体人寿保险、团体意外伤害保险和团体健康保险。

## 复习思考题：

1. 简述人身保险的特殊性。
2. 简述人寿保险的主要分类及保险特点。
3. 简述意外伤害保险的含义及特点。
4. 简述意外伤害保险的责任构成。
5. 简述健康保险的含义及特点。
6. 简述健康保险的基本类型及特点。
7. 试从保险人的角度分析团体保险的优点。

# 第十章
# 旅游风险与保险

**学习要点：**

◇ 理解旅游风险的概念、产生原因
◇ 理解旅游保险的概念、种类

## 第一节　旅游风险

### 一、旅游风险的内容

（一）旅游风险的概念

根据世界旅游组织和联合国统计委员会推荐的技术性的统计定义：旅游是指为了休闲、商务或其他目的离开他/她们惯常环境，到某些地方并停留在那里，但连续不超过一年的活动。旅游目的包括六大类：休闲、娱乐、度假，探亲访友，商务、专业访问，健康医疗，宗教/朝拜，其他。

旅游风险是指人们在从事旅游活动中遭受到能够导致损失的不确定性，这种不确定性一般是难以预测的，即便可以预测人力也无法抗拒。

（二）旅游风险的特点

1. 风险的多样性

旅游在外，不仅仅面临人身风险，还同时面临着财产风险。往往是一件风险事件，就会使得旅游者同时面临着人身的伤害和财产的损失。将旅游中的风险进行一个分类，主要有自然风险和社会风险。自然风险主要包括自然灾害和意外事故；社会风险主要是个人或集团的社会行为导致损失的风险。旅游中主要面临的是有道德和心理因素引致的风险，如偷窃和抢劫。

2. 风险的个体性

旅游绝大多数都是一个人或家庭的形式出行，因此旅游风险的承担者也是家庭和个人。其一，不同的个人和家庭的偏好往往是千差万别的，不可能制定统一的衡量风险的标准和操作规范；其二是旅游风险被众多的旅游者分散承担，而单个旅游者者很难抵御旅游风险的袭击；其三是旅游风险还具有十分明显的地域性。

3．风险的地域性

旅游由于其活动特点带有明显的地域性。因此，风险多伴随着不同的地域而表现出不同。这主要表现在：一是旅游目的地的不同。不同的旅游目的地，有着不同的自然环境、社会环境、人文环境，而环境的差异必然造成风险的差异；二是旅游的路径不同，不同路径的选择，意味着在旅途中面临着不同的风险，例如，同样是登山，是选择旅游者众多的大路，还是游客罕至的小道，面临的风险自然不同。

（三）旅游风险的来源

导致旅游中发生损失的风险因素很多，从风险管理角度看，主要包括自然因素和社会因素。

1．自然因素

自然因素主要包括自然灾害和意外事故。自然灾害主要是人力不可抗拒的、突然的、偶发的和具有破坏力的自然现象等作用而造成的灾害，如洪水、地震、泥石流、滑坡、崩塌、地面下沉、火山、风暴潮、海啸和台风等；意外事故是指由于人们的疏忽或违反操作规程所致的突发事故，如火灾、爆炸和空中运行物体坠落等。自然因素属于纯粹风险。

2．社会因素

社会因素是指个人或集团的社会行为导致财产损失的风险。个人和家庭面临的社会风险主要是指由道德和心理因素引致的风险，即人为地、有意识地制造的风险，如纵火、偷窃和抢劫等。这些风险给个人和家庭造成的损失往往不可预见或很难控制的。

**二、旅游风险的种类**

（一）财产损失风险

在旅游的过程中，面临的财产损失风险是指导致财产损毁、灭失的风险。例如，交通工具的损坏、钱财的被盗。

（二）死亡风险

旅游死亡风险是指发生在旅游过程中，且在自然的、预期的生命结束阶段之前的情形。虽然就个体而言，死亡最终一定会发生，但这一风险何时发生却是未知的。

（三）伤残风险

旅游伤残风险是指发生在旅游过程中，对人的身体造成的暂时性或永久的伤残的风险。这种风险对个人或家庭的经济影响主要表现在：一是各种医疗费用，二是误工的费用。

## 第二节　旅游保险

### 一、旅游保险的概念和类型

旅游保险是指旅游者根据旅游保险合同的约定，向保险公司支付保险费，保险公司对于旅游者在旅游过程中死亡、伤残、疾病或者合同约定的其他事故因其发生所造成的财产损失承担赔偿保险金责任的商业保险行为。

旅游保险主要类型：游客意外伤害保险、旅游人身意外伤害保险、住宿游客人身保险、旅游救助保险和旅游求援保险，其中前三种为基本保险。

#### （一）旅游意外保险

旅游意外保险是指旅行社在组织团队旅游时，为保护旅游者的利益，代旅游者向保险公司支付保险费，一旦旅游者在旅游期间发生意外事故，按合同约定由承保保险公司向旅游者支付保险金的保险行为。其赔偿范围主要包括：人身伤亡、急性病死亡引起的赔偿；受伤和急性病治疗支出的医药费；死亡处理或遗体遭返所需的费用；旅游者所携带的行李物品丢失、损坏或被盗所需的赔偿；第三者责任引起的赔偿。

#### （二）旅游救助保险

旅游救助保险是保险公司与国际救援中心联合推出的一种保险，这种保险对于出国旅游十分合适。旅游者无论在国内外任何地方一旦发生意外事故或者由于不谙当地习俗法规引起了法律纠纷，只要拨打电话，就会获得无偿的救助。

#### （三）旅客意外伤害保险

旅客意外伤害保险在旅客购买车票或船票时，实际上就已经投了该险。其保费是按照票价的5%计算，每份保险的保险金额为人民币2万元，其中意外事故医疗金1万元。保险期从检票进站或中途上车上船起，至检票出站或中途下车下船止。在保险有效期内因意外事故导致旅客死亡、残疾或丧失身体机能的，保险公司除按规定付医疗费外，还要向伤者或死者家属支付全数、半数或部分保险金额。

#### （四）旅游人身意外伤害保险

旅游人身意外伤害保险每份保险费为1元，保险金额最高可达1万元，一次最多投保10份。保险期限从游客购买保险进入旅游景点和景区时起，直至游客离开景点和景区。该保险比较适合探险游、生态游、惊险游等。

#### （五）住宿旅客人身保险

住宿游客人身保险每份保费为1元，一次可投多份。从住宿之日零时起算，保险期限15天，期满后可以续保。每份保险责任分三个方面：一为住宿旅客保险金5000元，二为住宿旅客见义勇为保险金为1万元，三为旅客随身物品遭意外损毁或盗抢而丢失的补偿金为200元。在保险期内，旅客因遭意外事故，外来袭击、谋杀或为保护自身或他人生命财产安全而致身死亡、残疾或身体机能丧失、或随身携带物品遭盗窃、抢劫等而丢失的，保险公司按不同标准支付保险金。

### 二、旅游保险的保障和投保方式

**（一）旅游保险的保障**

一般的旅游保险的保障范围大致分为四部分：

（1）人身意外保障。由于意外造成死亡或永久性伤残而给予一笔预先约定的金额。

（2）医疗费用保障。在旅途中因意外而引致的医疗费用开支。完善的旅游保险应包括"国际医疗支援"服务，万一在外地发生严重事故，受保人可享用国际医疗队伍的服务；例如紧急医疗运送或送返原居地等。大部分的旅游保险都是只保障因意外造成之医疗开支，但亦有少部分的保单可同时保障在旅途中因疾病而带来的医疗支出。

（3）个人财物保障。保障在旅途中，财物因意外损毁或被盗窃所带来的经济损失。

（4）个人法律责任保障。在旅途中受保人因疏忽而导致第三者人身伤亡或财物损失而被追讨索偿的保障。由于不同的保险公司发出的保单条款可能有异，因此保障范围可有不同。

**（二）投保方式**

（1）消费者可到专业保险公司销售柜面购买：填写投保单，保险公司收具保险费后出具保险凭证，保险生效。

（2）消费者还可以通过网站购买，例如开心保网等在线投保网站支持在线投保。消费者在网上完成填写投保信息和付费，保险公司出具电子保险凭证通过电子邮箱或短信发送给客户，保险生效。

（3）消费者可以联系有资质的个人代理人购买。很多消费者都有为自己服务的保险代理人，消费者可以通过这个代理人购买。

（4）还可以通过有资质的代理机构购买。很多保险公司将系统终端装置在代理机构，客户提供投保信息并向代理机构交付保险费后，代理机构通过保险公司系统打印保险凭证给消费者，保险生效。

### 三、购买人群及注意事项

**（一）购买人群**

（1）随旅行社组团旅游者。

（2）自驾游、徒步旅行和探险爱好者。

（3）单位组织外出旅游或其他活动的。

（4）拓展训练公司组织客户训练时。

（5）户外店或论坛管理者组织会员出游者。

（6）出差时间长、出差地点安全因素存在问题的出差者如导游等。

（7）户外活动的举办方。

**（二）购买旅游保险需要注意事项**

（1）注意阅读保险期限，比如是 7 天还是 10 天。

（2）注意阅读保险的保障范围，保哪些内容，不保哪些内容，这是非常重要的，尤其是要看免责条款。

（3）注意看保险金额，有些人认为旅游保险都一样，事实上有时候价格一样保险金额却不一样。

（4）保险金额一定要买足。有些人习惯买通常的 10 万意外和 5000 元的医疗这种保险，实际上起不了多大的保障作用。因为人们购买保险就是希望能够获得超过自己支付能力范围外的补偿，如果保险金额较低，真出个大事故，也就不能真正的起到保障作用。所以建议购买旅游保险产品其意外金额最好大于 20 万，意外医疗最好大于 2 万，这样才能够真正的放心。

（5）注意购买方便快捷的旅游保险，旅行本来就要准备很多东西，如果再花过多的时间在购买保险上面，就等于消耗了很多时间成本，人也很累，不太划算。

（6）购买后，一定要注意检查审核保单的要素是否齐全和正确，保险资料是否完善，一般投保都应该有发票、保险单、投保单和保险条款等。

## 本章小结：

1. 旅游风险是指人们从事旅游活动中遭受到能够导致损失的不确定性。
2. 旅游风险的特点有风险的多样性、风险的个体性、风险的地域性。
3. 旅游风险的分类有财产损失风险、死亡风险、伤残风险。
4. 旅游保险可以分为旅游意外保险、旅游救助保险、旅客意外伤害保险、旅游人身意外保险、住宿游客人身保险。

## 复习参考题：

1. 如果出门旅游应该注意哪些风险？
2. 购买旅游保险应该注意的问题？
3. 旅游保险的种类有哪些？

# 第十一章
# 农业风险与保险

**学习要点:**
　◇ 理解农业保险的概念
　◇ 理解农业风险的内容
　◇ 了解农业保险的基本内容
　◇ 了解种植业保险、养殖业保险的内容及分类

## 第一节　农业风险概述

### 一、农业风险的内容

#### (一) 农业风险的概念

农业风险是指人们在从事农业生产和经营过程中遭受到能够导致损失的不确定性, 这种不确定性一般是难以预测的, 即便可以预测人力也无法抗拒。

农业作为基础产业, 由于自身的弱质性和生产过程的特殊性, 在整个再生产循环过程中面临着许多风险, 是典型的风险产业。农业风险一般具有风险单位大、发生频率较高、损失规模较大、区域效应明显, 而且还具有广泛的伴生性等特点。

#### (二) 农业风险的特点

#### 1. 多样性

首先是自然风险, 自然风险是指与农业生产密切相关的自然环境的影响。自然灾害对农业影响之大是其他行业不可比的。其次是市场风险, 市场风险是指农产品供求失衡导致的价格波动。农产品是一种特殊的商品, 因而使得农业市场风险也具有十分明显的特殊性, 如农产品需求弹性小, 可替代性低和不可缺性, 决定了农产品价值的实现较一般工业品的难度大, 这使农产品的生产和经营总是处在一种边际效应上。最后是政策风险, 政策风险是指一个国家所执行的农业政策对农业发展的直接影响。农业是基础产业, 重要性人们都十分清楚, 但在国民经济发展中, "重农" 或 "抑农"

就一直是困扰政策制定者的难题，使得国家农业政策在制定和执行中有时出现偏差。

### 2. 分散性

农业生产地域广阔，农业风险有较强的分散特点：其一是农业经营多以家庭经营为主，不可能制定统一的衡量风险的标准和操作规范；其二是农业风险被千家万户分散承担，而单个农业经营者很难抵御农业频繁的风险袭击；其三是农业风险还具有十分明显的地域性。

### 3. 季节性

农业相对其他行业，其经营特点带有明显的季节性。因此，农业风险多伴随着不同的季节出现和发生。这主要表现在：一是农业生产风险的时间性，错过季节，将给农业造成巨大损失；二是农业风险的集中性，受季节的影响。农产品进入市场表现出很强的集中性，同一品种的农业产品基本都在同时上市和下市，容易造成市场季节性饱和及季节性短缺，给农业经营者带来市场风险。

## 二、农业风险的种类

农业生产和经营过程中各种风险因素复杂多样，导致农业风险也具有广泛性、复杂性和多样性。人们对于农业风险的认识也不尽一致。一般说来，根据风险的成因可以把农业风险划分为自然风险、市场风险、技术风险和社会风险。

### （一）自然风险

农业的发展离不开自然界，受多种自然因素的影响。自然风险，是指由于自然力的不规则变化，引起的种种物理、化学现象造成损失机会的风险，也就是通常所说的自然灾害。农业的自然风险主要表现在气象灾害、病害和虫害三个方面。特别是我国地缘辽阔，地理环境和气候千差万别，农业风险更加复杂。中国素有"三岁一饥、六岁一衰、十二岁一荒"之说。我国的自然灾害不仅具有种类多、频率高、强度大，而且还具有时空分布广、地域组合明显、受损面广、损害严重等特征。近年来，由于温室效应而带来的全球气候变化明显，包括我国在内的世界各地自然灾害频发，农业的自然风险有日趋增强的趋势。

### （二）市场风险

农业的市场风险，也称经济风险，一般是指在农业生产和农产品销售过程中，由于市场供求失衡、农产品价格的波动、经济贸易条件等因素变化、资本市场态势变化等方面的影响，或者由于经营管理不善、信息不对称、市场前景预测偏差等导致农户经济上遭受损失的风险。其中，价格波动是影响农业生产的重要因素，这种影响既可能使农业生产所需的生产资料价格上涨，有可能使农产品价格下跌，还可能使农业所需生产资料价格上涨高于农产品价格上涨。由于农业生产的周期较长导致市场调节的滞后性，农产品的价格易发生较大的变动。然而，由于计划经济时代我国所实行的统购统销以及严格的价格管制等制度安排，农业的市场风险表现得并不明显。但改革开放以来，伴随着市场化进程的加快，农产品流通体制的改革以及价格管制的逐步放开，农产品价格波动幅度和频率都在增强，农业的市场风险的影响日趋上升。

（三）社会风险

社会风险又称为行为风险，它是指由于个人或团体的社会行为造成的风险。农业企业的社会风险主要表现在如下五个方面：一是伪劣种子、化肥和农药等农业生产资料造成的农业生产损失；二是错误的行政干预造成的农业生产损失；三是工业污染给农业生产和经营造成的损失；四是农业政策等经济环境的变化给农业生产和经营造成的损失；五是政局变化，政权更迭、动乱等政治因素引起或造成的各种损失。其中，政策风险是影响农业生产和经营的重要因素。政策风险主要来源于与农业生产和经营相关的政策转换及政策改变两个部分。

（四）技术风险

农业的技术风险是指由于某些技术因素，如农业科学技术的发展、进步和提高（如稻麦播种收割的半机械化、产品品种的改良、农业生产技术的改进、农业科技成果的推广和应用等），给我国农业生产造成损失的可能性。技术风险产生于科学技术的副作用（比如转基因对食物安全的可能损害、农业在杀害虫的同时可能使牲畜因误食而中毒等）、局限性或其不适当的使用而给农业生产和经营带来的各种损失的可能性。我国是一个人口多、耕地少的国家，确保农产品总量的有效供给，必须立足于农业的科技进步，新的适用技术的采用和由此带来的技术进步应成为克服资源约束、促进农业发展的最有效的方式之一。随着大量农业高新技术的采用和推广，农业的技术风险将会迎来一个大幅扩散和高发的态势。需要指出的是，在众多影响农业风险的因素当中，由于市场变化而导致的价格变化和由于自然灾害因素而导致的产量变化是最为重要的风险因素。

### 三、制度变迁对农业风险的影响

改革开放三十多年来，我国目前正处于经济转型时期，经济社会发展的内外环境发生了一系列深刻的制度变化。这其中最为显著的就是市场经济体制的成功引入和2001年入世的顺利实现。制度变迁不仅改变了中国经济与社会发展面貌，也使我国农业生产和经营的微观基础与宏观环境产生深刻影响，进而也对农业风险产生较大影响，主要表现在以下四个方面：

（一）市场风险日趋复杂

自改革开放以来，我国逐步推行的市场化取向改革有序推进，各种价格管制逐步放开乃至取消。特别是在农产品的流通领域，计划经济时代统购统销的政策被彻底打破，逐步引入市场竞争机制，农产品价格基本上由市场供求关系自发调节。这样一来，在农业生产和经营领域，从计划经济时代到市场经济体制的基本确立，市场风险经历了一个由无到有的过程。农业的市场风险效应完全显现出来。而且，随着2001年我国顺利实现加入WTO，在经济全球化、市场国际化及贸易自由化的大背景下，我国农业不仅面临国内市场风险，还面对来自国际市场诸如价格波动、政策调节、市场操纵等多方面的风险冲击，市场的不确定性空间增大，市场风险的累积效应将会明显增强。我国农业"小生产"与"大市场"的矛盾被进一步放大甚至激化。农业的市场风险因素日趋复杂，市场风险对农业生产和经营的影响将越来越突出，会逐渐成为主导农业风险的主要因素。

（二）各种风险因素参差交错

目前，我国正处于经济转轨和社会转型时期。各种来自体制内外、国内和国际的风险因素广泛类聚，农业面临着许多难以预期的各种风险，农业风险呈现多样化发展趋势，各种风险因素参差交错，更是加重其不可预期性。农业面临的风险种类繁多，且有日趋增长，呈现多元化发展的趋势，各种风险相互联系相互影响。农业风险的客观存在、多元化发展，使得农业经营面临着诸多不确定性，特别是伴随着信息社会的到来，农业风险的扩散和传递将更为迅速，这必然会影响到农业生产的正常发展和农民收入的稳定。我国农业生产和经营将会进入一个"高风险"时代。随着我国社会主义市场经济体制改革的不断深入，加入WTO，走向世界经济一体化发展的历史格局初步形成。我国农业和农村的经济社会发展与世界经济和人类社会大环境变化的关系更为密切，开放型的农村经济发展除了要承受自然灾害带来的风险之外，还将承受更多的来自于市场、经济、技术和社会等各种不确定性及其风险的影响。而且这些风险因素经常会交织在一起，加大人们社会经济生活中的不确定性，将使农业风险的管理问题变得更为复杂。这也要求我们对农业风险进行有效管理，构筑系统的风险防范体系。

（三）农业风险管理模式走向市场化

人类社会生存和发展的历史，也是一部与风险不断博弈斗争的历史。在多年的实践经验中，我国社会传统的依靠政府援助与社会救济为主的风险管理模式已经越来越显露出其内在的局限性，这种依靠政府补贴的模式与WTO的原则和要求产生冲突。按照WTO的规则，不仅要逐步放开农产品市场，而且还要减少国家对农产品出口的补贴。但是，WTO规则中将与农业生产、收入相关的自然灾害保险和收入保障称为"绿箱（Green Box）"政策，不予限制。从国外的实践来看，农业保险和农产品期货是防范产量风险和价格风险的有效手段，对于农业风险管理具有重要意义。经过多年的不断探索，我国的农业风险管理市场从无到有，农业保险市场和农产品期货市场日趋壮大，初具规模，具备了大力发展的条件。我国已经具备了建立以市场导向为主的农业风险管理模式的基本条件。

（四）农业风险管理手段日趋多样化

相对于传统农业，现代农业是产业化、科学化、现代化的农业。发展现代农业，是要用现代物质条件装备农业，用现代科学技术改造农业，用现代产业体系提升农业，用现代经营形式推进农业，用现代发展理念引领农业，用新型农民发展农业，从而提高农业水利化、机械化和信息化水平，提高土地产出率、资源利用率和劳动生产率，提高农业素质、效益和竞争力。现代农业在我国的发展已经稳步推进。在发展现代农业的过程中，人们逐步认识了农业风险，积累了许多农业风险管理的方法和手段。农业风险管理手段日趋多样化，如"订单农业""合同农业""垂直一体化"、种植业保险、养殖业保险、套期保值等农业风险管理手段纷纷呈现，丰富了我国农业风险管理的内容和方式。这为我们构筑现代农业风险管理体系提供了工具基础。

## 第二节　农业保险概述

### 一、农业保险的含义

农业保险是对种植业（农作物）、养殖业（禽畜）在生产、哺育、成长过程中可能遭到的自然灾害或意外事故所造成的经济损失提供经济保障的一种保险。保险机构通过保险的形式，组织农业从业人员集体互助，使受损单位或个人得到应有的补偿，以便及时恢复生产，保证农业生产顺利进行。农业保险不是农村保险。农村保险是一个地域性的概念，它是指在农村范围内所举办的各种保险的总和。农村保险不仅包括农业保险、农业生产者的家庭财产保险和人身保险，还包括乡镇企业的各种财产、人身、责任等保险种类。

农业是利用动植物的生活机能，通过人工培育来获得大量产品的社会生产部门，是国民经济的基础。为人民生活和国家建设提供粮食、副食品和轻、化工业原料。农业生产的特点是：除土地是基本的生产资料外，主要劳动对象是有生命的动植物。植物和动物的成长受自然条件的影响很大，即使在经济发达的国家，也是如此。种植业和养殖业的生产周期较长，短则几个月，长则要几年，甚至几十年。在生产过程中，资金的投放、物料的消耗、产品的收获、资金的回收以及自然灾害，动植物疾病的影响都具有明显的季节性和不稳定性。农业生产的丰歉不仅影响从事农业的生产者，而且关系到广大消费者、加工工业部门以及外贸部门。

农业保险起源于 18 世纪的德国农户互助合作组织。但是由于农业生产的特殊性，使得农业保险的商业化极其艰难。从 20 世纪 30 年代起，一些国家政府开始从多方面扶持农业保险，采用农业保险的方式为农业提供较全面的风险保障，并逐步走上制度化的轨道，使之成为支持农业的一种政策工具或国家社会保障政策的一部分。

### 二、农业保险的特征

农业保险属于财产保险的范畴，但又有区别于其他财产保险的显著特点。

#### （一）保险标的的特征

农业保险的保险标的大多是有生命的植物或动物，受生物学特性的强烈制约，具有以下不同于一般财产保险的非生命标的的特点：

一是保险价值难以确定。一般财产保险的标的是无生命物，保险价值相对稳定，容易确定；农业保险的标的在保险期间一般都处在生长期，其价值始终处于变化中，只有当它成熟或收获时才能最终确定，在此之前，保险标的处于价值的孕育阶段，不具备独立的价值形态，因此，投保时的保险价值难以确定。实务中，农业保险的保险金额多采用变动保额，而一般财产保险的保险金额是固定的。

二是具有明显的生命周期及生长规律。保险期限需要细致而又严格地按照农作物生长期特性来确定，长则数年，短则数日；普通财产保险的保险期限一般为一年。

三是在一定的生长期内受到损害后有一定的自我恢复能力，从而使农业保险的定损变得更为复杂，定损时间与方法都与一般财产保险不同，尤其是农作物保险，往往需要收获时二次定损。

四是种类繁多，生命规律各异，抵御自然灾害和意外事故的能力各不相同，因而难以制定统一的费率标准和赔偿标准，增加了农业保险经营难度；普通财产保险的费率标准和赔偿标准相对容易确定。

五是受自然再生产过程的约束，对市场信息反应滞后，市场风险高，农业保险的承保、理赔等必须考虑这些因素；普通财产保险则相对简单。

六是农产品的鲜活性特点使农业保险的受损现场容易灭失，对农业保险查勘时机和索赔时效产生约束，如果被保险人在出险后不及时报案，则会失去查勘定损的机会。这也是农业保险更容易引发道德风险的重要原因。因此，农业保险合同对理赔时效的约定比普通财产保险严格得多。

（二）农业风险的特殊性

农业的主要活动是在露天下进行的，农业所面临的风险主要是自然风险，农业风险的特殊性主要表现在以下四个方面：

一是可保性差。可保风险的条件是：大量的独立的同质风险；损失是意外的、偶然的、不可控的；风险损失必须是可以测量的、确定的；发生巨灾损失的概率非常小。一般财产保险的风险大都符合这些条件，而农业风险与可保条件多有不符。首先，农业风险具有很强的相关性。农业风险大多来源于人类难以驾驭的大自然，如洪灾、旱灾、雹灾、虫灾等，在灾害事故及灾害损失中常常表现为高度的时间与空间的相关性。其次，由于农业灾害的覆盖面广、影响面大，农业风险所造成的经济损失往往难以度量。最后，农业风险发生巨灾损失的概率相对较大。我国几乎每年必发的洪水灾害都造成高达几百亿元的直接经济损失，相对于保险基金来说都属于巨灾损失。

二是风险单位大。风险单位是指发生一次灾害事故可能造成保险标的的损失范围。对于普通财产保险，一个保险单位通常就是一个风险单位，只要承保标的充分，就能在空间上有效分散风险。在农业保险中，一个风险单位往往包含成千上万的保险单位，风险单位巨大。一旦灾害发生，同一风险单位下的保险单位同时受损，使农业风险难以在空间上有效分散，保险赖以存在的风险分散机制难以发挥作用。

三是具有明显的区域性。这也是农业风险所特有的。我国幅员辽阔，地理环境复杂，自然灾害种类繁多，发生频率、强度各异，表现出明显的区域性。首先是风险种类分布的区域性，即不同地区存在着不同的灾害种类，如我国南方地区水灾较为频繁，北方地区则旱灾较为严重，而台风主要侵害沿海地区等；其次是同一生产对象的灾害种类和受损程度的地区差异性，即由于地理、气候、品种不同，同一生产对象在不同地区有不同类型的灾害，而且对同一灾害的抵抗能力不同，如同样是水稻，在我国南方和北方就有着不同的自然灾害，而且即使是遭受同样灾害，南方、北方不同水稻品种的抗御能力也不同。农业风险的区域性使得农业保险经营必须进行风险区划与费率分区，这是一项科技含量高、成本高的工作，大大增加了农业保险经营的难度和成本。

四是更为严重的逆选择与道德风险。保险业务中普遍存在逆选择与道德风险。但是，由于农业保险的标的大都是有生命的动植物，其生长、饲养都离不开人的行为作用，农民购买了保险之后，难免通过其行为增加预期索赔；又由于农村广阔，业务分散，交通不便，管理难度大，有效监管成本高。因此，农业保险业务中存在更为严重的逆选择和道德风险。

农业风险的特殊性，造成农业保险经营极不稳定，经营难度大，赔付率高。根据中国保监会公布的有关资料，从 1985 年到 2004 年的 20 年里，我国农业保险业务除了 2 年微利以外，其余 18 年都处于亏损状态，综合赔付率高达 120%。

（三）农业保险商品的特殊性

商品按市场性质可以区分为公共物品与私人物品，一般财产保险商品属于私人物品，而农业保险商品既不是完全意义上的私人物品，也不是典型的公共物品，而是介于私人物品和公共物品之间的一种准公共物品。农业保险的准公共物品性主要表现在：

（1）农业保险虽然在直接消费上具有排他性的主要特征，即购买了保险的农户在保险责任范围内能得到直接的经济补偿，没有购买保险的农户不能得到相应的补偿，但在其整个消费过程中即保险经营的一定环节上并不具有排他性。例如，防灾防损是农业保险经营的重要环节，是减少风险损失、降低保险经营成本的主要措施，但在实施防灾防损措施时，不买保险的农户常常可以搭"便车"。

（2）农业保险的主要商品不具有竞争性。一方面，农业保险的高风险与高成本决定了农业保险的高费率；另一方面，农业本身的预期收益不高，农民可任意支配的收入很低，支付能力非常有限。因此，在市场条件下，难以形成有效供给和有效需求。我国自 1982 年恢复开办农业保险以来，除了新近成立的几家农业保险公司以外，一直只由原中国人民保险公司和原新疆兵团财产保险公司承办农业保险，业务日趋萎缩。

（3）农业保险的成本和利益具有显著的外在性。虽然在短期内农业保险产品的供需双方可以确切计算利益，但从长期看，由于农产品（尤其是关系到国计民生的基础性农产品）的需求扩张受到人的生理条件的限制，其价格弹性和收入弹性都很小，引进农业保险后，农产品的有效供给增加，价格下降，从而提高了整个社会的福利水平，使全社会受益。保险公司和农户并没有得到全部甚至是主要的利益。农民购买农业保险的边际私人收益小于其边际社会收益，农业保险公司提供农业保险的边际私人成本大于其边际社会成本，即农业保险的成本和利益是外溢的。

（4）农业风险的特殊性决定了农业保险必须进行规模经营，才能在大范围内分散风险，保持经营的相对稳定。农业保险商品的准公共物品性决定了农业保险采用纯商业性经营方式难以成功，国内外农业保险发展的历程都证明了这一点。

（四）农业保险经营方式的特殊性

农业保险商品的特殊性，决定了其经营方式的特殊性。普通财产保险商品属于竞争性私人物品，一般采用商业性经营方式；农业保险商品是准公共物品，其"公共部分"应该由政府来提供。因此，农业保险必须采用政策性保险经营方式。政策性农业保险的实质就是国家财政对农业保险的净投入并辅之以必要的法律与行政支持。美国、日本、法国、加拿大等农业保险发达国家，政府对农民所交保费的补贴比例大都在50%以上，并承担保险公司的部分或全部管理费用。以美国为例，按照2000年通过的《农业风险保护法》，政府每年对农业保险的财政补贴超过30亿美元，国家对农业的保护主要通过农业保险来实现。我国长期实行以直接的农业补贴和价格补贴为主的农业保护政策，发生自然灾害时由中央财政直接拨款救济灾民，对农业保险的投入很少。我国目前除对农业保险免缴营业税外，没有其他扶持政策，几乎是纯商业性经营。我国农业保险要健康发展，必须增加政府投入。一是对农业保险实行补贴投保农户、补贴保险公司、补贴农业再保险的"三补贴"等政策，即中央和地方财政对农户投保按品种、按比例给予保费补贴，对经营政策性农业保险业务的保险公司适当给予管理费用补贴，建立中央、地方财政支持的农业再保险体系。同时，对农业保险经营实行税收减免、优惠贷款等扶持政策。二是尽快研究制定"农业保险法"及其配套的法律法规，从各方面对农业保险予以规范和规定，保证农业保险体系的健康运行。三是对农业保险发展予以行政支持，包括保险宣传、协调各方关系等。但是，对农业保险的补贴要依据本国国情，实事求是、量力而行。我国是发展中国家，国家财政实力有限，在目前情况下，第一，逐步减少农产品收购价格补贴和出口补贴（这也是"WTO"《农业协议》所要求的），转用于农业保险保费补贴和费用补贴，逐步实行以支持农业保险为主的农业保护政策；第二，农业保险实施必然使政府财政用于灾害补偿和救济的支出减少，可将节省的部分投入到支持农业保险发展中；第三，在农业保险发展初期，国家应着眼长远，适当增加巨灾风险基金的积累。国家增加对农业保险的投入，有利于调整我国支持和保护农业的政策，完善我国农业保护制度体系。

（五）农业保险组织形式的特殊性

农业保险商品的准公共物品性以及农业保险经营的政策性决定了其组织形式有别于普通财产保险。我国《保险法》第七十条规定，保险公司应当采取股份有限公司和国有独资公司两种组织形式。鉴于农业保险的特殊性，2004年中国保监会提出，在现有发展水平下，我国农业保险发展应走经营主体组织形式多元化道路。主要包括：

（1）为政府代办农业保险的商业保险公司。如中国人民保险公司、中华联合保险公司分别在四川、江苏等地实行的奶牛、水稻等政策性农业保险试点。这种组织形式的优势在于，上述两家公司经历了长时间和大范围的农业保险实践，培养了大批专业技术人才，积累了丰富的经营管理经验，业务较易开展。

（2）专业性农业保险公司。即专门或者主要经营农业保险的股份制保险公司，如2004年相继成立的上海安信农业保险公司、吉林安华农业保险公司。这种组织形式较适合于农业较发达地区，但要解决好股份公司的商业性与农险业务的政策性之间的矛盾。

（3）农业相互保险公司。这种公司采用相互保险的形式但又吸收了公司制的运作方式和法人治理结构，日本、美国、欧洲国家等多采用此形式，我国2005年也成立了黑龙江阳光农业相互保险公司。这种形式产权清晰、交易成本低，有利于相互监督防范道德风险，有利于协调政府、公司、农户间的关系，比较适合于农业生产经营比较集中，组织性较好的地区，如黑龙江农垦区、新疆建设兵团等。

（4）地方财政兜底的政策性农业保险公司。上海市原来由市农委主导的"农业保险促进委员会"即为此种组织形式。"兜底"虽可解保险公司的后顾之忧，但容易使其放松管理，滋生心理风险；并且，对于巨灾风险损失，地方政府也难以"兜底"。

（5）外资或合资农业保险公司。如 2004 年 10 月成立的法国安盟保险公司成都分公司。设立外资或合资农业保险公司有利于引进先进经营技术、管理经验和高素质专业人才。由于农业生产、农村经济和地方财政存在着巨大的地区差异，实践中具体采用哪种组织形式，则应因地制宜、因时制宜。

### 三、农业保险的分类

依据不同的分类标准，农业保险有不同的分类。

（一）按农业生产的对象分类

（1）种植业保险。承保植物性生产的保险标的保险，即为种植业保险，如农作物保险，林木保险。

（2）养殖业保险。承保动物性生产的保险标的保险，即为养殖业保险，如牲畜保险、家禽保险、水产养殖保险。

（二）按保障程度分类

（1）成本保险。以生产投入作为确定保障程度的基础，根据生产成本确定保险金额的保险。农业生产成本时随生长周期而渐进投入的，因此，成本保险一般采用变动保额、按生育期定额保险的方式进行。

（2）产量保险或产值保险。以生产产出作为确定保障程度的基础，根据产品产出量确定保险金额的保险。以实物量计，称为产量保险；以价值量计，称为产值保险。由于农产品产量是生产过程结束时最终形成的，因此，产量或产值保险一般采用定额保险的方式进行，即按正常产量的一定成数承保。不足额承保的目的，是控制道德风险。

（三）按交费方式分类

（1）短期农业险。保险期限一般不超过一年，投保人若连续投保，需在每次投保时按条款规定直接交费。

（2）长效储金型农业保险。保险期限一般三年以上，投保人投保时缴纳一定数额的储金，以储金的利息作为保费，在保险期内不需要年年交费，如小麦储金保险、林木储金保险等。

（四）按保险标的所处生长阶段分类

（1）生长期农作物保险。针对农作物在生长过程中因保险灾害事故造成的减产损失的一种保险，如各种作物种植保险。

（2）收获期农作物保险。针对农作物成熟收割及其之后脱粒、碾打、晾晒、烘烤期间所受灾害损失的一种保险。收获期农作物保险不同于普通的财产保险，农产品在临时加工场地进行初步加工完毕入仓后，才属于财产保险范畴。

（五）按保险责任分类

（1）单一风险保险。只承保一种责任的保险，如小麦雹灾保险、林木火灾保险等。

（2）多风险保险。承保一种以上可列明责任的保险，如水果保险可以承保风灾、冻害等。

（3）一切险保险。除了不保的风险以外，其他风险都予以承保，如美国等国开办的农作物一切险保险，就承保了几乎农作物所有灾害事故损失责任。

（六）按保单形式分类

（1）单险种保险。一张保单只包含一个险种的内容。

（2）组合式保险。几个相关险种组合在一起形成一张保单，如塑料大棚保险包括棚体保险和棚内作物保险。

## 第三节　种植业保险

### 一、种植业保险的内容

（一）种植业保险的概念

种植业保险是指以农作物及林木为保险标的，对在生产或初加工过程中发生约定的灾害事故造成的经济损失承担赔偿责任的保险。种植业保险一般分为农作物保险和林木保险两类。农作物保险进一步可以按照农作物生长周期来划分，可以分为生长期农作物保险和收获期农作物保险。

（二）种植业保险的经营原则

在目前的外部条件下，商业性保险公司应当遵循积极稳妥的思路，按以下原则经营种植业保险。

（1）坚持低保障、低保额。生长期农作物的保险金额是农作物生长过程中发生保险责任灾害损失时，保险人对被保险人承担损失补偿的最高限额，也是计算保费的依据。目前，农作物的保险金额一般参照投保农作物前5年平均产量的价值计算，保平均产量的价值的50%~70%，或是保生产成本的50%~70%。其余损失由被保险人自己承担。保障水平不宜太高，以保障投保人在受灾后能恢复简单再生产能力为宜。这样做，一是为了促使被保险人精心生产，防止图谋保险赔款而放松管理的道德风险发生；二是为了适应农民负担保险费的经济承受能力；三是适应当前环境下商业性保险公司控制风险的需要。

（2）提倡承保单一责任。可选择突发性强、损失率较低的局部洪水、涝渍、冰雹、风灾、霜冻作为保险责任。不宜选择旱灾和病虫害作为保险责任。其原因是：旱灾发生缓慢，在有灌溉条件的地方可以抗旱，减少损失；另外，旱灾发生的几率高且年际波动较大，风险难以分散，一般商业性保险公司无法承担其赔偿责任。病虫害的发生和危害大小与人为因素关系极大，在目前不具备承保条件。

（3）规定责任免除有利于调动农民防灾减损及灾后进行生产自救的积极性。在种植业保险中，不同地区、不同险种的责任免除内容不同，一般应包括如下几个方面：一是被保险人的道德风险；二是社会、政治及经济风险；三是被保险人生产管理不善造成的损失；四是通过正常渠道可获经济补偿的损失；五是灾后没有及时抢救而使损失扩大的部分，也是未尽力防范或抢救所致的损失。

（4）实行区域费率。种植业保险对不同的标的、不同的保险责任、不同地域、不同的保障水平，实行不同的费率标准。

（5）坚持大保面承保。保险是依靠集合大量同质风险来有效分散风险的。由于农业自然灾害多数具有一定的规律性，因此，应当在努力增加农业风险单位的数量的前提下，扩大承保面，以分散风险。

### 二、种植业保险的分类

（1）农作物保险。农作物保险以稻、麦等粮食作物和棉花、烟叶等经济作物为对象，以各种作物在生长期间因自然灾害或意外事故使收获量价值或生产费用遭受损失为承保责任的保险。在作物生长期间，其收获量有相当部分是取决于土壤环境和自然条件、作物对自然灾害的抗御能力、生产者的培育管理。因此，在以收获量价值作为保险标的时，应留给被保险人自保一定成数，促使其精耕细作和加强作物管理。如果以生产成本为保险标的，则按照作物在不同时期、处于不同生长阶段投入的生产费用，采取定额承保。

（2）收获期农作物保险。收获期农作物保险以粮食作物或经济作物收割后的初级农产品价值为承保对象，即是作物处于晾晒、脱粒、烘烤等初级加工阶段时的一种短期保险。

（3）森林保险。森林保险是以天然林场和人工林场为承保对象，以林木生长期间因自然灾害和意外事故、病虫害造成的林木价值或营林生产费用损失为承保责任的保险。

（4）经济林、园林苗圃保险。这种险种承保的对象是生长中的各种经济林种。包括这些林种提供具有经济价值的果实、根叶、汁水、皮等产品以及可供观赏、美化环境的商品性名贵树木、树苗。保险公司对这些树苗、林种及其产品由于自然灾害或病虫害所造成的损失进行补偿。此类保险有柑橘、苹果、山楂、板栗、橡胶树、茶树、核桃、枣树等保险。

### 三、种植业保险的基本技术方法

（一）保险金额的确定

1. 按成本确定金额保险金额

生产成本包括种子、肥料、农药、人工作业费、机械或蓄力作业费、灌排费、田间运输费等其他费用。一般不包括人工费。按这种方法确定保额，一般要求对当地的农作物种植成本进行调查。

## 2. 按产量确定保险金额

首先，确定保险产量。一般是调查条款所适用范围（省、地区或地级市、县或县级市）前3~5年农作物产量的统计数字，所以年份一定要连续，其保障水平一般按3~5年平均产量的40%~60%。其次，确定保险价格。保险价格一般按国家的农产品平均收购价或商业合同价确定，最低以国家的保护价为限。最后，计算保险金额。保险价格与每亩保险产量的成绩，即为每亩农作物的保险金额。

### （二）保险费率的拟定

厘定种植业保险费率时应考虑以下四个方面的因素：

#### 1. 合理确定测算的范围

目前，以县的范围为单位来测算保险损失率和费率，比较实际。根据各县作物的实际和不同的损失情况，实行区域性档次费率，较为准确，投保人和被保险人也比较容易接受，也便于承保工作的开展。若在全国、一个省或较大范围的地区实行一个费率，就会导致投保人的逆选择。

#### 2. 参照农作物种植区划

一般情况下，平原地区农作物种植区划较为单一；而在山区、平原、丘陵相互交叉的地区，农作物种植区划就比较复杂。尽管农作物种植区划和农业保险区划不同，但在同一个种植区划内的农作物种类和生产水平大体相当。一般情况下，平原地区农作物种植区域较为单一。

#### 3. 合理选择资料年限

应该调查研究的基础上，对确定测算范围的生产水平、种植面积、灾害损失情况进行逐年分析，看正常年景是否保持相近水平。若长时期变化不大，所选择测算资料的年限应长些，一般说来，最好有25年以上的连续数据资料。若资料情况呈趋势性变化，则可缩短选择测算资料的年限，但至少应选择接近5年的资料数据。

#### 4. 考虑保障程度（保额大小）因素

保障程度大，费率水平高；费率水平高；保障程度低，费率水平低。费率水平与保额大小成正相关。

### （三）查勘定损方法

#### 1. 定损和计赔单位的确定

首先要确定定损单位，这是确定损失程度的基础。特别对于大火查勘定损，由于受灾范围大，受损程度轻重不一，如果定损单位定得过大，会造成损失程度不准确；如果定损单位定得过小又会使工作量加大。目前，采取大灾以村为单位，小灾以组或户为定损单位较为可行。

#### 2. 损失面积的确定

损失面积的确定可采用以下三种方法：第一，目测法。它可分为两种：一种是凭经验判断面积；另一种依田间参照物（如里程碑、线杆、树距等），这种方法在农作物种植规范的地区比较可行。第二，实地丈量法，丈量的工具可以是钢尺、皮尺、测绳等。此方法不适用大面积定损。第三，调查询问法。向当地政府和农民认真询问灾情，发现与实际不符的地方进行纠正，申明利害，纠正虚报面积。损失面积的确定，一般需要上述办法综合使用才能奏效。

3. 损失程度的确定

一般采用随机抽样或等距抽样方式抽样，尽可能使各样本段在总体中均匀分布，以提高样本的代表性。对于出现面积较大、同一地块不同部位损失程度差异较大的情况，抽样程度差异较大的情况，抽样时还应考虑不同损失程度在总体中所占的比例。例如，某作物遭灾，经目测，2/3 面积遭灾程度较轻，1/3 面积遭灾程度较重，抽样时，在轻、重地段的抽样数量亦应是 2∶1。

4. 田间查勘定损注意事项

一是生长期农作物的查勘一般在灾后的 7~10 天内进行。因为植物体在灾后一般有自我恢复能力；二是生长期农作物保险部分损失的定损一般应在收获前测产计算，但灾后查勘一定要进行，并做好详细记录，多次受灾要多次查勘记录，非保险责任灾害必要时也要查勘，以便分清保险责任和非保险责任。

5. 利用遥感技术定损

农作物遭受大面积灾害损失后，为了尽快对灾害损失面积和损失程度做出评估，有条件的，可采用遥感技术或光谱仪、照度仪进行测定。

（四）赔偿方式和有关规定

1. 按损失比例赔偿方式

这种赔偿方式适用与种植业成本保险。根据农作物种植物化成本时随着生长进程逐渐投入的特点，将农作物生长期分为几个阶段，如苗期、营养生长期、生殖生长期，不同生长期实行不同的赔偿标准。保险农作物无论发生绝产或部分损失，均按当时的赔偿标准和损失程度比例赔偿。一般通用的赔偿计算方式为：按收获产量与保险产量的差额赔偿。

这种赔偿方式适用于农作物产量保险。发生绝产损失时，按不同阶段确定的最高赔偿标准赔偿。苗期发生损失时，可重播的，按重播的种子秧苗费计算赔偿金额，经一次赔付后保险责任并不终止；不可重播的，经一次赔付后保险责任即行终止。生长后期和成熟收获期发生绝产损失，经一次性赔付后保险责任即行终止。发生部分损失时，按实际收获产量与保险产量的差额赔偿。多次发生保险责任范围内的损失，按发生最终一次保险灾害后的实际收获产量与保险产量的差额赔偿。

2. 免赔规定

免赔设置要适度，若设置太高，会使保户利益受损，特别是在保障程度较低的情况下更不宜；若设置太低，则达不到免赔的目的。

# 第四节  养殖业保险

## 一、养殖业保险的内容

### （一）养殖业保险的概念

养殖业保险是指以饲养的畜、禽和水生动物等为保险标的，对在养殖过程中发生约定的灾害事故造成的经济损失承担赔偿责任的保险。

### （二）养殖业保险的特点

（1）养殖业保险的保险标的是具有生命力的动物。

（2）对环境要求严格。动物的一生都在各种环境的包围中，它们的机体不断地与环境进行物质和能量的交换。当环境超出机体所耐受的范围，会引起各种疾病，甚至造成死亡。

（3）与人类的管理密接相关。保险标的是人来饲养管理的，当人们满足其生长发育所需要的营养和环境条件，它们就能够健康生长，发挥生产性能。一旦发生疫病往往波及很大，损失也很大。

### （三）责任免除

为促进投保人对自家的动物进行科学的养殖、合理管理的积极性，合理控制风险，保险人制定了责任免除条款。内容一般有以下五条：

（1）被保险人及他人管理不善或者故意、过失行为。

（2）冻饿、中暑、摔跤、中毒、互斗、阉割、走失、宰杀。

（3）战争、军事行动或暴乱。

（4）在观察期内的疾病。

（5）自然淘汰。

## 二、养殖业保险的分类

由于养殖业所养殖的动物种类繁多，并且养殖业生产形式也多种多样，因此，养殖业保险的分类也比较复杂。主要分类方法有：

### （一）按照保险标的和业务管理需要进行分类

（1）牲畜保险。牲畜保险是以役用、乳用、肉用、种用的大牲畜，如耕牛、奶牛、菜牛、马、种马、骡、驴、骆驼等为承保对象，承保在饲养使役期，因牲畜疾病或自然灾害和意外事故造成的死亡、伤残以及因流行病而强制屠宰、掩埋所造成的经济损失。牲畜保险是一种死亡损失保险。

（2）家畜保险、家禽保险。以商品性生产的猪、羊等家畜和鸡、鸭等家禽为保险标的，承保在饲养期间的死亡损失。

（3）水产养殖保险。以商品性的人工养鱼、养虾、育珠等水产养殖产品为承保对象，承保在养殖过程中因疫病、中毒、盗窃和自然灾害造成的水产品收获损失或养殖成本报失。

（4）其他养殖保险。以商品性养殖的鹿、貂、狐等经济动物和养蜂、养蚕等为保险对象，承保在养殖过程中因疾病、自然灾害和意外事故造成的死亡或产品的价值损失。

（二）按其他方法分类

按保险责任可以分为：单一责任保险，即仅承保一项风险造成的损失责任；混合责任保险，即承保两项或两项以上风险造成的损失责任。

按保险标的的品种的多少划分：单一标的保险，即只承保一种标的的损失风险；混合标的保险，承保被保险人的多种标的物的风险损失，如养猪"一揽子"保险，不仅承担养猪死亡风险，也承担了猪舍、饲料设备的风险保险。

按保险的实施方式划分，可划分为养殖业强制保险和养殖业自愿保险。

按保险收费方式划分，可分为一年期养殖业保险或长期储蓄返还性保险。

## 本章小结：

1. 农业保险是农业生产者以支付保费为代价，把农业生产经营过程中由于灾害事故所造成的财产损失转嫁给保险人的一种制度安排。

2. 农业保险的特征可以分为保险标的的特征、风险的特征、商品的特征、经营方式的特征。

3. 种植业保险是以各种作物，包括果树、林木、储藏农产品作为保险对象的一种保险。

4. 养殖业保险是指以饲养的畜、禽和水生动物等为标的，对在养殖过程中发生的约定的灾害事故造成的经济赔偿责任的保险。

## 复习思考题：

1. 农业保险的概念是什么？
2. 种植业保险有哪些特点？
3. 简述养殖业保险按照保险标的和业务管理需要进行的分类。

# 第十二章
# 再保险

**学习要点：**

&#9671; 了解再保险的职能

&#9671; 掌握再保险的概念

&#9671; 理解再保险的作用

## 第一节　再保险概述

保险公司是经营风险的机构，但任何一家保险公司都不可能无限度地承担所有的风险。保险公司自身也需要有一种机制来分散和转移风险，这种机制就是再保险。再保险是保险人之间分散风险损失的一项经营活动。随着社会经济和科学技术的发展、社会财富日益增长和集中，保险金额和保险赔付金额会越来越高，保险人必须通过再保险分散风险，稳定保险经营。再保险已经成为现代保险公司不可或缺的一项重要活动。

### 一、再保险的概念

#### （一）再保险的含义

再保险也称分保，是保险人在原保险合同的基础上，通过订立再保险合同的形式，将其所承保的部分风险和责任向其他保险人进行投保的行为。简单地说，再保险就是"保险的保险"。在再保险业务中，习惯上把分出自己承保业务的保险人叫原保险人、分出公司、直接保险公司；接受分保业务的保险人叫再保险人、分入公司、分保接受人。原保险人风险的转移，可以是一部分，叫做部分再保险；也可以是全部，叫做全部再保险。部分再保险中，原保险人会自留一部分所承保的业务，这样可以加强再保险人与原保险人的利益与共关系。全部再保险即原保险人将承担的保险业务全部进行再保险，在这种情况下，原保险人无须负任何责任，它仅仅是赚取再保险费或手续费，其地位类似于保险经纪人。在保险实务中，大部分业务都是部分再保险。

和直接保险转嫁风险一样，再保险转嫁风险责任也要支付一定的保费，这种保费叫做再保险费或分保费；同时，原保险人在承保业务和经营管理的过程中要花费一定的开支，因此原保险人要向再保险人收取一定的费用加以补偿，这种由分入公司支付给分出公司的费用报酬被称为分保手续费或分保佣金。有时，再保险人还会从分保盈余中支付一定比例的佣金给分保人，作为对分出人良好经营成果的酬报，这种佣金叫做盈余佣金，盈余佣金的存在有利于分保分出人更加注意业务质量的选择。如果分保接受人又将其接受的业务再分给其他保险人或再保险人，这种业务活动被称为再再保险或转分保，双方分别被称为转分保分出人和转分保接受人。再保险可以发生在一国范围内，也可以发生在国家与国家之间。尤其对于一些较大的保险项目，如大型工程、卫星、万吨巨轮、核电站等，当其超过国内保险市场承受能力时，通常在世界范围内进行分保，这叫做国际再保险。

（二）再保险的相关术语

1. 风险单位

风险单位也称危险单位，是指保险标的发生一次灾害事故可能造成的最大损失范围。风险单位的划分重要而复杂。在实务中，对风险单位的划分通常要注意两点。一是应根据不同的险别和保险标的来决定风险单位。例如，车辆险以一辆汽车为一个风险单位，船舶险以一艘船为一个风险单位，火险通常以一栋独立的建筑物为一个风险单位，但是如果数栋建筑物毗连，则应视具体情况（如使用性质、间距、周围环境等因素）来决定是否划为一个风险单位。二是风险单位的划分关键是和每次事故最大可能损失范围的大小联系起来，并根据该最大损失范围确定一个风险单位，有时并不一定和保单份数相等。比如，一个航空公司的一份保单可以承保数百架飞机，涉及的风险单位也有数百个；同一艘船上不同的货主为各自的货物都投了货运险，虽然有数份保单，但同属一个风险单位。风险单位的划分在实务中是个技术性很强的问题，要想准确地估计出可能的最大损失范围有时是件复杂的工作，需要非常专业的知识。风险单位划分的恰当与否，直接关系到再保险当事人双方的经济利益，甚至会影响到被保险人的利益。再保险合同一般规定如何划分风险单位由分出公司决定。

2. 自留额与分保额

自留额，又称自负责任额，是指对于每一风险单位或一系列风险单位的责任或损失，分出公司根据其自身的财力确定的所能承担的限额。分保额，又称分保接受额或分保责任额，是指分保接受人所能承担的分保责任的最高限额。分保双方通过合同按照一定的计算基础对保险责任进行分配，在实务中自留额和分保额可以以保额为基础计算，也可以以赔款为基础计算。计算基础不同，决定了再保险的方式不同。以保额为计算基础的分保方式属比例再保险，以赔款金额为计算基础的分保方式属非比例再保险。自留额与分保额可以用百分率表示，如自留额与分保额分别占保险金额的40%和60%；或者用绝对数表示，如超过100万元以后的150万元。根据分保双方承受能力的大小，自留额与分保额均有一定的控制，如果保险责任超过自留额与分保额的控制线，则超过部分应由分出公司自负或另行安排分保。保险公司在确定自留额大小时，通常考虑三个因素：一是公司自身财务状况。资本金越大，保险基金越多，自留额可以越大；二是承保业务的风险程度。发生损失的风险越大，自留额应越小；三是保险人的经营能力及管理水平。保险人经营能力及管理水平越高，对保险标的情况掌握越充分，就能越合理准确的确定自留额。为了确保保险企业的财政稳定性及其偿付能力，许多国家通过立法将再保险的自留额列为国家管理保险业的重要内容。我国《保险法》第九十九条规定：经营财产保险业务的保险公司当年自留保险费，不得超过其实有资本金加公积金总和的四倍。第一百条规定：保险公司对每一危险单位，即对一次保险事故可能造成的最大损失范围所承担的责任，不得超过其实有资本金加公积金总和的10%；超过的部分，应当办理再保险。

（三）再保险与原保险的关系

再保险是保险人将原保险业务分给其他保险人的过程。再保险与原保险具有十分密切的关系，总的来说，二者是相辅相成、相互促进的。

首先，没有原保险就没有再保险，原保险是再保险的基础。从保险发展历史逻辑来看，先有原保险，而后有再保险。再保险的产生发展，是基于原保险人分散风险的需要。再保险是以原保险人承保的风险责任为保险标的，以原保险人的实际赔款和给付为摊赔条件的。所以，其保险责任、保险金额、保险期限等，都必须以原保险合同为基础。

其次，再保险是原保险的保险，它支持和促进原保险的发展。再保险是原保险人以缴付分保费为代价将风险责任转嫁给再保险人，在它们之间进一步分散风险，分担责任。因此，再保险是保险的进一步延续，也是保险业务的重要组成部分。在现代保险经营中，再保险的地位与作用越来越重要，再保险可以反过来支持保险业务的发展，甚至对于某些业务，没有再保险的支持，保险交易难以达成。再保险已成为保险的强力后盾。

再保险与原保险的区别在于以下三点：

首先，保险关系的主体不同。原保险关系的主体为保险人与投保人或被保险人；再保险关系的主体是原保险人与再保险人。

其次，保险标的不同。原保险的保险标的既可以是财产、利益、责任、信用，也可以是人的生命和身体；再保险的保险标的是原保险人所承担的风险责任，是一种具有责任保险性质的保险。

最后，合同性质不同。原保险合同中财产险合同属补偿性质，人身险合同属给付性质；而再保险人对原保险合同的分摊，无论是财产再保险还是人身再保险，都属补偿性质的合同，都是对原保险人承担的风险损失的补偿。

**二、再保险的职能**

保险作为风险的承担者，在它直接承保的大量业务中，不可避免地会有一些巨额责任保险。同时随着社会经济突飞猛进的发展，社会财富日益集中，现代科学技术在社会生产中广泛应用，一次灾害事故可能造成的物质财富和人身损毁的伤害程度在不断扩大。如大型飞机、核电站、人造卫星、石油开发、大型建筑工程等，其保险金额高达几千万元，甚至几亿、几十亿元，一旦发生灾害事故，所造成的损失，绝非一个或几个保险人所能全部承担的。事实上，任何一个保险人都不敢独自承保类似的巨额风险，因为每个保险人的资金和承受风险的能力总是有限的。为了保持保险业务正常经营和保险人的财政稳定，避免承保的风险过于集中，对于超过自身承受能力的风险，保险人通过再保险的途径，在同业之间相互分散风险，这样可以把许多保险公司的承保力量集合在一起，实际上起到了联合积聚资金、扩大承受能力的作用。再保险可使保险人有可能承保超过自身财政和经济力量规定的承保能力，达到分散其承担风险的目的，从而求得经营的稳定性。可以这样说，风险分散得越广泛、越平均，保险人就越能控制所承担的责任。因此，再保险的基本职能是分散风险或责任。保险公司为了经营的稳定，将承保的一部分风险责任在国内和国际范围分散，使灾害事故责任均衡化，利用集中起来的保险基金，保障巨大灾害事故的经济损失。

### 三、再保险的作用

再保险的产生，主要是基于保险人分散风险的需要。保险被誉为是"社会的稳定器"，再保险被誉为"保险经营的稳定器"，从而再保险也是社会的稳定器。再保险的作用主要表现在以下六个方面。

#### （一）扩大业务规模，提高承保能力

扩大业务规模，承保尽可能多的风险单位，是保险企业经营保险业务必须坚持的基本原则之一。然而每一个保险人的业务发展是有限的，不可能无限制地承揽业务。因为保险公司的实际承保能力是受资本金和总准备金等自身财务状况限制的。有了再保险，保险公司就可以突破限制，尽可能多地拓展业务。因为在计算保险费收入的时候可扣除分出保费，只计算自留保费。因此保险人对大额业务也可以承保，然后通过分保将超过自身承受能力的部分转移出去。这样一方面，保险人在不违反法律对业务资本量比例限制的前提下，就可以将保险责任控制在可以承受的范围之内；另一方面，利用分保增加了承保数额，保费收入增加，而管理费用并未按比例增加，从而降低了经营成本。同时，保险人将业务分出，再保险人还会返还分保佣金，当分出业务良好时又可得到盈余佣金。对保险人来说，有了分保，降低了成本，增加了保费及各项佣金，提高了经营利润，增强了保险人的承保能力。

#### （二）控制保险责任，保持财务的稳定性

保险业要实现稳健经营，要求承保的每一风险单位的风险责任比较均衡，不能差距过大。因为根据风险分散的原理，保险单位越多，保额越均衡，保险人的财务稳定性就越好；反之，保险人对各风险单位承担的经济责任越是大小不等，保险人的财务稳定性就越差。可能由于一次风险事件的发生，在一个风险单位内必须支付巨额的保险赔款就会使财务陷入困境，甚至导致保险人的破产。因此，保险人必须对每一风险单位承担的责任加以控制。但事实上，保险标的的价值悬殊，保险金额差别很大，保

险人又不能一味地追求均衡保额，因为那样的话根本无法满足投保人的需求。通过再保险，保险公司和再保险公司都可以根据自己的承保能力，科学地制定自留额和责任限额来控制自己的风险责任，包括对一个风险单位风险责任的控制、一次巨灾事故的累积风险责任的控制以及全年累积风险责任的控制。这样把超过自己承担能力的风险责任转移出去，既增多了风险单位的数目，又达到了保险金额均衡的目的，使预期平均损失与实际损失更加接近，从而保持了财务的稳定性。

（三）被保险人获得更为可靠的保障

再保险分散了原保险人的责任，被保险人得到的赔偿实质上是由原保险人与再保险人共同分担，显然这种保障比由原保险人单独承保更加安全可靠。同时，对于巨额保险业务的投保人来说，再保险使其投保程序大大简化，投保人只须向一家保险公司投保即可，节省人力物力，便于投保人对投保的管理。同时，对于企业投保人来说，因为有了原保险公司和再保险公司的保障，投保企业更能得到银行的信赖，从而提高了企业信用，为获得融资提供便利。

（四）增加保险公司的净资产，提高保险公司的偿付能力

再保险的这一作用主要表现在两个方面。一方面，再保险可以使分出公司通过提取未到期赔付责任准备金、未决赔款准备金、分摊赔款和分摊保险经营费用而聚集大量资金，同时加以适当运用，来增加保险公司的收益；另一方面，分出公司在分保业务中还可以得到一定数量的分保佣金和盈余佣金，从而增强了分出公司的财务力量。保险公司的偿付能力是以公司的净资产来衡量的，即资产减负债。通过办理再保险可以增加公司的资产，降低公司的负债，从而提高偿付能力。

（五）形成巨额全球性保险基金，加强同业合作

保险公司之间通过再保险业务，相互分保，可以使较多的保险公司联合起来，形成巨额保险基金，共同承保巨额保险责任。就世界范围来讲，再保险已经打破国家与地区之间的界限，形成了国际再保险市场。各国保险同业之间分出分入业务，有往有来，使世界各国的保险基金通过再分配，形成雄厚的国际性联合保险基金，发挥了再保险在国际间分散风险与补偿损失的积极作用。有了这种巨额的、联合的、全球性的保险基金，就可以承保一家保险公司或一国保险市场无法承担的巨额风险，满足现代化生产和高新技术发展对巨额保险的需要。

（六）促进国际贸易和经济全球化的发展

随着世界经济的发展，各国之间的经济往来日益频繁。在经济交往中，无论是国际贸易还是人员技术交流都离不开保险，货物运输保险和运输工具保险已成为国际贸易和经济全球化发展的重要保障，而再保险作为保险的保险，自然也是不可或缺的。同时国际再保险本身就是一项国际经济活动，是国际经济合作与交流的体现，对世界经济一体化具有重要的支持和推动作用。当然，再保险的作用还表现在多个方面，如促进国内保险事业的发展、促进科学技术的发展、为国家创造外汇收入等。

## 第二节　再保险的形式和种类

### 一、再保险的形式

再保险的形式是分出公司与分入公司建立再保险关系所采用的具体合同形式，包括临时再保险、合同再保险和预约再保险这三种形式。

#### （一）临时再保险

临时再保险是最早采用的再保险方式，是指在保险人有分保需要时，临时与再保险人协商，订立再保险合同，合同的有关条件也是临时议定的。对于临时分保的业务，分出公司和分入公司均可自由选择。也就是说，对于某一业务，是否要安排再保险、再保险额是多少，完全是根据保险人本身所承受风险的情况来决定的。再保险人是否接受、接受多少、是否需要调整再保险条件等，都可以由分出人和分入人根据风险的性质、本身的承受能力等因素来临时商定。由此可见，灵活性是临时分保的一大显著特点。另外，临时再保险还具有针对性。其通常是以一张保险单或一个风险单位为基础逐笔办理分保。分保的风险责任、摊赔条件等都具有很强的针对性，便于再保险人了解、掌握业务的具体情况，正确作出分入与否的决策。临时再保险的缺点主要表现在两方面。其一，由于临时分保时间性较强，要求办理分保要及时，否则原保险人将承担较大风险。因为在临时分保未办妥之前，如果原保险合同已经生效，一旦发生损失，损失将全部由原保险人自己承担。而如果原保险人与再保险人达成分保协议后才决定接受原保险业务，则将可能失去获取业务的良机，从而限制了原保险人的业务接受能力，不利于原保险人对业务的竞争。其二，由于必须逐笔安排业务及到期续保，手续繁杂，工作量大，费用开支也大，对双方来说在人力、时间及费用上都是不经济的。

#### （二）合同再保险

合同再保险也称固定再保险，是由原保险人和再保险人事先签订再保险合同，约定分保业务范围、条件、额度、费用等事项。在合同期内，对于约定的业务，双方无须逐笔洽谈，也不能对分保业务进行选择，分出公司必须按照合同规定的条件向分入公司办理分保；而分入公司也必须接受分保，承担保险责任，不得拒绝。可见，固定分保合同对于分出公司和分入公司都有"强制性"。一般来说，固定分保合同没有期限的规定，属于长期性合同。但订约双方都有终止合同的权利，通常是要求终止合同的一方于当年年底前三个月以书面形式通知对方，在年底终止合同。合同再保险是以某一类险别的全部业务为基础的。也就是说，原保险人要对某类别业务进行分保，就必须将该险别的全部业务纳入分保合同，不能有所选择。这样可以防止原保险人的逆向选择，即将优质业务自留，将劣质业务分出，损害再保险人利益。同时这样做也可以简化业务操作手续。由于合同再保险的长期性、连续性和自动性，对于约定分保的业务，原保险人无须逐笔办理再保险，从而简化了分保手续，提高了分保效率。同时，通过合同再保险，分保双方建立了长期稳定的业务关系。这样对原保险人而言，可以及时分散风险，从而增强了原保险人的承保能力；对再保险人而言，可以比较均衡地获得批量业务。因此，合同再保险是国际市场上普遍采用的主要分保方法。

（三）预约再保险

预约再保险也称临时固定再保险，是一种介于临时再保险和合同再保险之间的再保险。它是指双方事先签订分保合同，原保险人对于合同规定范围内的业务可以自由选择是否分保，而再保险人则没有选择的自由，凡合同规定范围内的业务，只要原保险人决定分出，再保险人就必须接受，无选择的余地。这种再保险的特点是，对原保险人没有强制性，原保险人有选择是否分出的权利；而对再保险人具有强制性，再保险人没有选择的权利。因此，预约再保险对原保险人来说是有利的，原保险人既可以享有临时再保险的灵活性，又同时具有合同再保险及时分散风险的优点。但对于再保险人来说则较为不利，因为原保险人可能将业务分给再保险人，也可能不分，使得再保险人业务来源的稳定性差，而且原保险人通常会选择将风险大、质量欠佳的业务分给再保险人，而再保险人却没有对分入的业务进行选择的权利，业务的质量难以控制，因而预约再保险并不受再保险人的欢迎。预约再保险实际上是合同再保险的一种补充。当原保险人承保业务的保险金额超过合同再保险的自留额和再保险限额之和时，需要对超过的溢额部分再进行分保。采用临时分保，则时间紧迫，而且手续繁琐、费用高；这种情况下，预约分保是比较合适的选择，预约分保无须和再保险人临时协商，手续简便，并且可以及时分散风险。由于预约分保对原保险人有利，许多再保险人不愿接受预约分保业务，所以这种分保方式仅在业务关系密切的保险人之间进行，并未被广泛运用。

**二、再保险的种类**

再保险是在原保险人和再保险人之间分担责任和赔款的，按再保险关系双方责任与赔款分担方式的不同，再保险业务分为比例再保险和非比例再保险两大类。

（一）比例再保险

比例再保险是以保险金额为基础来确定分出公司自留额和接受公司责任额的再保险方式，故有"金额再保险"之称。在比例再保险中，分出公司的自留额和分入公司的责任额都表示为保险金额的一定比例，该比例也是双方分配保费和分摊赔款时的依据。也就是说，分出公司和分入公司对于保费和赔款的分配，按照其分配保额的同一比例进行，这就充分显示了保险人和再保险人利益的一致性。因为比例再保险最能显示再保险当事人双方共命运的原则，因而其应用范围十分广泛。比例再保险方式具体分为成数再保险、溢额再保险两种。

1. 成数再保险

成数再保险是最典型的也是最简便的比例再保险方式。它是指原保险人将每一风险单位的保险金额，按照约定的比率分给再保险人。成数再保险方式的最大特征是"按比率"。例如，分出公司自留30%，分出70%，则称该合同为70%的成数再保险合同。由于成数再保险对每一风险单位都按一定的比率分配责任，故在遇有巨额风险责任时，原保险人和再保险人承担的责任仍然很大。因此，为了使承担的责任有一定范围，每一份成数再保险合同都按每一危险单位或每张保单规定一个最高责任限额，分出公司和接受公司在这个最高责任限额中各自承担一定的份额。

成数再保险的优点主要体现在两个方面。首先，合同双方的利益一致。由于成数分保对于每一风险单位的责任均按保险金额由分出公司和分入公司按比例承担，因此合同双方存在真正的共同利益，不论业务大小、好坏，双方一律共同分担。在各种再保险方式中，成数再保险是保险人与再保险人双方利益完全一致的唯一方式。因此，成数再保险双方很少发生争执。其次，成数再保险手续简单，节省人力和费用。采用成数分保，分出公司和分入公司之间的责任、保费和赔款分配都按约定的同一比例进行计算，使得分保实务和分保账单编制方面手续简化，节省了人力、时间和管理费用。成数再保险的特性具有上述优点，但其也有不足之处。具体表现在以下两点：

（1）成数再保险过于僵化，缺乏弹性。成数再保险具有手续简便的优点，但同时也意味着其缺乏弹性。在成数再保险合同中，只要属于合同的承保范围，任何业务分出人均应按照约定的比例自留和分出，没有选择的余地。这种死板的规定使分出人对于没有分保必要的质量好而保额不大的业务，也要按比率分出而不能多做自留，从而使分出公司支付较多分保费；反之，对质量较差的业务，分出人又不能减少自留。其结果表现为对再保险人有利，对分出人不利。总的来说，成数再保险往往不能满足分出公司获得准确再保险保障的需求。

（2）成数再保险不能均衡风险责任。由于不论保险金额高低，一律按固定比例划分责任，因此，针对各风险单位的保险责任不能做到均衡化。在成数分保之后保险金额高低不齐的问题仍然存在。比如船舶保险，有的船只保险金额很大，有的很小，各船的保险金额很不平衡，而原保险人都要按一个比例确定自留额，结果是原保险人对不同船只承担的保险责任不均衡，这样，如果价值昂贵的船只受损，保险公司会遭受较大的损失。成数再保险由于其操作方便简单，因此多用于新公司、新业务。新建立的保险公司由于对分析风险责任缺乏经验，往往采用成数再保险，这样可以从再保险人那里获得技术上的帮助。对于新开办的险种，由于缺乏实际操作经验和统计资料，因此，多采用成数再保险进行分保。有一些险种，如汽车险、航空险，危险程度高，赔偿频繁，利用成数再保险可以发挥手续简便，确保双方利益一致的优势。相对而言，经验丰富、历史悠久的公司一般较少采用成数再保险。另外，成数再保险和其他分保方式混合运用，往往能发挥最佳效果。

2. 溢额再保险

溢额再保险是指原保险人与再保险人在合同中约定自留额和最高分入限额，将每一风险单位的保险金额超过自留额的部分分给分入公司，并按实际形成的自留额与分出额的比率分配保险费和分摊赔款的再保险方式。由于在溢额再保险合同项下，原保险人与再保险人之间保险费的分配、赔款的分摊，都是按实际形成的保险金额分割比率进行，因此，溢额再保险也属于比例再保险。在溢额再保险合同项下，若某一业务的保险金额在自留额之内时，就不需要办理分保，只有在保险金额超过自留额时，才将超过部分分给溢额再保险人。因此，溢额再保险的自留额是一个确定的自留额，不随保险金额的大小变动；而成数再保险的自留额表现为保险金额的固定百分比，随保险金额的大小而变动。这是溢额再保险与成数再保险的最大区别。溢额再保险也是以保险金额为基础来确定再保险当事人双方的责任的。对于每一笔业务，自留额已先定好，将保险金额与自留额进行比较，即可确定分保额和分保比例。例如，某一溢额分保合同的自留额为 50 万元，现有三笔业务，保险金额分别为 50 万元、100 万元和 200 万元，第一笔业务在自留额之内无须分保，第二笔业务自留 50 万元，分出 50 万元，第三笔业务自留 50 万元，分出 150 万元。溢额与保险金额的比例即为分保比例。本例第二笔业务的分保比例为 50%，第三笔业务的分保比例为 75%。由以上可以看出，溢额再保险关系成立与否，主要看保险金额是否超过自留额，超过自留额的部分即由溢额再保险吸收承受。但分入公司分入的保险金额，并非无限制，而是以自留额的一定倍数为限。这种自留额的一定倍数，称为线数。自留额与线数的乘积就是分入公司的最高分入限额，超过这个限额的部分，由分出公司自己负责或自行安排。

合同规定的自留额的大小，决定分出公司承担责任的大小。同样，在自留额一定的条件下，线数的多少，决定着分入公司可能承担的责任的大小。自留额与分保额之和叫做合同容量或合同限额。

一般而言，分出公司根据其承保业务和年保费收入来制定自留额和决定溢额分保合同的最高限额的线数。有时由于承保业务的保额增加，或是由于业务的发展，需要设置不同层次的溢额，依次称为第一溢额、第二溢额等。当第一溢额的分保限额不能满足分出公司的业务需要时，则可组织第二甚至第三溢额作为第一溢额的补充。

（二）非比例再保险

非比例再保险是以赔款为基础确定再保险当事人双方责任的分保方式。当赔款超过一定额度或标准时，再保险人对超过部分的责任负责。与比例再保险不同的是，在这种再保险方式下，分出公司和分入公司的保险责任和有关权益与保险金额之间没有固定的比例关系，因此称为非比例再保险。

比例再保险与非比例再保险主要有以下区别：

（1）自负责任与分保责任的确定基础不同。比例再保险以保额为基础划分双方责任额，接受公司的责任额要受原保险金额大小的影响；而非比例再保险是以赔款为基础来确定自负责任和分保责任的，接受公司的责任额不受原保险金额大小的影响，而是与赔款总额相关联。

（2）保费计算的方式不同。比例再保险分保费率与原保险费率一致，按分保责任比例与保费之积计算分保费；非比例分保由于双方赔付机会不一样，不是按原保险费率计算分保费，而是采取单独的费率制度，根据分保业务损失资料另行制订再保险费率，分保费按合同年度的净保费收入与分保费率之积计算，与原保险费并无比例关系。

（3）分保手续费是否支付。比例再保险中有分保佣金和盈余佣金的规定；非比例再保险的分保接受公司视分出公司与被保险人地位相等，因此，不必向分出公司支付分保佣金和盈余佣金。

（4）保险费准备金是否扣留。比例分保的接受公司必须提存与其承担责任比例相应的保费准备金，并根据需要提存赔款准备金；非比例分保的接受公司仅在赔款超过起赔点时才承担赔偿责任，通常在合同中没有提存保费准备金的规定。

（5）赔款的偿付方式不同。比例再保险的赔款偿付，除个别巨灾赔款分出公司要求接受公司以现金赔偿外，通常都通过账户处理，按期结算；非比例再保险的赔款多以现金偿付，接受公司于收到分出公司的损失清单后短期内如数偿付。

非比例再保险可以分为险位超赔再保险、事故超赔再保险和赔付率超赔再保险三种方式。

（1）险位超赔再保险。险位超赔再保险是以一次事故中每一风险单位所发生的赔款金额为基础，来确定分出公司的自负责任额和分入公司最高责任限额的再保险方式。假若总赔款金额不超过自负责任额，其全部损失由分出公司赔付；假若总赔款金额超过自负责任额，则超过部分由接受公司赔付。但再保险责任额在合同中的规定，也是有一定限度的。关于险位超赔在一次事故中的赔款计算，有两种情况：一是按风险单位分别计算，接受公司对每一风险单位的赔款不超过最高责任限额，但对一次事故的总赔款没有额度限制；二是接受公司在对每一风险单位的赔款不超过最高责任限额的情况下，还有事故限额，即对每一次事故总的赔款有限制，一般为险位限额的两至三倍，即每次事故接受公司只赔付两到三个单位的损失。

（2）事故超赔再保险。事故超赔再保险是指在合同中分出公司首先确定其对每一事故可能发生的赔款的自负责任额，分入公司在该自负责任额之上确定其最高赔款责任限额的再保险。在事故超赔再保险形式下，在一次事故的实际赔款不超过分出公司的自负责任额时，全部赔款都由分出公司负责。只有一次事故的实际赔款超过分出公司的自负责任额时，分出公司才在最高责任限额以内负责超过分出公司自负责任额以上的部分。

（3）赔付率超赔再保险。赔付率超赔再保险是按年度赔款与保费的比率来确定自负责任和再保险责任的一种再保险方式。在约定的年度内，当赔付率超过分出公司自负责任比率时，超过的部分由分入公司负责。由于这种再保险可以将分出公司某一年度的赔付率控制于一定的标准之内，所以，对于分出公司而言，又有"损失中止再保险"之称。

## 本章小结：

1. 再保险是保险人在原保险合同的基础上，通过订立再保险合同的形式，将其所承保的部分风险和责任向其他保险人进行保险的行为。它是建立在原保险基础之上的，但又与原保险在保险主体、保险标的和保险合同性质上有所区别。

2. 再保险的基本职能是分散风险或责任。再保险的产生，主要是基于保险人分散风险的需要。再保险在扩大业务规模、提高承保能力、控制保险责任、保持财务稳定性、增加保险公司的净资产、提高保险公司的偿付能力、形成巨额全球性保险基金、加强同业合作、促进国际贸易和经济全球化的发展以及被保险人获得更为可靠的保障等方面发挥着巨大的作用。

3. 再保险的形式是分出公司与分入公司建立再保险关系所采用的具体合同形式，包括临时再保险、合同再保险和预约再保险三种形式。

4. 按再保险关系双方责任与赔款分担方式的不同，再保险业务可分为比例再保险和非比例再保险两大类。其中比例再保险又分为成数再保险和溢额再保险，非比例再保险分为险位超赔再保险、事故超赔再保险和赔付率超赔再保险。

## 复习思考题：

1. 再保险对于保险公司的经营有何作用？

2. 简述再保险与原保险之间的联系和区别。

3. 再保险有何基本职能和作用？

4. 比较成数再保险和溢额再保险的优缺点。

5. 再保险合同有哪些形式？

# 第十三章
# 生态风险与保险

**学习要点：**
　　◇ 了解生态安全的内容
　　◇ 理解生态风险的概念及内容
　　◇ 理解生态责任保险的概念

## 第一节　生态风险概述

### 一、生态安全

（一）生态安全的内容

　　人类所有的，包括政治、经济和军事在内的活动都必须依托于所栖息的生态环境。生态系统为人类提供了生命维护系统，提供了从事各种活动所必需的最基本的物资资源。面对肆虐两湖平原的滔天之水，面对紧逼津门的滚滚黄沙，面对严重缺水期即将来临的警告……面对这一切来自自然界的威胁，我们的生存环境已经不再安全。保护我们生态安全这一刻不容缓的问题已经不容回避地摆在了我们的面前。曾几何时，人们在迅速逼近的生态危机面前还表现出了不可思议的冷漠，而今天，我们必须从维护安全这个角度来讨论生态问题。

　　生态安全是近年新提出的概念，有广义和狭义的两种理解。前者以国际应用系统分析研究所提出的定义为代表：生态安全是指在人的生活、健康、安乐、基本权利、生活保障来源、社会秩序和人类适应环境变化的能力等方面不受威胁的状态，包括自然生态安全、经济生态安全和社会生态安全。狭义的生态安全是指自然和半自然生态系统的安全，即生态系统完整性和健康的整体水平反映。生态系统健康是环境管理的一个新方面和新目标。通常认为，功能正常的生态系统可称为健康系统，它是稳定的和可持续的，在时间上能够维持它的组织结构和自治，以及保持对胁迫的恢复力。反之，功能不完全或不正常的生态系统，即不健康的生态系统，其安全状况处于威胁之中。如果说生态系统健康诊断是对所研究的特定生态系统质量与活力的客观分析，那么生态安全研究则是从人类对自然资源的利用与人类生存环境辨识的角度来分析与评价自然和班子让的生态系统，因而它带有某种先验性。首先，所研究的对象具有特定性和针对性，主要发生在生态脆弱区。其次，生态安全的评价标准具有相对性和发展性，不同国家和地区或者不同的时代（发展阶段），其标准会有不同。最后，生态安全的研究要体现人类活动的能动性，在分析、评价的基础上，还要研究如何建立生态安全保障体系。一般认为，安全与风险互为反函数，风险是指评价对象偏离期望值的受胁迫程度，或事件在期望值状态的保障程度，或防止不确定事件发生的可靠性。生态风险是指特定生态系统中所发生的非期望事件的概率和后果，如干扰或灾害对生态系统结构和功能造成的损害。其特点是具有不确定性、危害性和客观性。虽然安全概念与风险有紧密联系，但为了更好地体现人类度安全管理和安全预警等方面的主动设计与能动性，本书将生态安全与保障程度相联系，把生态安全定义为人类在生产、生活和健康等方面不受生态破坏与环境污染等影响的保障程度，包括饮用水与食物安全、空气质量与绿色环境等基本要素。

对生态安全的研究可包括不同的尺度，如自然生态方面，从个体、种群到生态系统；人类生态方面，从个人、社区、地方到国家。当前，人们最为关注的生态安全问题如洪涝灾害、沙尘暴等大多数属于区域尺度，可按地理区（流域）、生态区或行政区进行研究。对区域生态安全的分析主要包括：关键生态系统的完整性和稳定性，生态系统健康与服务功能的可持续性，主要生态过程的连续性等。其分析主要包括：关键生态系统的完整性和稳定性，生态系统健康与服务功能的可持续性，主要生态过程的连续性等。其分析步骤一般为：①生态系统功能分析；②生态系统演化状态的监测；③主要胁迫因子分析；④生态平衡期望值的设定；⑤重要阈值的判定（变化的允许范围）；⑥对系统演化的预测和预警；⑦调控对策。

生态安全的显性特征是生态系统所提供的服务的质量或数量的状态。当一个生态系统所提供的服务的质量或数量出现异常时，则表明该系统的生态安全受到了威胁，即处于生态不安全状态。因此生态安全具有两重含义：其一是生态系统自身是否安全，即自身结构是否受到破坏；其二是生态系统对于人类是否安全，即生态系统所提供的服务是否满足人类的生存需要。显然前者是后者实现的基础。

在当前对生态安全的研究中，按研究的范围不同将生态安全概念分为三种：全球生态安全、国家生态安全和区域生态安全。全球生态安全指地球中各个国家和地区，它们的生存和发展所需要的生态环境不受或较少破坏与威胁，处于一种不同国家和地区之间生态相互协调、促进的状态。所谓国家生态安全，是从国家的角度考虑一国生存和发展所处生态环境不受或少受破坏和威胁的状态。实现生态安全，主要是保持土地、水资源、天然林、地下矿产、动植物种资源、大气等自然资源的保值增值、永续利用，实现经济社会的可持续发展。所谓区域生态安全是指一个区域的自然群落能满足区域持续生存的需要，不损害自然环境的潜力。区域生态安全是国家生态安全的基础，同时国家生态安全是区域生态安全的保障。全球生态安全则实现生态安全的最高目标。

#### （二）生态安全与可持续发展的关系

生态安全是可持续发展的核心与基础。没有生态安全，系统就不可能实现可持续发展。生态安全对经济发展具有一定的约束作用。同时，它对发展还具有引导、调控和促进作用。生态安全是引导、调控发展的依据，稳定的生态环境对经济具有加速作用。生态安全对可持续发展具有保障作用，是可持续发展能力的重要组成部分。在经济发达阶段，比较充足的财富条件使人们更加关注安全。发展与生态安全的矛盾相对弱化，但在发展的初级阶段，尤其是在经济比较落后的情况下，人们面临的发展压力很大，特别容易忽视生态安全盲目发展，造成的后果轻则环境恶化、阻碍经济持续增长，重则危及人的生产问题。所以如果不能够保证生态安全，那么发展最终会偏离可持续的方向，速度越快，经济崩溃得越早。

### 二、生态风险的内容

#### （一）生态风险的概念

生态环境是构成人类和其他生物生存发展的光、热、气、水、土、营养等环境条件的总称。自然的、人为的因素使生态环境得到保护，生态系统保持相对平衡，人类和其他生物才能生存和发展。生态环境遭破坏，生态系统失去相对平衡，就会给人类和其他生物的生存和发展带来难以逆转的风险。这种风险就是生态风险，在自然和人为不利条件的作用下变为现实灾难的概率越来越大。生态环境遭破坏的程度越高，风险后果越严重，有些甚至是毁灭性的。

生态风险，是指生态系统及其组分所承受的风险，指在一定区域内，具有不确定性的事故或灾害对生态系统及其组分可能产生的作用，这些作用的结果可能导致生态系统结构和功能的损伤，从而危及生态系统的安全和健康。生态系统受外界胁迫，从而在目前和将来减小该系统内部某些要素或其本身的健康、生产力、遗传结果、经济价值和美学价值的可能性。

#### （二）生态风险的特点

生态风险除了具有一般意义上的"风险"含义外，还具有如下特点：

1. 影响层面的广泛性

社会风险、政治风险、经济风险的产生，固然有各种各样的原因，但是，按照马克思主义的历史唯物主义原理，社会风险和政治风险的产生的终极原因是经济方面的，最终结局体现为生产力发展内在要求的人的选择。

也就是说，政治风险和和社会风险，固然让民众的生命、财产受到威胁，但是，最终结局总是出现了更适应的生产力发展和民众福利的社会，人类社会也正是如此向前演进的。而政权更迭中的失败者，可以说是咎由自取。经济风险同样如此，重大的错误的经济决策导致经济风险事件的发生，如果到了极点，经济崩溃，也会导致政治风险事件的发生，一般民众同样会经历下降到上升的过程，唯错误当局因此失去存在的理由。但是，生态风险就不同了，覆巢之下安有完卵，一旦一个社会的生态风险事件发生，失去生存条件的是整个社会。也就是说，生态风险事件一旦发生，就是不换

"舵手"，而是"翻船"问题了，所有人全部落水。更何况，一旦超过"承载"能力，首先"落水"的会是人群中最脆弱的贫民。所以，为最大多数人民的最大利益服务的政府，必须更加关注生态风险事件是否发生，以及对生态风险事件的防御。

## 2. 生态风险事件的严重性

由于相当一些生态过程一旦超过"临界值"就不可逆，受到人类破坏的大自然的报复，往往不给人类机会，让后者没有纠正错误，重新选择的机会，或者要付出百十倍大于当初预防、及时治理的代价。这与政治风险事件不同。一般而言，只有顺应时代的要求的政权取代逆历史潮流而动的政权，国家面貌很快就会焕然一新，新中国取代旧中国就是好的例证。经济风险事件也同样，数年、十数年的重大失误可以酿成重大的危机，需要经历痛苦的调整过程，但是，一旦明了问题所在，采取有力有效的措施，也会在数年、十数年改观。例如，中国于 20 世纪 50 年代末 60 年代初的"大跃进""公社化"的失误，历时 6 年从谷底恢复过来；美国于 20 世纪 20 年代末 30 年代初的大萧条，历时 12 年由 1933 年的谷底恢复过来，即使按股指衡量，1955 年恢复到 1929 年水平，历时 26 年。至于当今世界的东南亚金融危机及恢复、我国经济软着陆，美国联邦政府预算赤字及转为盈余，均以"年"计，而不是以"代"计，甚至不会以"世纪"计。然而，资源枯竭、环境退化造成的生态风险事件，通常很难在一代人、几代人，甚至是几十代人手里挽回。我国西北的荒漠化过程，延续了 2000 年，至今没有出现中止、扭转。更何况，一些生态过程尚属未知领域，如人为活动对地球大气的不利影响，很可能未及确切认知，已经无可挽回地铸成大错。

## 3. 生态风险的效应的代际转移性

由于生态风险的成本会在"代际"间转移。导致生态风险诸因素的生成、作用和消除时间，比起影响社会风险、政治风险、经济风险的诸多因素要长很多。这导致了成本的代际转移。也就是说，前一任的政绩，可能是后一任的隐患；前一任承担了的成本，可能要到后一任、后几任、后几十任才见到。这意味着，只有高度负责的政府、高度文明的社会，才可能以最大的努力关注于生态风险。

## 4. 生态风险与民众联系的广泛性

政治风险、经济风险主要是由国家政府当局来防备，虽然最终的确定因素是经济实力和人心向背。但是，直接起作用的是国家政府、上层集团的活动。国家经济风险也主要取决于宏观决策当局的明智程度。国家生态风险却可以因具有动力的、有能力的社区和地方等微观主体的自觉行动而得到改善，也可以因他们的错误而变得更大。

## 5. 生态安全对地区间其他成员利害关系的高度统一性

全人类共有一个地球的现实，任何一国的生态风险成本和生态效益都会外溢。这不同于经济风险、政治风险、社会风险。虽然有"双赢"之说，但毕竟存在直接或间接的利益冲突。比如，一国的粮食风险的降低，很可能引致贸易伙伴的异议；一国的军事风险的降低，很可能引致邻国的不安。而一国的生态风险，最易得到国际社会的认同，相应的最能取得国际社会的协同帮助。

### 三、生态风险导致的损失后果

#### （一）生态风险增加会加剧生态系统良性逆转的风险

热带雨林、森林被称为"地球之肺"，湿地被称为"地球之肾"，其面积的减少和系统破坏，灾害性气候的风险会增加，同时依赖湿地、森林生存繁衍的动植物会增加减少或灭绝的风险；海洋、江河、湖泊水体污染、系统遭到破坏，会增加鱼类和依赖水体生存发展的其他生物减少和灭绝的风险；草原面积减少，草场退化，会增加土地半荒漠、荒漠化和载畜量减少的风险；沙地植被减少、系统遭破坏，会增加沙漠化面积扩大和沙尘暴侵袭风险；农田作物生长环境遭破坏，会增加农产品质量、产量降低的风险；有毒有害固体、气体物质排放会增加人与其他生物的安全风险；水土流失地区生态环境恶化，会加剧土地石漠化、土地贫瘠、泥沙淤积库坝、河流、湖泊导致洪灾的风险。总之，生态系统遭到破坏，生态平衡就会被打破，生态环境随之恶化，使其良性循环所付出的代价越高昂。

#### （二）生态风险增加会加剧经济社会难以持续稳定发展的风险

当今世界面临人口、资源和环境三大难题。我国人口占全球人口的五分之一，人均土地、淡水资源占有量不足世界人均的四分之一。人口、资源和环境成为我国经济社会可持续发展的严重制约因素。党中央和国务院把经济社会可持续发展作为一项长期的战略任务而努力实施。我国生态环境恶化的程度相当严重，1998年以来，长江、松花江、淮河、黄河发生洪涝灾害，直接及间接的经济损失上万亿，受灾地区人口近亿，抗洪救灾、恢复生产、重建家园、修建防洪设施、治理严重水土流失等投入的财力、物力、人力非常巨大。云南滇池、淮河污染，南海赤潮，新疆、青海、甘肃、内蒙古四省区的沙尘暴频发，南方、北方干旱灾害的加重，永定河干涸，黑河、塔里木河、黄河断流，都给经济社会发展带来严重的不良后果。

#### （三）生态风险增加会加剧人类和其他生物的安全风险

空气、土壤、水的污染，森林、草原、湿地生态系统遭破坏，均直接威胁人类、动物、植物的生存发展。因生态环境恶化，一些珍贵动植物濒临灭绝，一些已经灭绝。因有毒、有害物质过量排放，不仅对食品的安全生产构成威胁，而且对人类和其他生物的生活质量与健康构成危害。

#### （四）生态风险增加会加剧政治危机风险

生态环境恶化的后果会导致资源枯竭。一个国家、一个民族的生存环境遭到破坏，资源不能保障，就会引起资源争端。纵观世界历史，国家之间为争夺资源而发动战争的显而易见，民族性、地域性为资源而战的也非凤毛麟角。我国是一个拥有13亿人口的大国，实现中华民族的长治久安，实现中华民族的繁荣昌盛，就必须对生态环境进行保护，在发展经济的同时努力实现人与自然的和谐相处，最终实现社会经济的持续稳定发展。

## 第二节 环境责任保险概述

### 一、环境责任保险的内容

（一）环境责任保险的概念

环境责任保险被称为"绿色保险"，又称生态保险，其在各个国家的具体的名称有所不同，如英国称之为"环境损害责任保险"和"属地清除责任保险"，美国称之为"污染法律责任保险"。一般认为环境责任保险是以被保险人因玷污或污染水、土地或空气，依法应承担的赔偿责任作为保险对象的保险。具体来说，排污单位作为投保人，依据保险合同按一定的费率向保险公司预先缴纳保险费，就可能发生的环境风险事件在保险公司投保，一旦发生污染事故，由保险公司负责对污染受害者进行一定金额的赔偿。当然，这种玷污和污染是有严格限制的。保险公司只对突然的、意外的污染事故承担保险责任，而将故意的、恶意的污染视为除外责任。

（二）环境责任保险的特点

（1）承保条件严格，承保责任范围受到限制。环境污染责任通常具有广泛性和不确定性，赔付额高，有时需要巨额资金。商业保险人为保障自身利益，保证财务平衡，往往对承保责任和范围作出严格规定。譬如"指定地点污染责任条款"的除外责任就有 10 项。在美国的公众责任保单和欧洲的第三者责任保单中，都含有突然和意外条款，任何不属于突然和意外发生的污染，均属于除外责任。譬如由于废液、废气、废渣等的排放和处理，空气、水、土壤等的污染所致的人身或财产损害，都不属于保险责任范围。由于法庭对突然和意外的解释过于宽泛，保险人甚至感到应将 CGL 保单（商业综合责任保险基本保单）中的污染风险全部列入除外责任的范畴。

（2）个别确定保险费率。环境责任保险的特殊之处在于赔偿责任大，对保险的技术要求高，而被保险人状况千差万别，因此保险人要对每一承保标的进行实地调查和评估，单独确定保险费率以降低风险，每一份保险合同的内容均具有特定性。

（3）经营风险较大，需要政府支持。从西方国家的实践看，污染的责任问题复杂，环境责任保险人承担的赔付金额过大，承保范围较窄，经营风险大大高于其他商业保险。如果要发展环境责任保险，借此形成多元化的环保力量，需要政府的大力支持。如税收优惠、由政府强制实施某些类别的环境责任保险等。

（三）环境责任保险的功能

当前，我国正处于环境污染事故的高发期。一些地方的工业企业污染事故频发，严重污染环境，危害群众身体健康和社会稳定，特别是一些污染事故受害者得不到及时赔偿，引发了很多社会矛盾。环境污染责任保险的以下功能，决定了它在应对环境污染事故上的优越性。

1. 分散企业风险

由于环境污染事故影响范围广和损失数额巨大的特点，单一的企业很难承受。通讨环境污染责任保险，可以将单个企业的风险转移给众多的投保企业，从而使环境污染造成的损害由社会承担，分散了单一企业的经营风险，也能够使企业可以迅速恢复正常的生产经营活动。

2. 发挥保险的社会管理功能

保险产品和保险公司的职能之一就包括社会管理功能，这在环境污染责任保险上体现得尤为突出。保险公司可以利用环境污染责任保险的费率杠杆机制来促使企业加强环境风险管理，提升环境管理水平，同时也能够提高企业的环境保护意识。

3. 有利于迅速地使受害人得到经济补偿，有效地保护受害者

目前我国对于环境污染造成的人身财产损害的赔偿，主要由国家财政承担，由于权力机构的复杂性，使得受害人不能在最快的时间得到损失补偿，从而甚至激化社会矛盾，同时也会增加国家财政的负担。利用环境污染责任保险来参与环境污染事故的处理，有利于使受害人及时获得经济补偿，稳定社会秩序，减轻政府的负担，还可以促进政府职能的转变。

## 二、环境污染责任保险现状

### (一) 我国环境污染责任保险现状

1. 2007 年 12 月前

我国环境污染责任保险起步较晚。1991 年我国的保险公司和环保部门联合推出环境污染责任保险，首先在大连试点，后来在沈阳、长春、吉林等城市相继开展。2006年 6 月，国务院发布的《关于保险业改革发展的若干意见》中明确指出要大力发展环境责任保险。

但这段时期环境污染责任险开展的范围很小，仅限于几个城市，投保的企业也很少，赔付率也很低。大连市 1991—1995 年的赔付率只有 5.7%，沈阳市 1993—1995 年的赔付率为零，远远低于国内其他险种 50% 左右的赔付率，而国外保险业的赔付率为70% ~ 80%。

2. 2007 年 12 月后

2007 年 12 月 4 日，国家环保总局和中国保监会联合出台《关于环境污染责任保险工作的指导意见》。以该意见的发布为转折，全国各地环保和保险部门开始积极进行环境污染保险的推进。2007 年 12 月，华泰保险公司正式推出"场所污染责任保险"和"场所污染责任保险（突发及意外保障）"。湖南省 2008 年将化工、有色、钢铁等 18家重点企业作为投保试点，2009 年 1 月中石化巴陵石化公司等五家企业又投保平安保险公司的环境污染责任险。江苏省 2008 年 7 月推出了内河船舶污染责任保险，由人保、平安、太平洋和永安四家保险公司组成共保体共同承保。湖北省 2008 年 9 月率先在武汉进行试点，武汉市专门安排 200 万资金为参保企业按保费 50% 进行补贴；2009 年 3月中石化武汉分公司等五家企业与中国人保财险武汉分公司签订了环境污染责任保险协议。浙江宁波市 2008 年已有 4 家保险公司开展了环境污染责任保险业务。上海一些保险机构也在 2008 年设立了环境污染责任保险业务。深圳市 2009 年 2 月龙善环保科技

实业有限公司与中国人保财险深圳市分公司签订了深圳首份环境污染责任险保单。沈阳市率先在地方立法中明确规定：自 2009 年 1 月起，支持和鼓励保险企业设立危险废物污染损害责任险种，并鼓励相关单位投保。

全国首例环境污染责任险赔偿案例发生在湖南株洲。2008 年 7 月，株洲一家农药生产企业购买了平安保险公司的污染事故责任险，投保额为 4.08 万元。2008 年 9 月，该企业发生氯化氢气体泄漏，污染了附近村民的菜田，引起周边 120 多户村民到企业索赔。平安保险公司接到企业报告后，迅速派人到现场，经过实地查勘，依据保险条款与村民们达成赔偿协议，在不到十天的时间里将 1.1 万元赔款支付到位。环境责任保险有效地维护了污染受害者的合法权益，维护了企业的正常生产秩序和当地社会的稳定。

（二）国外环境污染责任保险现状

环境责任保险最早出现于 20 世纪 60 年代。1965 年英国发布《核装置法》，其中规定安装者必须负责最低限额为 500 万英镑的核责任保险。1970 年开办声震保险。自 20 世纪 70 年代起，随着环境污染事故的频频出现，公众环保意识的日益增强，西方发达国家纷纷出台了一系列环保法案，企业面临着环境污染索赔的巨大风险，迫切需要将风险转嫁出去，环境污染责任保险应运而生。目前，世界主要发达国家的环境污染责任保险业务已经进入较为成熟的阶段，成为各国通过社会化途径解决环境风险管理的重要手段。

美国的环境责任保险分为环境损害责任保险和自有场地治理责任保险两类，对有毒物质和废弃物的处理、处置可能引发的损害赔偿责任实行强制保险制度。1976 年的《资源保全与恢复法》规定由国家环保局长发布行政命令，要求业主就日后对第三人的损害赔偿责任进行投保。1980 年的《综合性环境响应、赔偿和责任法》规定危险物质运载工具的所有人或经营人，都必须建立和保持保险等形式的财产责任。1988 年美国成立了专门的环境保护保险公司，于同年 7 月开出了第一张污染责任保险单，这是国际保险行业承认的最早的污染保险。

德国的环境污染保险起初采用强制责任保险与财务保证或担保相结合的方式。但自 1991 年 1 月起，随着《环境责任法》的通过和实施，开始强制实行环境损害责任保险。该法以附件方式列举了存在重大环境责任风险的设施名录，对于高环境风险的"特定设施"，不管规模和容量如何，都要求其所有者投保环境责任保险。

芬兰在环境责任保险立法领域进行了一些积极的尝试，走在了世界前列。芬兰实行强制环境责任保险制度，1998 年 1 月生效的《环境损害保险法》规定，所有可能对环境产生危害的企业都必须在保险公司购买环境保险，根据企业的规模和可能产生的环境危害的程度，保险金额从 1000 万~3000 万芬兰马克不等。该法规定所有芬兰领土上发生的环境损害都必须得到赔偿。据此，即使受害者无法确定环境损害的来源，也可以从环境保险公司得到赔偿。

法国的环境污染保险采取以自愿保险为主、强制保险为辅的方式。一般情况下，由企业自主决定是否投保环境责任保险，但法律规定必须投保的，则应依法投保。

1998 年 5 月颁布的《法国环境法》规定，油污损害赔偿采用强制责任保险制度。对环境责任险，法国采取了由保险行业联合承保的方式。1977 年外国保险公司和法国保险公司组成污染再保险联盟，制定了污染特别保险单，除偶然性、突发性的环境损害事故，还承保因单独、反复性或渐进性事故所引起的环境损害。1989 年法国保险业组建了高风险污染集团，由 50 个保险人和 15 个再保险人组成，承保能力高达 3270 万美元，在抑制污染和保护环境方面发挥了重要作用。

### 三、开展环境保险的意义

#### （一）增加治理环境污染的参与主体

目前我国的环境污染已经相当严重，是世界上受污染最严重的国家之一。2002 年，全国废水排放总量为 439.5 亿吨；二氧化硫排放量 1927 万吨，烟尘排放量 1013 万吨，工业粉尘排放量 941 万吨；全国工业固体废物产生量 9.5 亿吨。环境污染给国民经济造成了巨大损失，联合国《2002 年中国人类发展报告》指出，环境问题使中国损失 GDP 的 3.5%~8%，2002 年，全国环境污染治理投资为 1363.4 亿元。环境污染已经直接影响广大人民的生命健康，与环境污染有关的疾病在许多地区明显增加，SARS（甲型流感）的流行更是给我们敲响了环保的警钟。面对愈发严重的环境污染，环境保护绝非单纯是政府和环保部门的事情，需要全社会的参与，环境责任保险通过解决环境纠纷、分散风险、为环境侵权人提供风险监控等为环境保护提供服务。

#### （二）转移风险，降低企业经营负担，减少政府环境压力

环境污染具有受害地区广阔、受害人数众多、赔偿数额巨大的特点，污染企业一般无法全部承担造成的损失，即使企业能够全部承担，也会因赔偿数额巨大而影响企业的正常经营和发展。如果企业投保环境责任保险，可用少量的确定性的支出（保费）减少未来的不确定性，保证生产、经营持续稳定进行，从而避免了侵权人因赔偿负担过重甚至破产而影响经济社会的发展。与此同时，保险人为了降低赔付率，一定会请专业人士对投保人的污染风险进行控制和管理。可以通过等级划分、费率浮动等措施督促投保人做好防灾防损工作，从而减少污染事故的发生。投保企业也因此获得了间接的风险控制能力。在规范与间接激励的双重作用下，投保企业有能力将污染事故的发生概率降到最低。另外在许多环境污染事件中，政府担任了最后责任人的角色。发展环境责任保险通过风险分摊，也可以减轻政府的环境负担，使被破坏了的生产条件和生活环境能够及时得到重建和修复。

#### （三）降低环境纠纷的交易成本，有效维护公众的环境权益

近几年来，我国的环境纠纷呈逐年递增的趋势，1998 年为 18 万件，1999 年增加到 25 万件，2000 年超过 30 万件。在众多环境纠纷中，由于侵权人的赔偿能力不足，再加上高昂的诉讼费用和旷日持久的诉讼过程，使许多受害人实际上得不到赔偿。据估计，美国的环境污染清理纠纷案件中，88% 的案件成本花在了交易成本上（律师费及相关的费用），只有 12% 花在清理污染上。在我国，污染受害者有许多都是弱势群体，面对高昂的诉讼费用只能望而却步，难以得到公正赔偿，在得不到公正赔偿时有些人

会采取极端做法，影响社会安定。开办环境责任保险，由保险人承担被保险人的经济赔偿责任，则能够降低环境纠纷的交易成本，及时对受害人进行赔付，有效保障公民的环境权益。

（四）转移西部大开发的环境污染风险责任

西部大开发是在西部环境承载力相当弱的情况下进行的，必须走可持续发展的道路，不能以污染环境作为代价。在西部大开发的过程中，尤其是在能源开发中，环境污染的风险无处不在。假设开发计划要在十年内使西部达到东部的经济发展水平，总投资大概需 5 万亿左右，其中 4 万亿用来治理环境，1 万亿用来投资企业，根据目前我国的经济实力，根本无法做到。2001 年我国为西部大开发发行了 430 亿国债，但仅是治理兰州市目前的环境污染就需要几百亿的资金，新开发项目中的环境污染将给国家财政带来的巨大压力是可以想象的。因此不应该让开发西部有限的资金来承担环境污染的风险责任，而应该将风险转嫁出去，在坚持污染者付费的原则下，要求投资者投保环境责任保险，以较小的代价来获得未来可能遇到的损失赔偿的分摊权。

## 本章小结：

1. 生态安全是指在人的生活、健康、安乐、基本权利、生活保障来源、社会秩序和人类适应环境变化的能力等方面不受威胁的状态，包括自然生态安全、经济生态安全和社会生态安全。

2. 生态风险是指生态系统及其组成成分所承受的风险。

3. 环境责任保险是以被保险人因玷污或污染水、土地或空气，依法应承担的赔偿责任作为保险对象的保险。

## 复习思考题：

1. 什么是生态安全？

2. 生态安全有哪些特点？

3. 如何理解生态风险的概念？

4. 生态责任保险的意义有哪些？

# 第十四章
# 保险市场与保险监管

**学习要点：**

◇ 理解保险市场的概念、特征及主要运行机制

◇ 了解保险市场监管的产生、发展

◇ 掌握保险监管的主要内容

## 第一节　保险市场

保险市场是现代市场经济体制的重要组成部分，但由于世界各国的社会状况不同，保险市场的结构和发达程度不尽相同，各国在保险监管方面也存在很大的差异。目前，世界上主要跨国保险金融集团和发达国家的保险公司都已经进入我国，我国保险市场已成为世界上最重要的新兴保险市场之一。

### 一、保险市场的概述

#### （一）保险市场的概念

一般意义上的市场通常都有狭义和广义之分。狭义上的市场，是指商品交换的场所；而广义上的市场，是指商品生产者之间全部交换关系的总和。照此，我们可以给出保险市场的定义：保险市场是指保险商品进行交换的场所，是保险交易主体之间所产生的全部交换关系的总和。保险市场既可以有固定的交易场所（如保险交易所），也可以没有固定的交易场所。较早的保险市场出现在英国的保险中心——伦巴第街。后来随着"劳合社"海上保险市场的形成，参与保险市场交易活动的两大主体——供给方和需求方渐趋明朗，但这种交换关系仍较简单。随着经济全球化趋势的增强和保险业的快速发展，保险中介人应运而生，他们一方面使得保险交换关系复杂化，另一方面也使保险市场趋于成熟。尤其当今，科技进步日新月异，信息革命波及全球，通过信息网络，足不出户，就可以完成保险的交易活动。各种新事物层出不穷，给保险市

场不断注入新的活力。因此，要从全面的、动态的角度来理解保险市场的含义。

（二）保险市场的特征

1. 保险市场是直接的风险市场

任何市场都有风险。但是，一般的商品市场所交易的对象，其本身并不与风险联系，而保险企业的经营对象恰恰是风险，通过对风险的聚集和分散来开展经营活动。没有风险，投保人或被保险人就没有通过保险市场寻求保险保障的必要。"无风险，无保险"。所以，保险市场是一个直接的风险市场。

2. 保险市场是预期性的交易市场

金融市场上，不仅有现货交易，还有期货交易。期货交易的显著特点之一就是契约的订立和实际交割在时间上的分离，保险交易也具有期货交易的特点。保险市场所成交的任何一笔交易，都是保险人对未来的风险事件发生所致经济损失进行补偿的承诺。而保险人是否履约却取决于保险合同约定时间内是否发生约定的风险事件以及这种风险事件造成的损失是否符合保险合同规定的补偿条件。不难看出，保险交易类似于一种期货交易，可称为"灾难期货"。保险市场是一个预期性很强的市场。

3. 保险市场是非即时结清性市场

所谓即时结清性市场是指交易一旦结束，双方应立即知道交易结果的市场。如一般意义上的商品市场、货币市场、劳动力市场等，都是即时结清市场，保险市场则与上述市场不同。由于风险的不确定性和保险的射幸性使得交易双方都不可能确切知道交易结果，所以不能立刻结清。保险单的签发，看似保险交易的完成，实际是保险保障的开始，最终交易结果则要看双方约定的保险事件是否发生。因此，保险市场是非即时结清市场。

（三）保险市场的要素

无论是财产保险市场，还是人身保险市场，其构成必须具备交易主体、交易客体及交易价格等要素。

1. 保险市场的主体

早期保险市场的主体主要是指保险商品的供给方和需求方，但随着保险业的不断发展，充当供需双方媒介的中介人出现了。正是中介人的存在，才使得保险市场顺利运转，因此，中介人也成为保险市场的主体。

保险商品供给方。保险商品的供给方是指提供保险商品，承担、分散和转移他人风险的各类保险人。他们以各类保险组织形式出现在保险市场上，如国有保险人、私营保险人、合营保险人、合作保险人、个人保险人等。

保险商品的需求方。种各样的客户构成了保险市场的需求方，即各类投保人。社会中的每一个人，都面临着大量的风险，这些风险会给人们的生产生活带来很多不便，于是人们便产生了对安全的需求，当保险出现后，安全需求转化为保险需求。根据客户的不同需求特征，可以把保险商品需求方划分为个人投保人和团体投保人。农村投保人和城市投保人。根据保险需求的层次还可将其划分为当前的投保人与未来的投保人等。

保险市场的中介方。保险市场中介方又称市场辅助人，既包括活动于保险人与投保人之间，将其联系起来并建立保险合同关系的人，如保险代理人和保险经纪人；也包括独立于保险人和投保人之外，以第三方身份处理保险合同当事人委托办理的有关保险业务的公证、鉴定、理算、精算等事项的人，如保险公估人、保险理算师、保险精算师、保险律师等。

**2. 保险市场的客体**

保险市场的客体就是保险商品，即保险市场上供求双方具体交易的对象，这个交易对象就是保险经济保障。作为一种特殊形态的商品，保险商品有着自己的特征。首先，它是一种无形的商品。保险企业经营的是看不见、摸不着的风险，"生产"出来的商品是对保险消费者的一纸承诺，而承诺的履行只能在约定的事件发生或约定期限届满时，是一种劳务商品，具有抽象性，无法被客户具体感知。其次，保险商品还是一种"非渴求商品"，即人们不会主动去购买的商品。通常，很少有人主动买保险，除非法律有强制性的规定，这主要源于人们对风险事件发生的不确定性所存在的侥幸心理。由于保险商品具有这些特性，使得"保险必须靠推销"，才能更好地完成保险市场的交易活动。

**3. 交易价格**

在保险市场上，保险价格即保险费，是调节市场活动的经济杠杆，也是构成保险市场的基本要素。保险价格有理论价格和市场价格之分。理论价格单纯以影响保险供给的内在因素（如成本等）为基础而形成的价格。市场价格即通常所说的交易价格，主要受市场竞争、货币价值、保险标的、国家有关政策及替代品价格等诸多外部因素的影响。在保险市场上，交易价格是最敏感的因素，它会深刻地影响供求双方。交易价格低，保险商品易于出售；反之，则需求乏力。因此，价格竞争是保险公司最基本的竞争手段，它会淘汰竞争力弱的保险公司。

**（四）保险市场的模式**

世界保险市场主要有四种模式：完全竞争模式、完全垄断模式、垄断竞争模式和寡头垄断模式。

**1. 完全竞争模式**

完全竞争的保险市场是指一个保险市场上有数量众多的保险公司，任何公司都可以自由进出市场。在这种市场条件下，每个保险公司都能提供同质无差异的保险商品，都是价格的接受者，并充分掌握信息。这种模式中，价值规律充分发挥作用，各种保险资源完全由市场配置。国家保险管理机构对保险企业监管力度较小，主要是保险行业组织在市场管理中发挥重要作用。完全竞争的保险市场是一种理想状态的市场，它能最充分、最适度、最有效地利用保险资源，使其配置达到最优化。但由于这种模式所要求的条件十分严格，所以真正意义的完全竞争的保险市场并不存在。在保险业发展的早期，类似于这种模式的市场曾在西方国家出现过，而当今现实的保险市场中，完全的自由竞争已不复存在。

## 2. 完全垄断模式

完全垄断的保险市场，是指保险市场完全由一家保险公司所操纵，市场价格由该公司决定，其他公司无法进入保险市场。在这种模式中，没有任何竞争，消费者没有选择的余地，只能购买垄断公司的保险产品，垄断公司可以轻易获得超额利润。完全垄断模式还有两种变通的形式：一是专业型完全垄断模式，即在某一地区内，同时存在两家或两家以上的保险公司，各垄断某类保险业务，相互间业务不交叉，以保证其在细分市场上的垄断地位；二是地区型完全垄断模式，指在一国保险市场上，同时存在两家或两家以上的保险公司，各垄断某一地区的保险业务，各业务不得向彼此地区渗透。在完全垄断的保险市场上，价值规律、供求规律和竞争规律受到极大的限制，各种资源配置扭曲，市场效率低下，投保人远远不能达到效用最大化。因此，一般只有经济落后的国家，出于控制的需要才选择这种市场模式。

## 3. 垄断竞争模式

垄断竞争模式下的保险市场，大小保险公司并存，各公司提供有差别的同类产品，保险公司能够较自由地进出市场，各公司之间竞争激烈，但少数大保险公司在市场上仍有较强的垄断势力而处于垄断地位。总之，在垄断竞争模式中，垄断因素和竞争因素并存。

## 4. 寡头垄断模式

寡头垄断模式比垄断竞争模式的垄断程度要高，是指在一个保险市场上，只存在少数相互竞争的保险公司，其他保险公司进入市场较难。在这种模式的市场中，保险业经营依然以市场为基础，但竞争是不充分的，仍具有较高的垄断程度，通常只是国内几家大保险公司展开竞争，从而形成相对封闭的国内保险市场。

综上所述，完全竞争模式和完全垄断模式是保险市场的两种极端形式，在当今世界上很少存在。我们通常所见的大多为垄断竞争模式和寡头垄断模式下的保险市场。

### （五）保险市场的机制

#### 1. 市场机制及其内容

市场机制是指价值规律、供求规律和竞争规律三者之间的相互联系、相互作用、互为因果的关系。现代意义的市场，是以市场机制为主体进行经济活动的系统和体系。市场机制包括机制规律、供求规律和竞争规律及其相互关系等具体内容。价值规律是商品经济的基本规律。它要求在流通领域中实行等价交换，而交换以价值量为基础，商品的价格由价值决定。价值规律在流通领域中的运动，表现为价格的运动，由于受供求关系影响，价格一般以价值为中心，围绕价值而上下波动。供求规律表现为供给与需求之间的关系，一般地，供给总是随着需求的变化而变化。需求旺盛，供给将会增多，需求乏力，供给将会减少，双方常常处于一种非均衡状态，但从长期发展趋势看，供给与需求是相等的。在构成市场机制的诸要素中，竞争是最具活力的，它是市场经济的灵魂，竞争的结果将导致优胜劣汰，从而实现资源的优化配置。竞争规律是市场活动的典型规律。竞争包括生产者之间的竞争、消费者之间的竞争及生产者和消费者之间的竞争。流通领域中，价格竞争是竞争的主要形式；生产领域中，竞争主要体现在生产资金的投放方面，即资金总是从利润率低的部门流向利润率高的部门。价值规律、供求规律和竞争规律之间的关系在流通领域直接表现为价格和供求之间的关系。如果供求平衡，价格就会趋同于价值；若供大于求，价格将会低于价值；反之，则高于价值。在生产领域，则是通过资金的流向反映出来。当某生产部门生产的商品供小于求，价格高于价值时，资金将大量流入该部门；反之，则流出该部门。

2. 保险市场机制的作用

存在市场的地方，市场机制必然起作用，保险市场也不例外。在保险市场上，价值规律、供求规律和竞争规律起着重要的作用。

（1）价值规律在保险市场上的作用。价值规律的主要作用就是合理配置保险资源。保险费率即保险商品的价格，投保人据此所缴纳的保险费是为换取保险人的保障而付出的代价，无论从个体还是总体角度，都表现为等价交换。但是，由于保险费率的主要构成部分是依据过去的、历史的经验测算出来的未来损失发生的概率。所以，价值规律对于保险费率的自发调节只能限于凝结在费率中的附加费率部分的社会必要劳动时间，因此，保险企业只能通过改进经营技术、提高服务效率，来降低营销和管理成本。价值规律将引导各种生产要素，如资金、技术、人力资源等流向竞争力强的保险企业，从而完成资源的更优化配置。例如，价值规律促进了保险市场中信息技术的应用，业绩良好的保险企业将主动采用信息技术，以提高其运营效率，增强自身的市场竞争力。

（2）供求规律在保险市场中的作用。供求规律在于能够通过保险商品的供求关系，影响其价格。从长期来看，供给和需求大致相等的，但在短期内，保险企业不能准确地预测出顾客的需求，所以不能提供相应的供给，这样，供求关系将会失衡，保险价格就会波动。尽管供求状况能在一定程度上影响保险商品价格，但正如前所述，它并不是决定保险商品价格的唯一因素。保险商品价格的形成还取决于风险发生的频率，如人寿保险的市场费率，是保险人根据预定死亡率、预定利率与预定营业费用率三要素事先确定的，而不是完全依据市场的供求情况来确定。

（3）竞争规律在保险市场上的作用。竞争是市场经济中最活跃的因素。通过竞争规律的作用，保险市场将形成一套优胜劣汰的机制，使得保险资源的单位效益达到最大化。价格竞争是竞争的重要手段。但在保险市场上，由于交易的对象与风险直接相关联，使得保险商品的价格并不完全决定于供求力量的对比，相反，风险发生的频率才是决定保费率的主要因素。因此，一般的商品市场价格竞争机制，在保险市场上必然受到某种程度的限制，所以保险市场的竞争手段多种多样，除了价格竞争外，还有服务竞争、险种竞争等。保险企业的经营目标是利润的最大化。在竞争规律作用下，业绩好、竞争力强的公司将发展壮大，而业绩差、竞争力弱的公司将会被市场淘汰。

**二、保险市场的组织形式**

**（一）保险市场的一般组织形式**

保险市场的组织形式，是指在一国或一地区的保险市场上，保险人依法设立、登记，采用各种组织形式经营保险业务。由于财产所有制关系不同，主要有以下几种组织形式。

**1. 国营保险组织**

国营保险组织是由国家或政府投资设立的保险经营组织。它又可分为以下两种。

（1）由政府直接经营垄断的保险组织。政府办保险一般处于两种考虑：一是提供商业保险的企业及其他保险企业不愿或无力承保，而社会又急需的险种，如失业保险、基本的养老和医疗等社会保障性质的保险及农作物保险、存款保险等有关社会经济生活正常运行的种类；二是出于对整个国民经济政策的考虑，由政府独家经营保险业，防止外国资本掌控本国的保险市场，这在发展中国家常常可以见到。该类组织通常类似于政府机构，管理体制一般也是行政式的。1988 年以前，我国的中国人民保险公司就属于这一性质的国营保险组织。

（2）与民营保险自由竞争的非垄断性保险组织。该类组织形式主要是通过国家法令规定某个团体来经营，可称为间接国营保险组织。同其他民营的组织形式一样，它可以自由经营各类保险业务，并与之展开平等竞争，追求组织利润最大化。如日本健康保险组合，我国目前的中国人寿保险有限公司、中国再保险有限公司就属于这一性质的国营保险组织。

**2. 私营保险组织**

私营保险组织是由私人投资设立的保险经营组织。它多以股份有限公司的形式出现。股份保险公司是将全部资本分成等额股份，股东以其所持股份为限对公司承担责任，公司则以其全部资产对公司债务承担责任的企业法人。保险股份有限公司是现代保险企业制度下最典型的一种组织形式。

**3. 合营保险组织**

合营保险组织形式一种是政府与私人共同投资设立，属于公私合营保险组织形式；另一种是本国政府或组织与外商共同投资设立的合营保险组织。公私合营保险组织通常也是以股份有限公司的形式出现，并具有保险股份有限公司的一切特征。目前，我国保险市场上，这种保险组织形式较多。如 1998 年 10 月由中国太平洋保险股份有限公司与美国安泰人寿保险公司合资设立的太平洋安泰人寿保险公司；1999 年 1 月由德国安联保险集团与中国大众保险股份有限公司合资建立的安联大众人寿保险有限公司等。

**4. 合作保险组织**

合作保险组织是由社会上具有共同风险的个人或经济单位，为了获得保险保障，共同集资设立的保险组织形式。它既可以采取公司形式（如相互保险公司），也可以采取非公司形式（如相互保险社与保险合作社）。一般而言，保险合作社与相互保险公司最早都属于非盈利的保险组织，但二者存在区别。

首先，保险合作社属于社团法人，而相互保险公司属于企业法人。

其次，就经营资金的来源而言，相互保险公司的经营资金为基金；保险合作社的经营资金包括基金和股金。

再次，保险合作社与社员间的关系比较永久，社员认缴股本后，即使不投保，仍与合作社保持关系。相互保险公司与社员间，保险关系与社员关系则是一致的，保险关系建立，则社员关系存在；反之，则社员关系终止。

最后，就适用的法律而言，保险合作社主要适用保险法及合作社法的有关规定；相互保险公司主要适用保险法的规定。当然，由于保险合作社与相互保险公司都属于合作保险组织形式，二者也有很多共性：如均为非盈利保险组织；保险人相同，投保人即为社员；决策机关相同，均为社员大会或社员代表大会；责任损益的归属相同，均为社员等。

**5. 个人保险组织**

个人保险组织是以个人名义承保保险业务的组织形式。该组织主要存在于英国。英国的劳合社是世界上最大的、历史最悠久的个人保险组织。"劳合社"本身并不是承保危险事故的保险公司，仅是个人承保商的集合体，是一个社团组织，其成员全部是个人，且各自独立、自负盈亏，进行单独承保，并以个人的全部财力对其承保的风险承担无限责任。

**6. 行业自保组织**

行业自保组织是指某一行业或企业为本企业或本行业提供保险保障的组织形式。欧美国家的许多大企业集团，都有自己的自保保险公司。行业自保公司是在一次和二次世界大战期间首先在英国兴起的，到了20世纪50年代美国也开始出现了这种专业型自保公司。行业自保组织具有一般商业保险所具备的优点，但其适用范围有限制，所以不能像商业保险那样普遍采用。行业自保的优点在于：①降低被保险人的保险成本。②增加承保弹性。即自保公司承保业务的伸缩性较大，对于传统保险市场所不愿承保的风险，也可予以承保，以解决母公司风险管理上的困难。③减轻税收负担，因自保公司设立的重要动机，在于获得税收方面的利益。④加强损失控制，即通过建立自保公司，可以降低商业企业保险引起的道德风险，母公司会更加主动的监督其风险管理方案。行业自保公司的缺点在于：①业务能量有限，因现今多数自保公司虽皆接受外来业务，以扩大营业范围，但在本质上其大部分业务仍以母公司为主要来源，危险单位有限，使大数法则难以发挥功能。②风险品质较差，因自保公司所承保的业务，多为财产保险及若干不易从传统保险市场获得保障的责任保险，不仅易于导致风险的过分集中，且责任保险的风险品质较差，如损失频率颇高、损失额度大、损失补偿所需的时间常拖延甚久等，增加了业务经营的困难。③组织规模简陋，因自保公司通常因规模较小、组织较为简陋，不易罗致专业人才，无法采用各种损失预防或财产维护的措施，难以创造良好的业绩，仅能获得税负较轻的利益而已。④财务基础脆弱，即自保公司设立资本较小，财务基础脆弱，同时外来业务少，不易分散经营的风险。

**（二）七种典型的保险市场组织形式**

由于各国具体的社会经济制度、历史传统等方面存在差异，各国保险人的组织形式不尽相同。主要包括保险股份有限公司、国有独资公司、相互保险公司、相互保险社、保险合作社、劳合社等几种典型的保险市场组织形式。其中，保险股份有限公司居主导地位。

1. 保险股份有限公司

保险股份有限公司是当今世界上经营保险业的主要组织形式。它由一定数目以上的股东发起组织，全部注册资本被划分为等额股份，股东以其所认购股份承担有限责任，公司以其全部资产对公司债务承担民事责任的保险公司。保险股份有限公司以盈利为经营目标。该种组织形式的显著特点是出资者的所有权和公司法人的经营权有效分离，实现了现代企业制度所必需的出资者与经营者之间的委托—代理机制。其组织机构包括以下四方面：

（1）股东大会。股东大会由保险股份有限公司的股东组成，它是保险股份有限公司的最高权力机构，股东大会会议由股东选组的董事会负责召集，董事长主持，一般每年召开一次，某些特殊情况下可以召开临时股东大会。股东大会行使的职权主要是和公司的重大决策有关，如对公司合并、分立、解散和清算等事项进行投票表决，审议批准董事会、监事会报告，审议批准公司年度财务预、决算方案，修改公司章程等。

（2）董事会。董事会是由股东大会选举产生的公司日常经营决策和常设业务的执行机关。一般由5~19名成员组成，设董事长1人，副董事长1~2人。董事会是公司组织的主要统治集团，对股东大会负责，行使以下职权：负责召集股东大会，并向股东大会汇报工作；执行股东大会的决议；决定公司的经营计划和投资方案；制订公司的年度财务预决算方案；制订公司的利润分配方案和弥补亏损方案；负责制订公司增减注册资本的方案和发行公司债券的方案；拟订公司的合并、分离、解散方案；决定公司内部管理机构的设置；负责公司经理等高级管理人员的任免；制定公司的基本管理制度。董事会每年度至少召开两次会议。董事对董事会的决议承担责任。

（3）监事会。监事会由股东代表和适当比例的公司职工代表组成，成员一般不得少于3人，是股份有限公司的监督机构。董事、经理及财务负责人一般不得兼任监事。监事会主要行使的职权有：检查公司财务，监督董事、经理依法及公司章程执行公司职务，要求董事、经理纠正损害公司利益的行为，提议召开临时股东大会等。监事会的议事方式和表决程序由公司章程规定。

（4）经理。经理由董事会聘任或解聘，对董事会直接负责。经理主要负责执行公司的经营方针，行使公司章程和董事会授予的职权。经理是公司的代理人，应当忠实履行职务，维护公司利益，不得以权谋私。

保险股份有限公司的形式之所以被世界各国广泛采用，是因为它具有以下优点：①产权关系明确，经营效率高；②利用股份制可以集聚大规模的资本，开展大规模的保险经营活动，广泛地分散危险，为被保险人提供更充分的保障；③采用固定费率制，排除了被保险人的追补义务，有利于公司的展业；④易于汇集众多专业人才，极大提高公司的经营管理水平，开发出具有市场潜力的险种；⑤通常利用独立的代理人和经纪人出售保险，有利于保险业的竞争，不断提高行业整体服务水平。

但是，股份保险公司也有一些局限：由于以盈利为经营目标，其提供的保障范围会受到限制。如农业保险等，在没有政府补贴的情况下，一般不会列入股份保险公司的经营范围；由于要将中介人的佣金、股东的利润考虑在保费之中，相对于合作保险而言，股份保险的费率偏高。以上两点也是后面将提到的合作保险机构、国有独资保险公司等其他组织形式存在的主要原因。

**2. 国有独资公司**

国有独资保险公司是国家授权投资机构或国家授权的部门单独投资设立的保险有限责任公司。其基本特征有：投资者的单一性、财产的全民性、投资者责任的有限性。对于一些特殊行业，特别是关乎国计民生的行业，宜采用国有独资公司进行经营管理。保险行业涉及千家万户、各行各业，是社会经济的"稳定器"，国有独资保险公司的存在是十分必要的。国有独资保险公司因无其他投资主体，仅有国家授权投资的机构或国家授权的部门，因而不设股东大会，最高权力归属于国家授权投资的部门，其组织机构由董事会、监事会和经理组成。

（1）董事会。国有独资保险公司的董事会成员一般为3~9人，由国家授权投资的机构或国家授权的部门委派或更换，还应包括由公司职工民主选举产生的职工代表。董事会设董事长1人，他是国有独资保险公司的法定代表人。董事会每届任期3年。董事会主要行使由国家授权投资的机构或国家授权的部门赋予的部分职权，此外还要执掌公司的决策大权。

（2）监事会。根据我国《保险法》的规定，国有独资保险公司的监事会由金融监管部门、有关专家和保险公司工作人员的代表组成。监事会主要负责监督国有独资保险公司各项准备金的提取、最低偿付能力、国有资产的保值增值，并对高级管理人员违反法律、行政法规或公司章程的行为进行监督。

（3）经理。国有独资保险公司的经理也是由董事会聘任或者解聘。经国家授权投资的机构或国家授权的部门同意，董事会成员可以兼任经理。经理负责执行公司的具体方针政策。

**3. 相互保险公司**

相互保险公司是所有参加保险的人为自己办理保险而合作成立的法人组织，它是保险业特有的公司组织形态，为非营利性组织中最重要的一种。与股份保险公司比较，主要区别在于以下两点：首先，股份保险公司中保险人与被保险人完全分离，被保险人不参与公司管理，而相互保险公司中的被保险人也是保险人，公司为全体投保人所有，投保人能够参与管理；其次，股份保险公司常采用固定费率制，而相互保险公司的收费则使用多种方式，有预收保费制、摊收保费制和永久保费制等。

相互保险公司的特点有以下三点：

（1）相互保险公司的投保人具有双重身份。相互保险公司没有股东，投保人与股份公司的股东相似。当投保人购买公司保单后，就成为公司成员。投保人可以参与公司的管理，并可从中分红。一旦解除保险关系，就自然脱离公司，成员资格即告丧失。

（2）相互保险公司是一种非盈利性公司。公司遵循合作分红的原则，在其财务报表中，没有股本，只有盈余。公司亏损时，成员要承担亏空的弥补额，可见相互保险公司并不考虑盈利问题，经营目的是降低保险成本。

（3）相互保险公司的组织机构类似于股份公司。相互保险公司的最高权力机构是由全体会员组成的代表大会，从代表大会中产生董事会，董事会再任命高级管理人员。但随着公司规模的扩大，董事会和高级管理人员实际上已经控制了公司的全部事务，每一个会员都参与到公司的管理是不可能的。相互保险公司在经营方面，与股份有限公司并无多大差别。它和股份有限公司都具有很强的竞争力。尤其在寿险方面，相互保险公司具有优势。以美国为例，约7%的人寿保险公司采用相互公司的组织形式，如美国最大的人寿保险公司谨慎人寿保险公司、大都会人寿保险公司都是相互保险公司，美国国内110家相互保险公司控制了寿险市场的40%的份额。

### 4. 相互保险社

相互保险社是同一行业的人员，为了应付自然灾害或意外事故造成的经济损失而自愿结合起来的集体组织。它是保险组织的原始形态，一般规模较小。目前，主要存在于英、美、日等国，如在人寿保险方面有英国的"友爱社"、海上保险方面有"船东相互保障协会"等。相互保险社具有的特征：一是保单持有人即为该社社员，社员之间相互提供保险；二是相互保险社没有股本，其经营资金来源于社员缴纳的分担金，一般在每年年初按暂定分摊额向社员预收，年末计算出实际分摊额后，多退少补；三是社员均能参与管理活动，相互保险社通常设有社员选举出来的管理委员会，负责保险社的日常事务。

### 5. 保险合作社

保险合作社是由一些对某种风险具有同一保障要求的人，自愿集股设立的保险组织。它和其他合作保险机构一样，也是一种非营利性的组织形式。保险合作社和相互保险社有诸多相似之处，但二者还是有明显区别。保险合作社的特点在于以下四个方面：

（1）保险合作社是由社员共同出资入股设立的，只有保险合作社的社员才能作为保险合作社的被保险人，但是社员也可以不与保险合作社建立保险关系。即保险关系的建立必须以社员为条件，但社员却不一定必须建立保险关系，保险关系的消灭不影响社员关系的存在，也不丧失社员身份。因此，相对相互保险社而言，合作保险社与社员的关系具有长期性。

（2）保险合作社有由社员缴纳的股本，社员以股东的身份，可以参与合作社的管理活动，其对合作社的权利以其认购的股金为限。而相互保险社却没有股本。

（3）业务范围仅局限于合作社的社员。

（4）采取固定保险费制，一经收缴，不再追加。

### 6. 交互合作社

交互合作社是存在于美国的一种保险组织形式。它也是为投保人提供低成本的保险组织形式，而不是以盈利为目的。交互合作社不是法人组织，设立时不需要筹足法律所规定的最低资本金。交互合作社由委托代理人管理，代理人的权利由社员规定，其薪酬来自合作社的保险费收入。这种组织形式主要经营财产责任保险业务，其中又以个人汽车业务为主，一般不经营人寿保险业务。近年来，这种组织形式的数量一直在下降。

### 7. 劳合社

劳合社是当今世界上最大的保险垄断组织之一，它是伦敦劳合士保险社的简称。它并不是一个保险公司，它仅是个人承保商的集合体。其成员主要是个人，各自独立、自负盈亏，进行单独承保，并以个人的全部财产对其承保的风险承担无限责任。劳合社在世界保险业中有着特殊的地位，它所出具的保单条款、制定的费率在世界保险市场上一直是被效仿的对象。它主要具备以下职能：搜集世界范围的有关保险资料并对危险损失作出完整记录；协助成员处理理赔事务，监督各地区的救难与维修工作；为会员提供进行保险交易的场所；制定保险交易规则，仲裁纠纷，开发新险种，并为会员寄送保险单。

劳合社的会员除经营一般险种外，还经营许多特殊的险种。承保范围之广，令人叹为观止，如承保某著名演员的眼睛、某一选举的胜负等。劳合社之所以能享誉世界数百年，不仅因为它的交易有着严格的自律机制（类似常见的股票交易所的形式），还在于它有着一套完备的财务制度。每个加入劳合社的会员，都要具备雄厚的财力并愿意承担无限责任。劳合社定期将对其账目进行检查。除此以外，劳合社还成立各种基金来保障被保险人的权益。为进一步保证其安全性，承保会员常常通过辛迪加形式来展开经营活动，各辛迪加之间还相互提供再保险，辛迪加内的会员本来就只承担一部分责任，经过辛迪加之内的再保险，会员承担的责任进一步减小了。

（三）我国现行的保险组织形式

根据我国《保险法》的规定，我国保险公司的组织形式为国有独资公司和股份有限公司。国有独资保险公司和股份有限保险公司，除保险法有特别规定的外，适用我国《公司法》的有关规定。至于保险公司的其他组织形式，如相互保险公司等，可以根据保险业改革和发展的情况，由法律、行政法规另行规定。我国的国有独资保险公司是由国家授权投资的机构或国家授权的部门单独设立的有限责任保险公司。它不是政策性经营机构，而是以盈利为目的的商业性保险公司，如中国人民保险公司、中国人寿保险有限公司、中国再保险公司。目前这3家国有独资公司已相继完成股份制改造，股改后中国人保、中国人寿还成功实现海外上市。据统计，至2000年年底，我国大陆共有保险公司31家，其中，国有和股份制保险公司13家，而合资及外资保险公司却达18家。还有许多外资保险公司正在积极申请进入中国。条件放宽后，进入中国的外资保险公司将更多。因此，随着我国保险市场的开放，应增加内资保险公司的数量，放宽对内资保险公司组织形式的限制。我国在组建新保险公司时可以借鉴其他组织形式，推动保险市场发展，这也是与国际保险组织形式接轨的必然要求。

# 第二节　再保险市场

## 一、再保险市场的特点

市场是商品买方和卖方交换商品的场所。再保险市场是指从事各种再保险业务活动的再保险交换关系的总和。由于再保险是一种特殊的商品，因此，再保险市场也是一种具有特殊因素的市场。其特点表现在以下四点：

（1）再保险市场具有国际性。一般来说，地理界限对再保险的限制较小，巨大的保险责任有必要超越国界，进入国际市场寻求更大的保障。再保险业务通过国际保险市场趋向国际化。世界上很多国家特别是发展中国家，在保险技术、承保能力方面，都需要依赖国际保险市场，而这种联系大多数都是通过分保形式实现的。随着跨国再保险公司的发展，它们在许多国家的重要城市设立分支机构或代理机构，吸收当地保险人的再保险业务，逐渐形成了国际保险中心和国际再保险市场。

（2）再保险市场与保险市场紧密相连，相互依存。再保险市场是从保险市场发展而来的，它是直接保险人对其承保的巨大风险或特殊风险不能承受时，有必要进入再保险市场，寻求进一步分散风险的手段。因此，保险市场是再保险市场的基础，再保险市场是保险市场的延伸；保险市场的发展状况决定和影响着再保险市场的发展状况；同时，再保险市场对保险市场又具有巨大的反作用，它为保险市场分散了风险，可以促进保险市场的繁荣与发展。

（3）再保险市场由再保险买方和卖方以及再保险经纪人组成的。再保险人向保险人承担一部分风险，是再保险的卖方。保险人将自己承保的业务分给再保险人，是再保险的买方。作为国际再保险市场上的中间人，再保险经纪人一方面为分出人安排业务，另一方面向再保险分入人介绍业务。在有些市场，由保险人和再保险人直接进行交易。在另一些市场，则通过经纪人安排国际再保险业务，比如，伦敦市场的再保险绝大部分由经纪人代理，劳合社的再保险业务全部由经纪人安排。

（4）再保险市场积聚大量保险资金，对分散巨大风险有充分的保障。再保险市场集合了各方面的技术力量，对促进原保险人改进经营管理，在保险技术方面进行协助，都起到积极的作用。再保险市场的交易是以再保险双方互相信任为基础的，从某种程度上来说，再保险合同也是一种合作性契约。这就要求再保险交易具有广泛的国际信息交流。一些需要在世界范围内分散的风险通常超越国界，进入世界再保险市场。有些国家的金融市场（包括保险市场和再保险市场）本身就是国际性的金融中心，如新加坡、卢森堡、百慕大等。然而国际再保险市场和国内再保险市场并不是能绝对分清的，在有些市场，只有国内再保险人可以经营国内和国外的再保险业务，而严格控制向国外分出再保险业务；在另一些市场，则既可以由国内再保险人，也可以由国外再保险人进行分出和分入再保险业务。

**二、再保险市场的组织形式**

目前国际再保险市场承保人的组织形式很多，大体有如下五种：

（一）兼营再保险业务的保险公司

兼营再保险业务的保险公司是最早的再保险组织形式。在再保险业务尚不发达的时候，通常都是由直接承保公司兼营的，现在这种组织形式也大量存在。这种保险公司既经营直接业务，又分出和分入再保险业务；既充当原保险人，又充当再保险人；通过与保险同业来回交换业务形成互惠分保，从经营再保险业务的角度看属于兼营性质。它们在再保险市场上既是分出公司，也是接受公司。从大数法则的原理看，分保交换有利于增强自身的经营稳定性。在19世纪中期专业再保险公司产生之前，通常都是由直接承保公司兼营再保险的。随着再保险业的发展，这类保险公司部分逐渐演变成专门经营再保险业务的专业再保险公司。

（二）专业再保险公司

专业再保险公司是在再保险需求不断扩大、保险业之间竞争加剧的情况下，从兼营再保险业务的保险公司中独立出来的。其本身不直接承保业务，而是专门接受原保险人分出的业务，同时也将接受的再保险业务的一部分转分给别的保险人，从中赚取分保手续费。专业再保险公司财力雄厚，经营能力强，特别是在分保技术方面显示出专业化的优越性，它们有专门的技术力量从事分保业务研究，信息灵通，信誉较高。据记载，早期的专业再保险公司有：1843 年成立的威塞尔再保险公司、1846 年成立的德国科隆再保险公司和 1863 年成立的瑞士再保险公司等。1999 年，瑞士再保险公司以 128.3 亿美元的保费收入名列榜首，慕尼黑再保险公司以 120.86 亿美元居第二位。2000 年慕尼黑再保险公司重新夺回第一的宝座。目前全球约有 200 多家专业再保险公司，主要集中在欧、美、日。

（三）再保险集团

再保险集团是由某一地区或国家的数家保险公司为集中承保能力而联合建立的组织。在集团内部，成员公司既是分出公司，又是分入公司；每一成员公司将本身承包的直接保险业务全部或在扣除自留额后，通过集团在成员公司之间办理分保，各成员公司按约定比例接受，也可根据业务性质的不同，逐笔协商接受。大部分集团自己不承担风险，实际上起类似中间人的作用，少数集团有自己的自留额，并对超限额部分，向集团外分保。再保险集团主要有三方面的优势。首先，简化再保险手续，节省管理费用。再保险集团的管理费用是依照各参加公司业务量的大小分摊的，比单独经营节省。其次，增强竞争能力，增加业务量。集团内各保险公司对一切再保险事务，都由集团统筹办理，因此可集中力量，加强对外的竞争，争取更多的直接业务，同时也间接增加了再保险业务。并且由于集团力量雄厚，因此可以承保巨额保险业务，而且绝大多数业务可以自留，不至于对外分出。最后，再保险集团可以达成合理的费率。各个保险公司业务范围有限，其使用的费率是否公平合理很难有个正确答案。通过再保险集团内的所有保险公司提供业务资料，使资料更加充分、翔实、可靠，依据集团的资料可以厘定合理的保险费率。

（四）劳合社承保人

劳合社创立于 1688 年，是由以创始人爱德华·劳埃德命名的劳氏咖啡馆发展而成的世界最大的、最古老的国际保险市场，在世界保险业拥有极高的声誉，现有社员 3 万余人，组成 400 多个水险、非水险、人身险、航空险、汽车险等承保人组合，既办理直接保险业务，也办理分保业务，既有分出业务，又有分入业务，其分保业务大约占英国的 50%。1998 年、1999 年其再保险费收入分别达到 35.657 亿美元和 37.974 亿美元，2000 年达到 39.54 亿美元。2001 年，劳合社是世界上第二大保险人和第五大再保险人。2006 年，劳合社的预期承保能力将达 148 亿英镑。以全球再保险保费收入计算，劳合社排在第六位。劳合社在世界 70 多个国家和地区拥有经营保险和再保险业务的执照。

### （五）专业自保公司

专业自保公司是一些大的工商企业成立的专门负责经营其母公司或兄弟公司保险和再保险业务的保险公司。有些专业自保公司也承保外界的风险并接受分入业务。专业自保公司于 20 世纪 60 年代初逐渐发展起来，其中大部分成立于 20 世纪 70 年代末 80 年代初，在美国、欧洲及澳大利亚有较快的发展。很多专业自保公司为了享受免税优惠，都在免税经济区登记设立，比如百慕大、开曼等地。专业自保公司一般规模不大，业务质量也良莠不齐，所以通常要将主要风险转嫁给再保险公司，通过购买再保险的方式转嫁其已接受的超过自身承保能力的那部分责任。

### 三、世界主要的再保险市场

#### （一）伦敦再保险市场

伦敦再保险市场是随着国际保险中心的发展而发展起来的。无论劳合社承保组合，还是英国保险公司，在办理国际性业务方面都具有悠久的历史，这为伦敦市场上再保险业务的办理提供了丰富的经验和大量的人才。这是伦敦再保险市场成为当今世界主要再保险市场的重要原因之一。另外，伦敦作为国际金融中心的地位也促进了伦敦再保险市场的发展。在伦敦再保险市场中，大约有 50 家专业再保险公司，劳合社的保险费收入一半以上来自再保险市场。伦敦再保险市场是世界再保险市场提供巨灾风险保障的中心，已经形成了伦敦超赔再保险市场，专门为地震、洪水等巨灾损失提供全面、稳妥的保障。此外，他们还为意外险、责任险等承担再保险责任。从 1991 年开始，伦敦超赔再保险接受人在提高费率、改善分保条件和调整分保机构等方面取得了明显的成果。例如，伦敦超赔再保险市场提高了高层超赔再保险合同的保险费，最高幅度提高了 10 倍；要求再保险分出公司提高自留额，或者在再保险合同中增加共保条件，先前航空险的分出公司每个风险单位的自留额仅为 0.5%，现在提高到 2.5%，甚至更高。

伦敦再保险市场经营再保险业务主要有如下三个特点：

（1）伦敦再保险市场的经纪业十分兴旺，经纪人在再保险市场上地位举足轻重。根据劳合社的规定，再保险业务必须通过再保险经纪人安排成交，如果再保险业务不通过劳合社的经纪人安排，再保险公司就不能接受业务。伦敦的再保险经纪人频繁地在世界各地往来，积极参加各种保险会议或者活动，信息灵通，十分活跃。

（2）伦敦再保险市场接受的再保险业务，主要源于外国。在伦敦再保险市场成交的业务中，外国业务的比重非常高。以劳合社为例，美国的业务占 60%，其中大部分是以美元成交，其余 40% 中的大部分业务来源于世界 100 多个国家和地区的 2000 多个保险公司，只有少部分业务来源于本地，这在其他再保险市场极为少见。

（3）专业再保险公司在伦敦再保险市场上不占主导地位。在伦敦再保险市场上，专业再保险公司接受的业务量不到整个市场容量的 1/6。此外，英国本土的专业再保险公司的承保能力又远远低于外国专业再保险公司。德国慕尼黑再保险公司和瑞士再保险公司在伦敦设立的附属机构实力最强，即使英国最大的商业综合再保险公司、皇家再保险公司及维多利亚再保险公司，也无法与他们相比。伦敦再保险市场上的大型专业再保险公司通常隶属于英国的大保险集团或者是外国再保险公司的分支机构。

（二）美国再保险市场

美国作为世界再保险业最发达的国家之一，其再保险市场已越来越为人们所瞩目，其中最著名的是纽约再保险市场。美国保险市场广阔，保费收入占全球保费收入的40%左右。纽约再保险市场经过最近20多年的快速发展，已跻身于世界再保险市场前列。纽约再保险市场主要由国内和国外专业再保险公司组成，公司的规模有大有小，组织结构多种多样，发展速度快，业务来源广，使其成为世界再保险市场的主要力量。纽约再保险市场具有如下三个特点：

（1）分保主要依靠伦敦再保险市场。美国保险市场具有巨大的承保能力，大型业务通常可在美国本土消化，不完全依赖再保险的配合。但过去10年来，美国保险市场由于自然灾害、恐怖事件损失巨大，已开始寻求再保险人，向劳合社及伦敦保险人协会市场分出的美国业务已呈大幅上升之势。

（2）再保险交易方式。纽约再保险市场的再保险交易主要有三种方式。第一种是通过互惠交换业务。所谓互惠交换业务是指有再保险关系的保险人之间互相交换业务，一方保险人向另一方保险人分保，又从另一方保险人处获取回头的分保业务。如此互通有无，不但扩大了业务面，提高了净保费收入，而且避免了总业务量的减少，进一步分散了风险，降低了费用开支。第二种是由专业再保险公司直接与分出公司交易。第三种是通过再保险经纪人。其业务主要来源于北美洲、南美洲和伦敦市场。

（3）再保险经纪人作用不大。纽约再保险经纪人的地位与作用不及英国再保险经纪人。近10年来，美国与英国经纪人公司进行一连串的兼并，许多大型经纪公司合二为一，促使美国业务流入英国再保险市场。

（三）欧洲大陆再保险市场

欧洲大陆再保险市场主要由专业再保险公司构成，其中心在德国、瑞士和法国。欧洲再保险市场的特点是完全自由化、商业化、竞争很激烈，并且逐步从不很重要的位置变得在世界再保险市场中举足轻重。欧洲大陆最大的再保险中心在德国。在世界前15家最大的再保险公司中，德国占了1/3。德国的再保险市场很大程度上是由专业再保险公司控制的，直接由保险公司做的再保险业务量很有限。慕尼黑再保险公司立足于强大的国内保险市场，再保险业务主要来源于德国境内的保险业务。近年来，它将经营范围扩展到国际上并成为重要的国际性再保险公司。欧洲大陆第二大再保险中心是瑞士。同德国再保险市场一样，瑞士再保险市场也是专业再保险公司占统治地位。瑞士稳定的社会和经济、成熟的金融业和自由的法律环境，特别是苏黎世金融机构的发展，瑞士法郎持续坚挺，资金流动和货币兑换无限制，使瑞士成为国际保险和再保险的中心。欧洲大陆在保险市场上的主要专业再保险人经常不断地向世界各地派出代表，通过与分出人的直接接洽获得业务。一些规模不大的专业再保险人则大多通过经纪人来接受业务，以降低业务招揽成本。

（四）日本再保险市场

日本进入国际再保险市场开始于国内主要大保险公司与其国外保险伙伴的互惠交

换业务的发展。日本再保险市场上除了托娅和杰西两家专业再保险公司外，其余都是兼营直接保险业务和再保险业务的公司。托娅主要承保非寿险再保险业务，杰西仅承保国内地震再保险业务，其再保险市场占有率较低。日本国内再保险市场向日本非寿险公司提供了大量的再保险责任，在全国范围内充分分散风险，获得高水平的利润，有效保证了日本保险市场的稳定。从日本市场分向国际市场的业务主要是高风险和巨灾风险。同时，日本国内主要保险人通过与海外保险人进行业务交换逐步吸收国际再保险业务，使业务范围逐步向国际化发展，不局限于本国业务。日本再保险市场承接国际业务的能力相当可观，东京已成为国际再保险中心之一。

### 四、我国再保险市场

（一）我国再保险市场现状

我国的再保险市场起步于20世纪30年代。当时的分保业务由外商操纵，华商保险公司实力薄弱。中华人民共和国成立后，政府取消了在华外国保险公司的种种特权，在华外国保险公司业务来源枯竭，纷纷退出中国保险市场，从此彻底结束了外国保险公司长期垄断我国保险市场的局面。

1953年，随着私营保险公司合并经营和外商保险公司的退出，再保险市场主体逐渐减少，分保业务逐步演变成由"人保"一家办理国际再保险业务的局面。1959年，我国国内保险业务停办以后，国外业务由中国人民银行国外业务管理局保险处负责，统一经办国际分保业务，这种状况一直延续到1979年。改革开放以后，再保险市场有了较大发展。再保险业务快速增长，业务险种不断增多，自留额迅速提高，再保险法规逐步完善。1995年6月我国《保险法》出台以后，在国家保险监管机关和保险公司的共同努力下，于1996年制定了《财产险法定分保条件》和《人身险法定分保条件》，以及相应的《分保业务实施细则》，使法定分保有法可依、有章可循。此外，我国的再保险的主体机构不断健全。随着保险体制改革的深入，1996年2月，中国人民保险公司组建集团公司，并成立了中保再保险有限公司，从而结束了中华人民共和国成立以来无专业再保险公司的历史。"中保再"在经营法定分保业务的同时，还协理其他各类非法定分保业务。为适应再保险市场发展的新情况，1999年3月，中国再保险公司在中保再保险有限公司的基础上组建成立，注册资金30亿元人民币，截至2001年年底资产总额达到185.09亿元。中国再保险公司的成立，标志着我国再保险市场主体趋向成熟。2003年12月，经过重组改制，中国再保险（集团）公司成立，开始了我国民族再保险业产寿险分体改制、集团化经营的崭新一页。2005年9月26日，中国保险监督管理委员会主席办公会审议通过了《再保险业务管理规定》，这是我国第一部全面系统地规范再保险市场的法规。它的发布实施，结束了中国再保险市场多年来没有专门法规的历史，对正确贯彻实施《保险法》关于再保险业务的规定、培育我国再保险市场、规范保险公司的再保险行为、强化对再保险市场的法制化监管具有重要的意义。

（二）我国再保险市场存在的问题

从上述我国再保险市场的基本情况可以看出，我国的再保险市场还十分稚嫩，还有很多方面有待完善。

**1. 再保险组织机构不健全，再保险市场不完善**

目前，我国只有唯一的一家专业再保险公司——中国再保险公司在中国市场上经营再保险业务，具体经办法定再保险业务。各保险公司对于自己的分出业务无法选择分入公司进行分保，是一种完全垄断的市场模式。而中国再保险公司无论是其主体的质量、数量，还是其客体的规模，都无法满足国内保险市场上万亿保险责任的分保需求。并且中国的再保险市场上也没有再保险中介人，而这是任何一个完善的再保险市场都不可或缺的。所有这些都无法满足国内各保险企业对再保险的需求。

**2. 国内再保险市场与国际再保险市场不接轨**

由于人民币目前还没有实现资本项目下的可自由兑换，人民币保费业务不能与国际再保险市场接轨，在向外转分保时，如果原来是人民币业务，则会增加外汇支出或承担外汇汇率变动的风险。国内巨额风险的压力无处缓解，因此不利于国内风险的分散，同时也严重制约了国内业务进入国际再保险市场。另外，我国再保险市场费率也未与国际接轨。"9·11"事件之后，国内保险市场费率并未与国际费率水平同步上扬。目前，国内只有特殊险种的费率稍有提高，如飞机险、石油开发险和核电站建筑安装险费率上涨了 20%~40%，但与国际保险市场 100%~500% 的增幅仍相差悬殊。

**3. 我国再保险市场面临严峻挑战**

我国加入 WTO 做出的承诺是，法定分保业务逐年降低 5 个百分点，加入 WTO 后 5 年内，20% 的法定分保将完全取消。外资再保险公司大量进入中国再保险市场，将对我国内资再保险企业在承保能力、人才、信息、服务水平等方面形成巨大的压力和挑战。

**4. 保险公司自留风险过大**

从自留比率看，我国直接保险公司的自留比率一直偏高。据不完全统计，2003 年国内有效保单中，洪水、风暴的累积责任约为 13 000 亿美元，其中至少有 80%~90% 的风险累积在国内，未向国际市场分保。高自留比例说明我国直接保险公司普遍存在超额自留即超承保能力承担风险责任的现象。此外，目前我国一些商业保险公司开展了洪水保险和少量地震附加险。多个方面表明，目前国内保险公司在自然巨灾等方面已存在巨额责任累积。

**（三）建立和完善我国再保险市场的对策建议**

借鉴国外再保险市场的发展经验，结合我国目前再保险业发展的现状，我们可以尝试采取一系列措施，建设和完善我国的再保险市场。

**1. 增加再保险供给主体，增强专业再保险公司的承保能力**

在坚持数量适宜、避免恶性竞争原则的前提下，允许各保险公司出资建立商业性的股份制专业再保险公司。这不但有利于满足不断增长的再保险需求，而且有利于打破中国再保险公司的独家垄断局面，适当引入竞争机制，提高服务质量，促进再保险业的良性竞争与发展。各保险公司在完成法定分保业务外，其余的分出业务可自行选择再保险公司进行分保，或者与其他保险公司交换业务。另外，中国再保险公司的承保能力有限，资金实力正好与现在的法定分保业务规模相适应。如果法定分保业务规模扩大，或商业分保业务拓展，中国再保险公司的资本实力很不充足，因此提高中国再保险公司的资本金实力，突破承保能力的资金限制已刻不容缓。

2. 积极组建国内再保险集团

发展国内再保险市场，急需组建国内再保险集团。组建国内再保险集团对各保险公司来说，既是分出公司又是分入公司，成员公司之间平等互利，既达到分散风险、稳健经营的目的，又不使成员公司因大量分保费的支出而减少公司的收入。而且还可以扩大中国保险市场的整体承保能力，减少对国际再保险市场的依赖，有效地控制保费外流，从而提高我国保险业的整体实力。显然，组建再保险集团对于保护稚嫩的民族保险业是十分有利且必要的。

3. 发展再保险中介机构

再保险业务主要通过再保险经纪人来接洽处理，这在世界再保险市场上是一个通行且成功的做法。再保险中介机构由于其专业性强、服务质量高、信息渠道广等优势，往往可能更快地促进再保险双方达成协议，提高业务质量，减少许多不必要的支出；同时还可以缓和或调解再保险双方当事人的矛盾或摩擦。而且一些资深的再保险中介机构不仅能给保险公司带来国际保险市场的动态与信息，而且还带来承保经验与技术，使分出业务能及早规避因国外分入公司的财务问题而带来的风险。因此，再保险中介机构在世界再保险市场上有着不可替代的重要地位。像伦敦劳合社规定分出和分入再保险业务必须经过再保险经纪人，美国有大量业务也是通过再保险经纪人分给劳合社。我国保险业不发达，承保高技术含量风险时，缺乏技术支撑，往往依赖国外再保险经纪人提供技术帮助，从而导致我国许多高额保险项目的再保险外流。因此建立我国再保险经纪人制度，培养训练有素的再保险经纪人队伍，是我国再保险业发展的必要条件。

4. 加大再保险的监管力度，净化再保险市场

应加速提高再保险监管能力。目前国内的监管水平与 WTO 的要求尚有距离，这对于我国再保险业参与国际竞争十分不利。我们应加强再保险监管规模、机构、组织以及指标体系方面的建设，借鉴和参考国外在再保险监管方面的经验和教训，提高公司透明度，引进国际公认的信用评级机制等，努力缩短与国际水平的差距。一是要认真贯彻落实《保险法》《再保险业务管理规定》及有关法规中关于再保险的规定，切实强调依法经营；二是加强对再保险业的管理，严禁各保险公司作为境外保险机构的出单公司，以明显低于再保险市场正常的分保价格的条件向外分保；三是要加大对再保险经纪人的监管，要把违规经营、炒作市场的再保险人列入"黑名单"，凡被列入"黑名单"的再保险经纪人，任何公司均不得与其发生业务关系。

5. 加强再保险专业人才培养

再保险业务是一项技术性很强的业务，比如风险单位的划分、自留额的确定、超额赔款、再保险费率的厘定等，要求业务人员必须具备较高的专业素质和丰富的实践经验以及掌握保险市场信息的能力和相应的精算水平，这是建立和完善我国再保险市场不可缺少的重要因素。为了满足日益迫切的人才需求，我国的保险公司应当加强与教育部门的合作，在对大专院校相关专业学生进行再保险专业理论知识的系统教育的

同时，更要在实践中对这部分毕业生大胆任用，在实践中提高其本领。另外，还要加强对再保险在职员工的培训，建立再保险经纪人的资格考试制度等。

## 第三节 保险市场监管

### 一、保险市场监管概述

#### （一）保险市场监管的产生与发展

监管就是监督与管理，保险监管是对保险业的监督管理，是保障整个保险市场健康有序运行必不可少的工作。在整个保险监管体系中，监管主体有国家立法、司法和行政部门，监管对象有保险业务以及与保险业相关的其他利益组织或个人。保险监管最早于 19 世纪出现在美国。1800 年，依据英国保险法注册的大部分保险公司进入美国保险市场，通过收取较低的保费来拓展业务，美国的州政府开始觉得保护州内保险公司和被保险人利益存在压力。1810 年，美国宾夕法尼亚州为保护本州被保险人的利益，率先通过一部保险法律，禁止外州保险公司在本州开办保险，违者罚款高达 5000 美元。随后，马里兰州和纽约州也相继通过类似的法律。从此，保险监管开始萌芽。此后，由于战争纽约州不能要求外州保险公司支付保险赔款，该州被保险人因而蒙受损失，所以，纽约州的保险法律明确要求保护被保险人的利益，这使保险监管的目的进一步地明确。1814 年，纽约州部分保险公司因丧失偿付能力而破产，致使该州被保险人遭受严重的经济损失。为规范保险公司的破产清算行为，纽约州通过立法规定了保险公司的清算程序。清算制度的规定，大大加强了对保险公司破产的管理。1827 年，纽约州要求保险公司向州会计检察官提交年报，年报包括保费收入、资产、负债等 13 个方面的内容。1835 年，纽约州要求各个公司的年报必须由本公司官员签署，并附有关于保险经营的详细的资料。1849 年，纽约州通过了保险分业经营的法律，要求保险公司只能经营一类保险业务。1851 年，寿险与健康保险被界定为同一类保险业务。1853 年，火灾保险被界定为一类保险业务。从此，产寿险分业经营原则开始确立。直到 19 世纪 50 年代，美国各州仍没有专门的保险监管部门。1851 年，新罕布什尔州首先成立保险委员会。1852 年，佛蒙特州也建立了本州的保险委员会，该委员会发布了三部法律，即《健康保险法》《寿险法》和《火灾保险法》，在法律中再次强调了产寿险分业经营的原则。1855 年，马萨诸塞州也成立了类似的委员会。这些委员会的成立，对于加强对保险业的管理起到了促进作用，但它们还不能称之为现代意义上的保险监管机构。现代意义上的保险监管部门是于 1859 年在纽约州率先成立的，即纽约州保险监督官委员会。到 20 世纪初期，随着汽车工业的发展，保险公司开始办理汽车保险及相关的意外保险业务。1907 年，纽约州修改其保险法，允许保险公司销售包括汽车保险和意外保险在内的一揽子保单，但不允许经营汽车保险业务和意外保险业务的保险公司经营火灾保险业务和水险，经营火灾保险和水险业务的保险公司也不得经营汽车保险业务和意外保险业务。由于这项规定对于保险公司和被保险人均带来不便，1923

年，纽约州修改本项法律，打破了上述界限。20世纪20年代，保险监督官开始监管保险公司的盈利状况。至此，美国建立了对保险公司市场行为监管和偿付能力监管并重的保险监管体系。在欧洲，奥地利于1859年率先建立了保险监管制度，此后，英国也于1870年建立了保险监管制度。从1870年起，尽管欧美各国经济政策经历了自由放任到政府干预以及自由主义复兴的变迁，但由于保险业本身的特殊性及其在整个国民经济中占有举足轻重的地位，各国政府对保险业的监督管理一直朝着强化的趋势发展，其目的是建立一套严格的宏观的保险监督管理体制，从制度上确保保险业在社会经济中的稳定发展及具有良好的社会效益。

（二）保险监管的理论基础

保险监管产生以来，许多学者都对保险监管产生的原因及监管目的等作过理论解释，这些理论大致可以分为经济理论和政治理论两大部分。

1. 保险监管的经济理论

保险监管的经济理论将保险监管看作一种经济资源，是完善保险市场和促进保险业发展的一种手段。它有公众利益论和公众选择论两种。

（1）公众利益论。公众利益论认为监管的目标是保护公众的利益，其基本出发点是政府为矫正市场失灵而对市场加以干预，以使其达到经济效益最大。这一理论的根源是西方微观经济理论中的社会利益论，而社会利益论本身缺乏事实的支持，许多事实与理论不相符。公众利益论可以用来解释约束保险人行为和稳定保险市场的监管工作。例如，通常认为维护保险人的偿付能力符合公众利益论，因为如果保险人偿付能力不足，被保险人在遭受损失时就得不到应有的保障。

（2）公众选择论。与公众利益论不同，公众选择论认为保险监管不是政府通过行使政府权力保护大众利益，而是维护市场上强有力团体的利益。

2. 保险监管的政治理论——监管政治论

监管政治论认为保险监管是一种职权系统，保险监管行为是一种权力的运用；还认为监管是在一种政治环境中发展起来并付诸实施的，各种特殊利益形成政治团体，影响监管政策。

（三）保险监管原则与模式

1. 保险监管的原则

保险监管的原则与监管目标是相一致的。具体的原则有：依法监管的原则；适度竞争的原则；自我约束与外部强制相结合的原则；综合性管理原则；稳健经营与风险预防原则；不干预保险机构内部经营管理的原则。

2. 保险监管的模式

就世界保险市场而言，英国和美国代表了国际保险市场上两种不同风格的监管模式。

英国的保险监管模式。英国实行由议会立法、贸工部全面监督管理和保险同业工会自我管理相结合的管理体制。贸工部是国家设立的保险监管机构，保险监管的具体工作由贸工部下设的保险局来执行。保险局的主要监管职能是批准经营保险业务的申请，调查可能非法经营的保险公司情况，审核保险公司提交的各种报表，批准保险业务的转移，管理保险公司的投资活动等。贸工部以保险人的偿付能力为监管中心，而对保险费率、保单条款内容和公司所有权等，一般不进行干预。英国保险业以高度的行业自律为特色，保险业自律组织负责各自不同的管理范围。行业自律的主要机构有劳合社理事会、经纪人委员会、保险人协会等。

美国保险监管模式。美国对保险业实行联邦政府和州政府双重监管制度，联邦政府和州政府拥有各自独立的保险立法权和管理权。联邦保险局负责联邦洪水保险、联邦农作物保险、联邦犯罪保险等特定业务。美国各州有自己的《保险法》，各州保险局在州管辖范围内行使保险监管权，以保险公司偿付能力和被保险人利益为主要监管内容。虽然美国各州有自己的《保险法》，但在全美保险监管协会的努力下，内容上已无太大差别。

（四）保险监管的方式与手段

1. 保险监管的方式

保险监管的方式根据保险监管模式的不同和所处的历史时期的不同，主要有三种方式。

（1）公示方式，即国家对保险业的实体不加以任何直接监管，而仅把保险业的资产负债、营业结果以及其他有关事项予以公布。

（2）规范方式，又称是准则主义，是由政府规定的保险经营的一定原则，要求保险业共同遵守的方式。

（3）实体方式，又称作许可方式，即国家制定有完善的保险监管规则，国家保险监管机关具有较大的权威和权力。

2. 保险监管的手段

各国对保险市场监管手段因监管模式不同而存在差异，一般有法律手段、经济手段、计划手段和行政手段。

## 二、保险市场的监管内容

各国保险监管主要从对保险人、保单格式与费率、偿付能力、中介人、再保险公司和跨国保险活动等方面的监管来做。

（1）对保险人的监管。对保险人的监管包括对市场准入的资格审定，保险人对监管部门应履行的义务，对公司管理和市场行为的监管，对公司的整顿、接管和破产的监管等方面。

（2）对保单格式与费率的监管。费率厘定是保险公司承保时的关键程序，对费率的监管也是保险条款监管的内容主体。

（3）偿付能力监管。偿付能力是保险公司的灵魂，没有充足的偿付能力就不能从根本上保证公司的健康发展，从而最终保证被保险人的利益。对保险人偿付能力的监管涉及公司操作的方方面面，主要包括：资本额和盈余要求，定价和产品，投资，再保险，准备金，资产负债匹配，与子公司、分支公司的交易，公司管理。

263

（4）对保险中介人的监管。保险公司出售的保险产品多数是由保险中介人面向顾客进行销售的，中介人是保险公司和顾客之间的一个桥梁。因此，对保险中介人的监管就成为保护消费者利益的一个重要环节。

（5）对再保险公司的监管。再保险业务与直接的保险业务相比有本质上的不同，而且再保险多按照习惯加以操作，没有统一的格式保单和费率，因此，对再保险公司的监管与直接的保险公司的监管存在许多差异，不同的国家有不同的监管方式。

（6）对跨国保险活动的监管。保险市场的开放是每一个国家面临的必然问题，监管方面也相应地存在着管与不管的矛盾。国际再保险监管协会对跨国监管提出了一些基本原则：不同监管机构应进行合作，以使任何国外的保险机构都无法逃脱监管；子公司应受东道国规则监管，分支公司则同时受母国与东道国的监管；所有跨国保险集团和保险人都必须服从有效监管；跨国设立保险实体要同时征得东道国和母国的同意。

## 本章小结：

1. 保险市场是指保险商品进行交换的场所，是保险交易主体之间所产生的全部交换关系的总和。保险市场是直接的风险市场、预期性的交易市场、非即时结清性市场。无论是财产保险市场，还是人身保险市场，其构成必须具备交易主体、交易客体及交易价格等要素。

2. 保险监管产生以来，许多学者都对保险监管产生的原因及监管目的等作过理论解释，大致可以分为经济理论和政治理论两大部分。就世界保险市场而言，英国和美国代表了国际保险市场上两种不同风格的监管模式。保险监管的方式根据保险监管模式的不同和所处的历史时期的不同，主要有公示、规范和实体三种方式。各国主要从保险人、保单格式与费率、偿付能力、中介人、再保险公司和跨国保险活动等方面进行保险监管。

## 复习思考题：

1. 什么是保险市场？保险市场的特征有哪些？
2. 保险市场的构成要素有哪些？
3. 比较相互保险公司、相互保险社、保险合作社的异同。
4. 简述保险监管的主要内容。

图书在版编目(CIP)数据

风险保险学/ 石大安主编. —成都:西南财经大学出版社,2015.1
ISBN 978 - 7 - 5504 - 1788 - 5

Ⅰ.①风…  Ⅱ.①石…  Ⅲ.①保险—风险管理  Ⅳ.①F840.32

中国版本图书馆 CIP 数据核字(2015)第 015828 号

风险保险学
主编:石大安


责任编辑:孙　婧
助理编辑:文康林
封面设计:墨创文化
责任印制:封俊川

| | |
|---|---|
| 出版发行 | 西南财经大学出版社(四川省成都市光华村街55号) |
| 网　址 | http://www.bookcj.com |
| 电子邮件 | bookcj@foxmail.com |
| 邮政编码 | 610074 |
| 电　话 | 028 - 87353785　87352368 |
| 印　刷 | 郫县犀浦印刷厂 |
| 成品尺寸 | 185mm×260mm |
| 印　张 | 17.5 |
| 字　数 | 390 千字 |
| 版　次 | 2015 年 1 月第 1 版 |
| 印　次 | 2015 年 1 月第 1 次印刷 |
| 印　数 | 1—3000 册 |
| 书　号 | ISBN 978 - 7 - 5504 - 1788 - 5 |
| 定　价 | 34.50 元 |